교육신학

국립중앙도서관 출판시도서목록(CIP)

교육신학 / 지은이: 은준관. -- 개정판. -- 서울 : 동연,
2013
    p. ;   cm

참고문헌 수록
ISBN 978-89-6447-205-7 93200 : ₩22000

기독교 교육[基督敎敎育]

235.7-KDC5
268-DDC21   CIP2013009392

교육신학 <개정판>

2003년 3월 30일 초판 1쇄 발행
2013년 7월 15일 개정판 1쇄 발행
2019년 3월 15일 개정판 2쇄 발행

지은이 | 은준관
펴낸이 | 김영호
펴낸곳 | 도서출판 동연
등   록 | 제2-1383호(1992.06.12.)
주   소 | 서울시 마포구 월드컵로 163-3(망원동)
전   화 | (02) 335-2630
팩   스 | (02) 335-2640
이메일 | h-4321@daum.net, yh4321@gmail.com
블로그 | https://blog.naver.com/dong-yeon-press

ISBN 978-89-6447-205-7 93200

전 면
· 개 · 정 · 판

교육
신학

A Theology of Education

은준관 지음

동연

1975년 처음 출판된 『교육신학』은 매우 생소한 제목이었다. 500여 페이지에 달하는 방대한 양과 세련되지 못한 언어 구사는 필자인 내 자신에게도 만족스럽지 못했다. 당시 필자는 42살의 풋내기 신학자로서, 열정 하나만으로 학문의 세계를 무모하게 노크하던 초년병이었다. 그리고 38년이 지난 오늘(2013년) 개정판을 내놓는 필자의 가슴은 한없는 감사와 떨림으로 교차하고 있다. 하나님의 신비로운 인도하심을 향한 감사이다. 그러나 동시에 이 책이 가지는 시대의 낙후성(outdated)은 두려움과 떨림으로 이어지고 있다.

2010년 어느 날, 필자의 제자인 동연출판사 김영호 사장(연세대 신학과 졸업)으로부터 『교육신학』 개정판에 대한 강력한 제안을 받았다. 그러나 2005년 절판을 끝으로 『교육신학』을 마감하려 했던 나로서는 개정판을 수용하기가 벅찼다. 예상되는 개정작업의 어려움과 그 결과에 대한 실망감과 두려움이 필자를 머뭇거리게 했던 것이다. 그러나 필자의 마음 한편에서는 1975년에서 2005년 사이, 『교육신학』이 15판을 거듭하는 동안 수많은 독자들이 보내주었던 말 없는 격려가 개정을 재촉하는 촉진제가 되고 있었다.

그런데 용기를 가지고 시작한 개정작업은 새 책을 쓰는 것보다 더 복잡하고 힘든 과정이었다. 세련되지 못한 '언어구사', '미흡한 사상전개'를 전면 수정해가면서 필자는 '부끄러움'에 사로잡혔다.

다만 그 당시 필자가 수집한 연구자료(research)가 여전히 이 분야의 살아 있는 소재와 그루터기가 되고 있다는 사실에 다소 위안을 받기도 했다.

이렇게 어렵게 시작한 개정작업은 '컴맹'에 가까운 필자를 6개월 동안 서재에 붙잡아 두었다. 개정작업은 '언어' 수정에서 시작하여 1970년대 이후의 사상을 추가하는 일과, 마지막 장인 '종결 없는 결론'을 다시 쓰는 긴 작업으로 이어졌다. 특별히 '종결 없는 결론'에서는 지난 38년간(『교육신학』 초판 이후) 필자가 거친 '신학회심'과 '신학순례'의 중심 주제가 된 '하나님의 통치하심'(Basileia tou Theou)에서 기독교교육을 재조명하는 계기가 되었다.

오늘 『교육신학』 개정판을 내놓으면서, 그동안 필자에게 무한한 사랑을 보내주셨던 많은 분들을 기억한다. 신학생 시절, 필자를 기독교교육의 세계로 인도해주신 Elsie Stockton 교수님과 김폴린 교수님(감신대), 그리고 듀크(Duke) 대학교 신학대학원의 Dean Robert Cushman과 주임교수였던 Dr. M. Richy 교수님 그리고 Pacific School of Religion, Berkeley의 Dr. Charles McCoy 교수님의 신학사상과 영향은 필자의 신학 형성에 핵심이 되었다. 그리고 유학시절 장학금으로 후원해주신 Johnson family, Menker family의 사랑도 기억한다. 귀국 후(1968년) 학문적, 정신적 지원을 아낌없이 베풀어주신 홍현설 박사님, 김용옥 박사님(감신대), 한태동 박사님, 문상희 박사님(연세대)의 사랑에 감사드리며, 또한 불모지였던 한국 기독교교육계를 당당한 학문적 세계로 세우는 일에 함께한 선후배 동역자들, 김형태 박사님, 차풍로 교수님, 정웅섭 교수님, Mrs. Ruth Burkholder

교수님, 김재은 교수님, 한미라 교수님을 모두 기억한다.

　지금 전국의 신학대학교와 교육현장에서 크게 헌신하고 있는 많은 제자 교수들과 학자, 그리고 전문가들 모두 따스한 기억으로 남아있다. 특별히 『교육신학』 개정판을 내놓는 일에 남다른 열정과 헌신을 보여준 도서출판 동연의 김영호 장로에게 깊은 감사를 보낸다.

　다시 쓰는 『교육신학』이 부디 한국교회와 한국 기독교교육의 미래를 조명하는데 한 작은 모퉁이돌이 될 수 있기를 소망한다.

2013년 6월
경기도 이천, 실천신학대학원대학교
연구실에서

보잘것없는 이 작품이 나오기까지는 약 3년 반이라는 긴 세월이 흘렀다. 글쓴이 자신의 게으름이 제일 큰 원인이기는 했지만 거기에는 '여건'이라는 종합적인 변명이 작용하였던 것도 사실이다. 이 기간이 흐르는 동안 수없이 많은 사건들이 역사의 무대 위에 나타나고 또 사라져갔다. 전쟁, 죽음, 권력의 등장과 퇴장, 경제 구조의 투쟁, 교회 분열, 데모, 권력의 억압, 산업 혁명, 교육 제도의 변화 등….

그러나 한 가지만은 변하지 않은 것이 있는 것 같다. 그것은 인간이다. 아니 인간의 마음이라고 할까? 역사의 무대에서 울려 퍼지는 소리들은 요란하게 광란하는 동안, 인간은 차가운 냉소자(冷笑者)들이 되었든가, 역사의 무대를 외면하는 사람들은 점점 늘어난 것 같다. 오늘 역사의 무대 위에서 하나의 주역(主役)이 되어 삶의 각본(脚本)을 묵묵히 연기(演技)해가는 사람은 보이지 않는다는 의미에서 인간은 여전히 냉소자라는 뜻이다.

변하지 않는 인간들이 뿜어내는 요란한 소리는 무슨 소리일까? 바로 이곳이 오늘 기독교교육이 서 있는 자리인지도 모른다. 그래서 기독교교육의 번지수가 불분명하며, 무엇이 기독교교육인가조차 정의하려는 사람도 적은 것 같다.

이 작은 작품은 혼돈된 기독교교육의 현주소를 그대로 소개하고, 파헤쳐 보려는 시도로 쓰게 된 것이다. 글쓴이의 주관적 해석이 처음부터 작용한 것도 사실이지만, 그보다는 기독교교육이라는 학문이 찾아야 할 번지수를 찾느라 몸부림한 여러 운동과 학자들의 사상을 객관적으로 소개하려는데 역점을 두었다. 그리하여 '복음'을 근거로 하여 '인간'을 변화시키며, 아울러 역사적 '상황'까지도 변화시키려 헌신한 기독교교육의 기수들에게 작은 도움이 되기를 바라는 마음에서 이 졸작을 내놓는다.

이 작은 작품이 나오기까지 지은이에게 영감과 대화로 격려하여 주신 몇 분을 기억한다. 감리교 신학대학에 계시는 홍현설 학장님, 윤성범 박사님, 김용옥 박사님은 지은이의 스승들이시며 동시에 그칠 줄 모르는 대화로 격려해 주신 분들이다. 이에 감사드린다. 기독교교육 분야에서 수고하시는 선배 동역자들, 김형태 박사, 문동환 박사, 주선애 교수, 정의숙 박사, 차풍로 교수, 정웅섭 교수 여러분들과의 학문적인 대화는 지은이에게 큰 격려가 되었으며, 이에 감사드린다. 또한 감리교 신학대학 부설인 기독교교육연구소에서 함께 일하고 함께 나눈 변미정 선생, 김재은 선생의 끊임없는 학문적인 대화는 지은이의 생각을 풍부하게 해주었으며, 이에 감사한다. 서투른 강의와 정리되지 못한 사상을 비판하고, 토의하면서 새로운 가능성 탐색에 함께 참여하여 준 감리교 신학대학생 여러분과 대학원생 여러분에게도 감사한다. 끝으로 원고 정리에 수고를 아끼지 아니한 감리교 신학대학 대학원 조교인 장기옥 님, 이성엽 님, 장춘희 님 그리고 이경재 님 또 이 책을 신학대학 교재용으로 출판해준 기독교서회에도 감사를 보낸다.

1975년 1월 냉천동에서
은준관

■ 차례

제1부_ 장의 해석학 – 교육신학의 프롤레고메나

제2부_ 교육신학의 역사적 고찰

2장 장의 사적 고찰 Ⅰ: 학문 이전 _95

3장 장의 사적 고찰 Ⅱ: 학문 이후 _147

제3부_ 기독교교육 장의 형태론

4장 가정화를 장으로 하는 교육 _211

8장 과정화를 장으로 하는 기독교교육 _441

제4부_ 종결 없는 결론

9장 '하나님 나라' – '역사' – '교회'를 장으로 하는 기독교교육 _475

서론

최근 일반교육학계의 추세(趨勢)는 이른바 순수교육학으로부터 '응용교육학'으로 그 초점을 옮기고 있는 듯하다. 교육심리학, 교육사회학, 교육공학, 교육철학 등은 교육 행위 자체를 다른 분야와의 관계에서 접근해보려는 시도들이다. 이 새로운 접근들은 교육 행위가 일어나는 장(場)을 심리현상에서 찾느냐(교육심리학), 사회현상에서 찾느냐(교육사회학)라는 학문적 시도들이다.[1] 기독교교육학은 교육 행위에 대한 학문적 접근이라는 점에서는 일반 교육학과의 대화가 불가피하지만, 기독교를 교육한다는 차원(次元)에서 보면 특유한 학문적 자율성을 가지고 있다. 기독교교육학에서도 기독교교육을 교육심리학적으로 접근하려는 로날드 골드만(Ronald Goldman)이 있는가 하면, 교육철학적으로 접근하려는 웨인 루드(Wayne R. Rood)가 등장하고 있다. 그러나 본서는 기독교교육을 교육신학이라는 관점

---

[1] '기독교교육은 기독교를 교육한다는 것인가, 혹은 교육을 기독교적으로 한다는 말인가?'라는 문제를 저자는 그의 심포지엄 논문 "한국교회의 기독교교육의 과제", 「신학사상」 Ⅳ, 한국신학연구소, 1974에서 다루고 있다.

에서 접근하려는 하나의 시도임을 전제하고자 한다.

'교육신학'이라는 용어가 등장한 것은 오래되지 않았으며, 그 용어를 사용한 학자들은 기독교교육학자들이 아니라, 오히려 조직신학자들이었다. 그 중의 한 신학자는 폴 틸리히(Paul Tillich)이다. 틸리히는 제자인 로버트 킴볼(Robert C.Kimball) 교수에 의해 편집된 그의 논문집 「문화신학」(*Theology of Culture*)[2]에 "교육신학"이라는 제목의 논문을 실었다. 처음에는 그 용어가 생소했으나, 다시 넬스 페레(Nels F. S. Ferré)가 『기독교교육을 위한 신학』(*A Theology for Christian Education*)[3]이라는 저서를 냄으로써 "교육신학"이라는 용어는 하나의 학문적 가능성으로 태동되었다. 그러나 한 가지는 분명하다. 비록 "교육신학"이라는 용어가 틸리히와 페레 교수에 의해서 명명되기는 했지만, 그에 앞서 이미 기독교교육은 오랜 세월 실패와 성공을 거듭해오면서 형성되어온 역사적 유산들을 가지고 있다. 틸리히와 페레는 여기에 학명을 붙인 것뿐이었다. 그 인물과 내용은 본서 전반에서 취급될 것이다.

I. 교육신학의 범위와 한계

무엇을 교육신학이라고 하며, 그 학문적 범위와 한계는 어디까지인가?

---

2 Paul Tillich, ed. by Robert C. Kimball, *Theology of Culture*, Oxford University, New York, 1959, pp.146-157

3 Nels F. S. Ferré. *A Theology for Christian Education,* The Westminster Press, Philadelphia, 1967

제롬 브루너(Jerome Bruner)는 그의 명저인 『교육 과정』(The Process of Education)[4]에서, 교육이란 지식의 구조(structures of discipline)와 학습 과정(learning process)이라는 두 차원이 얽혀 진행되는 과정이라 정의 한다. 그런데 그 구조와 과정은 언제나 함수(函數)속에 있으며, 더욱 이 올바른 관계구조의 이해는 학습과정을 보다 효과적으로 유도하 고 인도한다고 주장한다.[5] 언어를 가르친다는 말은 학습자에게 그 언어의 구조를 이해시키는 일이며, 학습자의 발견학습(discovery learning)을 통해 스스로 언어 구상과 문장 구성을 창의적(創意的)으로 할 수 있도록 돕는다는 뜻이다. 브루너의 교육론에 대한 찬반론(贊反論) 은 뒤로하고, 브루너의 교육 이해는 기독교교육에도 적용되는 것이 다. 기독교교육의 구조는 '복음'이라는 언어 속에 집약(集約)된다. 하 나님의 주권성, 계시, 세계와 삶, 죄와 용서, 인간과 교회, 성서 등은 그 중심에 하나님과 인간의 관계라는 구조가 있으며, 이것은 기독교 교육의 내용구조를 이룬다. 이 구조에 대한 해석을 우리는 신학이라 한다. 그러므로 기독교교육은 엄밀한 의미에서 신학에서 출발한다. 그러나 여기서 기독교교육이 이루어지는 것은 아니다. 기독교교육

---

[4] Jerome Bruner, *The Process of Education,* Vintage Books, New York, 1963
[5] *Ibid.,* p.8. 제롬 브루너(Jerome S. Bruner)가 사용한 "구조"(構造)라는 용어는 "한 사물을 얽어매고 있는 요소내지 그 요소가 얽혀 있는 모양"을 뜻한다.J. S. Bruner, 이홍우 역, 『교육의 과정』 배영사, 1973. 해설 부분 p.21. "혹은 한 지식이 나 현상을 원리와 구성의 관계 속에서 볼 수 있는 관계, 또는 질서"(pp.55-57)라 고도 한다. 그러므로 "구조"라는 말은 어떤 내용이든, 현상이든, 사건이든, 지식 이든 그것을 이루고 있는 내면적인 요소들 사이의 관계와 연관을 뜻한다. 아울 러 "과정"(過程)이라는 용어는 구조가 가르쳐졌을 때부터 시작하여 그 곳에는 학습의 준비성, 직관 학습, 배우려는 욕구와 흥미 유발까지의 전 학습과정(全學 習過程)을 포괄하는 뜻으로 사용하고 있다. 기독교교육에 있어서 '복음'은 신학 에 의하여 '구조'로 나타나게 되며, '신앙, 경험, 참여, 대화, 사고, 결단' 이 모든 것들은 구조로서의 복음을 터득하고 배우게 되는 '과정'이라고 전제한다.

은 복음이라는 하나님과 인간 사이의 관계구조가 인간과 인간 사이, 인간과 세계 사이에서 어떻게 경험되고, 해석되고, 사건화 되는가라는 과정에까지 확대되어야 한다. 이 과정은 학문적 분석과 해석을 동반한다. 그러므로 기독교교육이 하나의 교육 행위가 되기 위해서는, 그것이 구조(신학과의 대화에서)와 과정(교육 이론과의 대화에서)의 관계를 어떻게 설정하고 해석하는가라는 학문적 시도를 동반한다. 이렇게 구조와 과정 그리고 만나는 자리와 장(場) 사이의 관계를 해석하는 학문적 시도를 교육신학이라 명명(命名)한다.

과정을 외면한 구조에만 치우칠 경우, 그 교육은 주입식 교육 혹은 내용 중심의 교육이라는 상표가 붙게 된다. 반대로 구조가 외면된 채, '과정'만이 강조된 교육은 '경험중심'의 교육으로 상표화 되어 왔다. 이 교육의 양극화 현상은 일반 교육에서는 권위주의 대(對) 인본주의 사상(중세기와 르네상스)의 대결로 나타났으며, 현대에 와서는 전체주의 교육의 획일화(그 예로는 독일 나치스의 교육과 공산국가의 교육)와 민주주의 교육(존 듀이를 중심한 진보적 교육 운동) 사이의 갈등으로 표현되었으며, 기독교교육에서는 '성서' 중심의 교육(그 표현은 통일공과로 나타났음)과 '경험' 중심의 교육(그 표현은 계단공과로 나타났음) 사이의 갈등으로 표현되어 왔다.

이 같은 갈등과 긴장이 계속되는 교육의 혼돈 속에서 교육신학적 시도는 신학적 구조와 교육 과정 사이의 의미 있는 관계를 모색하여 왔다. 신학(신앙의 내용 구조를 해석하는)과 교육(인간과 인간 사이의 인위적 전수(人爲的 傳受)행위) 사이의 이질적인 갈등과 한계 속에서 오히려 신학과 교육이 만날 수 있는 제3의 자리(場)를 찾는 것이 교육신학의 과제라고 할 수 있다.[6] 이러한 전제 아래 본 서론에서는 세 학자의 방법론을 교육신학적 모형으로 제시하고자 한다.

처음 소개할 학자는 칼 바르트(Karl Barth)이다. 바르트에게 있어서 신학은 본질상 교회의 학문으로서, 신 언어의 해석적 기능(Theos-Logos)이면서 동시에 신의 계시에 대한 재해석 기능이며, 교회의 존재(being)와 선교(mssion)에 대한 해석을 책임지는 학문이라고 전제한다. 이 신학이 '성서 신학'으로 나타날 때, 그것은 교회 언어의 근원(foundation)을 질문하고 해석하며, 신학이 '교의학'으로 나타날 때에는 교회 언어의 내용(content)을 질문하고 또 해석한다. 그러나 그것이 '응용신학'(기독교교육 포함)으로 나타날 때, 그것은 교회 언어의 목적(aim)을 질문하며 아울러 인간실존의 변화를 묻고 또 해석한다.7 이 전 과정에 관계하는 학문을 바르트는 응용신학이라고 정의한다. 그러므로 바르트 신학은 '복음'에서 출발하며, 그 복음에 의해 형성되는 신-인간 사이의 관계구조가 신학의 우선적인 위치를 차지한다. 복음의 응용은 제2차적 단계이다. 여기서 바르트의 교육신학의 방법론은 '신학'이 '교육'을 결정짓는 형식으로 도식화(圖式化)된다.

그러나 다음으로 소개할 폴 틸리히 교수의 사상은 바르트와는 정반대의 입장에서 전개되고 있다. 틸리히에 있어서 신학의 출발점은 준비된 신학적 정답이 아니라 인간의 실존적 상황이며, 그 속에서 제기되는 실존적 물음이다.8 이 실존적 질문은 신학적 해답에 선행하는 철학적 질문이며, 이 물음이 제기될 때에만 신학은 비로소 해답을 줄 수 있다는 것이다. 그 대답의 내용은 물론 하나님 자신이시다.9 "상호연결의 방법"(method of correlation)이라고 명명한 그의 신

---

6 은준관, "교육신학의 가능성", 「신학사상」 VI. 참조..

7 Karl Barth, *Church Dogmatics*, tr. by G. T. Thomson, T & T. Clark, 38 George St. Edinburgh, 1960., Vol. Ⅰ.

8 Paul Tillich, *Systematic Theology*, Vol. Ⅰ., The University of chicago Press, 1951., pp.59-66.

학방법은 교육신학 전개의 과정에 중요한 열쇠가 되고 있다. 틸리히는 아래와 같이 말한다.

"어린이들은 질문도 하지 않는 데도, 기독교교육은 하나님, 그리스도, 교회, 죄, 구원, 하나님 나라 등등의 언어 표현을 마치 돌을 던지듯이 강요하고, 또 해답을 주려하고 있다. 그러므로 기독교교육자는 배우는 자들의 마음과 가슴 속에 솟아오르는 실존적인 물음부터 찾아내는 일을 해야 할 것이다."[10]

실존적 질문이 교육의 출발이 되어야 한다는 틸리히의 방법론은 바르트와는 달리 과정이 구조를 결정짓는 도식으로 나타난다. 여기서 바르트의 '구조→과정'의 도식적 방법론과 틸리히의 '과정→구조'의 도식적 방법론은 교육신학 방법의 양대 '축'을 이루고 있다.

그러나 위의 두 사람과는 달리 세 번째 학자, 넬스 페레(Nels F. S. Ferré) 교수는 오히려 바르트와 틸리히 사이의 갈등을 새로운 방법으로 극복하려고 한다. 페레에 의하면, 신학의 구조가 현실에서 살아 숨 쉬는 신앙의 구조에서 오는 것이라면, 신학은 오히려 교육 행위의 목적과 장(場, context)을 뒷받침하고 형성하는 내면의 힘이 되어야 한다.[11] 그러므로 교육이란 내용 구조(構造)의 전달만도, 그렇다고 실존(實存)의 물음만도 그 출발점으로 삼을 수는 없다는 것이다. 오히려 신앙의 내용(구조)과 신앙적 결단(과정)은 동시적이어야 하며 양면적 대화이어야 한다.[12] 페레의 접근은 흥미롭다. 신앙의 내용과 신

---

10 Paul Tillich, *Theology of Culture*, p.154.
11 Nels F. S. Férre, *A Theology for Christian Education*, p.18.

앙의 결단이 만나는 자리인 장은, 현실의 교회라는 기독교 공동체(共同體)이다.[13] 그러므로 페레의 방법은 '구조⇆과정'이라는 도식으로 나타나는데, 그가 의미하는 장이란 결국 연역(演繹)과 귀납(歸納)의 과정이 교회 공동체 안에서 상호 보완적으로 활동하는 관계의 장을 말하며, 그 장은 신앙 공동체를 통하여 구현된다.

학문적 비판은 본론에서 상세히 다루겠지만. 우리는 위에서 간략히 소개한 세 학자의 신학 방법론으로부터 교육신학의 범위와 한계를 배운다. 즉, 그들 방법론의 공통적 관점에 의하면 교육신학이란 궁극적으로 기독교 신앙의 구조에 대한 해석뿐만이 아니라, 그 구조가 교육의 내용과 교육의 장이 되어 경험의 과정에까지 연결되는 다양한 함수관계를 소재로 하는 학문이며, 또한 해석이라는 사실을 동시에 함의한다.

이러한 논의들을 출발점으로 하여 새로운 이론적 탐색을 시도하고자 하는 필자는, 과연 어떻게 '교육신학'에 있어서 구조와 과정이라는 내재적 대립물들의 생명력을 그대로 보존한 채 양자 간의 창조적 만남을 이끌어 낼 수 있는 방법론을 찾아낼 것인가 하는 도전적 과제에 직면하고 있다. 그러므로 이 글은 구조 속에서 과정의 가능성을 찾고, 과정 속에서 구조의 가능성을 찾아가는 '교육신학'의 새로운 방법론을 찾아보려는 저자의 학문적 여정이기도 하다.

---

12 *Ibid.*, p.26.
13 *Ibid.*, p.19, p.22.

II. 장(場)이란 무엇인가?

'장'(場)이라는 용어는 교육학에서 사용하는 장설(場說, field theory)에서 온 것이다.[14] 장이란 마당, 터전, 자리, 공간 등을 의미하는 것이 사실이지만, 그 공간은 '삶'으로 한계지어 있는 살아 있는 공간을 말한다. 그래서 커트 루인(Kurt Lewin)도 이를 "생의 공간"(生의 空間, life space)라고 정의하고 있다.[15] 인간과 인간, 인간과 환경이 서로 얽혀 있는 삶의 공간이며, 숨 쉬고 관계를 맺는 한계상황(限界狀況)인 것이다.

윤성범 교수는 그의 저서 『기독교와 한국사상』[16]에서 "복음"은 한국적인 "자리"(場)에서 받아들여져야 함을 강조하면서, 이 "자리"를 "자아(自我)의 자각(自覺)", "주체의식"(主體意識), "전 이해"(前理解, pre-understanding)(불트만을 비판하면서도), "정황"(情況, situation) 그리고 "문화적 아프리오리"(a priori)라고[17] 설명하고 있다. 여기서 윤 교수의 사상을 전체적으로 다룰 수는 없으나, 그가 의미하는 "복음"과 "자리"의 관계에 있어서 "자리"란 일상생활(먹고 배설하고, 잠자는) 그 이상의 것이며, 아울러 지리나 공간 그 이상의 개념으로 풀이하고

---

14 Lawence Little, *Foundations for a Philosophy of Christian Education*, Abingdon Press, 1962. p.92-94. 여기서 로렌스 리틀 박사는 '장론'(場論)의 권위자였던 커트 루인(Kurt Lewin)의 이론을 자세히 설명하고 있다. 장(場)이란, 개인과 환경이 함께 형성하는 관계 전체라고 본다. 즉 인격, 환경 그리고 인격과 환경 사이에서 오는 상황 때문에 행동하게 되는 이 모든 것의 종합을 "장"이라고 표현하고 있다. 다른 말로 말해서 "장"이란 "삶의 공간"(life space)이라고 표현한다. 개개인의 삶뿐 아니라, 사회현상(사회, 경제, 정치 관계가 점점 더 중요한 행동력이 되고 있다는 점에서)까지를 포함하는 삶의 전상황(全狀況)을 의미한다.

15 *Ibid.*

16 윤성범, 『기독교와 한국사상』, 기독교서회, 1964.

17 *Ibid.*, pp.12-17.

있다. 커트 루인이나 윤 교수가 의미하는 "장"이란 삶의 의미의 영역 전체를 말하며, 삶과 삶 사이의 관계이면서 동시에 그곳에서 사건(event)이 일어남으로써 새로운 행동의 변화를 촉구하는 생의 공간을 의미하는 것이라고 볼 수 있다.

다른 각도에서 '장'을 해석할 수도 있다. 웹스터 『신 국제사전』[18]은 'Context'라고 표현되는 상황을 'Situation'으로 표현되는 상황과 구분한다. Situation은 공간과 위치의 개념에 가까운 표현으로, 여기서는 사건의 전후(前後)관계가 연관을 가지지 않는다. 오히려 우연히 일어나는 한 순간과 그 환경을 의미한다.[19] 그러나 Context라는 상황은 한 문장으로 말하면, 한 단어가 다른 단어와의 연결을 통해서 전체의 의미를 가지는 것과 같은 것이다.[20] 하나와 다른 하나와의 연결은 새로운 상황을 만들며, 아울러 그것은 결국 그 하나까지도 의미화 하는 것이다. '장'이란 후자인 Context에 그 의미가 가깝다고 할 수 있다.

그렇다면 과연 기독교교육의 장은 어떤 것인가? 그것은 바로 '복음'에 의해 변화되는 인간과 세계 그리고 인간과 세계가 만나는 자리(context)인 것이다. 문제는 여기서부터 시작된다. 오늘날의 기독교교육의 쟁점이 있다면 구조에 대한 해석의 차이에 비중을 두는 것도 사실이지만, 좀 더 예리하게 살펴본다면 사실은 이 '장'"을 어떻게, 혹은 무엇으로 명명하는가에 있다고 볼 수 있다. '장'을 "만남"으로, "참여"로, "관계"로 보는 교육학자가 있는가 하면, '장'을 "인간

---

[18] *Webster's New International Dictionary,* G. &C. Merriam Co., Springfield, Mass, 1951.

[19] *Ibid.,* p.2350.

[20] *Ibid.,* p.576.

화"로, "사회화"로 보는 교육신학자들도 있기 때문이다. 어떻게 표현되든, '장'이란 복음의 빛 안에서 일어나는 인간과 세계의 변화를 말한다.

　본서는 문제의 핵심으로 부각되는 장론(場論)을 중심으로 히브리 시대로부터 현대까지의 사적 고찰을 시도하였으며, 20세기에 등장한 교육신학자들의 중심사상을 비판적으로 분류하고 또 해석하는 데 역점을 둔다. 그리고 종합과 제언에서는 교육신학에 대한 필자 나름대로의 작은 소신을 담고 있다.

제1부

장의 해석학
- 교육신학의 프롤레고메나

1장 기독교교육 장의 구조와 과정

"신학은 교육을 위해서 그 터를 마련하고 또 해석하는 기능을 가진다. 신학은 계시를 궁극적인 터전으로 해야 하지만, 동시에 계시의 해석을 통하여 모든 지식에 창조적 의미를 부여 한다.

기독교교육은 교육적 관점을 가지고 신학을 풀이하는 작업이며, 신학은 교육을 위해 의미 있는 프레임(frame)이 되어야 한다.

교육신학이란 기독교 진리를 교육적으로 해석하는 학문이다. 기독교교육은 교육신학의 해석을 거쳐 다음 세대가 참 삶을 살아가고, 이 세계와 역사를 보다 창조적인 것으로 만드는 일에 참여하도록 돕는 행위이다."

- 넬스 페레, 『기독교교육을 위한 신학』에서

1장.
기독교교육의
장(場)의 구조와 과정

기독교교육의 장은 구조라는 차원과 과정이라는 차원이 서로 만나는 '자리'라고 정의한 바 있다. 그리고 구조와 과정의 만남이라는 '장'에서 창조되는 삶과 신앙의 사건이 기독교교육이다. 본 장에서는 바로 장을 형성하는 구조를 교육철학과 교육신학의 관점에서 풀이하여 그 윤곽을 그릴 것이며, 장을 형성하는 또 다른 차원인 과정을 교육학적 입장에서 풀이하여 수평의 선을 그려 보고자 한다. 이를 위하여 우선 다음의 세 가지를 기본적 해석의 틀로 삼는다.

첫째로, 20세기의 교육학자 존 듀이(John Dewey)가 정의하는 교육의 '장'은 다음의 글 속에서 찾을 수 있다.

"모든 교육은 개체적인 자아가 인류의 사회적 의식에 참여함으로써 시작된다. 교육은 출생과 함께 무의식적으로 시작되지만, 동시에 자아 능력의 형성은 의식화 과정의 민감화, 습관 형성, 그리고 사상 훈련, 감정과 느낌의 세련이라는 계속적인 훈련 과정을 거쳐서 일어난다. 이러한 유·무의식적인 교육을 통해 개체적 자아는 인류가 공동으로 집대성한 지적(知的) 그리고 도덕적 유산에 참여하게 되며, 이로써(교육을 통하여) 인간은 인류 문명의 상속자(inheritor)가 된다."[1]

듀이는 위에서 인용한 문장 속에서 교육의 구조와 교육의 과정에 관하여 분명히 말하고 있다. 그는 개체적 자아가 인류의 사회적 의식에 참여하는 전 과정을 교육의 과정이라고 본 것이다. 여기서 인류가 집대성한 지적, 도덕적 유산은 곧 교육의 구조가 되며, 이것이 교육의 과정이라는 차원과 만날 때(상호작용) 교육은 하나의 사건이 된다. 듀이는 그것들이 만나는 자리를 사회화 과정(社會化 過程)이라고 부르며,[2] 한 걸음 더 나아가 계속해서 다음처럼 말하고 있다.

"모든 공식적(formal)이고도, 기술적인(technical) 교육은 문화의 총체적인 사회화 과정을 떠나서는 성립될 수 없다. 여기서 공식적이고도 기술적인 교육은 문화의 사회화 과정을 조직하고, 또 특수한 방향으로 전문화할 뿐이다."[3]

이로써 듀이는 문화(文化)와 문명(文明)을 교육의 구조로 보며, 공

---

[1] John Dewey, *Dewey on Education, Selections,* with An Introduction and Notes by Martin S. Dworkin, Columbia University, New York, 1959, p.19.

[2] *Ibid.*, p.20.

[3] *Ibid.*, pp.19-20.

식 교육은 이를 의식화(意識化)하는 과정이라고 이해한다. 그러므로 문화와 의식화 과정은 교육의 장(場), 즉 문화의 사회화를 형성한다. 이 사회 의식화 과정을 선택하고, 조직하고 그리고 전문화하는 작업을 공식 교육이라고 한다. 그러므로 '장'은 크게 보아 '함축적인 장'과 '기술적인 장'으로 나눌 수도 있다. 듀이의 이러한 입장은 후대의 학문적 탐구를 위한 구분법으로 받아들여졌다.

둘째로, 신정통주의 신학 시대에 살았던 교육신학자 루이스 조셉 쉐릴(Lewis Joseph Sherrill)의 정의를 들어본다.

"기독교교육은 인간들이 하나님과의 관계에서, 사회와의 관계에서, 이웃과의 관계에서, 세계와의 관계에서, 그리고 자기 자신과의 관계에서 변화가 일어나도록 참여하고 지도하는 기독교 공동체 구성원들의 시도이다."[4]

여기서 쉐릴은 기독교교육의 구조를 하나님과의 관계, 세계와의 관계, 이웃과의 관계, 그리고 자신과의 관계라고[5] 본다. 그러나 하나님과 세계, 하나님과 자신과의 관계는 만남(Confronta)과 응답(encounter)[6]의 상응작용에서 하나의 사건으로 경험된다. 바로 이 관계의 구조가 만남을 통하여 하나의 신앙적 사건으로 된 장이 기독교 공동체이다.

"…기독교교육의 장은 코이노니아(koinonia)로서의 기독교 공동체

---

[4] Lewis Joseph Sherrill, *The Gift of Power*, MacMillan Co., New York, 1959, p.82.
[5] *Ibid.*, p.83.
[6] *Ibid.*

이며, 이 공동체 안에서 인간과 하나님은 관계의 얽힘(만남과 응답) 속에 함께 참여한다."[7]

여기서 성도의 교제(Communio Sanctorum)로서의 코이노니아는 구조와 과정이 만나게 하는 장이 된다.

셋째로, 현대적 선교신학을 대변하는 교육신학자 레티 러셀(Letty M. Russel)은 장의 해석을 다음과 같이 서술한다.

"기독교교육이란 하나님과 세계와의 화해를 통해 참 인간성을 회복하시려는 하나님의 선교에 참여하도록 모든 사람에게 열려 있는 그리스도의 초청에 참여하는 방법이다."[8]

러셀에게 있어서 기독교교육의 장의 기본적 구조는, 그리스도 예수 안에서 온 세계를 향하신 하나님의 화해의 사건을 의미한다. 이를 러셀은 하나님의 선교(Missio Dei)라고 부른다. 그러나 이 신학적 구조는 참여와 축하의 과정을 거쳐서 실현된다. 이 구조와 과정이 만나는 장을 러셀은 증인 공동체(證人 共同體)라고 보며, 이는 쉐릴과 공통점을 이룬다.[9]

---

[7] *Ibid.*, p.82.
[8] Letty M. Russell, 정웅섭 역, 『기독교교육의 새 전망』, 대한기독교서회, 1972. p.82.
[9] *Ibid.*, p.43.

Ⅰ. 장(場)의 구조

교육에 있어서 장 이해(場 理解)가 중요한 것은 '장' 자체가 모든 교육 행위(teaching activity)를 가능케 하는 종합적인 관계라는 이유 때문이다. 장이란 구조와 과정의 함수관계이고 또 상호작용하는 자리라고 설명한 바 있다. 그러나 이 문제를 보다 전문적인 언어로 전개한 학자는 제롬 브루너(Jerome Bruner)이다. 브루너는 학습(learning)에 두 가지 방법이 있다고 본다. 그 하나는 단순한 "습관성의 연장"(extension of habit)[10] 학습 방법이다. 이 학습 방법은 구조의 이해나 비판 정신은 없이 기술만을 전달하는 방법이다. 이런 기술 훈련의 목적은 즉흥적인 응용과 실용만을 목적으로 한다. 그러나 또 다른 하나의 학습 방법은 기술 습득에서 시작하지 않고 오히려 원리(principles)와 자세(attitude)의 전달[11]을 학습의 기본 방법으로 한다. 그것은 방대한 지식과 정보 속에 숨어 있는 원리적인 구조를 이해하고 습득하게 하는 방법이다. 그러기에 브루너에 있어서 학습의 핵심은, 원리적 구조로부터 시작하여 응용에로 전달하는 관계 설정에 있다고 본다. 그러기에 브루너는 원리적 구조가 모든 교육 과정과 교육 기술까지 결정한다고 정의한다. 필자는 브루너의 입장에 전적으로 동의할 수는 없으나(그것은 함수관계 안에 있기 때문에) 편의상 장의 구조를 이해하는 하나의 전제로 받아들인다.

---

[10] Jerome Bruner, *The Process of Education.*
[11] *Ibid.*, p.4.

1. 교육철학에서 본 장의 구조

1) 교육철학의 과제

교육철학이 보는 장의 구조를 이해하기 위해 먼저 교육철학이라는 학문의 본질과 그 해석적 기능을 알아야 할 것이다. 교육철학이 무엇인가라는 명제 앞에서 학자들은 다양한 정의들을 내리고 있지만, 여기서는 루이스 레이드(Louis A. Reid)의 정의를 출발점으로 삼고자 한다. 레이드는 자신의 저서인 『철학과 교육』(*Philosophy and Education*)[12]에서 교육철학이 두 가지의 기능을 가지고 있다고 전제한다. 그 중 하나는 목적 지향적 기능(teleological)[13]으로서, 그는 교육철학을 과학기술로 인해 생겨난 과잉 지식과 기술 교육이 만들어낸 혼돈이라는 역설 속에서 끊임없이 교육의 "방향"(direction)과 "종합"(integration)[14]을 묻고 또 답하는 학문이라고 정의한다. 즉, 교육철학은 방향 상실, 혹은 의미 상실 속에서 교육의 "길잡이"(guide)[15]라는 기능을 가진다는 것이다. 그러나 레이드에게는 보다 깊은 다른 한 차원이 그의 교육철학사상을 형성하고 있는데, 그는 이를 "새로운 눈으로 보는 것"(seeing freshly)[16]이라고 한다. "새로운 눈으로 본다"는 교육철학적 기능은 전 생(全生)의 과정에서 오늘을 "본다"는 의미를 가지며, 모든 교육 행위를 삶의 장이라는 관계에서 "새로 본

---

12 Louis A. Reid, *Philosophy and Education, An Introduction*, Random House, New York, 1965.
13 *Ibid.*, p.11. Reid는 철학의 기능을 목적 지향적으로 보는 Wittgenstein의 입장에 동의하고 있다. "병 속에 있는 나비에게 날아갈 길을 열어주는 것"이라고 본다.
14 *Ibid.*, p.4.
15 *Ibid.*.
16 *Ibid.*, p.13.

다"는 것이다. 레이드는 이것을 교육철학의 또 하나의 기능으로서 분석적 기능이라 부른다. 그러나 교육철학의 목적지향적 기능과 분석적 기능은 오히려 시대에 따라 혹은 사상적 특성에 따라 다양한 '형'(型)으로 나타나게 되었다.

2) 고전적 교육철학군

조지 넬러(George F. Kneller)[17]는 다양한 교육철학의 '형'들을 '고전적 교육철학군'(古典的 敎育哲學群)과 '현대 교육철학군'[18]으로 대분한다. 고전적 교육철학군은 방법론적 구조 네 가지를 공통적으로 사용하는 것에서 출발하는데, 우선 그 첫째는 형이상학(metaphysics)적 질문이다. 형이상학적 질문은 삶의 목적 및 우주에 관한 창조론적 혹은 진화론적 물음, 그리고 인간정신에 관한 물음을 포함하며, 이 물음은 교육 과정 전체를 꿰뚫고 흐르는 기본적인 물음이다.

두 번째의 방법론적 구조는 인식론(認識論, epistemology)인데, 이는 실재(實在)를 아는 지식(knowledge)내지는 습득 방법에 관한 것으로, 계시(啓示), 직관(直觀), 이성(理性), 감각(感覺) 그리고 실험 등을 다루는 영역이다. 즉, 전달 이전에 선행되어야 하는 인식의 문제를 다루는 것이다. 가치관(value)과 윤리(ethics)의 문제는 세 번째의 방법론적 구조를 이룬다. 인간들, 특히 젊은이들의 도덕적·영적 가치관은 내일의 세계를 보다 나은 세계로 만들어가는 판단과 행동의 규범이 되기 때문이다. 교육의 목적은 교사가 교육의 궁극적인 가치를 지식

---

[17] George F. Kneller, *Introduction to the Philosophy of Education*, John Wiley & Sons, Inc. New York, London, Sidney, 1964.

[18] *Ibid.*, Kneller는 그의 저서에서 제1장만을 제외하고는 제2, 3, 4장을 '형'을 논하는 장으로 삼고 있으며, 2장을 고전형, 3, 4장을 현대형으로 구분하고 있다.

전달에 둘 것인지 아니면 선택과 판단의 능력을 가진 인간 형성에 둘 것인지에 따라 크게 달라질 것이다. 이것이 가치관이다. 고전적 교육철학의 네 번째 방법론적 구조는 논리(論理, logic), 언어 그리고 전달의 문제이다. '느낌의 언어', '관계적 언어', '상징적 언어' 등, 언어의 문제는 실재(형이상학)를 아는 지식(인식론)을 어떤 가치관에 담아(윤리) 전달(논리와 언어)[19]하는가라는 과정과 연관된다.

이러한 기본적인 방법론적 구조를 가지고 오랜 역사 속에 형성되어온 고전적 교육철학군은 크게 네 가지 주의(主義)로 구분되어 왔다. 그 첫째는 자연주의(naturalism)[20]다. 자연주의 교육철학의 형이상학적 실재는 대자연이고, 인식의 근거는 물적(物的)인 충동이며, 가치 이해에 있어서는 자연과 조화된 생(生)이고, 논리는 귀납적이다. 둘째는 관념주의(idealism)다. 관념주의의 형이상학적 실재는 '영'(靈, spirit), 혹은 '정신'(精神, mind)으로서, 인식론의 근거는 사상을 유출하는 정신으로 보았고, 가치란 인간 자신과 도덕적 명령(칸트)이며, 논리는 연역(演繹)과 귀납(歸納)의 방법으로 이해하였다. 이렇듯 자연주의는 물량(物量)을 중심하여 형성되었으며, 관념주의는 정신의 우월성에 근거하여 형성되었다. 고전적 교육철학의 세 번째는 실재주의(realism)다. 실재주의의 형이상학은 '물'(物 자체들, things in itself)에 있었으며, 인식론은 '영'들 사이의 상관통행(相關通行, correspondence)을 아는 이성(reason)이고, 그들의 가치는 이성적으로 판단하는 보편타

---

19 J. Donald Butler, *Four Philosophies*, Harper & Row Publishers, New York, Evanston, and London, 1957, p.38. 이것은 Kneller나 Butler만의 학문적 구분법은 아니다. 모든 교육철학자들은 이 구조를 합의된 방법으로 받아들이고 있다.
20 *Ibid.*, pp.57-127. George F. Kneller는 고전적 교육철학 속에 자연주의를 포함시키고 있지 않다. 그러나 Butler는 자연주의야말로 가장 오래된 철학(p.57)임을 환기시키고 있다.

당한 도덕법이고, 논리는 '물'과 '정신' 사이의 관계를 분석하는 수리적(數理的)인 것으로 판단했다. 고전적 교육철학의 마지막 형은 실용주의(pragmatism)이다. 실용주의는 형이상학적 실재를 우주, 자연, 실재와 동의어로 쓰고 있는 '세계'라고 보았으나[21], 그 세계는 진화론적이고 다원적이며, 가변적인 세계로 이해하였다. 그들의 인식론적 근거는 감각적 경험이며, 실용주의적 가치는 객관적으로 존재하는 법이 아니라 인간 '자아'와 '사회' 사이에 일어나는 관계 속에서 생성되는 가장 효과적인 기능인 것이다. 이들의 논리는 실험적인 추구(experimental inquiry)이다.

이상에서 논의된 고전적 교육철학을 도식으로 그려본다면,

	형이상학	인식론의 근거	가치관	논리
자연주의	대자연	자연적 충동	자연과의 조화된 생	귀납 (induction)
관념주의	'영' 혹은 정신	정신	인간과 도덕적 명령	연역과 귀납
실재주의	물과 영의 관계	이성	보편타당한 법	분석적 수리
실용주의	세계	감각적 경험	효과적 기능	실험적 추구

이상의 고전적 교육철학군은 각기 다른 철학적 구조에서 전혀 다른 교육 사상들을 발전시켜 온 것이다. 그러나 자연주의, 관념주의, 실재주의(실용주의는 다소 논의의 여지가 있지만)의 공통점 하나는, 그것들 모두가 형이상학적 개념을 철학적 선험성(철학적 아프리오리,

---

[21] *Ibid.*, pp.452-453. Butler는 1931년에 출판된 John L. Child, *Education and The Philosophy of Experimentalism*(New York, Century Co,.)을 인용하면서, 그 속에 나타난 실용주의 철학의 형이상학적 실재인 세계 이해를 열 가지로 설명하고 있다.

a priori)에 두고 있다는 것이다. 그리고 그 철학적 선험성 위에 그들의 인식론, 가치 설정, 논리 전개, 그리고 교육론까지를 펼치고 있다는 공통점을 지닌다. 그러기에 이들에게 있어서 철학사상은 교육 과정보다 우선하며, 철학이 교육을 결정한다는 구조를 가진다. 이것이 고전적 교육철학군이 가지는 공통적인 학문의 위치였다.

3) 문화적 아포스테리오리에서 본 교육철학

그러나 고전적 교육철학군의 철학적 아프리오리(a priori) 방법은 크게 도전을 받게 되었다. 미국 뉴욕대학교 교육철학 교수인 데오돌 브라멜드(Theodore Brameld)는 그의 저서 『문화적 관점에서 본 교육철학』(Philosophies of Education in Cultural Perspective)[22]에서 다음과 같은 질문을 던졌다. "과거의 고전적 교육철학군이 사용하여 온 원칙과 규범은 오늘에 와서 불변의 것으로 받아질 수 있을까?", "새롭게 형성되고 있는 오늘의 문화가 과거의 군주적인 교육철학을 보완 내지는 대치하는 새로운 관점이 되어야 하지 않을까?" 브라멜드는 이렇게 말한다.

'선'(善)에 관한, '진'(眞)에 관한, 그리고 '실재'(實在)에 관한 질문을 계속 제기해야 할 철학의 중요성을 외면하지 않으면서도 오늘 물어야 할 질문은 무엇일까? 그것은 선, 진, 실재에 관한 물음은 자체 안에서 추상적으로 해답되어질 것이 아니라, 현대 문화의 급격한 움직임, 갈등, 재건의 역사적 물음과의 관계 속에서 새로운 의미를 찾아야 할

---

22 Theodore Brameld, *Philosophies of Education in Cultural Perspective,* The Dryden Press, New York, 1955, pp.43-44.

것이다.[23]

　고전철학이 던진 질문은 계속 제기되어야 할 것들이지만 그 물음에 대한 해답을 탐구하는 방법은 과거의 철학적 아프리오리(a priori)의 권위주의적 방법이 아닌, 문화적 아포스테리오리(a posteriori, 문화의 장에서 경험하는 구체적인 사건을 소재로 하여 원리에 도달하는 귀납적인 것)와의 관계 속에서 새롭게 전개되어야 한다는 주장이다. 브라멜드에 의하면 과거의 교육철학은 주로 "안으로부터 밖으로"(from the inside out)의 방법으로 사고하여 왔다는 것이다. 철학적 아프리오리에서 출발하여 다른 모든 것을 결정지어 왔다는 것이다. 그러나 지금과 앞으로는 "밖으로부터 안으로"(from the outside in)라는 방법에 의해 철학 행위는 변하도록 도전을 받고 있다는 것이다. 철학적 아프리오리가 아니라, 문화적 아포스테리오리에서 철학은 문제들과 씨름하고 사고해야 한다는 것이다. 그 이유는 철학이란 환경의 창조자(그 철학적 a priori 때문에)가 될 뿐 아니라, 환경의 피조물(문화적 a posteriori에서 온)도 되기 때문이다. 여기서 교육철학은 철학적 아프리오리를 전제로 하며 원리와 문화적 아포스테리오리를 소재로 하는 실존 사이의 함수 속에서 그 위치를 찾아야 할 때에 온 것이다.[24] 그렇다고 여기서 원리와 문화 사이의 갈등이 끝난 것은 아니며, 이는 긴장을 이루고 있는 양극의 추(錘)와도 같은 것이다. 이 같은 교육철학의 새로운 시도들을 조지 넬러(George F. Kneller)는 여섯 가지의 사상적 유형으로 구분하고 있다. 그 중에서도 특히 두 가지 사상, 실존주의 철학과 분석철학[25]은 문화성을 강조하는 형태로 구분한다. 실존주

---

23 *Ibid.*, p.44.
24 *Ibid.*, p.45.

의는 "생의 영속적인 문제와의 열정적인 만남",[26] 특히 죽음의 불가피성, 사랑의 문제, 선택과 자유의 경험, 인간관계의 문제들을 실존의 소재로 하되, 삶의 결단을 통해서 만나는 실존을 핵심으로 하고 있다. 그리하여 "본래적인 자유, 자아의 독특성을 위한 비타협적인 긍정은 교육철학 전반을 향해 도전하는 실존주의의 핵심적인 메시지"[27]인 것이다. 그러나 분석철학은 실존주의가 강조하는 인간과 자유와는 달리, 모든 인간 언어의 문장들을 과학적으로 시험하여 그곳에서 얻어지는 객관적인 의미를 추구하는 운동으로 분류된다. 그래서 '주관적'이고, '인간적'인 요소들을 최대한 제거하여 언어가 가지는 과학적 의미를 끌어내는데 의미를 둔다. 의미를 규명하는 데쓰는 그들의 원리에는 두 가지가 있다고 넬러는 해석한다. 그 하나는 분석적(analytic)인 방법으로, 한 문장 안에 이미 전제되어온 함축적인 의미(a priori)에 의하여 그 문장의 의미를 찾는 방법이다. 또 다른 하나는 종합적(synthetic)인 방법으로, 한 문장의 의미를(한 문장 안에 있는 선험적 원리가 아닌) 후험적인 것에 의해 발견하는 것이다. "이해태는 과자이다"라는 말은 해태는 제과회사라는 아프리오리 때문에 이 문장은 분석적인 서술인 것이다. 그러나 "과자는 해태이다"라는 말은 과자가 해태의 것인지 아닌지의 규명 이후에만(a posteriori) 알 수 있는 문장이라는 점에서 이것은 종합적인 방법인 것이다. 분석철학은 이 두 가지의 방법을 가지고 모든 서술의 과학적 의미를 규명한다. 방법론에 있어서는 양극적인 선을 걷고 있지만, 그러나 실존철학과 분석철학 모두 인간의 실존과 경험의 영역을 철학의 소

---

25 George F. Kneller, *Introduction to the Philosophy of Education*, pp.53-91.
26 *Ibid.*, p.54.
27 *Ibid.*, p.58.

재로 삼고 있다는 점에서는 공통점을 가지고 있다.

　그러나 근대 교육철학군을 이루고 있는 나머지 네 부류의 사상적 구조를 눈여겨 볼 필요가 있다. 이것에 관하여 조지 넬러와 데오돌 브라멜드는 공히 그 첫째를 진보주의 철학(progressivism)으로 부른다. 실용주의 철학을 교육에 접목한 사상적 체계를 진보주의라고 명명하게 된 이유에는 존 듀이(John Dewey)라는 철학자이자 교육학자가 있었기 때문이다. 전통적인 교육의 지나친 형식주의(formalism)에 반발하고 나선 진보주의는 실재를 '변화'로 보았으며, '인간'을 포함한 만물은 끊임없이 '발전'과 '성장'하고 있다는 관점에서 출발한다. 여기서 교육은 내용전달이 아니라, 발전하고 성장하는 학생들의 흥미와 관심에 관계되어야 하는 것이라고 보게 되었다. 학습이란 학생 자신에 의해서만 효과적으로 일어나기 때문이며, 이로써 교사란 학생들이 스스로 배우는 기본적인 과정을 '지도'하는 자, '충고자'로서의 역할을 수행하는 자로 정의된다. 학교란 민주주의를 실현하는 협력 공동체로서 이해한다. 이로써 진보주의는 민주주의를 기본개념으로 하는 교육론을 펼쳐 왔다.

　근대 교육철학의 두 번째 부류는 항존주의와 본질주의를 하나로 묶은 복고운동이다. 항존주의(恒存主義)는 미국 시카고대학교 총장이었던 로버트 메이너드 허친스(Robert Maynard Hutchins)와 모티머 애들러(Mortimer J. Adler)가 선봉에 섰던 철학 운동이었다. 진보주의 사상의 지나친 낙관성에 대한 반발에서 시작하여 현대교육이 상실한 중세기적 학문 원리를 복귀하자는 데 그 목적을 둔 교육철학 운동이었다. '변화'가 교육을 결정하는 요인이 될 수 없으며, 오히려 교육은 불변하는 원리에 의해서만 결정되어야 한다고 주장한다. 교육은 학생들을 환경에 적응시키는 일이 아니라, 불변하는 원리와 진리에 적응시키는 작업이라는 것이다. 이와 유사한 입장의 또 다른 철학운동은 본질주의(essentialism)이다. '본질'과 '원리'를 교육의 구조로 제언하고 있는 점에서 항존주의와 본질주의는 같은 입장에 서 있지만, 그러나 전개 방법에 있어서는 상당한 차이점을 가지고 있다.

본질주의는 본질을 항존주의가 말하는 중세기적인 영원불변의 것으로부터 찾는 것이 아니라, 오히려 '문명'의 과정을 거쳐서 현대인에게까지 전달되어온 기술과 사실 그리고 지식의 법칙들을 비판적으로 받아들인다는 의미의 본질을 말하고 있기 때문이다. 본질주의자들은 교육을 문명을 거쳐 전수되어온 지식을 비판적으로 소화시키는 작업이라고 본다. 교사는 이를 수행하는 권위자이며, 학교란 정신 훈련을 엄격하게 실행하는 도장인 것이다.

이로써 항존주의와 본질주의는 문화성(a posteriori)을 공히 인정하면서도 실상은 전통과 영원불변의 진리라는 아프리오리를 교육 구조의 결정적 요소로서 간주하고 있다. 그러나 근대 교육철학의 최근의 시도는 재건주의(reconstructionism)라고 알려진 철학운동이다. 1930년대에 조지 카운트, 해롤드 러그 같은 선구자들이 있기는 했으나 1950년대에 와서 데오돌 브라멜드[28]가 재건주의 교육철학을 크게 대성시켰다고 본다. 재건주의는 무엇보다 먼저 오늘의 인간 문명이 타락하였기 때문에 새로운 목적이 필요하다는 사실을 주장한다. 이 점에서 재건주의는 항존주의에 동의(同意)한다. 오늘의 문명은 재창조되어야 할 엄숙한 요청 앞에 직면하고 있다는 것이다. 그러나 이를 성취하기 위한 방법론에서 재건주의는 항존주의가 주장하는

---

28 Theodore Brameld는 『교육철학의 형태, 문화적 관점에서 본 교육철학의 형태』 (op.sit.), 『교육철학의 재건을 향하여』, 『교육의 문화적 근거』 등의 역작을 통하여 재건주의의 대성자로 군림했다.

중세기 복귀론에 전적으로 반기를 들고 나온다. 재건주의는 문명의 재창조가 과거의 회복이 아니라 미래의 세계에 있다고 보며, 그 세계는 인류 공동사회 실현의 꿈으로서, 인간의 공동적 협동과 협력 기구에 의해 창조된다는 것이다. 여기서 재건주의는 교육의 목적을 '사회 개혁'을 위한 분명한 프로그램과 작업으로 정의한다. 그 사회는 순수한 민주주의 사회인 것이다. 아동, 학교, 교사의 관계는 바로 이 사회개혁을 위한 목적에 의하여 형성되어야 한다는 것이다.

여기서 철학적 아프리오리(a priori)를 회복하려던 철학운동과 새로이 등장하는 문화적 생성을 소재로 하는 철학운동을 통틀어 그 구조를 도식화한다면 다음과 같다.

	실재	인간	교육의 구조
진보주의 (Progressivism) (Liberal)	진화	성장의 주체	민주주의의 실현 =교사—학생(협력)
항존주의 (Perennialism) (Regressive)	중세기적 진리	진리의 수호자	진리에 적응
본질주의 (Essentialism) (Conservative)	비판되어진 법칙과 지식	문명의 비판자	정신 훈련을 통한 법칙의 재발견
재건주의 (Reconstructionism) (Radical)	세계사회 실현	문화의 창조자	엔컬츄레이션-문화적 과정

이것들은 현대 속에 나타난 교육철학들이지만, 그 구조를 이루는 저변에는 두 갈래의 갈등, 즉 철학적 a priori를 근거로 하는 교육과, 문화적 a posteriori를 근거로 하는 교육이념이 계속 충돌하고 있는 것이 현실이다.

4) 교육철학에서 본 교육 구조의 문제

이상의 모든 교육철학 사상들은 그 출발점을 철학적 아프리오리에 둘 것인지 아니면 문화적 아포스테리오리에 둘 것인지, 또는 철학적 아프리오리와 문화적 아포스테리오리 양자 간의 관계에 둘 것인지 하는 방법론의 충돌이었다. 그 사상들은 후대에 와서 비판도 받지만, 지금도 독특한 이유와 타당성을 가지고 여전히 학문적 유산으로 남아있다. 그러나 그 사상들 속에는 공통적인 문제가 하나 숨어있다. 그것은 인간관(人間觀)이다. 교육철학군이 공히 인간문제를 다룬 것은 사실이다. 그러나 이때의 인간은 교육철학이 정해놓은 구조 속의 인간일 뿐이었다. 인간은 주체가 아니었다. 여기서부터 우리는 교육 구조를 읽는 또 다른 도식을 추적하고자 한다. 그것은 인간과 사회의 관계에서 보는 교육 구조이다.

(1) 먼저 인간과 사회의 관계를 두고 교육사에는 두 가지의 큰 흐름이 있어왔다. 그 하나의 흐름을 교육의 전체주의(全體主義)이라 한다. '사회' 혹은 '국가'를 인간 자아 위에, 그리고 인간보다 선행하는 관계로 풀이하는 해석의 흐름이다. 대표적 인물로는 플라톤, 아리스토텔레스, 제퍼슨(T. Jefferson)이 여기에 속한다. 『공화국』(Republic)에서 플라톤은, 사회는 최선의 국가를 모색하며 개인은 최고의 인격을 모색한다는 두 요소가 공존하고 있다고 보았다. 그러면서도 개인과 사회와의 관계에 있어서는 사회가 우월성을 가진다고 보았다. 그 우월성은 사회가 가지고 있는 권한, 즉 전통을 보존하고 전달하는 일과 개개인의 성격을 형성하고 기술들을 전수하는 임무로부터 부여된다는 것이다. 그러므로 사회는 개인의 운명을 결정짓는 보화의 저장소 같은 것으로 보았으며, 교육은 이런 사회에 적응하기 위한 인간 훈련과정으로 이해했다. 국가를 향한 충성을 지고(至高)의 선(善)

으로 규정하였으며, 이것이 교육이 지향하는 궁극적인 목적이었다. 여기서 인간은 개개인의 운명을 결정 지어주는 사회 내지 국가 안에서만 자아성을 발전시킬 수 있다고 보았다. 그러기에 플라톤은 철두철미하게 국가 및 사회의 우월성을 주장한 것으로 알려져 있다.[29]

교육의 전체주의를 대변하는 다른 사람은 아리스토텔레스다. 아리스토텔레스는 그의 저서 『윤리』(*Ethics*)에서, 인간은 선천적으로 선한 성품을 가지고 있는 것으로 보았다. 그러나 『정치』(*Politics*)라는 저서에서는 이 "선"을 실현하는 길은 개인이 아니라, 조직으로서의 국가에 그 기능에 있다고 정의한다.[30] 그러므로 교육은 선한 개인을 "선한 시민"으로 양성하는 일이고, 정치란 선한 시민으로 하여금 "선한 삶"을 실현하도록 뒷받침하는 모든 일을 책임진다고 보았다. 궁극적으로 교육은 국가의 통제 안에 있는 것이어야 한다는 것이다. 고전적 철학자 이외에 교육의 전체주의를 제창한 현대의 정치인은 토마스 제퍼슨(Thomas Jefferson)이다. 제퍼슨은 교육을 그 본질에 있어서 민주주의를 보존하기 위한 수단으로 이해하였으며,[31] 개인은 민주 시민이 되기 위한 후보생이라고 규정한다. 인간 존엄의 규범보다는 '사회' 존속을 위해 출현한 유인원(ape) 정도로 인간을 보는 교육의 전체주의는, 결국은 인간을 정치라는 거대한 기계의 부속품으로 취급하는 과오를 범하여 온 것이다. 이것이 전체주의가 불러온

---

29 Robert. S. Brunbaugh & National M. Lawrence, *Philosophers on Education, Six Essays on the Foundations of Western Thought*, Houghton Mifflin Co., Boston, 1963, p.35.

30 S. J. Curtis & M. E. A. Boultwood, *A Short History of Educational Ideas*, University Tutorial Press Ltd., Clifton House, Euston Rd., London, NoW., 1953, p.35.

31 Robert M. Healey, *Jefferson on Religion in Public Education*, Yale University Press, 1962, p.141.

교육의 타락상이며, 여기서 인간은 사회적 목적의 실현을 위한 종속적 존재나 예속물로 전락하였다.

교육사 속에 등장한 다른 또 하나의 흐름은 교육의 개인주의라고 부른다. 교육의 전체주의와는 정반대로 교육의 개인주의는 인간 자아를 '사회'나 '공동체'보다 위에, 혹은 보다 선행하는 실재라고 보는 전제에서 출발한다. 많은 경우 교육의 개인주의적 이해는 교육의 전체주의적 강압에 대한 반발로서 나타났으며, 비인간화(非人間化)된 사회적 굴레로부터 인간을 해방시키려는 자유의 이념을 들고 출현하였다. 이를 대변하는 사람들은 루소와 페스탈로치였다.

1712년에서 1778년까지 살았던 장 쟈크 루소(Jean Jacques Rousseau)32는 당시의 전체주의에 항거하고 나섰던 자연아(自然兒)였다. 계몽주의(enlightenment)의 영향을 받은 루소는 중세기 사회제도의 비대함 앞에 깊은 의문을 던졌으며, 개개인의 권리까지 침해하고 있는 봉건주의 사회와 타락에 반기를 들었다. 그것은 1762년 『사회계약론』과 『에밀』(Emile)이라는 책으로 표출되었으며, 새로운 교육론을 여는 시작이 되었다. 루소는 참 인간의 원형을 자연(nature) 상태의 인간으로 보았으며, 이는 사회의 모든 억압적인 영향으로부터 벗어나 있는 인간이라고 믿었다. 사회의 억압적인 영향이란, 과학적 편견과 주입, 그리고 그것을 합리화하는 제도를 의미한다. 여기서 인

---

32 루소는 제네바의 한 작은 도시에서 1712년에 출생했다. 그러나 루소의 어머니는 그의 출생과 함께 죽어 아버지의 손에 자라난 불행을 겪었다. 그래서 그는 정규학교 교육을 받지 못하고 가정교사 밑에서 공부하였다. 자라서 그는 가정교사가 되어 정착되지 않은 생활을 이어나갔다. 홉스, 파스칼, 로크와 같은 철학자들의 저서를 읽었고, 1762년 『사회계약론』을 내놓았으며, 같은 해에 교육론의 주저인 『에밀』을 내놓았다. 그러나 『에밀』 때문에 그는 체포령까지 받아, 피난과 순례의 생활을 계속하는 불행을 겪어야 했고, 1778년 세상을 떠났다.

간은 본래적인 평등성, 용기 그리고 자유까지 상실했다는 것이다. 교육이란 억압적인 사회제도로부터 인간을 해방시켜 자연(본연의 상태)에로 복귀시키는 작업이라고 설파했다. 그러나 루소에게 있어서 그것은 하나의 가설로서 끝날 수밖에 없었으며, 그것이 실현 불가능한 이유를 사회 타락의 심각성에 두었다. 그러나 루소는 이처럼 개인의 자연에로의 회귀가 불가능한 사회적 현실을 고려하여 '법'을 중심으로 하는 계약 형식의 사회를 대안으로 제시한다. 그러면서 교육의 궁극적인 초점을 '아동'에 두었다. 여기서의 아동이란 어른의 축소판이 아닌, 고유의 존엄성과 인격성을 지닌 독립적 인격체로서의 개념이다. 결국 루소는 이 아동의 성장과정을 가능케 하는 것이 '계약사회'이고, '가정'이라고 보았다. 여기서 루소는 전통적인 기독교의 원죄설, 특히 아동의 원죄를 부정하였다. 오히려 아동의 성장발달을 4단계로 나누고 그 특징들을 기술하였으며, 거기에 따르는 교육 방법까지도 제시하였다. 루소는 개인의 자유를 짓밟으면서까지 사회제도를 합리화하였던 전체주의에 반기를 들고 아동과 개인의 권리, 그리고 자유의 우위성을 주장하였으며, 계약사회와 가정은 인간의 성장을 돕는 보조적 역할로 규정했다. 그렇게 하여 루소는 교육의 새로운 철학과 구조를 제창하는 인본주의의 선구자가 되었다.

페스탈로치(Jean Heinrich Pestalozzi)[33]는 루소의 주장과 사상을 교

---

33 페스탈로치는 1746년 이탈리아계 개신교 가정에서 출생했다. 그러나 어려서 아버지를 잃은 것이 그의 생 전체에 치명적인 상처가 되었다. 15세 때 대학에 입학하여 처음 만난 훌륭한 선생과의 접촉은 그에게 감명적 교육이었으나 자율적 교육은 아니었다. 그는 루소의 『에밀』을 읽고 큰 영향을 받았다. 오랜 교육사업 끝에 재산을 다 잃기도 했다. 18년간 사색과 작품을 쓰는 일로 소일하던 중, 친구의 주선으로 1780년에 몇 권의 책을 출판했다. 특히 『레오나르드와 게

육론에 접목하여 집대성한 인물이다. 그는 루소보다도 더, 교육을 사회 변혁의 중요한 방법이라고 보았다. 그러나 사회 변혁은 제도의 변화이기 전에 개개인의 잠재력과 능력을 실현하는데서 가능한 것으로 믿었다. 교육은 개체적 자아를 준비시키고, 자율적 행동을 할 수 있도록 돕는 작업이라는 것이다. 이를 가능케 하는 교육 현장은 가정이며, 특히 그 분위기를 중요시 하였다. 학교는 가정의 분위기를 집약한 최선의 사회적 환경일 뿐이라고 해석한다. 그러므로 페스탈로치에게 있어서 교육의 기본적인 출발점은 아동 안에 내재하고 있는 '잠재력'이었으며, 교육 과정은 아동의 지(知), 정(情), 의(意)의 요구를 경청하고 관찰하는 데 있었다. 결국 교육은 아동의 내적 잠재력과 요구를 스스로 성취해 갈수 있도록 돕는 환경을 만들어 주는 작업일 뿐이라고 정의한다.

수천 년의 긴 교육사에는 교육의 전체주의라는 한 흐름과 이에 반하는 교육의 개인주의라는 또 다른 흐름이 쌍벽을 이루어 왔다. 그러나 이 두 흐름 사이의 긴긴 논쟁은 어떤 타협점도 없이 시계추처럼 한 끝에서 다른 끝으로 오고가는 왕복운행을 반복하였다. 루소와 페스탈로치는 개체적 자아와 그 우월성을 교육 구조의 핵심으로 들고 나오면서 자아와 사회의 관계를 비연속적 관계로 보고, 교육의 연속성을 인간 자아(사회와는 상관없는)의 잠재력에 두었다. 이러한 관점은 후대에 와서 날선 비판에 직면한 그들의 약점이기도 하다. 교육의 전체주의가 사회적 낙관주의에 빠졌는가 하면(국가와 사회의 실현은 곧 지고의 선의 표현), 교육의 개인주의는 개인적 낙관주의에 빠

르트루드』(Leonard & Gertrude)는, 한 가정에서 교육자로서의 여인상을 그린 교육 소설로 유명한 작품이었다. 1805년에 스위스에 세웠던 Yverdon Institute는 전유럽의 교육의 메카처럼 유명했다.

졌다고 보기 때문이다. 그들은 개인의 자기실현이 곧 사회적 완성이라고 보았던 것이다.

(2) 전체주의와 개인주의라는 양극단의 교육철학 사이에서 제3의 형식을 들고 나온 몇몇 현대 교육철학자들의 출현은 교육사의 새로운 축을 형성하기 시작했다. 여기에는 존 듀이(John Dewey), 로버트 율리히(Robert Ulich), 오토 볼노브(Otto Bollnow), 그리고 데오돌 브라멜드(Theodore Brameld) 같은 사람들이 속한다.

교육의 개인주의를 한 축으로, 교육의 전체주의를 다른 한 축으로 형성되어 온 숙명적인 대결과 갈등은 20세기에 들어오면서 존 듀이[34]에 의하여 새로운 해결의 단초가 열리기 시작하였다. 듀이가 가장 즐겨 사용한 "상호의존성"(相互依存性, interdependence), "상호행동작용"(相互行動作用, interaction 혹은 transaction) 은 문제를 풀어가는 핵심적인 주제어들이었다. 그러나 이 주제어들이 나오기까지는 긴긴 철학적 사고와 실험과정이 그 뒤에 깔려 있었다. 무엇보다 먼저 듀이의 철학적 사고는 '이 세계가 무엇인가' 라는 세계관과 씨름하였다. 듀이는 이 세계를 죽은 것 혹은 고정적인 것으로는 보지 않았다. 이 세계는 "열려진 결과를 향해 진행되는 과정"이며, 바로 그것 때문에 세계는 "불확실한 가능성"[35]이라고 보았다. 한마디로 세계는 진화적 과정이라는 것이다. 변화와 무한한 가능성이 교차하면서 진행하는 이 세계는 "앞으로 한없이 개방된 세계"이다. 그런데 이 세

---

[34] 존 듀이는 1859년에 출생하여 1952년에 세상을 떠났다. 20세기가 낳은 최대의 교육학자라고까지 불리는 듀이는 그의 유명한 저서들을 통하여 철학 및 윤리에 지대한 영향을 끼쳤고 더욱이 교육에는 새로운 창조의 장(章)을 꾸며놓은 공헌을 했다. 유명한 저서들로는 1886년에 『심리학』을 비롯하여, 1961년에 쓴 『민주주의와 교육』 그리고 1920년에 쓴 『철학의 재건』 등 수십 권이 있다.

[35] Ralph B. Winn. *John Dewey in Philosophy*, The Beacon Press, Boston, 1920, p.61.

계를 구성하고 있는 무소부재(無所不在)의 에너지는 "보수"(保守)라는 에너지가 아니라, 변화 그 자체에서 발생하는 새로운 가능성으로서의 에너지라는 것이다.[36] 그러기에 듀이에게 있어서 이 세계는 항시 새로운 창조와 파괴의 양면 속에서 진화하고 있으며, 바로 이 진화의 과정 속에 인간이 참여한다는 것이다. 이 참여를 통해 인간은 세계를 경험하며, 그 경험에 대한 "지적훈련"(知的訓練)을 통해 인간과 세계가 함께 성장한다는 것이다.

듀이의 교육론은 진화하는 세계과정 속에 인간이 참여한다는 기본적인 구도에 근거한다. 교육의 핵심은 인간의 경험에 있으며, 이 경험은 세계(사회)와 인간 사이의 상호작용에서 오는 것으로, 이를 실험적 연속(experimental continuum)[37]이라고 한다. 이 실험적 연속을 매개로 인간과 세계는 서로 성장(growth)하고, 발전(development)하며, 진보하고(progress) 또 진화(evolution)한다는 것이다. 이것을 '트랜스액션'(transaction)이라고 하며, 모든 교육 행위의 구조적 근거가 된다.

결국 듀이의 교육은 세계의 소우주(小宇宙)인 학교가 학생(인간)들의 세계 참여의 기회와 경험을 마련하는 자리인 것이다. 즉, 학교는 세계와 인간의 상호의존적인 관계 속에서 상호작용을 매개하는 경험의 장이다. 교사란 사회에 의해 위탁된 사람들이며, 그들의 역할은 지식을 강요하는 것이 아니라, 학교라는 상호의존적 '장'에서 학생들로 하여금 세계참여를 경험하도록 자료를 선택하고, 정리하여 주는 일을 담당한다. 학생은 참여를 통해 얻은 세계경험을 정리하고, 그 속에서 자신을 하나의 책임 있는 시민으로 형성해가는 주

---

36 John Dewey, *Reconstruction in Philosophy*, The Beacon Press, Boston, 1920, p.61.
37 Robert S. Brumbaugh & Nathaniel M. Lawrence, *Philosophers on Education*, op.cit., p.126.

체이다. 결국 교육이란 학생(자아)과 사회(세계)사이의 상호의존적 관계 속에서 상호행동을 가능하도록 돕는 행위이다. 그것은 한 자아의 형성뿐 아니라 사회형성(그 목적은 민주주의 형성)까지를 가능하게 하는 전 과정(全過程)이다. 듀이의 교육 사상을 요약하면 다음과 같다. 교육에는 세계와 인간의 상호의존성(相互依存性)이라는 구조가 그 중심에 있다. 여기에는 인간이 참여하고 경험하는 상호작용이 있으며, 그 만남을 매개로 하는 공동체를 학교라고 불렀다. 이 학교공동체를 통하여 비로소 민주주의가 형성된다는 것이다.

존 듀이로부터 깊은 영향을 받았으면서도 듀이의 진화론적 세계관, 그리고 그 바탕위에 설정한 소위 '진보주의적 교육'(progressive education)에 대하여 비판을 들고 나온 이는 로버트 율리히(Robert Ulich)이다. 교육철학 계보에서 본질주의 철학자로 분류된 율리히[38]는 그의 명저『교육철학』(*Philosophy of Education*)[39]에서 넓게는 실용주의 전반에 관해, 좁게는 존 듀이의 교육철학에 대하여 다음과 같이 비판하고 있다.

"존 듀이가『민주주의와 교육』에서 지적하였듯이 위대한 교육자들은 민주주의가 사회적 협동의 최선의 형태라는 점에 동의하고 있다. 그러나 만일 실용주의자들의 상대주의(相對主義)에 따른다면, 인간 행위의 규범은 항상 변하고 있는 경험에 의하여 결정되는 것이며, 그

---

[38] 로버트 율리히Robert Ulich는 1890년에 유럽에서 출생하였다. 후에 미국으로 건너가서는 하버드 대학교 교육철학 교수로 봉직하다가 은퇴했다. 데오돌 브라멜드에 의하면 어떤 종류의 주의(ism)와도 동일시하기를 원치 않았지만, 그러나 율리히는 본질적인 내용과 방법의 비판적 응용을 강조함으로 본질주의에 속한다고 볼 수 있다.

[39] Robert Ulich, *Philosophy of Education*, American Book Co., New York, 1961.

렇게 되면 그것은 경험을 위한 경험의 반복밖에는 되지 않는 것이다. 인간 결단을 위한 규범은 어디서 찾을 수 있을까?"[40]

듀이와 실용주의 교육철학은 인간 자아와 사회 사이의 관계를 "실험적 연속"이라는 유일한 매개로 풀이한 결과, 이념과 경험을 한데 묶을 수 있는 윤리적 규범 같은 것을 상실해 버렸다는 비판이다.

율리히에게 있어 바람직한 교육철학은 듀이의 실험적 연속성이 아니라 "윤리적 종합"(ethical synthesis)이어야 한다고 표현된다. 율리히는 토마스 아퀴나스(Thomas Aquinas)의 "Participatio Legis divinae in creatura humana"(인간 피조물 속에 선의 법칙이 내재한다)[41]라는 명제에서 자연법과 초자연법 사이의 종합을 인용하고 있다. 율리히는 두 실재-'물'(物)과 '영'(靈) 사이의 종합을 인간행위의 에너지로 보며, 그 종합의 원리를 "완성의 원리"(integralism)[42]라고 부른다. 인간 안에 있는 이 윤리적 원리가 인간 자아와 사회 사이의 긴장관계를 종합하는 에너지라고 율리히는 주장한다. 윤리적 종합론을 두고 율리히는 인간 자아의 문제부터 풀어간다. 인간에게는 기본적인 세 가지 요구가 있다는 것이다. 첫째는 성(性), 애정(愛情), 생존(生存), 죽음(死), 삶(生)과 직결되는 물리적 차원의 요구이다. 교육은 이 요구에 답하는 행위이다. 둘째는 인간들 사이에서 그리고 인간과 세계 사이에서 일어나는 사회적 차원의 요구이며, 교육은 인간의 사회적 요구에도 답해야 한다. 셋째는 윤리적 요구이다. 듀이는 '경험'을 매개로 하는 상호 행동을 교육철학의 원리로 삼았으나, 율리히는 듀이와 달리 의

---

[40] *Ibid.*, p.35.
[41] *Ibid.*, p.54.
[42] *Ibid.*, p.55.

식(consciousness), 양심(conscience), 그리고 도덕성(morality)을 근거로 인간과 세계의 관계를 윤리적으로 종합해야 한다고 설파한다. 윤리적 종합이란 변화하는 세계의 경험에서 오는(실용주의 견해) 것이 아니라, 역사와 전통을 비판적으로 받아드리는데서 생겨나는 규범 같은 것이라고 본다. 그러므로 율리히에게 있어서 교육은 윤리적 차원(양심과 도덕성)에서 인간의 생물학적 요구와 사회적 요구를 종합하고 또 완성해 가는 작업이다. 그는 교육을 통하여 인간과 사회를 윤리적으로 종합해 가는 미래를 꿈꾸었던 것이다.

그러나 데오돌 브라멜드(Theodore Brameld)는 로버트 율리히를 포함하는 본질주의 교육철학이, 현재도 미래도 없는 과거 숭배주의에 빠져 있다고 비판한다. 브라멜드에 의하면 본질주의의 오류는 첫째로, '본질'(essential)을 '전통'(tradition)과 혼동하여 사회적 전통이 마치 진리와 선(善)의 규범[43]인 것처럼 잘못 이해하고 있다는 것이다. 오류의 두 번째로, 본질주의는 과거에 제정하였던 원리를 오늘 속에 비판없이 받아들이고 또 절대화함으로, "혁명적 진통"[44]을 경험하고 있는 오늘날 문화와 인간의 삶과의 관계를 끊어 놓았다는 것이다. 그렇다면 브라멜드가 제창하는 재건주의[45]란 무엇인가? 재건주의는 전통과 본질의 중요성을 배제하지 않으며, 다만 절대화된 규범을 반대한다. 전통은 새로운 재건과 창조를 위해 재해석되고 재형성

---

[43] Theodore Brameld, *Philosophies of Education in Cultural Perspective*, p.276.
[44] *Ibid.*, p.274.
[45] Brameld가 의미하는 재건주의 철학은 적어도 자유주의적 경향의 실용주의, 보수주의의 본질주의 철학, 후험적 항존주의의 강·약점들을 비판적으로 받아들이면서 오늘의 역사적 요청에 응답하기 위한 새로운 운동으로 나타나고 있다. (*Ibid.*, p.73.) Brameld의 교육철학에 대한 해석과 풀이는 본 저자가 쓴 "교육신학의 가능성", (「신학사상」, Ⅵ. 1974)을 참조하라.

되어야 하는 소중한 문화재이다. 재건주의는 한마디로 인간이 자기의 운명체인 문화 재건에 참여하는 문화화 과정(enculturation)이며 교육 운동이다. 이 땅에 세워가는 민주주의라는 유토피아가 인류 공동체의 꿈이며, 그것의 실현이 문화 재창조의 목적인 것이다. 여기서 교육이란 이 꿈을 실현하기위한 문화의 전달(transmitting)행위이며(본질주의와 항존주의와의 대화), 동시에 문화의 수정(modification)(진보주의와의 대화)의 행위(즉 문화화)인 것이다. 그러므로 전통과 문화는 현재와 미래 그리고 유토피아의 빛에서 재해석되고 재형성된다. 여기서 인간(학생)은 교육을 통하여 도래하는 유토피아의 실현을 위한 문화의 전수자이며, 동시에 문화의 개혁자로서 준비한다. 문화의 전달자이며 동시에 문화의 개혁자인 교사는 교육을 민주적 방법으로 수행한다. 이 과정에서 '설득'은 가장 좋은 교육 방법이 된다. 이로써 브라멜드는 미래의 새로운 사회 건설의 꿈이야말로 과거의 문화와 현재의 학생(인간 자아)과 그사이의 문화적 갈등(사회)을 극복하고 또 창조해가는 에너지라고 본 것이다. 교육철학사에서 이 재건주의는 비교적 최근의 사상적 흐름이며, 이를 능가할 다른 사상적 출현은 아직은 없는 것으로 알려져 있다. 그러나 조지 넬러는 재건주의 철학을, 특히 브라멜드의 사상을 "전체주의적 유토피아"[46]에 빠질 수 있는 위험한 사상임을 경고하고 있다. 그 이유는 다수의 결정을 진리라고 규정하는 것도 위험하지만, 설득된 지식이 반드시 미래의 새로운 사회질서를 창조하는 규범은 될 수 없기 때문이다. 미래의 유토피아가 무조건적인 가치 규범이 될 수는 없다는 것이다.

　　그러나 이 문제를 정반대의 축에서 접근하는 학자는 독일의 교

---

[46] George Kneller, *Introduction to the Philosophy of Education*, p.127.

육철학자 오토 볼노브(Otto Bollnow)[47]이다. 존 듀이나 브라멜드나, 율리히를 인용한 적은 없지만, 볼노브는 그의 저서에서 미국적 경험주의자들이 의미하는 낙관주의적 경향, 즉 세계와의 연속성 속에 있는 인간(듀이는 진화론적 상호연결을 말했고 율리히는 윤리적 종합을 말했고, 브라멜드는 새로운 사회 창조를 위한 문화화를 말했다)을 비판적으로 받아들이고 있다. "연속성"이란 실재의 한 단면을 말하고 있는 것은 사실이지만, 실재에는 연속성 외에 "비연속성"(discontinuity)이 존재하고 있기 때문이다. 실존주의 철학은 이 비연속성을 대변하는 사상이고, 교육철학이다. 그러나 볼노브는 비연속성이 실재의 전부라고 극단화시킨 실존주의의 주장도 비판하고 나섰다. 오히려 볼노브의 방법론적 범주는 '비연속성'과 '연속성'의 함수 속에 놓인다.

> 실존 철학의 인간학적 원리를 몇 마디로 해석한다면, 이렇게 규정지을 수 있을 것이다. 인간에게는 궁극적이고, 가장 깊은, 실존철학이 "실존"이라는 특수한 개념으로 나타낸 "핵심"이 존재한다. 그 핵심은 모든 지속적인 형성(continuity)을 근본적으로 거부한다. 왜냐하면 그것은 언제나 순간적(discontinuity)으로 실현되며, 또한 순간적으로 다시 사라지기 때문이다. 실존철학에 의하면, 실존의 평면에서는 생의 과정의 어떠한 연속성도 근본적으로 있을 수 없다. … 오직 순간 속에서 결집시킨 힘을 다하여 수행하는 하나하나의 비약이 있을 뿐이다.[48]

---

[47] Otto Bollnow는 미국적 실용주의 철학과는 상반적인 위치에 서 있는 실존주의 철학을 근거로 교육철학을 풀이하고 있다. 그러나 실존주의가 가지고 있는 약점들을 극복하려고 노력한 학자이며, 해결을 위한 실마리를 던져주기도 했다.
[48] Otto Bollnow, 『실존철학과 교육학』, 이규호 역, 배영사, 1967, pp.13-14.

이것은 볼노브가 이해한 실존주의의 변(辯)이다. 그렇다고 실존주의 철학이 강조하는 비약, 순간, 실존, 즉 비연속성 그 자체가 문제해결의 길은 아니라고 본다. 오히려 볼노브는 "단속적 형식"(斷續的形式)이라는 새로운 방법론적 형식을 제시한다. "단속적 형식"이란, 순간적인 단절(회개, 비약, 순간)은 언제나 지속적 진행과 성장(연속성)과의 함수관계 속에 놓일 때만 새로운 장이 생성된다는 것이다. 즉 "순간"은 성장과 변증법적으로 만나야 한다는 것이다. "단속적 형식"에서 보는 교육이란 첫째로, "위기(危機)"에서 일어난다고 본다.[49] 교란 상태, 과거의 가치 질서가 무너지는 진통 속에서 새로운 질서가 생길 수 있는 계기를 "위기"라고 부르며, 이는 교육적인 위기라는 것이다. 둘째로, 교육은 "각성"(awakening)이라고 본다. 인간 안에 숨어 있는 통찰력을 일깨우는 각성이란 연속성만도, 비연속성만도 아닌 오히려 인간을 단속적 과정 속에 있게 한다는 것이다. 그러나 볼노브에게 있어서 단속적 형식을 구현하는 가장 중요한 개념은 "만남"[50]이다. 마르틴 부버가 구사했던 『나와 너』의 인격적인 만남이라는 의미도 있지만, 볼노브는 환경과의 만남, 시대와 문화의 정신적 현실과의 만남까지를 포함하고 있어서 부버를 능가하고 있다. 이 만남에는 두 가지 면이 공존하고 있다. 하나는 "만남"이 가지는 비연속적인 차원이다. 서로 안다는 것, 함께 공존한다는 것, 통심(痛心)한다는 것, 교제한다는 것 등은 "실존의 핵심"이 없는 한 "만남"이 되지 않는다. 실존적인 핵심이 없는 통심과 교제는 실상은 만남이 아니라 피상적인 접촉일 뿐이다. 그러나 실존의 핵심이란 비연속성 속에서도 "만남"이라는 연속성을 가능케 하는 중심사상이다. 이

---

49 *Ibid.*, p.23-41.
50 *Ibid.*, p.101.

만남은 단속적 만남이다. 이 단속적 만남 속에서 인간(그 존재, Sein)
은 비로소 존재화(存在化, Werden) 되어간다. 이 변증법적 과정을 볼노
브는 참 교육 과정이라고 보았다. 이로써 볼노브는 현실과 인간 사
이의 관계를 "단속적 형식"이라는 변증을 거쳐 이해하고, 매개하려
하였다. 현대 교육철학가들의 사상을 도식으로 표시하면 다음과 같다.

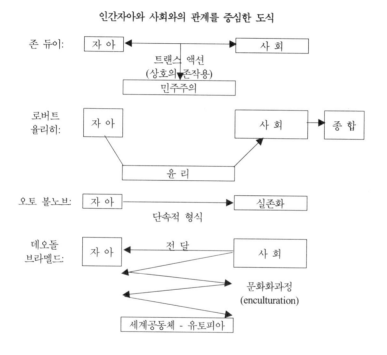

인간자아와 사회와의 관계를 중심한 도식

이렇듯 교육사를 통하여 드러난 다양한 문제들은 일치된 사상체
계라기보다는 오히려 갈등하는 사상과 해석으로 점철되어 왔음을
보았다. 교육의 전체주의적 이해와 개인주의적 이해 사이의 갈등,
자아와 사회 사이의 관계를 진화론적 연속성으로 이해하였던 존 듀
이, 윤리적 종합으로 보았던 로버트 울리히, 미래의 문화 창조의 꿈

을 현재를 극복하는 초극의 에너지로 보았던 데오돌 브라멜드, 그리고 단속적 형식이라는 연속성과 비연속성 사이의 변증법적 관계를 자아 생성(사회와의 관계에서)의 과정으로 이해하였던 오토 볼노브의 사상 체계는 교육을 정의하는 틀이 되어 왔다.

(3)그러나 교육을 시간과 역사의 문제로 풀어 가려는 교육철학의 세 번째 접근이 있어왔다. 이것은 교육이 역사의식 및 시간 이해와 무슨 관계가 있는가를 묻는 접근이다.

역사 이해에는 크게 두 가지 방향의 흐름이 있어 왔다. 하나는 역사란 안전과 질서를 보전하는 현상유지(現狀, status quo)의 과정(course)이라고 보는 이해이다. 본질주의 철학을 포함하는 보수주의는, 역사란 불변하는 원리와 질서를 보전하고 안전하게 계승해가는 연속성의 과정으로 이해한다. 그것은 이러한 역사 이해에 근거한 교육의 원형을 원시사회에서 찾는다. 밀톤 프로이트(Milton C. Froyd)는 그의 논문 「선교, 대학, 그리고 문화」[51]에서 다음과 같이 설명한다. 원시사회는 추위와 더위, 배고픔과 질병, 야생동물들의 위협 속에서 개개인은 철저히 집단에 의존하여 생존(survival)해야 하는 운명을 가졌다. 이때의 교육 목적은 집단 생존에 있었으며, 그것을 위하여 어떤 질문도 저항도 허용되지 않았다. 이를 프로이트는 "형의 재현"(re-production of type)이라고 불렀다.[52] 여기서 청년이나 피교육자의 비판은 있을 수 없었으며, 다만 집단의 목적과 전통에 대한 복종만이 있을 뿐이다. 이러한 역사 이해에 근거한 교육을 우리는 이미 전체주의적 교육이라고 불렀다.

---

[51] Milton C. Froyd, "The Church, the University, and the Culture", *The Campus Ministry*, by ed. George L. Earnshaw, The Judson Press, Valley Forge, 1964.

[52] *Ibid.*, p.38-39.

그러나 역사 이해에는 또 다른 관점이 있다. 즉 역사를 본질상 변화되는 혁명적 과정으로 보는 관점이다. 변화와 연속성을 주장하는 듀이의 실용주의 철학, 비연속성을 강조하는 실존주의 철학, 그리고 재건주의 철학이 말하려는 미래 지향적인 시간 이해들은 이 범주에 속한다. 토마스 오글트리(Thomas W. Ogletree)는 이를 역사 속에 돌입하는 자유의 차원이라고[53] 부른다. 여기서 그는 역사를 정적(靜的, status) 연장이 아니라 "동적"(動的, dynamic)인 생성과정이라고 본다. 과거에 의해 현재와 미래가 영향을 받는 것도 사실이지만, 그보다는 무한한 미지(未知)의 가능성과 순간에서(실존주의) 메타노이아(metanoia, 변화와 회심)에 의하여 전적으로 새로운 역사가 창조될 수 있다고 본다. 프로이트에 의하면, 변화와 혁명으로 이해되는 역사를 장으로 하는 교육은 이미 희랍시대에 새로운 모습으로 나타났다고 해석한다. 원시사회의 목적이 문화의 보존(역사의 불변하는 영속화를 목적으로 하는)이었다면, 희랍시대에 오면서 교육의 목적은 문화의 보존뿐 아니라 새로운 문화와 역사를 창조하는 비판 기능으로 발전했다는 것이다. 역사를 인간의 안전만을 보존하는 장이 아니라, 모험과 도약의 장으로 이해하는 순간, 교육은 전달(transmission), 비판적 수용(critical appropriation), 문화 창조(advancement)의 기능으로 바뀌었다는 것이다. 여기서 교육은 형의 재현(型 再現, reproduction of type)만이 아니라, "형의 변화와 성장"(improvement and growth of type)을 탐색하는 자리에로 도약한다.[54] 교육에 있어서의 비판정신은 지식의 보존뿐 아니라 지식의 무한한 발전과 성장의 가능성까지를 불러오는 동인

---

[53] Thomas W. Ogletree, *Christian Faith and History*, Abingdon Press, New York, Nashvile, 1965, p.24.

[54] Froyd, *The Church, the Uuniversity, and the Culture*, p.39.

이 되었으며, 그것은 후대 과학 발전의 터전이 되기도 하였다.

로버트 율리히는 이 두 가지의 역사 이해를 "문명 속의 극화(極化) 현상"이라는[55] 말로 표현한다. 역사는 언제나 "안전과 도전", "변화와 연속", "지도자와 민중", "이념과 경험", "비판과 신앙" 그리고 "자아와 우주" 사이의 갈등, 변증, 종합 속에서 이어져가는 것이며, "교육"은 다만 두 가지 경향성을 가진 "극" 사이에 오고가는 상호작용 속에서 그 방향의 근거를 찾아가야 한다는 것이다. 모든 교육 행위는 (기독교교육 행위까지) 역사의 "안전"과 "보존"을 위주로 하는 역사 이해 위에 교육론을 펼 것인지, 아니면 도전과 변화를 근거로 하는 역사 이해 위에 새로운 문화 창조를 목적으로 하는 교육론을 펼 것인지, 혹은 문화의 양극을 종합하여 가는 역사 이해 위에 교육론을 펼 것인지를 선택해야 하는 기로에 서 있다고 율리히는 말한다.

이렇듯 다양한 교육철학적 논의가 기독교교육, 특히 교육신학이라는 학문적 시도에 주는 의미는 무엇일까?

2. 교육신학에서 본 장의 구조

이미 서론에서 짧게나마 교육신학이라는 새로운 용어가 가지는 의미와 그 학문적 영역에 대하여 논한 바 있다. 교육신학이란 기독교적 실재 이해(實在理解)-하나님, 세계, 역사-와 그 실재의 경험(신앙, 실존)을 분석하고, 그 실재와 경험 사이에 형성되는 관계를 해석하는 학문적 시도로서 정의한다. 이를 위해 아래에서는 교육신학이 풀이하는 기독교교육의 장의 구조는 어떻게 해석될 수 있는가라는 명제에

---

[55] Ulich, *Philosophy of Education*, p.76.

서 논의를 시작한다.

1) 교육철학과 교육신학 사이

교육철학과 교육신학에 있어 학문적 접근의 차이는 무엇인가? 우리는 둘 사이의 공통분모를 찾기 전에 서로 다른 영역과 접근 형식을 먼저 모색해 보고자 한다.

전술한대로 교육철학은 형이상학적 질문(metaphysical question)에서 출발한다. 인물과 역사적 상황에 따라 형이상학적 질문이 달리 풀이되어 왔음은 이미 논의한바 있다. 고전적 형식에서는 "자연"(자연주의), "영"(靈)(관념주의), "영"과 "물"(物)의 종합(실재주의), 그리고 "세계"(실용주의) 등을 궁극적인 실재로 이해하였다. 이러한 고전적 구조와의 연관성에서 교육신학은 궁극적인 실재로서 역사와 세계 속에 자신을 나타내신 하나님과 그의 계시적 행위를 교육의 출발점으로 삼는다. 즉, 교육신학은 하나님이 자연, 영, 영과 물의 종합, 세계를 창조하신 창조주로서 이 모든 것들의 궁극적인 근거(ultimate ground)가 된다는 신앙적 전제에서 출발한다. 넬스 페레(Nels F. S. Ferre')는 "예수 그리스도는 삶과 교육에 있어서의 궁극적인 진리와 실재"[56]라고 정의함으로, 그리스도 사건(Christ's event)만이 교육의 근거임을 주장한다. 여기서 형이상학적 교육철학과는 달리 교육신학은 성서가 증언하는 하나님의 역사창조와 계시적 참여를 기독교교육의 근거로 삼는다.

한편 인식론에 있어서 교육철학은 실재의 인식을 인간의 정신 기능인 이성과 직관에 둔다. 교육이 실재를 의식하는 과정이라면,

---

[56] Nels. F. S. Ferre', *A Theology for a Christian Education*, p.89.

그것은 이성 작용, 추리 작용, 비판 작용을 동반한다. 그러나 교육신학은 궁극적 실재로서의 하나님 인식은 이성에 의한 것이 아니라고 본다. 오히려 "신앙으로만"(sola fidei) 가능하다고 본다. 특히 개신교 신학에서 보면 이 신앙은 교리 중심의 신앙(credentia)이나 도덕주의적 의미의 신앙(fiducia)이 아니라 오히려 하나님의 부르심 앞에서의 전적인 응답과 헌신으로서의 fides적 신앙을 의미한다.57 성서는 이 fides 신앙을 증언 하고 있으며, 이는 중세기 credentia 신앙을 비판하고 나섰던 루터와 칼빈에 의해서 회복된 신앙이었다. 그리고 이 fides신앙은 자연주의 신학을 비판하였던 칼 바르트에 의해 재해석된 신학적 명제이다. 그러므로 교육신학은 하나님과 그의 계시를 이성으로 이해한다는 이성주의를 거부하며, 오히려 하나님과 그의 계시는 fides적인 신앙(전적인 복종과 헌신)으로만 받아들이는 것이라고 본다. 이것은 기독교교육만이 가지는 특수한 인식 영역이다.

그러나 이 두 학문 사이에는 차이만 있고 그 이상은 없는가? 교육신학은 교육철학이나 다른 학문으로부터 완전히 독립된, 그리고 고립된 학문인가? 혹은 "차이"(差異)에도 불구하고 교육철학과 교육신학 사이에는 공통 분모적인 영역과 상호 보충적인 영역은 없는가?

이 물음 앞에서 교육신학은 실재이해(實在理解)와, 인식 이해에 있어서 교육철학과는 전혀 다른 출발점과 내용을 가지고 있으나, 교육의 장의 구조 이해에 있어서는 교육철학의 지혜를 필요로 한다.

인식론에서 교육신학이 "신앙"(fides)을 핵심으로 한다는 의미는 "이성"을 배격한다는 의미로 이어지는 것인가? 이 질문은 교육신학

---

57 William Horden, *The Case for a New Reformation Theology*, The Westminster Press, Philadelphia, 1959, pp.34-35.

의 구조를 풀어 가는데 있어 하나의 열쇠일수 있다. 고대의 성 안셀름(St. Anselm)은 "신앙은 이해를 촉구한다"(fides querens intellectum)라는 신앙 인식 구조를 처음 제창하였다. 이 간단한 서술은 신앙과 이성을 이어갈 수 있는 중요한 암시를 담고 있다. 칼 바르트는 그의 방대한 『교회 교의학』을 안셀름의 fides quaerens intellectum의 구조에 두고 있다고 고백한 일이 있다.[58] 바르트에게 있어서 신앙의 본질은 이성(理性)을 부정하는 것이 아니라 이해를 추구(quaerens intellectum)하는 것이었다. 이는 하나님 인식의 복종으로서의 신앙은 이성적 이해로 이어져야 함을 말한다. 더 나아가, "이해"(intellectum)는 신앙 안에 내재(內在)하는 요소라고[59] 보았다. 여기서 "신앙"은 이성과 이해를 동반하는 폭 넓은 차원에서(crede ut intellectum)[60] 정의되어진다. 교육철학과 교육신학은 여기서 만난다. 이 기본적 관계로부터 기독교교육의 장의 구조와 형태를 분석할 수 있을 것이다.

첫째로, 중세기 로마가톨릭교회의 교육 구조에서 자아(개개인의 신앙적 책임성)는 그 위에 군림하는 교회(교황의 권위는 성서의 권위보다 우위에 있었다)[61]의 권위와 교리에 의해 대체되었다. 즉, Fides는 없고 Intellectum만이 강요된 형태이다. 이때의 기독교교육을 폴 틸리히는 연역적 교육(deductive education)[62]이라고 불렀다. 이 교육은 교회가 제정한 교리를 강요함으로써 사실상 신앙을 고사시켜 왔음을 의미

---

[58] Karl Berth, *Anselm: Fides Quaerens Intellectum*, John knox Press, Richmond, Va., 1931.

[59] *Ibid.*, p.16.

[60] *Ibid.*, p.18.

[61] H. Richard Niebuhr, *Christ and Culture*, Harper Torohbooks, New York, 1951, pp.116-148. 이를 Christ above Culture(문화 위에 서 있는 그리스도)라는 유형에서 자아의 자율성 위에 서 있는 교회의 위치를 설명하고 있다.

[62] Paul Tillich, *A Theology of Culture*, pp.153-157.

한다. 그러나 이 같은 전체주의적 교육 구조에 반대하고 나선 다른 한 극(極)은, 좌파 개신교운동(Left-wing)에서 나온 개인주의적 신앙, 특히 세계 부정적인 신앙과 배타적인 공동체에서 나타났다. 여기서는 fides만이 강조되고, intellectum은 외면되었다.

그러나 만인사제직론(Universal Priesthood of all Believers)에서 루터는 그리스도인은 말씀에 의해 제사장일 뿐 아니라, 소명(vocatio)을 통한 제자가 된다는 신학구조를 내놓았다. 여기서 루터는 최초로 fides와 intellectum의 구조적 연계성의 가능성을 열어놓은 것이다.

둘째로, 20세기에 넘어오면서 교육철학과 교육신학 사이의 관계는 보다 깊은 학문적 관계로 발전하였다. 존 듀이(John Dewey)의 진화론적 세계관을 해석의 규범으로 받아들였던 조지 앨버트 코우(George Albert Coe)는 그의 교육신학을 전개하는데 있어서 하나님, 세계, 인간의 관계를 진화론적이며 내재적인 개념으로 해석하였다. 여기서 듀이와 종교교육의 접목이 최초의 학문적 시도로 등장한다. 그러나 루이스 쉐릴(Lewis Sherrill)은 실존주의 철학이 말하는 인간 실존의 물음에서 시작한다. 쉐릴은 신앙이란 하나님과의 실존적인 "만남"(being)에서 비로소 신앙화(becoming) 된다고 보았으며, 이는 실존주의 철학과의 접목으로 표출되었다. 그러나 선교신학에 근거를 둔 레티 러셀(Letty Russell)은 전역사(全歷史) 속에서 수행하고 있는 하나님의 선교(Mission Dei)에 교육의 신학적 근거를 두었으며, 선교 안에 있는 세계를 교육의 자리로 보았다. 기독교교육은 하나님의 선교에 참여하도록 구성원들을 초청하고 또 훈련하는 행위로 이해한다. 여기서는 브라멜드의 재건주의 철학과의 접목이 시도되었다. 그래서 러셀은 재건주의 철학의 틀 안에서 하나님의 선교를 이해하고 발전시켜온 교육신학자로 구분된다.

교육신학은 교육철학이 제시하는 형이상학적 질문에서 출발하지는 않는다. 그러나 하나님, 세계, 인간, 성장에 대한 해석과 교육의 구조는 교육철학으로부터 온 것이다. 그러므로 교육철학과 교육신학은 상호의존적인, 그리고 상호보완적인 관계(interdependent relation) 속에 놓여 있다고 보아야 할 것이다.63

2) 기독교교육의 장의 구조를 형성하는 요소

로버트 볼케(Robert R. Boelke)는 그의 학위 논문인 『기독교교육의 학습론』(Theories of Learning in Christian Education)64에서 기독교교육을 위한 신학과 구조를 크게 네 가지의 요소로 설명하고 있다. 그 첫째는 "계시"(revelation)이다. 하나님의 계시는 기독교교육의 존재 이유이며 동시에 가장 중요한 규범(norm)이 되는 것이다. 역사 속에 자신을 계시하신 하나님은 역사를 통치하시는 주체이며, 예수 그리스도 안에서 자기 자신을 계시하심으로써 자신을 객관화 하신다. 여기서 예수 그리스도는 신앙과 교육의 근거가 되며, 바로 이러한 역사의 주체자로서의 하나님 이해와 하나님의 자기 계시는 기독교교육을 가능케 하는 신학적 근거가 된다. 그러므로 계시는 기독교교육의 구

---

63 Albert E, Bailey는 그의 논문 "Philosophies of Education and Religious Education", (*Religious Education*, Abingdon Press, New York, Nashville, 1960, pp.31-33, ed. by Marvin Taylor)에서 교육철학과 종교교육의 관계의 여러 형(型)을 설명하고 있다. 기독교 신앙에 있어서 "영"과 "물"(物)의 완성을 하나님의 선취적 주관성에 두고 해결을 모색하는 신학은 실재주의 철학과 평행되는 관계 개념이라고 본다. 또한 기독교 신앙에 있어서 하나님을 향한 응답의 개념은 관념주의에 해당되는 개념이라고 해석한다. 또한 신의 타자성(otherness)과 신의 내재성 (immanence) 사이의 갈등, 그리고 신과 인간 사이의 만남의 개념은 실존주의 철학개념과 상통되는 것이라고 본다.

64 Robert R. Boelke, *Theories of Learning in Christian Education*, Westminster Press, Philadelphia, 1962.

조가 되는 것이다.

그러나 동시에 계시는 하나님과 인간 사이의 대화(dialogue)와 상호적 응답(reciprocal response)을 불러일으키는 주관적 사건(event)이 된다. 이것은 하나님의 계시가 기독교교육의 과정이 된다는 의미이다. 한마디로 기독교교육은 계시의 과정이며, 하나님의 말씀을 경청하고 또 응답함으로써 만남(encounter)의 장을 이룬다. 그리고 그것은 교사와 학생들 사이의 만남과 대화가 일어나는 상황(dialogical situation)을 창조한다. 여기서 계시는 교육의 구조와 근거일 뿐 아니라, 대화의 장을 창조하는 하나님 자신(성령)의 개입이며, 대화로의 초대이다. 볼케에 의하면 이러한 계시의 대화적 차원은 외부로부터 오는 자극(stimulus)이고, 이 자극은 인간의 응답(response)을 불러일으키는 요인이라고 본다.[65] 이것은 계시와 학습 사이를 이어놓는 교육적 과정인 것이다.

기독교교육의 신학 구조 두 번째 요소는 인간이다. 그러나 기독교교육의 장의 신학적 구조에서 보는 인간은 자연인을 의미하지 않으며, 오히려 타자와의 관계 속에서 자신의 정체성(identity)을 찾는 인간을 의미한다. 그러나 그 응답은 항상 긍정적이고 책임적인 것만은 아니다. 인간의 자유 안에는 죄가 있으며, 때문에 인간은 참회와 회개를 필요로 하는 존재로 이해한다. 응답적인 존재로서의 인간은 자기 운명을 스스로 극복할 수 없는 한계에 부딪치게 된다. 그러므로 기독교교육에 있어서 인간은 예수 그리스도 안에서의 회개적인 응답을 통해서만 하나님을 만난다. 인간은 하나님 오심에 대한 응답을 통해서 만이 비로소 자기 정체성을 찾을 수 있는 존재인 것이다.

---

65 *Ibid.*, p.98.

기독교교육의 신학적 구조 세 번째 요소는 교회라고 불리는 신앙 공동체이다. 신앙 공동체로서의 교회는 기독교교육을 담아내는 교육 현장(locus)이기 때문이다. 볼케는 쉐릴의 정의를 인용하면서 다음과 같이 교회의 성격을 정의한다. "교회는 각기 그 멤버들의 생성에 깊이 영향을 끼치는 관계의 공동체"[66]이다. 그러나 교회는 단순한 '관계의 공동체'를 넘어서 신앙고백적인 공동체이기도 하다. "죄인"으로서의 자기 고백과 함께 용서받은 백성들의 공동체인 것이다. 교회를 신앙 공동체로 정의하고 또 이를 기독교교육의 현장으로서 풀이한 교육신학자들은 하워드 그라임스(Howard Grimes), 랜돌프 밀러(Randolph Miller), 그리고 레티 러셀(Letty Russel)등이 있지만, 그들의 사상은 본론에서 다루기로 하고 여기서는 볼케가 지적하는 교회의 본질만을 논하고자 한다.

교회는 하나님의 언약 공동체이다. 에클레시아(ἑkklésia) 혹은 구약에서 사용한 콰할(qahal)은 하나님의 부르심에 응답한 인간들의 모임(congregation)이다. 에클레시아는 하나님의 말씀을 선포하는 일과 교육(nurture)하는 일을 사명으로 삼고 있다. 그리고 교회는 성령이 현존하는 공동체이다. 그리고 인간들이 현존하는 구체적인 생활 공동체인 것이다. 성령의 내재를 통하여 교회는 그 구성원들을 모을 뿐 아니라 말씀과 교육을 통하여 그리스도와의 관계를 세워가는 공동체이다. 그럼으로 교회 공동체 그 자체는 기독교교육을 가능케 하는 가장 중요한 자리(현장)가 된다.

기독교교육을 위한 신학적 구조의 넷째 요소는 성령이다. 볼케는 아이리스 쿨리(Iris Cully)를 인용하면서 성령과 교육의 관계를 다

---

[66] *Ibid*., p.113., Lewis Sherrill, *The Gift of Power*, pp.45-46을 인용하여 사용했다.

음과 같이 설명한다. "교육은 인간을 그리스도에게로 인도할 수 있을는지 모르나, 성령은 인간이 서 있는 그 자리에 현존하시는 하나님을 만나도록 도우시는 힘인 것이다."[67] 예수 그리스도의 계시적 사건을 주체적 내지는 내면적으로 경험하게 하는 "힘" 그 자체, "삶" 자체를 성령의 역사(役事)라고 볼 때, "성령은 하나님을 배우도록 인간을 인도하실 뿐 아니라, 제자직의 고통을 감수할 수 있도록 힘주시는 분"[68]인 것이다. 볼케는 성령을 하나님을 배우는 동기(motivation)와 힘을 주시는 분이라고 본다.[69]

볼케는 기독교교육을 위한 신학적 구조의 요인을 이렇듯 ①계시, ②인간, ③교회, ④성령의 구조에서 풀이한다. 이 네 요소 사이에 관계가 이루어질 때 기독교교육은 비로소 기독교적 교육이 된다. 교육적 상황에서 하나님은 학습자와 만나시며(계시), 학습자들의 믿음, 사랑, 복종, 봉사의 응답(response)을 요청하신다. 말씀하시는 주체 앞에서 책임있게 응답하는 인간은 거기서 하나님의 자녀가 되어지는(becoming) 것이다. 바로 이 계시와 응답사이의 만남의 현장은 곧 신앙으로 모인 공동체인 교회인 것이다. 그 곳에서 학습자는 계시의 증언인 성서와, 계시적 매개인 교사와의 만남을 경험하게 된다. 이 만남 속에서 성령은 하나님과 인간의 만남을 매개하는 중보자가 되며, 비로소 기독교교육은 하나의 만남의 사건이 된다.

---

[67] Robert R. Boelke, *Theories of Learning in Christian Education*, p.126; Iris Cully, *The Dynamics of Christian Education*, Wesminster, Philadelphia, 1965, p.144 인용.

[68] Robert R. Boelke, *Theories of Learning in Christian Education*, p.143.

[69] *Ibid.*, p.144.

3) 교육신학의 유형과 그 의미

그러나 문제는 여기서부터 논쟁으로 돌입하게 된다. 교육신학의 과제는 앞서 네 가지로 서술한 구조 형성의 요소들 사이의 관계를 어떤 역점과 관점에서 배열하고 해석해야 하는가를 선택하는 것이기 때문이다. 위르겐 몰트만(Jürgen Moltmann)은 『희망의 신학』(*The Theology of Hope*)[70]에서 현대신학을 결정지어 온 흐름을 크게 두 가지로 구분하였다. 마르부르크(Marburg)의 스승인 헤르만(Herrmann)에게 배운 두 신학자, 칼 바르트와 루돌프 불트만은 각기 다른 두 사상적 흐름을 만들었다. 그 하나는 하나님과 인간과의 관계를 계시적 객관에서 해석한 칼 바르트 신학이다. 몰트만은 바르트 신학을 "하나님의 초월적 주체성의 신학"(the theology of the transcendental subjectivity of God)[71]이라고 부른다. 즉, 하나님 자신에 의해서 자신을 드러내시는 계시적 사건만이 신학의 근거가 된다는 입장이다. 또 다른 하나는 루돌프 불트만을 주축으로 하는 실존주의적 신학으로서, 신과 인간 사이의 불가시적인 상호관계(correlation)를 신학의 소재로 삼는다. 몰트만은 불트만의 신학을 "인간의 초월적 주체성의 신학"(the theology of the transcendental subjectivity of man)[72]이라고 부른다. 이 신학은 인간의 실존 의식을 통해 하나님을 증명하려는 방법론을 취하며, "인간"을 신학 해석의 주체로 삼는다.

바르트 신학은 기독교교육을 "계시"와 "말씀" 위에 그 근거를 두도록 유도한다. 이와는 반대로, 불트만의 신학은 기독교교육을 인

---

[70] Jürgen Moltmann, *The Theology of Hope*, Harper & Row New York & Evanston, 1967.

[71] *Ibid.*, p.50-58.

[72] *Ibid.*, p.58-69.

간의 실존적 결단과 자아 생성에 두도록 유도한다. 문제는 이 두 신학적 구조가 오랜 세월 갈등해왔으며, 쉽게 해결 될 수 없는 양극의 '추'로 남는데 있다.

그러나 에큐메니칼 신학에서 발화되고 몰트만에게서 날카롭게 제기되기 시작한 역사 이해가 "하나님"과 "인간" 사이의 만남의 장 (場)으로 새로이 해석되면서, 현대 신학은 새로운 지평을 열기 시작하였다. 역사를 하나님과 인간이 만나는 장으로 이해하기 시작한 것이다. 이는 바르트의 객관주의와 불트만의 주관주의를 넘어 제3의 신학의 가능성으로까지 부상하였다.

이러한 신학적 대전제를 바탕에 두고, 우리는 그동안 형성되어 온 교육신학의 유형들을 다음과 같이 열거할 수 있을 것이다. 그 첫째 유형은 자유주의 신학의 유형이다. 이 신학은 '세계-인간-교회'의 순환구조에서 해석의 실마리를 찾는다. 진화론적 세계이해와 그 세계의 한 부분으로서의 인간은 진화론적인 존재로 이해한다. 여기서 초월성이란 존재하지 않으며, 초월성이 있다면 그것은 사회화된 인간의 과학적 능력일 뿐이다. 이 신학의 논제는 본서 제5장에서 다루게 된다.

두 번째 유형의 교육신학은 신정통주의 신학으로서, 이것은 '하나님-교회-세계'의 순환구조를 배경으로 한다. 하나님의 초월적인 주체성은 계시를 통해서만 자신을 드러내신다. 바로 이 하나님의 계시만이 교회의 존재 근거가 되며, 교회란 하나님의 구원을 신앙으로 인식하고 모인 공동체, 즉 그리스도의 몸으로 정의된다. 여기서 세계는 여전히 타락된 실재로 남게 되고, 다만 하나님의 은혜 안에서만 화해의 가능성 안에 놓인다. 결국 교회는 하나님의 구원과 하나님 나라의 잠정적인 표상으로(provisional representation), 역사의 종말을 향하여 전도와 선교의 책임을 가진 공동체라고 본다. 이 신학구조의 기독교교육은 '교회공동체' 안에서 말씀과 신앙으로 그리스도인을 양육하는 것으로 교육을 이해한다. 본서 제5장 '기독화'를 장으로 하는 교육은 이 문제와 씨름하게 된다.

세 번째의 유형은 실존주의 신학으로서, 이 신학은 '인간-하나님-인간됨'의 사상적 구조를 가진다. 실존적 자아가 실존의식을 통해 절대자와 만남으로써 비로소 본래적 자아(authentic self)로 변화된다는 해석구조를 가지는 것이다. 이 신학은 관념주의와 상통하는 사상이다. 그러나 네 번째의 유형은 실존주의 신학을 강력하게 반대하고 나선 이른바 정치신학이다. 정치신학[73]은 비록 새로운 용어이지만 신학의 구조 와 '폭'은 가히 혁명적이다. 정치신학의 구조는 '하나님-세계ㆍ인간-교회'의 도식으로 요약될 수 있다. 전 세계와 전 인류를 구원하시는 하나님의 역사, 즉 하나님과 세계의 관계는 기독교 공동체의 존재 이유와 존재 근거가 된다는 신학이다. 여기서 세계는 하나님의 구원이 실현되는 장(context)이며, 동시에 하나님 현존(現存)의 "장"(arena)으로 이해한다. 그러나 세계는 완성되거나 완전한 장이 아니라 불의와 타락으로 왜곡된 자리기에, 역설적으로 이 자리가 하나님의 구원의 자리이고 장인 것이다. 즉, "되어가고 있는 세계"(the world coming to be)인 것이다. 이 신학 구조에서 교회는 고립된 존재도 아니고 반대로 존재론적인 존재도 아니다. 오히려 교회는 세계 속에 일하시는 하나님의 선교(missio Dei)를 분별하고 증언하는 선교 공동체로 이해한다. 선교와 교육의 함수관계를 모색하는 이 신학 구조

---

[73] 정치 신학이라는 용어는 Paul Lehmann의 "하나님의 정치"(Politics of God), *Ethics in a Christian Context*, Harper & Row, New York & Evanston, 1963, pp.86-95.

는 본서 제7장에서 자세히 취급될 것이다. 이는 교육철학의 재건주의와 파울로 프레이리 철학과 상통하는 사상적 형식을 가지고 있다.

이상의 여러 가지 교육신학의 유형들은 하나님의 말씀을 text로 하면서도 그 해석의 틀은 교육철학의 다양한 유형(型)들과의 직간접적인 관계 속에서 형성된 것들이다. 유형의 옳고 그름은 신학적 전통에 따라 판단될 것이지만, 필자는 마지막 유형인 '하나님-세계·인간-교회'라는 선교 신학적 구조를 미래 기독교교육을 풀어가는 중요한 실마리로 본다. 그러나 후반부에서는 이 신학이 가지는 한계를 비판할 것이며, 새로운 대안을 모색할 것이다.

II. 장의 과정

기독교교육의 장이란 구조와 과정이 만나는 자리, 또는 사건(event)이라고 정의한 바 있다. 그리고 앞서 기독교교육을 가능케 하는 장의 구조를 교육철학과 교육신학적인 관점에서 몇 가지 유형으로 풀이하였다. 장의 구조는 기독교교육의 목적, 방향성 그리고 내용까지도 설정하는 것이기에 교육의 '핵'을 이룬다.

그러나 교육은 교육의 구조만으로는 이루어지지 않는다. 교육의 구조는 하나의 구체적인 사건으로, 현장적인 경험으로 내면화되는 과정(process)을 동반해야 한다. 이 과정은 크게 두 개의 행위를 통해서 이루어지는 바, 그 하나는 '전달'(transmission) 행위이고 다른 하나는 '비판적 수용'(critical appropriation)의 과정이다. 전달을 교수(teaching) 행위라 한다면, 비판적 수용은 학습(learning) 행위를 일컫는다. 그리고 전수되어진 구조가 비판적으로 수용되면 교육은 새로운 구조(문화)를 창조해 내는 진보(advancement)로까지 이어진다. 그러기에 교육은 전통과 문화 그리고 지식의 전수(傳受)에서 시작하여 비판적 수용을 거쳐 새로운 문화 창조의 행위까지를 포함한다. 교육과 역사가 깊은 함수 관계 속에 놓인다는 이유가 여기에 있다. 이 모든 절차를 묶어서 교육의 과정이라 한다.

이 교육 과정은 크게 두 구성요소에 의하여 형성되는 것이 특징이다. 그 하나는 인간과 인간 사이에 오가는 인격적이고 또 심리적인 상호작용이다. 교실에서의 교사와 학생, 가정에서의 부모와 자녀, 그리고 또래 그룹 친구들 사이를 오고 가는 모든 상호작용은 교육 과정의 1차적 차원을 형성한다. 근래에 유행하는 프로그램드 티칭(programmed teaching), 혹은 교수기계(teaching machine) 같은 새로운 방법은 교사의 원초적 기능을 대치하는 교육공학으로 등장하지만, 궁극적으로 교육 과정은 사람과 사람 사이의 상호응답이라는 관계에서만 가능한 것이다. 이 관계에서만 참여와 경험은 인격적이 될 수 있으며, 더 나아가 인간 변화와 행동 변화를 기대할 수 있기 때문이다. 그러나 교육 과정을 형성하는 다른 요소는 '교육의 생태'(educational ecology)이다. 교육의 생태는 교육의 시설, 인적 자원(人的 資源), 교육 행정, 지원 시스템을 포함하며, 동시에 함축적인 '분위기'(atmosphere)까지를 포함한다. 가정 분위기, 또래 집단이 만들어내는 분위기, 사회 전체가 형성하는 분위기 등을 의미한다. 좋은 학습은 인격과 인격 사이의 심리적 상호작용과, 교육생태를 강조하는 게슈탈트 학파(Gestalt school) 모두를 포괄한다. 그러나 불행히도 오늘의 학습론은 이 둘을 갈라놓고, '이것이냐 저것이냐'(either/or)의 양극으로 치닫고 있는듯하다. 여기에 일반교육과 기독교교육 모두의 비극이 있다고 본다.

1. 교육학에서 본 장의 과정

사라 리틀(Sara Little)은 그의 책『학습론』[74]에서, 학습론에는 크게 두 가지의 흐름이 있다고 본다. 그 하나는 자극-응답(stimulus-response)의 과정을 핵으로 하는 소위 분자식 이해(分子式 理解)이다. 이 학습론은 심리적 과정에 초점을 둠으로써 '지적능력'(知的能力)은 2차적 기능에 속한다고 이해한다. 학습은 밖으로부터 오는 자극에 응답하는 행위라고 보기 때문이다. 이를 행동심리학적 접근이라고 부른다. 행동심리학은 인간의 '본능'(instinct)과 거기에 투사하는 '반사'(reflex)에 학습의 근거를 두고 있는 것이 특징이다. 여기서 본능이란 아기가 배고픔을 해결하기 위해 젖을 빤다든지 하는 행위를 말한다. 그러나 이 본능은 특수한 환경과 문화의 형식을 통하여 행동으로 나타나는 특징을 지닌다.

이 본능이 행동으로 나타나는 영역은 크게 세 가지로 구분된다. 첫째로 본능은 물리적 요청에 대한 응답으로 나타난다. 즉 배고픔, 목마름 등이 그것이다. 둘째의 영역은 다른 인간으로부터의 요청에 대한 응답이다. 이성과의 만남, 친구와의 사귐, 부모의 기대에 대한 응답이다. 셋째의 영역은 놀이 본능(play instinct)이라고 부르며, 자기주장, 언어의 구사, 웃음 등을 의미한다. 그러나 행동심리학은 본능 이외에도 '반사' 현상에 학습의 근거를 두고 있다. '반사'란 밖으로부터 오는 자극에 대한 신경-근육의 반응 작용으로서, 뜨거운 열기로부터 손을 떼는 행위 등을 의미한다. 이렇듯 행동심리학은 문화의

---

[74] Sara Little, "Theories of Learning", *The Westminster Dictionary of Christian Education*, ed. by K. B. Cully, Westminster Press, 1963, pp.392-385.

기초를 이루는 본능과, 거기에 반응하는 다양한 물리적 현상들을 통하여 인간과 동물들이 비로소 무엇을 배운다는 기본적 전제 위에 학습론을 전개한다.

이와는 다른 종류의 학습론을 사라 리틀은 인지론(cognitive theory)이라고 부른다. 일명 게슈탈트 이론(Gestalt theory)으로 알려진 이 학습론은 인간의 '지'(知)적 능력 위에 학습의 근거를 두며, 자극과 반사가 만들어가는 상황이나 그 상황 속의 얽힌 관계를 향해 응답하기 앞서 그 관계를 선택할 수 있는 능력이 인간에게 주어져 있다고 전제한다. 바로 이 인식구조가 학습을 가능케 하는 요인이라고 보는 것이다. 이 두 가지 중요한 이론에 대한 심도 있는 논의는 기독교교육 학습론을 풀어 가는데 있어 중요한 실마리가 될 수 있다.

1) 행동심리학적 접근에서 본 학습론의 유형

'본능'과 '반사작용'을 근거로 풀어가는 행동심리학적 학습론의 유형과 내용은 무엇인가? 그 처음의 유형은 '보강(補强)의 원리'(reinforcement theory)라고 부른다. 몇 번이고 실패를 반복하게 하면서 해답을 얻도록 하는 방법이다. 이를 시행착오 방법(trial and error movement)이라고 부른다. 해답을 찾으면 그것은 새로운 만족감으로 이어지며, 그 만족감은 유사한 반사작용에 투사된다. 이 과정에서 '보상'(reward)이 주어지며, 그 결과 학습자는 다른 학습을 모색하는 보강의 힘이 된다.

로버트 볼케(Robert Boelke)는 이 보강의 원리가 가지는 가능성을, 가정에서 부모들이 사용하는 자녀 교육에서 찾는다. 그리고 문화화 과정에 있어서도 '성공'과 그 성공에 대한 보상은 필수적이라고 본다. 근래에 비약적으로 발전한 소위 '교수기계'(teaching machine)도 이 보강의 원리를 근거로 발전되어 온 것이다.[75] 그러나 보강의 원리는 교수-학습 이해에 큰 영향을 끼친 것도 사실이지만, 몇 가지의 약점도 가진다. 즉, 보상은 호기심의 만족 이상을 넘지 못한다는 치명적인 약점을 가지고 있다. 유명한 심리학자, 골든 올포트(Gorden Allport)는 보강의 원리가 동물, 어린이, 그리고 기계적으로 배우기를 원하는 성인들에게는 어느 선까지 응용될 수는 있어도, '학습'이라는 복합적인 행위와 그것을 구조화하는 시스템(system)에는 아무런 의미를 가지지 못한다고 본다.[76] 보상에서 오는 만족감이 학습자의 동기유발에 필요한 기능인 것은 사실이지만, 그것이 학습행위의 결정적인 요인은 아니라고 보기 때문이다. 보강의 원리의 두 번째의 약점은 '생산적 사고'(productive thinking)에 아무런 효과도 기대할 수 없다는 데 있다. 학습자는 실패를 거듭하는 동안 다소의 지식을 습득할 수 있을지 모른다. 그러나 그 지식은 문제를 해결해 갈수 있는 능력을 갖지는 못한다. 왜냐하면 정답이 나올 때까지 학습자는 잘못된 지식을 습득할 수밖에 없기 때문이다. 이렇듯 보강의 원리는 학습론에 지대한 영향도 끼쳤지만, 동시에 그 원리 자체가 지니는 내면의 한계 또한 작지 않다.

행동심리학적 학습론의 두 번째의 유형은 '조건 반사의 원리'(conditioning theory)라 부른다. 처음에는 조건 없는 자극(unconditioned stimulus)을 줌으로써 신체로부터의 응답을 불러일으키게 한다. 하나의 예로써 사람들은 뜨거운 쇠에 손을 대면 반사적으로 손을 떼며, 조건 없이 피하게 된다. 그런데 뜨거운 쇠가 손에 닿았을 때 벨 소리

---

75 Robert Boelke, *Theories of Learning in Christian Education*, pp.73-74.
76 Gordon Allport, "Effect: A Secondary Principle of Learning", *The Psychological Review*, Vol. 53, 1946, p.343.

가 울렸다면, 그 다음에는 뜨거운 쇠에 손이 닿지 않았어도 벨 소리가 울리기만 하면 손을 떼게 된다는 것이다. 이 벨 소리는 사람이나 동물에게 뜨거운 쇠에 손이 닿으면 화상을 입는다는 지식을 배우게 하는 조건이 된다. 그러므로 조건반사의 원리는 실패의 반복에서 해답을 얻는 것이 아니라, 조건이 있는 자극에 대한 반사적인 응답에서 학습이 비로소 가능하게 된다고 본다. 교수기계는 부분적으로 보강의 원리를 응용, 설계한 기재(機材)이지만, 동시에 조건반사의 원리를 기초로 한 기술의 형태이기도 하다.

조건반사의 원리가 가지는 특성을 다음과 같이 설명할 수 있을 것이다. 즉, 보강의 원리와 마찬가지로 조건반사의 원리도 상황과 응답 사이의 단조로운 관계에서 학습의 가능성을 찾으려 한다. 예컨대 문장과 글씨는 '조건적인 자극'이 되고, 그 문장을 읽는 행위는 조건적 응답이 된다. 이 자극과 응답 사이의 문장은 조건화의 원리가 된다. 그러나 이 조건화의 원리는 단순함에 그 장점이 있지만, 역설적으로 그 단조성(單調性)은 학습론의 큰 약점이기도 하다. 볼케는 조건화의 원리가 가지는 결정적인 한계는, 고도로 복잡하게 얽힌 학습과정에는 이 원리가 적용될 수 없다는데 있다고 본다.[77] 그것은 원시적 인간이나 동물에게만 실험될 수 있는 성격의 것이기 때문이다. 이어 볼케는 조건반사의 원리가 가지는 결정적 약점은, 학습과정에서 '교사'만이 학생들의 반응을 일으키는 결정적 요인으로 전락하는데 있다고 본다. 그러기에 이 원리는 전체주의자들이 즐겨 쓰는 학습론으로 전락한다.

---

[77] Robert Boelke, *Theories of Learning in Christian Education*, p.83.

2) 인지론에서 본 학습론

앞서 행동심리학적 학습론은 '본능', '반사', '자극', '응답'의 과정이라는 심리현상에 근거하고 있었다. 그러나 인지론적 학습론은 심리현상보다는 그 현상 밑에, 혹은 구조적으로 얽혀 있는 관계성 (interrelatedness)에 집중하며, 그 관계성을 깨닫는 지적(知的) 인식 능력을 학습이라고 정의한다. 전통적으로 이 학습론을 게슈탈트 이론이라 한다.

자신과 자기를 둘러싸고 있는 세계를(그리고 그 관계성을) 이해하고 인식하는 지적 행위는, 그 후의 응답의 방향과 내용을 결정한다고 본다. 보강의 원리와 조건반사의 원리는 실상 '자극↔응답'이라는 단조로운 상응작용을 소재로 하지만, 인지론 혹은 게슈탈트 이론은 학습자와 그 학습자를 둘러싸고 있는 사회적 구조(social context) 사이의 관계성까지를 인지(認知)의 영역으로 삼고 있다는 점에서, 이는 개인적이면서도 사회적 차원까지를 포괄하는 것이다.

로버트 볼케는 게슈탈트 이론을 다음과 같이 요약하여 설명한다.

밖으로부터 오는 자극에 응답함으로써 학습이 가능하다고 생각하지 않고, 오히려 게슈탈트의 원리는 인간(학습자)과 인간이 가진 문제 그리고 인간과 문제 사이의 관계를 포함하는 긴장된 상황, 그 곳에서 학습이 가능하다고 본다.[78]

그러기에 인지론적 접근은 학습자 개개인의 응답 그 자체에 중점을 두기보다는, 사회적 분위기나 특정한 그룹이 가지는 목적, 그

---

[78] *Ibid.*, p.88.

룹 진행의 순서, 그룹 성원들 사이의 관계가 형성하는 상황을 학습
자가 인지하고 또 응답하는 데서 학습이 가능하다고 본다. 이러한
학습론은 인간의 복잡한 정신작용과 기능에도 적용될 수 있는, 그리
고 많은 지지를 받고 있는 학설인 것으로 알려져 있다. 기독교교육
의 입장에서 본다면 교육 과정에 있어서 게슈탈트 이론은, 복음과
세계와의 관계를 인식하고 학습자가 이에 응답할 수 있는 보다 깊고
넓은 근거를 마련해 주고 있다는 점에서 보강의 원리나 조건반사의
원리보다 우수한 학설이라고 평가 할 수 있을 것이다.

3) 실존적 참여의 원리

실존적 참여의 원리는 인기 없는, 그리고 지지도 받지 못하고 있
는 학설이다. 그 이유 중의 하나를 들자면, 보강의 원리나 조건화의
원리는 인간이나 동물이 배우는 과정을 구체적인 자료를 가지고 실
험하고 결과를 증명할 수 있지만, 실존적 참여의 원리는 그 같은 실
증적 실험을 할 수 없다는 비과학성 때문이다. 그러나 실존적 참여
의 원리를 대변하는 학자들은 이 학습 방법을, 과학적이고 실증적이
지는 않아도 인간의 근본적인 문제와 씨름하며 동시에 존재의 변화
까지도 가능한 학설로 정의한다. 여기에는 오토 볼노브(Otto Bollnow)
그리고 의미요법을 주제로 하는 빅터 프랭클(Victor Frankl)[79]이 속하
며, 루이스 쉐릴(Lewis Sherrill)은 기독교교육을 대변하다. 그들은 사

---

[79] Viktor Frankl은 비록 정신 요법을 다루는 세계적 학자이지만, 그가 사용하는
"의미요법"(Logotherapy)은 미래를 향해 있는 인간 실존이 궁극적인 의미 부여
를 통해 새로운 실존으로 변화될 수 있음을 주장하고 있다. 이는 기독교교육 과
정에 크게 비치는 한 가능성이다. 그의 기본 저서, *Man's Search for Meaning:
An Introduction to Logotherapy*, Washington Square Press, Inc., N. Y. 1963을 참고
하라.

상적 체계나 강조점에서 각기 다른 접근을 시도하지만, 실존적 참여의 원리라는 기본철학에서는 공통적인 근저를 이루고 있다.

도날드 밀러(Donald E. Miller)는 그의 논문 「기독교교육의 심리학적 근거」[80]에서 실존적 참여의 원리를 다음 몇 가지로 풀이한다.

첫째로, 실존적 참여의 원리는 학습이 외부로부터 오는 자극이나 특수한 그룹이 가지는 분위기 또는 상황에 의해 지배되는 것이 아니라는 데서 출발한다. 오히려 학습이란 인간의 궁극적인 삶의 질문에서 시작된다고 본다. 인간의 존재와 비존재의 문제(being & non-being), 의미와 무의미성에 대한 물음이 학습의 출발이라는 것이다. 그것은 이러한 삶의 문제와의 솔직한 만남, 그리고 개방된 자세로 문제를 접근해 들어가는 과정을 소중한 소재로 삼으며, 삶의 궁극적인 물음과의 열린 만남을 진정한 학습이라고 본다. 그리고 삶의 물음과의 개방된 만남으로서의 실존적 원리는 '인간과 인간', '인간과 사회적 상황', '인간과 의미' 사이의 관계로까지 확대된다. 둘째로, 실존적 참여의 원리는 진리를 서술된 문장이나 객관화된 사상으로 보지 않는다. 진리란 구체적인 삶의 실존이며, 그 실존과의 만남에서 오는 결단이라고 본다. 그러나 그 만남은 '순간'에서 일어나며, 그 순간은 단절된 순간이다.(오토 볼노브) 그렇지만 그 단절된 순간은 다른 시간을 변화시키는 새로운 "순간"으로 이해하기도 한다. 여기서 한 가지 분명한 것은, 이때의 "순간"이란 진리와의 만남에서만이 가능한 순간이다. 그러기에 실존적 원리의 학습은 심리적 반응 작용도, 사회적 상황에 대한 지적 인식도 아니다. 오히려 "삶"의 물음이

---

[80] Donald Miller, "Psychological Foundations for Christian Education", *An Introduction to Christian Education*, ed. by Marvin Taylor, Abingdon Press, Nashville & New York, 1966, pp.50-59.

며, 그 물음과의 만남이고 참여이며 또한 씨름이다. 이것은 행동심리학이나 게슈탈트 이론이 가지고 있는 한계에 대한 비판이요, 동시에 역 제안이기도 하다. 셋째로 실존적 참여의 원리는 교사와 학생 사이의 전통적인 상하관계를 부정한다. 즉, 그것은 진리와 삶 안에 동등하게 서 있는 구도자(求道者)로서 교사와 학생의 관계를 규정 짓는다. 기독교교육에서 교사와 학생은 공히 하나님의 계시와 말씀 앞에서 듣는 자, 배우는 자로 정의된다. 이렇듯 인간이 질문하는 삶의 물음과의 만남을 진정한 학습으로 정의하는 실존적 원리는 고도로 조직화된 사회조직과 교육제도, 그리고 거기서 파생하는 온갖 비인간화에 대해 던지는 도전이고 또 대안으로 평가되기도 한다.

2. 교육신학에서 본 장의 과정

학문적인 그리고 방법론적인 차이에도 불구하고, 교육신학이 인간과 신, 세계를 이해하는 사상적 구조를 교육철학적인 해석과 방법을 통하여 구현하고 있음을 이미 논의한 바 있다. 아울러 이것은 교육신학이 교육 과정과 교육 방법을 풀어가는 과정에서 일반교육론과 어떤 연관관계를 가지는가라는 질문으로 이어진다.

그러나 이 문제에 접근하기에 앞서 교육신학은 원초적인 전제 하나를 설정한다. 즉, 교육신학이란 '계시된 진리'(revealed truth)를 그 내용으로 하는 학문이며, 동시에 이를 어떻게 해석하고 또 경험하게 하는가라는 문제를 다루는 특수한 학문이라는 것이다. 반면에 교육학과 학습론은 인간과 인간사이, 인간과 사회현상 사이에서 일어나는 상호작용(interaction)을 소재로 하는 과학적 학문이다. 그러기에 교육신학과 학습론은 기본적인 전제나 그 학문적 영역에 있어서도 이

질적인 위치에 놓인다. 교육신학이 궁극적으로 '신-인' 관계, '신-역사' 관계에 대한 해석학이라 한다면, 학습론은 과학적 방법으로 얻은 '사실'(fact)을 데이터화(data) 하고 그 속의 관계(relation)를 구조화하는 학문이기 때문이다. 교육신학을 선험적(a priori)이라 한다면, 학습론은 후험적(posteriori)이다. 이 둘 사이에 어떤 관계가 가능할까?

이 질문을 학문적으로 풀어낸 교육신학자는 로버트 볼케(Robert Boelke)였으며, 그의 해석은 설득력을 가지고 있다. 볼케에 의하면 교육신학은 학습론이나 일반 교육학이 다루는 실험적 데이터(data)를 조건 없이, 그리고 무비판적으로 받아들일 수 없다고 전제한다. 실험에서 얻은 데이터 그 자체는 규범(norm)이나 의미(meaning)가 없기 때문이다. 학습론은 기독교교육이라는 교육 행위에 필수불가결의 요소이기는 하지만, 학습론 자체가 기독교교육을 가능케 하는 것은 아니기 때문이다. 오히려 기독교교육 학습과정은 교육신학적 해석에 의존되어야 한다는 것이 볼케의 주장이다.[81] 이 점에서 필자는 볼케에 동의한다. 물론 자유주의 신학과 실용주의 철학의 합작으로 태동된 진보적 종교교육파는 볼케와는 달리, 객관적 소재를 근거로 하는 과학적 학습론이 오히려 교육신학의 내용을 결정해야 한다고 주장한다. 그들에게 경험은 계시보다 선행적이고, 그러기에 경험 그 자체가 가장 중요한 교육이기 때문이다. 그러나 신정통주의 신학의 영향을 받은 볼케는 심리학이 신학을 결정짓는다는 진보학파의 주장을 거부한다. 오히려 신학은 인간경험의 의미를 해석하는 학문이기에, 학습론은 신학의 해석에서 풀어가야 한다고 본다. 이러한 대전제 하에서 교육신학과 학습론들 사이에 만남이 과연 가능한가?

---

[81] Robert Boelke, *Theories of Learning in Christian Education*, p.139.

가능하다면 어떤 차원(dimension)에서 그리고 어떤 연관성 안에서 만날 수 있는가?

1) 행동심리학적 접근에서 본 학습론과 신학과의 관계

첫째의 영역은 행동심리학의 '보강의 원리'(reinforcement theory)와 교육신학의 관계이다. 여기서 볼케는 단호한 선을 긋는다. 자극과 응답사이의 상호작용을 학습 원리로 하는 보강의 원리와는 방법론적인 면에서 부분적으로 합의할 수도 있으나, 그것이 학습의 유일한 요소라고 주장하는 데는 동의 할 수 없다는 것이다.[82]

그 이유는 교육신학이 기본적으로 성육신하신 예수의 말씀 속에서 출발하며, 예수의 말씀이(계시) 인간과 제자들의 응답을 불러일으켰다고 보기 때문이다. 그러므로 자극과 응답의 과정을 되풀이하면서 정답을 얻을 때까지 반복하는 학습의 원리에는 동의할 수 없다는 것이다. 하나님은 실패를 되풀이함으로 발견되는 분이 아니라, 자기 자신을 인간에게 계시하시는 분이기 때문이다.

한걸음 더 나아가 교육신학이 '보강의 원리'로부터 분리되는 결정적인 원인은, 상반되는 인간 이해에 기인한다. '보강의 원리'는 인간을 하나의 생물학적 현상으로 규정하며, 이 인간 이해로부터 학습론을 전개한다. 그러나 교육신학은 생물학적 인간을 전인적 존재(全人的 存在)로 보지 아니한다. 오히려 교육신학은 인간을 계시를 통하여 자기를 찾는 존재라고 본다. 인간은 하나님과 관계를 맺을 수 있는 존재이며, 그 관계 속에서 자기 자신을 스스로 돌아볼 수 있는 자기초월의 존재라고 보는 것이다. 성서는 이것을 하나님과 맺은 언약

---

[82] *Ibid*., p.145.

이라 부르며, 언약의 인간을 인간의 참 모습이라고 본다. 인간은 자연보다 자유에 의하여 자기화(自己化)되기 때문이다. 바로 이 자유가 보강의 원리에서는 허용되지 않는다.

두 번째의 영역은 행동심리학의 '조건반사의 원리'(conditioning theory)와 교육신학적 관계이다. 조건반사의 원리는 '자극과 반응' 사이의 관계에서 '보강의 원리'보다 '자극'을 더 통제함으로써 의도된 반응을 끌어낸다는 측면에서 더욱 기술적이고 조작적이라고 볼 수 있다. 여기에 교육신학은 동의하지 않는다. 기독교교육 과정에서, 자기 자신을 인간에게 계시하시는 하나님(자극)은 기계적으로 인간의 응답을 불러일으키는 분이 아니기 때문이다.[83] 또한 반대로 하나님과 인간의 만남이 인간의 응답에 의존되거나 보장되지도 않기 때문이다. 조건반사의 이론이 심리작용을 학습의 결정적인 필연(necessity, 원인과 결과 사이)으로 보는 한 그것은 하나의 결정론으로 전락하게 되고 만다. 여기에 교육신학이 인간을 기계적으로 조작할 수도 있다는 이론을 수용할 수 없는 이유가 있다. 그러나 교육신학은 조건반사의 원리가 던지는 하나의 중요한 교훈에는 동의해야 할 것이다. 그것은 인간도 다른 동물들과 마찬가지로 자연성에 근거한 본능현상을 가지고 있다는 사실이다. 하나의 피조물로서 다른 동물과 마찬가지로 '소리', '천둥', '새로운 환경'에 응답함으로써 배운다는 경험의 단면은 교육신학에 있어서도 중요한 요소이기 때문이다. 그러나 교육신학은 동물적 반응체로서의 인간보다 높고 깊은 차원의 현상을 끊임없이 추구한다. 인간은 하나님의 형상(Image Dei)으로 창조되어진 영적 존재이기 때문이다. 하나님 창조의 관리자로서 위임

---

83 *Ibid.*, p.152.

받은 인간은 하나님 앞에서, 이웃과 역사 앞에서 그리고 자기 자신에게 책임질 수 있는 자기 초월적 존재라는 의미에서 하나님의 형상이다. 따라서 인간은 외적인 환경과 자극에 의해 조작되어지는 존재가 아니라, 궁극적으로 내면적인 자기 결단에 의해 행동하는 존재이다. 여기서 볼케는 교육신학적 인간 이해를 이렇게 서술한다.

"인간은 무엇을 알 수 있는 존재(knower)일 뿐 아니라, 자기 스스로 할 수 있는 존재(known)가 되기까지 자신을 초월할 수 있는 자유가 주어져 있다."[84]

이 같은 결정적인 차이에도 불구하고 교육신학은 조건반사 원리를 조심스레 받아들여야 할 것이다. 예를 들어 처음 크리스천이 되려는 사람에게 교회가 가지고 있는 가치를 교육했을 때, 그 가치는 교회의 멤버가 되기 위한 조건반사가 된다. 그것은 '기도하기', '성경읽기', '예배 참석 하기' 일수 있으며, 이것들은 조건반사적인 요인이 된다.

2) 인지론과 교육신학과의 관계

행동심리학의 두 학습론, 즉 '보강의 원리'와 '조건반사의 원리'의 과학성은 심리와 반응현상에 근거하고 있다는 점에서 장점과 단점을 동시에 가지고 있음을 밝힌 바 있다. 특별히 교육신학이 두 학습론에 동의할 수 없었던 가장 중요한 이유는 인간 이해 때문이었다. 인간의 응답현상은 과학적 방법으로 분석될 수도 있으나, 인간

---

[84] *Ibid*., p.154.

을 타율적 존재라고 보는 인간 이해에는 동의할 수 없기 때문이다.

그러나 로버트 볼케는 게슈탈트 이론과 교육신학은 서로 배울 수 있는 중요한 요소들이 얽혀 있다고 본다. 볼케의 논지는 무엇인가? 불케가 풀어가는 게슈탈트 이론과 행동심리학 사이의 근본적인 차이부터 들어본다.

첫째로 게슈탈트 이론과 행동심리학은 공히, 학습(learning)이란 응답에 의하여 이루어지는 것이라는데 동의한다. 그러나 게슈탈트 이론은 행동심리학이 주장하는 응답은 자극에 의해 기계적으로 일어나는 과학적 개연성이 아니라, 오히려 학습자, 혹은 응답자들의 의도(intention)에 의해 주어지는 것이라고 본다. '자극'을 주는 상황에 따라 기계적으로 응답이 일어나는 것이 아니라, 응답자인 인간이 주체적으로 경청하는데서 응답이 일어난다고 보는 것이다.[85] 여기서 자극-응답(S-R)의 관계를 선택하고 결단하는 주체는 인간, 또는 인간의지라고 주장하는 게슈탈트 이론이 교육신학적으로도 타당성이 있다고 본다. 교육신학이 궁극적 가치로 삼고 있는 계시가 인간을 향한 하나님의 자유로운 드러내심과 말씀사건이라면, 그 계시는 인간의 주체적이고도 책임적인 결단으로 응답되어지기 때문이다. 여기서 교육신학은 기독교교육의 학습과정 이해에 있어서 보강의 원리나 조건반사의 기계주의적 원리보다는, 밖으로부터 오는 (자극)상황에 대하여 인간의 책임적인 응답을 중시하는 게슈탈트 이론과 호흡을 같이한다고 본다. 교육신학과 게슈탈트 이론은 "인간은 무엇에 응답하기에 앞서 자기초월적 능력의 존재이며, 자기 결단과 거기서 형성되는 관계의 '장'을 만들어 갈수 있는 능력이 있다"[86]고 보

---

85 *Ibid.*, p.157.
86 *Ibid.*, p.158.

기 때문이다.

둘째로, 인간의 주체적인 응답을 주장하는 게슈탈트 이론은 학습에 대해서도 언급한다. 학습이 이루어지려면 그곳엔 '학습의 장'과 자아, 그리고 그 둘 사이의 관계(긴장관계)가 있어야 한다는 것이다. 학습의 '장'이란 자아 밖에 존재하는 어떤 물리적인 현장이다. 그것은 가정일수도 있고 학교와 사회일 수도 있으며, 어떤 사건들을 의미할 수도 있다. 또한 인간 공동체일 수도 있으며 문제들일 수도 있다. 이러한 사회적 '장'은 인간의 인지작용에 의하여 지각(perception) 되는데, 게슈탈트 이론에서는 이것을 "심리적 장"(psychological field)이라 부른다. 바로 이 지각작용은 학습자(인간 자아)가 상황적 장에 대하여 가지는 심리적 행위를 의미한다. 이로써 이 상황적 장과 심리적 장 사이에는 긴장관계가 성립하며, 이 긴장관계가 교육 과정의 역학을 이룬다. 이 긴장관계 속에서 '자극'은 밖으로부터 안으로 오는 일방통행적 선(교사, 부모, 성인)만이 아니라, 인간의 책임 있는 응답을 불러일으키는 쌍방적 사건이기 때문이다. 이로써 학습자는 밖으로부터 오는 자극에 따라 행동하게 되지만, 동시에 학습자들은 그 상황에 대하여 행동을 결단하게 된다. 여기서 학습은 자아 밖에 있는 상황적 장과 자아의 심리적 장 사이에 만나지는 장이며, 이는 항상 '열려 있고, 또 자유로운' 것이다. 볼케는 이 학습의 장을 "교회"라고 본다.[87] 교회는 신자들에게 많은 자극(예배, 설교, 교육, 선교)을 주는 상황적 장을 형성한다. 여기에서 신자들은 주체적이고 책임적인 응답으로 참여하는 심리적 장을 형성한다. 이 둘이 만날 때 비로소 교회는 학습의 장이 된다.

---

[87] *Ibid.*

셋째로 교육신학은 게슈탈트 이론이 제시하는 학습론에서 성령의 역사(役事)가 개입할 수 있는 가능성을 발견한다. 게슈탈트 이론은 성령의 역사라는 표현을 쓰지는 않지만, 학습과정은 원천적으로 '개방적'이라고 주장하기 때문이다. 학습이란 과거에 자각되지 않았던 소재들이 그 어느 한 순간, 그 어떤 계기를 통하여 전체적으로 그리고 의미있게 이해되고 조망될 수 있다고 본다. 성령의 역사도 이렇게 나타난다. 사람들이 예배를 드리고 성서 연구를 하지만, 그 많은 피상적인 것들이 그 어느 한 순간에 자신과 사람들에게 궁극적인 의미로 다가올 때(전통적인 용어로는 회심이라 부르지만), 그때 기독교교육은 하나의 학습사건이 되기 때문이다. 이것을 기독교교육에 있어서 성령의 역사라고 본다. 교육신학은 이렇듯 게슈탈트 학습론과 깊은 대화의 고리를 찾는다.

3) 실존적 참여의 원리와 교육신학과의 관계

게슈탈트 학습이론은 기독교교육 과정 설정에 있어서 교육신학이 수용할 수 있는 유형임을 논의하였다. 그러나 게슈탈트 이론에 약점이 없는 것은 아니다. 물론 게슈탈트 이론은 행동심리학의 보강의 원리나, 혹은 조건반사의 원리가 가지는 기계주의적 학습 이해를 넘어 인간의 자기초월성과 인지(認知) 능력을 중시하는 장점을 가지고 있다. 그러나 실존적 참여의 원리는 게슈탈트 이론이 강조하는 '밖으로부터'의 자극에 대한 응답보다 인간을 자기결단의 주체로 보는데서 출발한다.

넓은 의미에서 게슈탈트 이론과 실존적 원리는 공히 인간의 주체성을 강조하는 공통점을 갖는다. 그렇지만 인간주체성이 무엇인가라는 물음에서 두 학습론은 미묘한 차이를 드러낸다. 실존적 원리에서 보면 게슈탈트 이론에서는 인간이 응답의 주체라는 주장의 근거가 희박하다고 본다. 게슈탈트 이론이 상황적 '장'과 거기서 오는 자극이 응답의 성격을 결정짓는다고 보는 한, 그 응답은 피동적이고 기계적일 수 있다는 것이다. 그러나 실존적 원리는 인간을 응답의 주체로 본다. 학습은 인간의 물음에 의해 결정된다고 보기 때문이다. 게슈탈트 이론은 학습과정의 중요한 구조는 제시하였으나, 인간 실존과 물음이 가지는 학습의 중요성을 외면하는 약점을 가진다. 인간은 삶의 물음을 묻는 실존이며, 그 물음은 인간의 실존적 표현이다. 실존원리에서는 이 물음을 한마디로 불안에서 오는 인간의 물음이라고 정의한다. 그러기에 진정한 교육이란 이 물음에서 시작하는 행위이다. 이 물음에 의미를 부여 할 수 있을 때, 우리는 이를 학습 또는 교육이라고 말할 수 있다는 것이다.

교육철학자 조지 넬러(George Kneller)[88]는 실존적 원리를 다음과 같이 설명한다.

첫째, 실존주의 철학은 인간 자신의 실존에서 오는 고뇌에 대하여 주관적이고 열정적인 의식행위를 소중한 출발점으로 삼는다. 학습이란, 단순히 상황에서 오는 자극에 대한 인간의 응답 이전에, 자기 자신의 실존적 물음에서부터 출발한다. 실존적인 의식이 없는 지식과 지식전달은 추상과 사색으로 끝난다고 보기 때문이다. 신학 방법론에서 실존주의적 접근을 시도한 폴 틸리히(Paul Tillich)의 "상호연결의 방법"(method of correlation)[89]은, 조직신학적 방법론뿐 아니라 교육신학에도 지대한 의미를 부여한 원리이다. 실존주의 철학은 인간의 생의 문제, 특히 사랑과 죽음의 문제와 솔직히 부닥치고 또 씨

[88] George F. Kneller, *Introduction To The Philosophy of Education*, p.54-55.
[89] Paul Tillich, *Systematic Theology*, Vol. 1. pp.59-66.

름하는(passionate encounter)데서 비로소 참 교육은 시작된다고 본다. 폴 틸리히는 기독교교육이 참교육이 되기 위해서는 바로 이 실존적 물음, 철학적 질문에서 출발해야 한다고 주장한다. 실존주의 철학은 본질에 앞서는 '실존의식'이 학습의 선행적 요인이라고 보며, 틸리히는 실존적 질문 그 자체가 그 어떤 해답보다 선행되어야 한다고 본다.

둘째로, 실존의 원리는 인간 주체의 초월성에 근거한다. 자유에 따르는 책임 혹은 행동에 대하여 책임을 지는 인간은 환경과 상황까지도 초월하는 존재이다. 그러기에 교육은 외부의 자극이나 환경 혹은 상황에 대한 응답이나 적응(adjustment)과정이 아니라, 인간자아의 창조적 성장을 도와주는 작업이라고 정의한다. 여기서 그룹이나 집단은 인간 자아를 도울 수는 없으며, 오히려 그룹이나 집단은 자아의 실현을 위한 필요한 매개체일 뿐이라고 본다. 그러므로 실존주의 교육에서 교사, 커리큘럼, 교육 시설, 교육 환경은 한 인간이 자기완성을 실현해가는 과정에 필요한 하나의 도구(instrument)일뿐이다.

실존주의 철학이 말하는 인간자아의 창조성과 자유, 그리고 실존적 의식은 오랜 세월 망각 되어 왔던 차원 하나를 기독교교육 과정에 심어놓는 공헌을 남겼다. 아울러 실존주의 철학은 게슈탈트 이론이 안고 있는 결정적인 약점을 시정하는 공헌을 남겼다. 그러나 실존주의 철학이 제시하는 교육 과정은 그 공헌에도 불구하고 주관주의(subjectivism)에 빠지기 쉬운 위험성을 가지고 있다.

기독교교육학자 루이스 쉐릴(Lewis Sherrill)은 실존주의 교육에 뿌리를 두면서도, '실존적 자아'는 하나님과 성도와의 관계 안에서만 '가능적 자아'로 변화 될 수 있다고 봄으로써 실존주의 철학의 한계를 극복하려 한다. 인간은 신앙 공동체라는 '장'의 관계를 통해서만 새로운 가능적 자아로 변화된다는 것이다. 쉐릴은 실존주의 철학의 자아이해로부터 인간 이해를, 게슈탈트 이론으로부터 교육 과정을 수용하여, 궁극적으로 실존주의와 게슈탈트 이론이 만나게 되는 새로운 관계(신앙 공동체)를 모색한다.

이상에서 논의한 학습론의 행동심리학적 접근, 게슈탈트 이론, 실존주의 원리 등은 오늘을 대표하는 학습론의 흐름들이다. 각기 약점들을 지니고 있으면서도 학습과정이라는 복합적인 현상을 학문적으로 풀이한 교육론들은, 기독교교육 과정 설정에 중요한 방향과 단서들을 제공하였다. 그러나 학습론을 수용하고 그것을 기독교교육 과정과 접목시키는 작업은 반드시 교육신학적 질문과 검증과정을 거쳐야 할 것이다.

Ⅲ. 구조와 과정이 만나는 장

커트 레빈(Kurt Lewin)은 '장'을 개인과 환경 사이의 종합적 관계라고 정의한바 있다. 이 종합적 관계는 물리적 공간(물리적 한계상황)을 전제하지만, 그 공간은 삶의 공간(life space)이다. 이 삶은 인간이 하나님과 이웃과 세계와 자신과의 관계 속에서 창조해가는 삶인 것이다. 이 삶은 한마디로 다 이루었다 함이 아닌 생성과정(becoming)인 것이다. 삶의 생성과정, 그것은 구조와 과정이 만나고 또 만나는 장인 것이다. '복음'과 만난 인간은 결국 삶의 변화 과정으로 나타난다. 존 듀이는 이것을 민주주의라고 불렀고, (세계와 인간(구조) 사이의 상호작용(과정)은 민주주의(장)) 오토 볼노브는 이를 실존적 생성이라 불렀으며(단속적 형식을 통해서 인간은 인간답게 생성되는), 데오돌 브라멜드는 이것을 세계 인류의 공동사회로, (문화의 전달과 문화의 수정이라는 문화화 과정을 거쳐) 또한 조지 코우는 신의 민주주의라고 불렀다. (인간이 사회와 환경과의 사회화 과정을 거쳐)

'교육신학'은 바로 이 '장'이해를 중심으로 교육의 구조와 교육 과정의 관계를 신학적으로, 교육학적으로 개념화하려는 학문적 시도인 것이다. 이러한 학문적 시도는 본서의 내용구조와 과정 속에 흐르는 다양한 기독교교육론을 해석하고 또 비판하는 방법론적 기초가 된다. 아울러 교육신학은 구조, 목적, 인간 이해, 방법, 현장이라는 틀을 가지고 길고 긴 기독교교육의 역사와 다양한 사상들을 분석하고 비판하며 또한 해석해갈 것이다.

제2부

교육신학의
역사적 고찰

그리스도 교회가 가졌던 교육적 사명은 교회(혹은 공동체)의 출현과 함께 시작되었다. 이방인이 그리스도 공동체 속으로 들어오자 교회는 회심자들을 신앙으로 훈련시키기 위해서 방법들을 강구하였다. 1세기로부터 현재에 이르기까지의 교회는 교육하는 사명을 중요시하여 왔다.… 불행히도 교회는 과거로부터 전하여 온 교육적인 지혜와 그 뜻 있는 유산에 대하여 경시하여 왔으며 아울러 오늘의 현재적 상황 속에 필요한 교육적 사명까지도 외면하여 왔다. 그러나 지난날의 신앙의 선조들이 살아왔던 경험을 통해 오늘을 바라볼 때 이 현재라는 시간이야말로 과거의 지혜에 의해 비쳐지는 산 순간이 된다. 우리 시대의 특수한 문제라고 믿었던 것들이 놀랍게도 우리의 선조들에게서도 이미 일어났었다는 사실을 발견한다. 문제 해결을 위한 선배들의 방법은 오늘 우리의 문제 해결을 위해 크게 도움이 되리라.…

_ 켄딕 비 쿨리 『기독교교육 사상집』 중에서

2장.
'장(場)'의 사적 고찰 Ⅰ
: 학문 이전

기독교교육사를 엮은 사람들 중에 교육사 초기 부분에 관하여 창시적인 연구로서 공헌한 사람은 루이스 쉐릴Lewis J. Sherrill이다. 그는 자신의 저서 『기독교교육 기원』[1]에서, 기독교는 각 시대마다 특수한 종교형식을 가지고 존재해 왔다고 주장한다. 그런데 그 형식 속에 담겨져 있던 내용은 그 시대의 기독자들이 가졌던 신앙이었으며, 그 신앙은 종교형식과 교육 행위의 구조를 이루었다. 바로 이 신앙이라는 구조가 시대마다의 기독교교육의 행위와 교육 과정을 결정 지어준 요인이라는 사실을 그는 다음과 같이 설명한다.

"특수한 시간과 환경 속에 존재하여 왔던 기독교는 그 시대마다 교

---

[1] Lewis J. Sherrill, *The Rise of Christian Education*, Mac Millan Co., New York, 1944.

회가 수행하였던 본질적 교육authentic education의 성격과 본질을 결정지어 왔다.⋯ 여기서 본질적 교육이란 인간들 속에 던져주는 영향impact을 말한다. 이 영향은 신앙과 신념으로부터 유출되는 것이다."[2]

이것은 기독교교육의 역사를 개괄하는 데 필요한 기본적인 방법론이기도 하다. 구조와 과정은 상호응답적인 성격의 것이며 그것을 장場이라고 부르지만, 모든 교육 행위를 결정지어 온 가장 중요한 요인은 신앙과 그 경험이었으며, 결국엔 그것이 교육의 내용 구조가 되어 왔던 것이다. 사적 고찰을 위한 중요한 단서란, 각 시대마다 구현되었던 이 신앙의 경험(즉 내용구조)과 그 신앙경험이 표출한 교육 행위를 해석하는 일이다. 이것은 신학적 해석의 영역이 된다.

그러나 신앙의 내용 구조는 '장'을 이루는 다른 차원인 '과정'을 거쳐서 시대의 현장 속에서 구현되어 왔다. 그곳에는 한 인간에게서 다른 인간에게로 전달된 신앙의 유산이 있었으며, 신앙을 중심으로 서로 만났던 곳이기도 했다. 또한 그 곳엔 인간의 응답이 있었고, 인간과 역사의 변화가 있었던 곳이기도 했다. 이 자리를 우리는 교육의 현장이라 부른다.

이 교육의 현장들은 역사의 부산물이 아니라 오히려 신앙 공동체의 표현 양식이었으며, 그것은 가정일 수도, 사회일 수도, 교회일 수도 있다. 교육의 현장으로서의 공동체는, 본질상 보존을 위한, 때

---

2 *Ibid.*, pp.1-2. L. J. Sherrill은 기독교가 교육 행위를 위해 그 근거를 마련하였던 신앙, 혹은 필자의 말로는 구조를 넷으로 나누어 설명한다. ①지고적(至高的) 존재로서의 신 이해 ②신의 자기계시의 방법 ③인간을 향한 신의 의지 ④인간의 가치관과 가치 의식 등이다. 쉐릴은 이상의 네 가지 원칙에서 신앙적 구조와 교육 행위에 어떤 영향을 끼쳤는가를 보아야 한다고 본다.

로는 새로운 역사 창조를 위한 몸부림의 자리였다. 그러므로 현장이란 '구조'와 '과정'이 만나는 '장'의 구현인 것이다. 또한 그곳은 하나님과 이웃과 세계와 내가 만나는 삶과 신앙의 현장이기도 하다. 때로는 비공식적 형식(nonformal setting)으로, 때로는 공식적 형식(formal setting)으로, 또 때로는 공식과 비공식적인 형식을 공존시켜가면서 기독교교육은 신앙의 유산을 증언하고 전수하여 왔다.[3]

이러한 전제에서 신학과 교육의 대화를 사적으로 살펴보고자 한다. 그러나 학문 이전과 학문 이후의 기독교교육이란 구분은 곡해될 위험성을 지니고 있다. 자칫하면 학문 이전의 기독교교육이 원시적이라든지, 열등하다든지, 혹은 비조직적이라든지 하는 용어로 오해되기 쉬운 것은 사실이다. 그러나 학문 이전과 학문 이후의 시대적 구분은 기독교교육의 행위 자체에 대한 객관적 분석과 해석에 근거한다. 학문 이전의 시기에는 기독교교육의 행위는 있었으나, 그 행위에 대한 분석, 평가, 의미 부여가 부족했음을 의미할 따름이다. 환언하면, 학문 이전의 기독교교육은 그 나름대로의 자율적인 교육 행위가 있어왔다는 말이며, 어떤 의미에서는 학문 이후의 교육보다 더 참신하고 창조적인 교육이었을 수도 있다. 이에 반하여 학문 이후의 기독교교육이란, 내용과 과정에 대한 과학적 분석과 의미부여, 그리고 해석이 주어진 시기를 의미한다.

어느 시기까지를 학문 이전과 학문 이후로 구분하는가라는 문제에 대하여는 학자들 사이에 의견의 차이가 없는 것은 아니나, 일반적으로는 성서 시대로부터 주일학교 운동이 일어난 18세기 말까지

---

[3] 은준관, "신학과 교육-차원적 이해", 「교회교육」, 감리교 총리원 교육국 발행, 1968, 12월호, pp.6-7.

를 학문 이전으로, 그리고 그 이후를 학문 이후로 구분한다.

Ⅰ. 구약시대의 교육

루이스 쉐릴은 위에서 인용한 『기독교교육의 기원』[4]에서 구약 시대의 종교교육을 주전 586년, 즉 예루살렘이 멸망한 때를 전후로 나누어 설명하고 있다. 그러므로 여기서 제1기란 출애굽 사건 (exodus)으로부터 예루살렘 멸망까지를 계수한다. 이 기간 동안 히브리 사람들은 유목민 과정, 목농시대, 왕국 건립, 왕국 분열, 예루살렘 의 멸망, 그리고 바벨론 포로라는 길고도 험난한 역사적 경험을 거쳐 왔다. 이 시대에 일어난 교육을 묶어서 쉐릴은 "히브리인의 교육" 시대라고 명명한다.

1. 히브리인의 교육(초기 종교교육)[5]

초기 히브리 사람들은 계속되는 역사적인 변화와 정치적인 소용 돌이를 뚫고 하나의 민족 공동체를 창조하는 일에 몸부림하였다. 그 몸부림 가운데 지속시켜 온 한 가지는 민족적 사건-출애굽 사건-위 대한 역사적 기억(historical remembrance)과 산 증언이었다. 출애굽 사건을 기억하고 증언할 때마다, 그 사건의 주인이셨던 여호와 하나 님의 구원은 히브리 사람들의 가슴 속에 현재화되었다. 이 구원은 율법(律法)으로 표현되고 증언자들에 의해 한 세대에서 다른 세대로

---

[4] Lewis, J. Sherrill, *The Rise of Christian Education.*
[5] *Ibid.*, pp.5-30.

성실하게 전수되어 왔다. 바로 이 기억과 증언이 히브리인의 종교교육이었다. 그러나 이 종교교육은 오늘의 공식교육의 형태를 가졌거나 학교 교육 같은 정규교육은 아니었다. 오히려 히브리 교육은 그들의 신앙고백과 경험, 그리고 생활의 표현이었으며, 그들의 생활 전 영역에서 그대로 실현되는 산 교육이었다. 그러기에 히브리 교육은 비공식적인 것이었다.

바로 이 히브리 사람 교육 속에 흘렀던 내용과 구조는 어떤 것이었던가? 무엇이 그들의 삶의 핵을 이루었으며, 왜 그들은 그것을 증언해야 했던가? 히브리 사람들은 자기의 선조가 애굽으로부터 구출받았던 사건과 그 사건 속에서 '그들의 하나님'이 되기를 약속하였던 하나님의 뜻(Will of God)을 계속 추구하였다. 삶과 역사와 세계의 주가 되시는 하나님의 뜻을 찾는 민족적 몸부림이 교육의 핵심이었으며, 그 하나님의 뜻을 때로는 '나무', '강', '산', '동굴', 그리고 '돌' 같은 세상의 상징들을 통해 찾기도 했다. 그것들을 신의 현존現存의 구체적인 매개들로 이해하였기 때문이다. 그러나 히브리 사람들은 하나님의 뜻을 묻고 깨닫는 두 가지의 매개가 생기게 되었다. 그 하나는 제사장priest의 출현과 그의 사명이었고, 다른 하나는 예언자prophet의 출현과 그들의 증언과 행동이었다. 기능은 달랐다 하더라도 제사장과 예언자는 하나님의 뜻을 묻는 민중들의 종교적 질문에 대하여 신의 뜻을 해석하고 증언하는 특수한 사람들이었다. 그들의 기본적인 기능은 하나님과 하나님의 백성(민중) 사이를 매개하는 데 있었기 때문이다. 이때의 종교교육은 하나님과 인간 사이를 매개하는 제사장과 예언자들에 의하여 직접, 간접적으로 수행되었다. 그러나 제사장과 예언자 사이에는 그 기능에 있어서 엄청난 차이가 있었음도 사실이다. 결국 기능의 차이는 교육의 형태에 있어서도 각기 다른 형태로 나타났다. 제사장의 기본적 기능은 하나님의 계시(Revelation of God)를 받는 행위에 있었으며, 또 이를 선포하는 기능을 포함하고 있었다. 계시는 제사(ritual) 행위를 통하여 왔고, 그 계시는 상징들을 통하여 그리고 제사 행위(sacrifice)를 통하여 선포되어졌다. 그래서 제사장은 신의 계시와, 신에 대한 인간의 물음에 대한 해답을 '제사' 행위와 '제단'(altar)을 통하여 모색하였다. 그러기에 제사장은 제도 중심, 성전 중심의 종교적 역할을 수행하였던 것이다. 제사장은 성전이라는 공간과 제단이라는 물적 매개를 중심으로 하는 종교적 행위들 속에서 신의 의지를 찾으려 하였다.

그러나 예언자의 기능은 제사장의 기능과는 근본적으로 다른 것이었다. 그들은 하나님이 역사 속에서의 '사건들'(happening)을 통하여 인간에게 말씀하신다고 믿었으며, 그 말씀을 그대로 선포하였다. 또한 예언자들은 역사라는 공동의 운명 속에서, 또 날마다의 삶 속에서, 또 때로는 내적인 경험 속에서 신의 의지를 추구하였다. 이로써 예언자는 제사장의 성전 중심이 아닌, '삶'과 '역사' 속에서 하나님을 찾으려 하였다. 제사장은 인간이 어떻게 하나님께 접근할 수 있으며, 하나님의 은혜를 받을 수 있는가를 가르쳤던 반면, 반대로 예언자들은 인간이 하나님을 찾기 전에 하나님이 먼저 인간들을 찾고 계시다는 사실을 가르쳤다. 그리고 인간이 하나님의 오심을 받아들이기만 하면 바로 그것이 하나님의 은혜라는 사실을 가르쳤던 것이다. 제사장들은 제단을 중심한 이스라엘의 선민의식을 강조하였는가 하면, 예언자들은 이스라엘의 눈을 민족사를 넘어 전 인류의 역사 속에 자신을 드러내시는 하나님의 통치와 그 목적을 보게 하였다.[6] 그리고 예언자들은 하나님이 이스라엘 이외의 모든 민족까지도 그의 사랑의 대상으로 삼으셨다고 선포하였다. 그리하여 바벨론 포로 이전의 히브리 종교에 ·있어서 교권주의적 경향(ecclasiastical ten-dency, 제사장)과 정치신학적 경향, 혹은 종말론적 경향(eschatological tendency, 예언자)은 서로 갈등하고 있었다. 그것들이 히브리 사람들의 다양한 교육 행위를 결정짓는데 영향을 끼쳤다고 보아야 할 것이다. 그러나 제사장과 예언자 사이의 기능적 차이에도 불구하고 하나님의 뜻을 모색하고, 전달하고, 증언한 교사들이었다는 점에서 그들은 종교교육사에 있어서 마찬가지로 중요한 자리를 차지한다.

그러나 쉐릴은 제사장과 예언자 이외에도 당시에 지혜가 많았던 성현(sage, 주로 도덕적 교훈을 가르쳐 온 사람)과 시인들이 히브리 종교교육의 또 하나의 '축'을 이루었다고 부언한다.

그리하여 '히브리인의 교육'시대에는 제사장과 예언자 못지않게 중요한 교육 행위가 존재하였다. 히브리 가정에서 남자 어른들은 자기 자녀들에게 가정에서의 하나님의 뜻을 철저히 가르쳐 온 교사들이었다. 히브리 '가정'은 하나님의 뜻이 생활 속에 구현되는 통로였으며, 가정은 어린이들의 생활의 변화를 가져온 종교교육의 '장'(場)이 되어 왔다. 이것은 "가정"을 장으로 하는 교육의 처음의 형태라고 볼 수 있다. 가정에서의 부모와 자녀 관계는 신의 계시와 뜻이 전달될 뿐 아니라 생활화되었던 매개였던 것이다. 쉐릴은 여기서 히브리 가정은 자연적 유대(생리적 관계에 의한) 그 이상의 종교적 공동체였으며, 따라서 가정은 종교교육이 가능할 수 있었던 구체적이고도 중요한 '장'이었다고 지적한다.[7] 가정이 교육의 산 현장이 되었다는 근거의 하나는, 유아의 출생이 곧 신의 은혜와 직결되어 이해되었다는 데서 시작된다. 아기를 낳는 아내는 신의 축복을 받은 사람

---

6 *Ibid.*, pp.14-15
7 *Ibid.*, pp.17-18.

들이었다. 신의 축복을 받은 가정에서는 아이들의 교육을 신의 의지를 깨닫고 실천하는 행위로 보았다. 여기서 교육 방법은 크게 네 가지로 나뉘어졌다. 첫째, 히브리 가정교육은 온 가족들이 행하는 공동 활동에 직접 그리고 함께 참여하게 하는 것이었다.[8] 바벨론 포로 이전의 히브리인들은 목축과 가사로서 생활을 영위하였기 때문에, 자녀교육은 생활과 가사와 직접 연결되었던 직업적인 것이었다. 아들들은 아버지가 하는 대로 목축업에 참여해야 했으며 또 사냥을 배워야 했다. 딸들은 어머니들을 따라 농사짓는 일, 음식 만드는 일, 길쌈하는 일에 직접 동참함으로 배웠던 것이다. 그러나 히브리인들은 이 원시적 상황에서도 종교교육을 게을리 하지 않았다. 그것은 히브리의 모든 아버지들을 랍비[9]라고 불렀던 것에서도 알 수 있으며, 랍비로서의 아버지는 아들에게 목공뿐만 아니라 율법도 가르쳐야 함을 강조하였기 때문이다.

둘째, 가정에서의 종교교육 방법은 어린이들의 모든 행위를 통제control함으로써 실시되었다. 부권사회父權社會였던 그 때의 아버지의 권위는 절대적이었으며, 도덕률은 온 가족이 지켜야 할 절대적인 규칙들이었다. 바로 규례는 신의 뜻을 수행하고 복종하는 구체적인 행위들이었다. 잠언서, 전도서는 이에 대한 부모의 책임을 적시하였으며, 출애굽기, 레위기, 신명기는 사회와 가정에서의 일상생활을 위한 길잡이들이었다.

가정 종교교육의 세 번째 교육 방법은 가정에 있어서의 구전 방법이었다. 부모는 자녀들에게 진리를 깨닫도록 말로 직접 가르치곤 하였다. 진리란 두 가지로 이해되었다. 그 하나는 하나님은 역사를

---

8 *Ibid.*, p.16.
9 *Ibid.*, p.19.

통하여 인간들 속에 자기를 계시하셨다는 진리와, 다른 하나는 신의 뜻의 계시와 교훈으로서의 율법(law)이었다. 이 역사와 율법을 통해 드러내시는 신의 의지는 모든 히브리 가정에서 부모들의 구전을 통하여 젊은이들에게 전달되어 왔다.

시편 78편은 그 서두에 다음과 같이 기록하고 있다.

내 백성이여, 내 교훈을 들으며 내 입의 말에 귀를 기울일지어다. 내가 입을 열고, 비유를 베풀어서 옛 비밀한 말을 발표하리니, 이는 우리가 들은 바요, 아는 바요, 우리 열조가 우리에게 전한 바라.… 옛적에 하나님이 애굽 땅 소안 들에서 기이한 일을 저희 열조의 목전에서 행하셨으니 저가 바다를 갈라 물을 무더기같이 서게 하시고 저희로 지나게 하셨으며….[10]

구전은 이렇듯 역사 속에서 보여 주신 하나님의 구원의 사건을 압축시킨 성서의 이야기를 말로 반복하는 행위였다. 신명기 6장 4-9절은 율법의 구체적인 표현이었다.

이스라엘아 들으라. 우리 하나님 여호와는 오직 하나인 여호와이니 너는 마음을 다하고, 성품을 다하고 힘을 다하여 네 하나님 여호와를 사랑하라. 오늘날 내가 네게 명하는 이 말씀을 너는 마음에 새기고 네 자녀에게 부지런히 가르치며 집에 앉았을 때에든지 길에 행할 때에든지 누웠을 때에든지 일어날 때에든지 이 말씀을 강론할 것이며 너는 또 그것을 네 손목에 매어 기호를 삼으며 네 미간에 붙여 표를

---

[10] 시편 78편 중에서, 『성경전서』 개역 한글판, 대한성서공회, 1956.

삼고 또 네 집 문설주와 바깥문에 기록할지니라.[11]

그리하여 히브리 가정은 그 자체가 생물학적 관계 뿐 아니라, 사회적 기본 공동체였고, 또 더 나아가서는 역사와 율법 속에 계시하셨던 신의 뜻을 말과 종교적 행위로 끊임없이 되살려낸 신앙과 종교교육의 현장이었다.

가정 종교교육의 네 번째 교육 방법은 종교 의식(religious rites)을 통한 방법이었다. 그러나 종교 의식은 다양한 형식을 취하고 있었다. 그 중의 하나는 가정에 태어난 어린아이가 남아인 경우에, 생후 8일 만에 실시하는 할례circumcision라는 의식이었다. 그러나 할례는 아버지가 행하는 의무적 행사만은 아니었다. 오히려 할례는 어린아이가 가정의 언약의 일원으로 영입되는 엄숙한 의식이었다. 그리고 그 남아가 생후 40일이 되면, 생모는 어린양을 잡아 어린아이의 원죄를 속죄받는 제사를 드린다. 다른 하나의 의식은 메쥬자mezuzah라는 양피지에 글을 새겨 넣고 이를 나무나 쇠로 만든 상자 속에 넣어 문에 매달아 놓는 것이다. 문을 드나들 때마다 "하나님이 나의 이 집 출입을 지금부터 영원까지 보호할지어다"라고 외우고 나서는 그것에 입 맞추곤 하였다. 13세가 되면 소년들은 이제 종교적 책임을 지어야 하는 바 미주와Bar Mizwah라는 의식을 거쳐 히브리 공동체의 한 성인이 되어 모든 의무와 책임을 가지게 된다. 그리고 히브리인의 또 다른 의식은 안식일sabbath과 밀접히 관계되었다. 안식일은 신과 그의 백성 사이의 언약의 표시였으며, 예배와 안식을 통하여 이날을 거룩한 날로 정하여졌던 것이다. 금요일 저녁이면 안식일 등불이 여

---

11 신명기 6 : 4-9.

인에 의하여 켜지고, 테이블은 깨끗한 식탁보로 싸이며, 그 위에는 선조들이 광야에서 먹었다는 '만나'를 기념하는 빵 두 조각을 놓는다. 회당에서 돌아오면 부모들은 자녀들을 축복해 주고 함께 앉아서 식사를 했던 것이다. 가장은 술 한 잔을 손에 들고 안식일의 거룩함을 위한 기도인 키두쉰kiddushin을 드린다. 이외에 히브리인들에게는 두 가지의 중요한 절기가 있으며, 이는 교육적 행위와 깊이 연결되어 있었다. 하나의 절기는 유월절passover로서 이것은 가정에서 시행하는 절기였으며, 이 절기는 히브리인들이 흩어지고 또 예루살렘이 멸망한 이후에도 무교병(부풀리지 아니한 빵)으로 준비한 유월절 식사, 술, 축복과 시편 읽기 등을 통하여 계속 이어져 갔다. 또 하나의 다른 절기는 장막절(the Feast of Tabernacles)이었다. 모든 히브리 남자들은 매년마다 반드시 7일간은 장막booth 속에 함께 살아야 했으며, 8일째 날에는 '율법의 기쁨'(the joy of law)이라는 행사가 열렸다. 이 기간에 그들은 철저히 율법교육을 받아야 했다. 그리하여 유월절은 '자유와 해방'을 위한 히브리인의 축제였고, 장막절은 '율법의 새로운 이해'를 위한 교육이었다.

이러한 모든 종교 의식들, 즉 할례, 메쥬자, 바 미즈바와, 안식일, 유월절과 장막절들을 통하여 히브리인들은 한 가지 중요한 교육적 의미를 되살려 나갔다. 즉 히브리인의 교육은 종교적 사상이나 그들의 신앙 구조를 추상적으로 전달한 것이 아니라, 가정의 엄격하고도 부드러운 분위기를 장으로 하여 참여, 행위, 대화를 거쳐 경험의 차원으로까지 승화되었다. 이 사실은 매우 중요한 것이다.[12] 히브리인의 종교교육은 신의 구원의 역사와 계시적 사건(신앙 구조)을 때로는

---

[12] Lewis J. Sherrill, *The Rise of Christian Education*, p.22

제사장, 때로는 예언자들을 통한 선포와 해석으로, 그리고 구체적으로는 가정생활과 종교 의식들을 통한 전역사적이며 전공동체적인, 그리고 전인적인 교육이었다. 여기에서 참여의 원리는 모든 구성원을 하나로 묶어가는 교육철학이기도 했다.

2. 유대주의 교육(후기 종교교육)

구약시대의 두 번째 기간은 주전 587년 예루살렘 멸망으로부터 신약시대까지를 포함한다. 특별히 포로가 된 히브리인들은 크게 두 지역에서 집단으로 살았다. 한 집단은 이집트의 엘레판타인Elephantine 이라는 곳에서 포로생활을 했으며, 다른 집단은 바벨론Babylonia에서 유배생활을 해야 했다. 바로 이 바벨론 포로 집단이 후대의 유대주의 또는 유대 종교로 발전하면서 신앙적 유산을 이어 온 계보로 알려져 있다. 이때의 종교교육은 초기 히브리인의 종교교육과는 다른 교육의 형태로 바뀌었으며, 포로생활 속에서 적응해야 했던 특수한 형태로 나타났다. 그러므로 유대주의 교육을 이해하기 위해서는 히브리인들이 살았던 정치적 상황과, 그 속에서의 생활양식을 알아야 할 것이다.

포로가 되어 이방 나라에 살아야 했던 히브리인들에게 가장 심각한 문제는, 오랫동안 히브리인들을 하나의 공동체로 묶어왔던 종교적 신앙과 생활이 위협을 받기 시작했다는 사실이었다. 즉 정체성 identity이 위협받기 시작한 것이다. 그들은 여호와 하나님을 선택하느냐, 혹은 외세에 적응함으로써 생존하느냐(동질성을 상실하는가)라는 정치적 선택을 강요받기 시작했다. 이러한 정치적 상황은 그들의 교육적 행위를 결정하는 요인이 되었다. 이러한 민족적 위기에서 소수의 히브리인들은 끝까지 외세의 억압에 저항하면서 하나님의 뜻을 모색하는 길을 선택하였다. 율법을 열심히 공부하고, 그 율법으로부터 생활법칙들을 만들어 내기도 했다. 팔레스타인으로 귀환한 이후, 에스라는 유대민족의 법을 제정하기에 이르렀다. 바로 이 시기에 소위 '남은 자'remnant의 사상이 생겼으며 '고난의 종'suffering servant의 사상이 생성되었다. '남은 자'들의 신앙을 계속 하나로 묶었던 요소는 하나님의 뜻으로 알려진 토라(Torah, 신의 교훈)였다. 토라는 모세 오경을 의미하기도 했고, 의식과 안식일을 지키는 특별한 법들을 뜻하기도 했다. 토라는 신의 해답을 실은 율법law이었으며, 공인된 '주의 종들'에 의하여 전수되었다. 히브리인들의 생활양식이 바뀌고 후대에 유대주의 종교로 발전되는 과정에서, 토라는 그들의 생활 속에서 신의 뜻을 대변하는 교육의 내용 구조가 되었다.

그러나 여기에서 포로생활 이후에 나타난 교육 현장은 어떠했으며, 그들의 종교적 동질성은 구체적으로 어떻게 표현되었는가라는 질문이 제기된다. 당시의 교육 현장은 크게 두 가지로 나타나기 시작했다. 그 하나는 포로 이전의 히브리인의 교육전통을 그대로 이식해 온 비공식적인 현장들로서, 이 중의 하나는 회당(synogogue)이었다. 포로기 이후 히브리인들은 잃어버린 성전 대신 회당(synogogue)이라는 새로운 종교공동체를 만들어 내게 되었다. 회당이 언제 생겼는가에 대하여 아는 사람은 없다. 다만 바벨론에서 시작되었을 것이라는 추측이 있을 뿐이며, 포로로 잡혀 온 히브리인들이 안식일과 다른 절기에 자연스럽게 모이기 시작했고, 또 서로를 격려하고 위로하기 위하여 모이기 시작한 곳이 곧 회당이었던 것이다. 모여서 살아있는 예언자의 소리를 듣기도 하고, 함께 기도하기도 했을 것이라는 추측이다. 이러한 행위가 계속되는 동안 유대인들의 생활 속에는 회당이 필수적인 공동의 생활현장으로 제도화되어 갔다. 신약시대까지 존속되어온 회당은 예배의 장소일 뿐만 아니라, 처음부터 교육하기 위한 기관으로서 존립하였다. 회당에서 실시된 교육은 토라를 읽고 듣는 일, 그리고 예배 행위들이었다. 히브리인의 오랜 전통은 '제사'와 제물을 통한 속죄 행위에 있었지만, 회당에서의 예배 행위는 제사 대신 교육 행위에 의하여 진행되었다는 점에서 회당의 출현은 이스라엘 역사의 한 중요한 전환점이기도 했다.

회당 안에는 '율법'을 적은 두루마리가 회중을 향하여 놓여 있었고, 회당장(head of synagogue)이 모든 종교 활동과 교육 행위에 대한 책임을 지고 있었다. 아울러 하잔(hazzan)이라고 불리는 회당 전속 전문가가 있어 의식을 보좌할 뿐 아니라, 주 중에는 히브리 사람들과 어린이들을 가르쳤다. 그리고 교육적 목적으로 실시된 안식일 의식은 다섯 부분으로 나뉘어져 진행되었다.

그 첫째는 쉐마shema이다. 쉐마는 의식 전체를 시작하는 개회의 말씀과 같은 것이었다. 둘째는 쉐마에 뒤따르는 기도로서, 선택되어진 한 사람이(율법 앞에 서서) "축복"을 위한 기도를 하며 회중들은 "아멘"으로 응답하게 된다. 셋째는 성서의 봉독으로, 토라 중에서 읽는다. 낭독자는 회중일 수도 있으나 제사장이 있을 때에는 그가 성서를 낭독한다. 넷째는 예언자들의 말씀을 읽는 일이다. 토라에서 한 구절을 읽었다면 예언서에서도 한 구절을 읽는 것이다. 그리고 오늘의 설교의 기원이라 할 수 있는 성서 해설(homily)을 듣게 된다. 마지막으로 제사장이 있을 경우에는 축도로, 부재시에는 기도로 의식을 끝마치게 된다. 이렇듯 포로가 된 유대인들에게 회당의 존재는 예배와 만남, 그리고 가르치는 신앙생활 전부의 표현이었으며, 동시에 유대인 생활을 결정지어 주는 가장 중요한 교육 현장이었다. 제사장과 예언자 중심의 종교 구조로부터, 회당은 유대인의 생활 표현과 참여가 일어났던 종교교육 공동체였다는 중요한 의미를 지닌다.

유대주의 시대의 중요한 비공식적 교육 현장은 '가정'이었다. 한 살부터 세 살까지의 어린아이들은 종교적 의식과 의무 속에 넣지 않았으나, 네 살 때부터는 가장인 아버지가 가르치는 토라의 지식과 생활 규범을 배우기 시작했다. 그리고 그때부터 부모를 따라 의무적으로 회당에 가야만 했으며, 13세부터는 성인으로서의 책임이 시작되었다. 이것은 법적인 책임까지를 포함한다. 그리하여 포로가 된 이후에도 유대 가정은 히브리 시대의 가정 종교교육의 전통을 그대로 계승하여, 가정과 회당을 종교교육의 양대 현장으로 삼았다. 그 결과 가정과 회당의 현장은 종교적으로는 여호와 하나님의 뜻을 모색하게 하였고, 정치적으로는 체제의 탄압 속에서도 민족적 정체성(national identity)을 지켜내는 자리가 되었다. 그리고 바로 이 시기에 회당과 가정 이외에 공식교육(formal education)이라는 새로운 교육체제가 시작된다.

그 처음 형태는 베드 하세퍼(beth hassepher)라고 알려진 초등학교(elementary school)의 출현이었다. 일명 "책의 집"으로 알려진 이 학교의 목적은 성서, 특히 토라를 읽는 집이라는 뜻으로 세웠다. 초기의 초등학교는 회당 안에 있었으나, 후대에는 회당 옆에 방을 꾸몄던 것으로 알려져 있다. 회당 전속 전문가였던 하잔(hazzan)은 동시에 베드 하세퍼의 교사가 되었으며, 학생 수는 20명에서 최고는 50명까지 상회한 적도 있었다. 교육 방법은 주로 암기식이었으며, 성서의 구절을 외우게 하는 것이 목적이었다. 학교는 안식일에도 계속되었고 교육은 매일 아침 일찍부터 오후 늦게까지 진행되었다. 최초의 공식교육은 이러한 형태로 시작되었던 것이다.

공식교육 형태의 두 번째 교육기관은 베드 하미드라쉬(beth hami-drash) 혹은 베드 탈무드(beth talmud)라고 부르는 고등교육 기관이었으며, 이는 일명 "연구의 집"이라고도 불렀다. 이 학교는 존경받는 교사가 제자나 학생들을 모아들이는 형식의 학교였고, 주전 약 200년경에 회당의 한 부속기관으로 편입된 것으로 알려져 있다. 초등학교는 성서를 암기하는데 교육의 목적을 두었으나, 베드 하미드라쉬는 기록된 토라 암기 이외에, 구전된 토라(oral torah)를 스승으로부터 배우는 것이 그 목적이었다. 하나님의 구원의 뜻이 기록된 토라 이외에 '구전'으로 내려오는 토라에 대한 스승의 해석을 배운다는 의미이다. 그리하여 유대인은 기록된 토라는 초등학교에서, 구전된 토라는 고등학교에서 배움으로 하나님의 계시와 뜻을 추구하게 하였다. 그렇기에 이 고등교육에서의 교육 방법은 암기가 아니라 스승과 학생들 사이에 오고 간 질문과 해답, 그리고 설명으로 이어져갔다. 그리고 이미 수학, 천문학, 생물학, 지리 등이 커리큘럼 속에 있었다는 기록으로 보아, 종교교육을 위하여 생겼던 베드 하미드라쉬는 일반 교육의 선구자적 역할까지 담당하였던 것으로 생각된다.

유대주의 시대의 공식 교육의 마지막 형태는 아카데미(academy)였으나, 그 기원에 대한 정확한 연대는 알려져 있지 않다. 다만 바리새파 사람들만이 토라의 교사들이 되었고 랍비들이 유대인의 생활속에 결정적인 역할을 하고 있을 때라는 사실로 미루어 보면, 그 당시 이미 팔레스타인에는 '아카데미' 혹은 대학 성격의 고등교육을 실시하고 있었던 것으로 보인다. 랍비 후보생들이 아카데미에 찾아와 공부한 것으로 보아, 아카데미는 오늘의 신학교로서의 성격도 가지고 있었다. 졸업과 함께 아카데미의 교장은 안수하며, 안수를 받은 졸업생은 랍비가 되었다. 교육 내용은 토라였으나, 이미 이곳에서는 구약성서의 경전화 작업과 기도문 등이 연구되며 준비되고 있었다. 바벨론에도, 슈라라는 곳에도 아카데미가 건립되어 있었다는 기록으로 보아, 유대주의 당시의 아카데미도 유대인의 생활 속에 깊이 자리 잡고 있었던 것으로 보인다. 요약해보면, 구약시대의 종교 교육의 내용 구조는 하나님의 계시와 뜻을 아는 지식이었으며, 그것은 구체적으로 성서였다. 그 중에서도 토라는 오랫동안 교육의 내용이 되었다.

그러나 교육 과정은 역사와 정치적 상황의 변화에 따라 달리 나타났다. 초기에는 제사장과 예언자의 지도적 역할에 따라 종교적 의식을 교육 현장으로 하였고, 또 가장인 아버지를 중심으로 한 가정에서의 전 생활적인 참여를 현장으로 하였다. 그러나 유배 이후 회당에서의 공동체적인 종교 의식과, 가정에서의 종교적 의무 수행이 비공식적인 현장이 되어 왔는가 하면, 동시대에 베드 하세퍼(초등학교)와 베드 하미드라쉬(고등학교)를 통하여 토라는 공식적인 교육 체제 속에서 암기되고 또 구전화되어 왔다. 구약시대 후기는 교육 현장의 다원화 시대가 되었다. 이때를 '종교화'를 장(場)으로 하는 교육 시대라고 부를 수 있을 것이다.

Ⅱ. 예수의 교육

예수의 교육을 이해하고 서술하는 일은 쉬운 일이 아니다. 예수께서 사셨던 종교적 상황은 유대주의 종교와의 연속성과 비연속성, 예수 자신이 선포하셨던 하나님 나라의 메시지, 그리고 예수께서 실시하셨던 교육 방법이 예수의 교육 행위를 구성했던 요소들이었기 때문이다. 거기에 예수께서 사셨던 당시의 정치적 상황은 로마제국의 통치로 인해 억압되어 있었으며, 그들의 독점적인 상업 지배, 그리고 희랍 문화의 영향까지 팔레스타인에 침투하면서 극도로 혼란스러운 시기였다. 유대인들에게는 제한된 종교적 자유를 허락했을뿐, 로마에 대한 절대적인 정치적 복종이 강요되었던 시대로서 심각한 갈등이 만연했던 때이다. 두 주인을 섬겨야 했던 유대인들은 가이사에게 바쳐야 했던 세금과, 유대 고유 종교의 상징인 제사장과 성전에 바치는 세금으로 이중 삼중의 부담 속에 살아야 했다.(세금은 그들 수입의 30-40 퍼센트까지 차지했다)[1] 여기에 더하여 신앙적 갈등은 유대인들의 생활을 더욱 악화시켰는데, 이는 로마의 법과 하나님의 의지(Divine Will)를 대변(代辯)하는 것으로 믿어 온 토라 사이의 갈등에서 오는 신앙의 혼란이었다. 그리하여 유대인들은 종교적 이유 때문에 정치적 해방(deliverance)을 기도하게 되었고, 메시야 사상과 '주의 날'(the Day of the Lord)이라는 종말론적 대망은 그들의 구원의 소망의 날로 이어지고 있었다. 이러한 정치적 해방의 대망은 유대인의 실존이었으며, 이 속에서 예수는 하나님의 나라(the Kimgdom of God)를 선포하셔야 했다. 그러나 처음부터 하나님의 나라는 그들이 원하던 사회개혁을 위한 프로그램도 아니었고, 이상적 사회질서를 위한 상징[2]도 아니었다. 오히려 임박한 하나님 나라란 하나님의 주권(Sovereignty of God)이 실현되는 종말론적인 세계를 의미했다. 여기서 한 가지 분명한 것은 예수는 하나님 나라의 주권성을 이 땅에 선포하러 오셨다는 것이다. 그리고 바로 이 하나님 나라의 성격은 예수

---

[1] *Ibid.*, p.74.
[2] *Ibid.*, p.93.

의 교육 내용과 교육 방법을 결정지었다. 예수의 교육에 있어 가장 중요한 형태는 선포였다. 선포에는 다가오는 사건에 대한 나팔을 부는 사자(herald)라는 뜻도 있으나, 동시에 '기쁜 소식'을 선포한다는 전도의 의미도 가지고 있었다. 기쁜 소식이란 곧 복음으로서, 그것은 예수 자신을 지칭하는 선포이기도 했다. 그러므로 예수의 '설교'는 '하나님 나라의 오심'의 메시지를 선포하는(kerussein) 구체적 언어 사건이었으며, 동시에 자신을 선포하는 전달 형식이었다고 볼 수 있다. 그리하여 설교는 예수의 사역(ministry)에서 가장 중요한 방법이었다. 그렇다면 예수의 선교사역은 곧 교육이었던가? 진보적 신학자들은 예수를 사회 혁명의 기수로, 묵시적 종말론자들은 예수를 초자연적인 신비와 기적을 베푸는 자로, 또한 신비주의자들은 신앙 경험의 대상으로만 보는가 하면, 자유주의 신학자들은 예수를 도덕적·역사적 인물로만 보는 위험성들을 각기 안고 있듯이, 기독교교육자들은 예수를 하나의 교사로만 보려는 위험을 안고 있다. 여기서 전예수totus Christus는 볼 수 없는 위험에 빠진다. 복음서에 예수를 디다스칼로스(didaskalos), "주인" 혹은 "선생님"(master)[3]이라고 호칭한 것으로 보아, 예수가 교사였던 것은 명백히 성서적 근거도 있다. 예수의 교사상은 그의 전 사역의 한 매개였다고 보아야 할 것이다. 그러므로 예수의 교사상과 교훈은 하나님 나라를 선포하는 그의 전 사역과의 관계에서 이해되어야 할 것이다.[4]

예수 사역의 궁극적 목적은, 하나님의 주권이 실현되는 하나님 나라의 도래에 대한 선포와 완성이었다. 그러므로 예수의 교육 내용

---

[3] *Ibid.*, p.86. 예수를 "선생"이라고 호칭한 사례는 복음서 전체에 42회나 나와 있으며 "랍비"라는 용어가 12회나 등장하고 있다.

[4] *Ibid.*, p.85.

구조는 율법도 아니고 사회개혁의 프로그램도 아니었으며, 정치적 해방도 아니었다. 그것은 바로 하나님 나라의 임재와 그 약속이었던 것이다. 교육은 하나님 나라를 선포하는 하나의 통로였다. 그러나 이 하나님 나라를 선포하는 교육 과정과 현장은 가장 비공식적인 방법을 사용하였다. 희랍의 철인들처럼(플라톤은 아카데미를 설립하였고, 아리스토텔레스는 리키움을 설립하였다) 공식 학원을 열어 제자들을 그 안으로 불러들인 것이 아니라, 오히려 예수는 제자들의 생활; 인간의 삶의 자리 한복판에 찾아가서 그 곳에서 부르셨고, 대화하셨고, 또 가르치셨던 것이다. 당시에 회당이나 아카데미 같은 제도화된 형식이 없었던 것은 아니었으나, 예수에게는 인간의 삶이 곧 가르침의 현장이었으며, 더욱이 십자가 위에서 돌아가셨던 그 순간까지도 하나님 나라를 전하신 것은 예수가 삶과 역사를 현장으로 삼으셨다는 것을 보여준다. 바로 이 비공식적인 현장에서 예수는 '비유'(parable)를 들어 말씀하신 대화의 방법을 사용하신 것이다. 의식이나 주문(呪文)이나 행위보다는 "비유로 말씀하신", 즉 언어의 상징을 매개로 하셨던 것이다. 그러나 예수의 교육 방법은 그의 말씀을 듣는 청취자의 성격에 따라 다양하게 달라졌던 것도 사실이다. 이 청취자들을 루이스 쉐릴은 세 그룹으로 나누고 있다.[5]

그 첫 번째 그룹은 바리새과 사람, 로마 사람들과 서기관들이었다. 율법을 절대적 가치 규범으로 삼고, 예수의 말씀을 비판적으로 보려했던 그들에게, 예수의 말씀 방법은 논쟁적 성격을 띤 변증적 언어 사용이었음을 엿볼 수 있다. 여기서 예수는 논쟁을 피하지 아니하셨다.

---

5 *Ibid*., pp.90-93.

두 번째의 그룹은 대중들이었다. 이들은 기적을 기다리는 무리였으며, 현실에서 가시적인 증거를 찾고 있던 군중 그대로였다. 이들에게 예수는 기적과 비유를 통하여 하나님 나라의 도래를 선포하셨던 것이다.

그러나 세 번째 그룹은 자기가 직접 부르신 제자들이었다. 이들은 대중과 바리새파 사람들에게는 감추었던 하나님 나라의 비밀과, 고난 받는 종으로서의 자기 정체(正體)의 비밀까지도 나누어 주셨던 핵심 그룹이었다. 또한 이들은 하나님 나라가 이 땅 위에 선포되고 또 실현되어지는 하나님의 구원을 증언하는 핵심 요원들이었으며, 예수는 이들을 선교 요원으로 훈련하셨던 것이다. 기독교교육적인 면에서 예수의 교육은 임박한 하나님 나라의 도래가 교육의 내용 구조였으며, 교육 과정으로서는 대화와 기적(대중교육), 그리고 대화와 훈련(제자들)의 방법을 사용하셨다고 볼 수 있다. 바로 이 내용 구조와 과정은 십자가와 부활 사건 이후 비로소 예수를 '구세주'로 경험하고 고백한 최초의 크리스천들의 공동체를 통하여 표현되었다. 하나님 나라를 경험하고 또 대망한 최초의 크리스천 공동체는, 성령으로 변화된 새로운 인간들의 공동체로서 역사 안에 현존하기 시작한다. 그러므로 예수의 교육은 하나님 나라를 선포하기 위한 방법이었고, 그의 가르침은 그의 십자가와 부활에서 나타난 하나님 나라의 실현이라는 그의 전 선교를 수행하는 과정이었던 것이다. 그러므로 예수님의 가르침은 메시야로 죽어서 다시 사신, 그리고 우주적인 구원을 실현하는 하나님의 구원의 빛에서 해석되어야 할 중요한 선교의 한 매개였던 것이다.

Ⅲ. 초대 교회의 교육

교회(ecclesia)의 출현은 그 자체의 어떤 힘과 동기에 의한 것이 아니었다. 오히려 교회가 존재화 되었던 원동력은 단 하나의 사건, 즉 예수 그리스도의 십자가와 부활의 사건에 의한 것이다. 존 녹스(John Knox)는 『교회와 그리스도의 실재』[6]에서 교회는 예수 그리스도의 유일한 사건(the event)에서 생성되었고, 또 생성되고 있는 한 작은 사건이라고 정의한다. 교회의 존재 근거가 그리스도의 사건이었다면, 교회는 그리스도의 말씀과 부활생명에 의하여 형성되어지는 신앙인의 공동체인 것이다. 교회는 예수를 "주"로 고백하는 인간들의 모임이었다. 그러기에 교회는 예수를 구주로 고백하는 초역사적 차원(신앙과 기억) 공동체이지만, 동시에 교회는 역사라는 구체적 상황 속에서 그 모습이 존재화 되어 진다. 예수의 교훈과 십자가와 부활에서 나타난 복음은 귀족이나, 부자나, 문화인이나, 가난한 자나, 여인이나, 종까지도 교회 공동체 안에서 동등한 형제와 신앙인으로 묶었던 것이다. 따라서 교회는 인간의 공동체였으나, 복음에 의해서만 가능한 공동체였다. 그러나 그런 교회의 존재 양식은 다양하였다.

"하나님께서 교회 안에 여러 직분을 두셨는데 첫째는 사도요, 둘째는 예언자요, 셋째는 교사요, 다음은 기적을 행하는 사람이요, 다음은 병 고치는 은혜를 받은 사람이요, 남을 도와주는 사람이요, 관리하는 사람이요, 여러 가지 방언을 하는 사람입니다."[7]

---

6 John Knox, *The Church and the Reality of Christ*, Harper & Row, New York & Evanston., 1962, pp.25-26.
7 고린도 전서 12 : 28, 『신약전서』, 새번역, 대한성서공회, 1967.

교회는 하나의 주이신 예수 그리스도를 고백한 신앙인들의 공동체이면서 동시에 다양한 은사를 따라 주를 섬기는 은사 공동체였다. 이 양면적 차원으로 이루어진 교회는 예수 그리스도를 '주'로 고백하는 예배와, 신도와 초신자를 가르치는 교육적 행위(넓은 의미에서)라는 두 기능을 통하여 표현되었다.

예수를 '주'로 고백한 초기 기독교 공동체는 전 세계에 예수를 선포하는 선교를 위해 부름 받았으며, 이 사명을 수행함으로써 교회는 비로소 교회화(becoming)[8]되어 갔다. 모이는(congregation) 공동체라는 측면과, 온 세계를 향하여 복음을 선포하는 흩어짐(Missio Diaspora)이라는 양면에서 교회는 비로소 역사 속에서 그리스도의 몸이 되어 갔던 것이다. 이 궁극적인 증언의 매개는 설교(preaching)와 가르침(teaching)이었다. 바로 여기에 교육의 의미가 존재한다. 그리하여 초대 교회의 설교와 가르침은 예수 그리스도의 복음(kerygma)을 내용 구조로 하였으며, 신자를 훈련하는 일과 이방인을 전도하는 매개가 되었다.

초대 교회가 실시하였던 설교는 크게는 세 가지 부분으로 이루어졌다. 첫째, 설교는 예수 그리스도의 생애에 관한 선포였다. 즉, 그것은 역사 속에 오셔서 인간과 자신을 동일시하여 인간과 함께 생활하며 말씀하셨던 예수의 역사적 생애에 대한 선포였다. 설교의 둘째는 히브리 성서 속에 나타난 예언자들의 예언에 대한 증언이었다. 다시 말해, 메시아를 기다렸던 예언자의 예언과, 그 예언의 완성으로 오신 예수 그리스도를 선포하는 것이었으며, 예수의 죽음과 부활 사건에 대한 증언, 그리고 신앙고백이었다. 여기서는 그리스도와의

---

[8] John Knox, *The Church and the Reality of Christ*, p.24.

만남에서 오는 자기의 신앙고백이 설교의 핵심을 이루었다. 설교의 셋째 부분은 '회개'와 '믿는 행위'의 결단을 촉구하는 일이었다. 회개는 죄로부터 떠나 하나님께로 전 생을 돌리는 행위(metanoia)이며, '세례'는 그 증거가 되었다. 동시에 '믿는 행위'로의 결단은 예수를 '주'로 고백하는 초청이었다. 설교는 예수를 선포하는 나팔 소리였으며, 그 설교는 선교적이며 동시에 교육적이었다.[9]

그러나 설교와 함께 행해진 복음 선포의 다른 매개는 교육 행위였다. 초기 교회의 교육은 전 공동체 생활 자체가 교육이었던 것이 특징이었다. 즉, 공식적인 교육형식으로 자리 잡기 전의 초대 교회의 교육은 오순절 경험(pentecostal experience), 기독자들의 신앙생활 지도, 사도들의 가르침(didache), 성도의 교제, 기도, 그리고 떡을 함께 떼는 일 등, 공동체의 모든 일상생활 속에서 이루어졌던 것이다.

마치 예수께서 하나님 나라 선포의 매개로서 교육 행위를 사용하였던 것처럼, 초대 교회의 교육 역시도 복음 선포의 구체적인 매개로 사용되었다. 처음 교회의 사역은 주로 사도, 예언자, 교사들에 의하여 수행되었으며, 그 중에서도 didascalos라는 교사는 하나님에 의해 임명된 영적 지도자로서 알려져 있다. 초기 교회는 선교와 가르치는 일에만 열중하였고, 기구와 조직에는 둔한하였다. 그러나 2세기 중반에 오면서 교회는 감독(bishop), 장로(presbyters)와 집사(deacons) 제도를 강화하였으며, 그들이 교회 일을 처리하면서 교육 행위를 포함하는 모든 사역은 이들의 기능으로 전환되었다.

쉐릴에 따르면 초대 교회의 신앙 교육의 유형은 크게 다섯 가지였다.[10] 첫째는 성전에서, 가정에서 매일 실시한 히브리 성서의 기독

---

[9] Lewis J. Sherrill, *The Rise of Christian Education*, p.140.
[10] *Ibid.*, p.144ff.

교적인 해석의 행위였다. 둘째는 성만찬 예식 전에 예수의 죽음과 부활에 관한 해석의 행위였으며, 셋째는 예수를 향하여 고백했던 베드로의 신앙고백을 문답형식으로 묻고 또 답하는 일이었다. 넷째는 구전(oral teaching)으로 예수의 생애와 교훈을 가르치는 일이었고, 다섯째는 '삶의 두 길'(two ways of living)이라는 생활 교육으로서, 삶과 죽음에 대한 윤리적이고 도덕적인 행위를 가르치는 일이었다.

카테큐메노이(catechumenoi)는 교육을 받는 사람들을 의미했고, 카테케시스(catechesis)는 전 교육 과정을 의미했는데, 이 카테케시스는 믿는 사람들과 이방인 모두를 포괄했다. 그렇기에 초대 교회교육의 내용 구조는 예수 그리스도의 생애, 그의 죽음과 부활에서 나타난 복음이 그 모든 것의 중심이었으며, 이 복음은 해석(interpretation), 서술(statement), 고백(confession), 구전, 윤리적 교훈의 과정을 거치면서 다음 세대로 전수되었다.

그러나 초대 교회의 교육이 일어났던 교육 현장과 과정은 크게 세 가지 형에서 이루어져 왔다. 가장 중요했던 현장은 복음을 듣기 위해 모인 모임(congregatio)이었는데, 오늘의 기독교 예배의 기원이 된 이 '현장'은 예배 행위와 교육 행위의 혼합에서 이루어졌다. '기도'로 시작된 모임은 회중의 "아멘"으로 이어지고, '시편' 낭독과 '찬송'을 불렀다. 사도들의 편지를 읽든지, 혹은 히브리 성서를 읽었으며 이어서 '말씀의 선포'(spoken word)와 '가르치는 행위'가 뒤따랐다. 가르치는 행위는 성서의 해석과 도덕적인 생활 교육으로 구체화되었고 예언과 방언이 뒤를 이었다. 그 중에서도 이 모임의 가장 중요한 부분은 말씀의 선포와 복음을 가르치는 디다케, 즉 교육적 행위였다. 두 번째의 교육 현장과 교육 과정은 성만찬(Lord's Supper) 다음에 제공되었던 '공동식사'(common meal)였다. 그리스도와 제자 사이의 교제를 기억하면서 나누었던 공동식사는, 그리스도와 성도 사이에 가졌던 교제의 상징이기도 했다. "함께 떡을 떼었다"는 신앙생활의 공동표현은 고린도 교회의 경우, 아가페 식사 혹은 사랑의 식사라는 행사로 나타났다. 함께 떡을 떼는 공동적인 생활 속에서 기독교인들은 그리스도의 임재를 경험하였고, 그곳은 살아 있는 교육의 현장이었다. 세 번째 교육 현장은 '가정'이었다. 히브리 시대부터 '가정'은 교육 행위를 가능하게 했던 현장이었으며, 이는 초대 교회까지 연장되었다. 가정은 예배와 교제를 위한 모임의 현장이었을 뿐아니라, 신앙교육이 일어나는 가장 좋은 현장이기 때문이다. "어버이 된 이들이여, 자녀를 노하게 하지 말고 주의 말씀으로 훈련하고 훈계하여 기르시오."[11] 여기에서 "양육"(paideia)은 자녀들을 향한 부모의 교육적 책임을 의미하는 용어로서, '사랑', 그리고 '상호 존경'으로 맺어진 관계를 의미한 것이라고 쉐릴은 풀이한다.[12] 이렇듯 초대 교회의 신앙교육은 사도들에 의한 가르침, 또 모든 성도가 참여하는 공동식사, 그리고 가정에서 부모의 책임에 의해서 실시된 성서풀이, 도덕적 훈련, 그리고 사랑의 관계 형성을 통해서 이루어졌던 것이다. 초대 교회의 교육은 한마디로 '교회공동체'를 '장'으로 하는 기독교교육이었다.

Ⅳ. 중세기의 기독교교육

역사가들은 중세기 로마가톨릭교회의 황금기를 주후 590년에서

---

11 에베소 6 : 4, 『신약전서』, 새번역, 대한성서공회, 1967.
12 Lewis J. Sherrill, *The Rise of Christian Education*, p.159.

604년까지 교황이었던 그레고리 때부터라고 해석한다. 그러나 주후 313년 콘스탄틴 황제가 기독교를 국교로 공인한 이후로부터 중세교회는 전성기를 맞는다. 초대 교회가 가졌던 신앙의 열정과 예수의 재림을 기다렸던 종말론적 신앙 및 거기에 따르는 교육 행위들은 주후 313년, 기독교의 국교화(國敎化)와 함께 형성화(formalized)되기 시작하였으며, 그 이후로 조직과 교리가 신앙과 교육을 결정짓게 되었다.

1. 중세 초기

중세의 초기는 주후 313년으로부터 주후 590년 그레고리 교황 즉위년까지를 계수한다. 아직도 로마제국이 서구(西歐)의 주역主役으로 군림하고 있을 때였으나, 박해 시대와는 달리 이제 국교로 된 교회는 새로운 철학 및 도전적 종교와의 긴장 관계 속에 놓인다. 이때부터 교회는 자체의 신앙과 제도와 교리를 호교론적으로(apologetical) 지키고 또 발전시켜야 했다. 특히 페르시아로부터 온 마니키안주의 manichianism, 희랍 철학에서 유래된 노스틱주의gnosticism, 그리고 네오 플라톤주의neo-Platonism 등의 철학과 사상들은 기독교를 크게 자극시켰으며, 따라서 계시 이해, 신 이해, 신인(神人)의 관계를 새로이 설정하도록 강요받았다. 교회의 확장은 감독(bishops)들의 권한을 크게 확대시켰으며, 중세 초기 말에는 로마제국의 붕괴와 함께 기독교가 전 유럽을 자기 안에 통제하기 시작한다. 이 시대의 교육은 주후 4세기경에 발전된 미사(예배) 속에 드러나기 시작했다. 주후 2세기에 예배와 성만찬과 교육이 연계되어 실시되었던 공동체 교육은, 주후 4, 5, 6세기에 오면서 전문화된 두 형태로 발전하였다. 그 하나는 미사 카테큐메노룸(missa catechumenorum)이라고 불렀는데, 이 미사는 세례 받지 않은 자들의 교육적 예배였다.[13] 미사 전체는 교육적 목적에 의해서 이루어졌으며, 회중은 공동적인 미사를 통한 교육에 참여하였다. 그러나 두 번째 미사는 미사 피델리움(missa fidelium)[14]이라고 불렀으며, 이는 세례 받은 이들의 미사(예배)였다. 이 예배는 미사 중에 구체적인 교육 행위가 없다는 것이 특징이었다. 영세 이전의 사람을 위한 미사 카테큐메노룸은 교육하는 미사였던 반면, 미사 피델리움은 세례 받은 이들이 공동으로 참여하는 예배 행위였다. 교회 안에는 새로운 교육제도가 생겨났다. 이것은 카테큐메나테(catechumenate)이다. 오늘의 장년 교육과 비슷한 성격의 이 교육제도는 세 가지 구체적인 목적을 이루기 위하여 실시되었다.

그 첫째 목적은 도덕적 생활의 훈련이었고, 둘째는 기독교적 전통과 교리의 보존 및 전달, 셋째는 기독교적 신앙과 생활을 위한 신

---

[13] Missa Catechumenorum의 중요한 내용은 다음과 같다. 이것은 시리아의 한 예배 순서이다. ①성경 봉독과 풀이(율법서, 예언서, 시편- 솔로로 부르며 회중은 끝 절을 응답함. 서신들, 그리고 복음서들-장로와 집사들이 수행하며 회중은 서있다.) ②훈계-장로에 의해 훈계가 얘기되고 그리고 감독에 의해 결론 짓는다. ③ 피교육자(수세 이전의 사람들) a. 먼저 피교육자를 위한 기도 b. 피교육자의 이름 하나하나를 부른다. 그 때마다 회중은 "kyrie eleison"(주여 그에게 자비를 베푸소서)라는 말로 응답한다. c. 피교육자를 위한 감독의 축복 d. 집사가 "평화 속에 돌아가시오."라고 말하면, 피교육자들은 흩어진다. ④믿는 자들의 기도→피교육자가 흩어진 이후 먼저 믿는 이들은 남아서 기도를 드린다. (Lewis J. Sherrill, *The Rise of Christian Education*, p.184.)

[14] *Ibid.*, p.185. Missa Fidelium은 ①평화의 입맞춤-신부는 감독으로부터 평화의 입맞춤을 받고, 회중은 남자는 남자와, 여자는 여자와 입맞춤을 교환하여 한 일원이 되었음을 상징한다. ②예배로의 초대 ③성만찬의 기도 ④거룩의 찬송 ⑤성만찬 봉헌의 기도 ⑥주님의 기도 ⑦성만찬식-시편 34편이 노래로 불린다. 신부, 집사, 낭독자, 성가를 부르는 사람, 회중의 순서로 성찬에 참여한다.⑧ 기도 ⑨ 폐회

자의 헌신을 촉구하는 데 있었다. 세례를 받기 이전까지의 어른들은 카테큐메나테의 교육을 통하여 기독교 공동체로 용납되고 동화될 수 있었으며, 그리스도의 군사로서의 자각과 헌신을 굳게 하려는 데 그 목적이 있었다. 카테큐메나테는 크게 3단계를 거쳐 8세기까지 발전하여 왔다고 알려져 있다. 첫째로 카테큐메나테는 주후 2세기에 서부터 시작되었는데, 디다케, 헤르마스의 목자, 이레니우스의 사도적 설교의 증언 등을 교재로 가르쳤으며, 또한 동시에 예배 중에 교육이 실시되었다. 주역을 맡았던 사람들은 이레니우스(Irenaeus), 순교자 저스틴(Justin Martyr), 클레멘트(Clement) 들이었으며, 그들에 의하여 카테큐메나케가 발전되었다. 둘째 시기는 주후 200년에서 325년까지를 계수하며, 이 기간 카테큐메나테는 기독교로 들어온 회심자가 많아짐에 따라 제도도 확장하게 되었다. 교육 과정도 복잡해져서 초신자가 세례의식에 참여하기까지는 적어도 세 단계를 거쳐야만 했다. 초신자가 거쳐야 할 첫 단계는, 초신자의 성격과 직업을 익숙히 할 뿐 아니라 개인 교수(private instruction)를 받는 일이었다. 이를 통과한 이들은 제 2 단계로인 "듣는 자"(hearers)[15]의 자격을 얻게 되고, 그룹으로 나뉘되 여전히 개인 지도를 받게 된다. "듣는 자"가 된 이들 중에도 두 계급이 있었다. "듣는 자"들은 미사 카테큐메노룸에 참여하여 설교와 말로 가르치는 교훈을 듣는 자들이며, 콤페텐테스 (competentes)라 불리는 다른 계급은 이미 "듣는 자"로서의 훈련을 거쳐 도덕적 순결성이 보장된 이들로서 세례를 준비하는 사람들을 의미했다. 카테큐메나테의 셋째 시기는 주후 325년에서 450년까지였다. 이때의 카테큐메나테는 크게 다섯 단계에 의한 교육 과정을 실

---

15 *Ibid.*, pp.188-189.

시하였다. 첫 단계는 준비단계(preliminaries)라고 불리었으며, 이는 "듣는 자"를 위한 예비교육을 의미했다. 둘째 단계는 대략 2-3 년간의 기간 동안 "듣는 자"로서 미사 카테큐메노룸에 참여하여 교훈을 들어야 했다. 셋째 단계는 콤페텐테스로서 세례를 받기 위하여 특별히 마련된 교육 행위에 참여하는 일이었으며, 감독이 직접 심사하였다고 한다. 넷째 단계는 부활절 전날 교육을 끝마친 쿰페텐테스들이 드리는 특별한 예배 행위였다. 사탄을 포기하는 행동으로 손을 쳐들거나 손을 마주치면서 의식은 시작되었고, 다음으로는 그리스도께 대한 복종의 뜻으로 손과 눈을 하늘을 향하여 들고 "선타소"(suntasso)라는 말을 반복함으로 그리스도 앞에 자신의 신앙을 맹세했다고 한다. 다섯째 단계는 신앙고백과 함께 세례를 받게 된다. 그리고 주기도문을 외우든지, 또는 처음으로 성찬식에 참여하게 된다. 이로써 중세 초기의 기독교교육의 가장 기본적 교육 행위였던 카테큐메나테는 세례를 받기 위해 필요했던 준비 과정으로 시행되었고, 교육의 내용 구조는 교회에서 지정한 기독자의 생활과 도덕적 생활 규범이었음을 볼 수 있다. 이때의 교육은 철두철미한 세례인을 만들기 위한 교육이었다. 카테큐메나테 이외에 고등교육 기관으로 알려진 카테케티컬 학교(catechetical school)들이 등장했다. 주로 도시에 많이 생겨난 이 기관은 기독교에 대하여 연구하며, 신앙과 이성의 관계를 처음으로 탐색한 학문적 교육 기관이기도 했다. 알렉산드리아 (Alexandria), 안디옥(Antioch), 에데사(Edessa), 그리고 니시비스(Nisibis) 등지에 카테케티컬 학교들이 건립되었으며, 그 중에서도 알렉산드리아의 카테케티컬 학교는 처음부터 유명하였다. 오랫동안 아데나고라스(Athenagoras)와 판태누스(Pantaenus)에 의해 시작되어 존속되어 온 이 카테케티컬 학교는 클레멘트에 와서 더 유명해진 것으로 알려졌다. 특히 그의 저서 『교사』(*Instructor*)에서 클레멘트는, 크리스천이된 사람은 그가 가지는 신앙이 보다 높은 차원의 지식으로 승화되어야 한다고 주장했다.

알렉산드리아의 교육기관은 플라톤의 연역적 방법으로 기독교 신앙을 해석했는가 하면, 안디옥의 교육기관은 아리스토텔레스(Aristoteles)의 귀납적 방법으로 기독교 사상을 수립해갔다. 이미 두 개의 카테케티컬 학교는 기독교 사상의 쌍벽을 이루고 있었다. 그러므로 중세 초기에는 미사 카테큐메나테 그리고 카테케티컬 학교들이 교육 현장들로 부각되었으며, 이때에는 성서 시대의 비공식적인 신앙교육의 장의 과정은 없어지기 시작했다. 오히려 신앙교육은 공식 교육의 과정으로 변화되기 시작한 것이 그 특징이었다. 카테큐메나테는 수세인(受洗人)을 만들기 위한 교육이었고, 카테케티컬 학교는 신앙에 대한 과학적 연구와 지식의 정립이 그 목적이었다.

2. 중세 후기

중세 초기에 이미 시작된 기독교교육의 제도화(formalized) 작업은 중세 후기에 이르러 더욱 가속화되었다. 주후 590년에서 604년 사이, 교황 그레고리 때부터 시작된 국가의 기독교화(Christianization) 프로그램은 교회의 권한을 점차 확대시켜 갔으며, 주후 1077년에는 독일 황제 하인리히 Ⅳ세가 교황 그레고리Ⅶ세 앞에 무릎을 꿇는 상황에까지 이르렀다. 이로써 11세기에는 독일을 포함하는 전 유럽 국가들이 '신성 로마제국'(Holy Roman Empire)의 영역에 있게 되었다. 교회는 세계국가(world-state)가 되고 성직자의 권위는 왕권보다 높아졌으며, 교황(특히 이노센트 Ⅲ세)은 신의 대리자(Vicar of God)로서 신성

로마 제국의 핵심이 되었다. 15세기에 이르러서는 교황들의 무능력이 원인이 되어 '우남 상탐'(Unam sanctam)의 바탕이 흔들린 것도 사실이지만, 신성 로마제국은 800여 년간 계속하여 우남 상탐의 지배 속에 존속되어 왔던 것이다. 이렇듯 제도화한 중세기의 교회는 초대교회가 가졌던 뜨거운 성도의 교제와 믿는 사람들의 공동체성이 모두 배제되었고, 성직자 중심의 구조로 변질되었다. 따라서 신학과 교육도 큰 변화를 겪어야 했다.

쉐릴에 따르면 성 어거스틴(St. Augustin)과 성 토마스 아퀴나스(St. Thomas Aquinas)에게서 구현된 중세 신학의 핵심은 신의 비전(Visio Dei)[16]에 있었다. '신께 돌리는 영광'이 생의 궁극적인 목적이라는 의미를 가진 신의 비전을 어거스틴은 '마음의 순결'에서, 아퀴나스는 '지고선'(至高善)에 대한 인간의 명상에서 오는 것이라고 보았다. 그리고 신의 비전에 이르는 길은 크게 두 가지였다. 하나는 신에 대한 지적 추구(아퀴나스)이고, 다른 하나는 신의 직접적인 신비적인 경험(어거스틴)이었다. 그러나 지적인 추구와 신비적 경험은 삼위일체적 신 이해와는 거리가 먼 것이었다. 특히 성부와 성자 사이의 교감(communion)은 중세 신학에서 배제되고, 그 결과로 신은 "숨은 자", "절대자", "알 수 없는 분"으로 이해되었다. 이 신과의 접촉점은 신비와 기적에 의해서만 가능한 것이었다. 이러한 신비주의적 신 이해는 역설적으로 성만찬의 떡과 포도주를 신격화(신비화)하는 결과를 가져왔으며, 성만찬의 신비와 기적을 통하여 숨어 계신 신을 경험할 수 있다고 보았다. 성직자를 안수한다는 일은 숨어 계신 신과의 합의를 매개하는 권리를 부여하는 것이었다. 유아 세례(infant baptism)도

---

16 *Ibid.*, pp.215-216.

위에서 말한 신비적인 성례전의 범주에서 이해되었다. 이로써 중세기의 신앙 구조는 신의 비전이었으며, 신의 경험은 신비적인 성례전을 통해서만 가능하다고 보았다. 중세 로마교회의 교권은 바로 이 신의 비전(Visio Dei)에 대한 절대적 권리와 대행자로서의 교황의 권위에 근거하고 있다.

이러한 신앙 구조는 중세교회교육에 깊은 영향을 주었으며, 중세의 모든 교육을 중세교회의 교권 속에 예속시켜 버린 결과를 가져왔다. 폴 틸리히는 다음과 같이 서술한다.

"중세기의 교육은 인간의 물음을 외면한 채, 당시 로마가톨릭 교회가 내놓은 해답과 상징으로 유도되었다."[17]

중세 교회는 교육 과정을 크게 두 가지로 구조화하였다. 그 첫째는 비공식적 과정이었고, 다른 하나는 공식적 과정이었다. 이때부터 비공식적 교육과 공식적인 교육 사이에는 뚜렷한 분리와 공존(共存)이라는 묘한 관계가 시작되었다.

비공식적인 교육 과정으로 나타난 것은 예배였다. 주후 5세기 이후부터 '언어에 의한 교육'이라는 교육 행위는 사라지기 시작했으나, 예배에 참여하는 의식(ritual)은 여전히 가장 중요한 교육 행위로 남아있었다. 13세기에 언어에 의한 교육이 부활되기는 했으나, 중세교회의 교육은 예배 행위 그 자체에 참여하는 것이었다.[18]

---

[17] Paul Tillich, "A Theology of Education", *Theology of Culture*, p.151.
[18] Lewis J. Sherrill, *The Rise of Christian Education*, p.232. Sherrill은 Young의 연구를 인용하면서 중세의 기도회는 대략 다음과 같은 하루의 시간표에 따라 진행되었다고 본다. 1회-Matins 새벽 2:00-2:30, 2회-Lauds 새벽 4:30-5:00, 3회-Prime 새벽 6:00, 4회-Terce 아침 9:00, 5회-Sext 12시, 6회-None 오후 4:00, 7회-Vespers 오

'캐논의 시간'(cannonical hours)으로 알려져 있는 기도회는 하루에 여덟 번씩 교회 안에서 시행되었다. 미사(missa)는 제일 중요한 예배로서, 기도회 형식으로 하루에 4회(떼르체Terce 오전 9시와 섹스트Sext 정오 사이)에 걸쳐 행하여졌다. 미사는 그 내용에 있어서 중세 초기의 미사와 같은 것이었다. 중세 초기의 예배는 미사 카테큐메노룸(Missa Catechumenorum 수세 이전의 교육 예배)과 미사 피델리움(Missa Fidelium)으로 나뉘어졌던 것처럼 중세 후기에도 동일한 이름과 내용으로 시행되었다.

그러나 초기와 후기 사이에는 교육적인 차이점이 있었다. 후기 미사에는 미사 카테큐메노룸이라는 의식적인 교육, 혹은 교수행위가 빠져 있었다.[19] 중세 후기의 이 같은 미사의 비교육화 경향은 역으로 미사 이외의 영역에서 교육의 공식화 과정을 가속화시켰다. 그 결과 미사는 종교행위로, 교육 행위는 독립된 학교교육으로 분리되기 시작하였다.

미사 이외에 중세 후기에 나타난 비공식적인 교육 과정은 축제(feast), 연극(drama), 그리고 건축(architecture) 등이었다. 부활절, 성탄절, 성모 마리아제와 세례 요한의 축제, 또 순교자들 축제 등의 종교적 의식과 참여는 곧 기독교교육의 중요한 과정으로 출현하였다. 연극은 주로 신의 비전과 경험을 소재로 꾸며졌으며, 이것들은 신앙을

후 4:30, 8회-Compline 오후 6:00.

19 중세 초기의 Missa Catechumenorum에서는 성서 봉독, 풀이, 훈계 등의 교육 프로그램들이 미사 중에 있었지만 후기의 Missa Catechumenorum에서는 Introit (시편, 고백, 기도), Kyrie(교독문), Gloria(찬송), Collect(기도), Epistle(서신), Gradual and Alleluia(Chant가 불리어진다), Gospel(복음서), 그리고 사도신경으로 끝을 맺는다. 여기에는 의도적인 교육 행위는 없고, 미사 행위 전체를 전교육적 행위로 볼 수 있는 차이점을 드러내 준다.

가르치는 교육의 매개로 삼았다. 여기서 연극은 예배와 교육을 위한 새로운 형태로 발전되었다. 예수의 십자가와 부활, 성탄절 그리고 성서의 이야기를 소재로 한 연극들이 줄을 이었다. 또 교회의 역사와 이야기들을 '돌'에 조각한 건축은 궁극적으로 신의 비전을 구현한 것이었다. 이렇듯 중세 후기에 등장한 비공식적 교육 과정은 폭넓게 확장되어갔다. 중세 후기 미사의 비교육화와 함께 부쩍 늘어난 공식 내지 비공식 교육은 현대교육의 시작일 뿐 아니라, 현대교육 구조를 형성하는 중요한 모델(model)로서의 공헌을 하였다. 이때 시작한 공식교육이 대학으로 발전하기까지는 약 600년의 시간이 흘렀다. 공식교육의 발단은 주후 529년 수도사 성 베네딕투스(St. Benedictus, 480-543)가 세운 카시노 수도원이라고 볼 수 있으며, 특히 수도원학교(monasteries)의 건립에서 비롯되었다. 김용기(金容基) 교수는 그의 저서, 『서양교육사』[20]에서 수도원 학교에 대해서 다음과 같이 서술하고 있다.

"수도원학교는 수도원의 수도사(修道士)의 수양과 학문의 연구기관이었다….수도원학교에서는 수도승과 수도사가 있으며 수도원 원장의 지도에 의하여 엄격한 종교적 생활을 하는 것이다. 수도원의 생활은 정결, 빈곤, 순종, 겸양의 덕을 이상(理想)으로 금욕과 기도와 노동에 의하여 수도 생활하는 것을 그 특색으로 한다."[21]

주후 633년 톨레도 회의(Council of Toledo) 결정에서 보면, 이미 7세기 이전에 수도원학교와 동시대적으로 본당학교(Catheral school)가

[20] 김용기, 『서양 교육사』, 경기문화사, 1960년.
[21] *Ibid.*

존재하고 있었다. 모든 소장(少壯) 신부들은 이 학교에 거주하면서 노장 신부의 지도를 따라 성서 읽기와 성서 연구에 임하도록 훈령(訓令)이 주어져 있었다. 본당학교는 교회 감독이 주재하고 있던 중요한 도시의 성당 안에 부설된 학교였으며, 일명 감독학교라고도 불렸다. 성직자와 귀족의 자녀들만이 수학한 것으로 보아 처음부터 본당학교는 종교적, 사회적, 엘리트 양성이 주목적이었다. 앨쿠인(Alcuin)이라는 스승은 당시 가장 유명했던 교사로 알려져 있으며, 그에게 배우기 위해 유럽과 영국으로부터 많은 학생들이 몰려들었다고 한다. 바로 이것이 후에 대학의 기초가 되었다. 아울러 앨쿠인의 영향은 신성로마의 제국화에 크게 이바지하였다. 앨쿠인의 제자 중에 가장 유명했던 이는 라바누스 마우러스(Rabanus Maurus)로서, 그는 대주교까지 되었고, 또 『성직자의 교육』이라는 책까지 저술하였다. 그러나 주후 9세기 북방 야만인의 습격으로 로마교회는 치명적인 타격을 받았다. 10세기까지 유럽은 색슨(Saxon)과 데인스(Danes), 사라센(Saracens)들에 의하여 침략 당하고 설상가상(雪上加霜)으로 교황들마저도 타락하여, 이 시대를 후세 사람들은 암흑시대라고 부르게 되었다. 이러한 상황 속에도 주후 859년 랑레스 회의(Synod of Langres)에서는 감독들에게 공립학교(scholaepublicae)들을 세우도록 촉구하였다. 이때 세워진 학교의 이름이 외곽학교(External school)인지는 확실하지 않다. 그러나 이때부터 출현한 공립학교는 수도원학교와 본당학교와는 다른, 성속(聖俗)을 통합한 새로운 교육 형태의 학교였던 것임에는 틀림없다. 주후 10세기에서 12세기 사이에 교황권은 다시 회복되었으며, 십자군 원정은 유럽의 세계화를 자극하고 개방을 강요하였다. 그리고 각처에 소도시가 출현하면서 새로운 사회 및 경제 구조가 나타나기 시작하였다. 주후 12세기에 대학이 출현하기 전, 중세 후기의 공식교육은 크게 세 가지 유형으로 나타났다. 첫 번째와 두 번째의 유형은 수도원학교(monastery school)와 본당학교였으며, 특히 후자는 의학, 법률학, 신학에 역점을 두었다. 성직자와 귀족의 자녀 이외에 각국에서 모여든 학생들도 수학할 수 있게 하였다. 그러나 세 번째의 유형으로는 세속적인 인문학을, 그것도 트리비엄(trivium, 문법, 웅변학, 변증학)과 쿼드리엄(quadrium, 수학, 음악, 지리학, 천문학)을 학과목으로 강의하는 공립학교가 등장하였다.

그러나 중세 후기의 공식교육에서 그 무엇보다 획기적이었던 사건(전 교육사적인 각도에서)은 대학(universitas)의 탄생이었다. 학문적인 협력체 구성의 필요성이 교수와 학생들 사이에서 강력하게 제기되면서(특히 외국 학생들의 법적 보호까지), 이런 움직임이 학문조합(scholastic guild 혹은 union) 조직으로 이어지고, 그것이 곧 대학(universitas)으로 발전하게 된다. 12세기 후반에 법률학을 중심으로 시작된 이탈리아의 볼로냐(Bolgna) 대학은 학문조합의 주도권이 학생에 의해서 행사된 한 모델로 나타났는가 하면, 동시대에 생긴 파리대학은 신학을 중심으로 하였으며, 학문조합의 주도권이 교수들에 의해서 행사된 한 모델이다. 이 두 대학은 본당학교, 공립학교, 수도원학교로부터 발전된 공식 교육이었으며, 대학의 위상은 갈수록 강화되어 갔다. 주후 13세기에는 문법학교, 본당학교, 알몬리학교(Almonru School, 영국), 교구학교 등이 대학 교육을 준비하는 예비 학교나, 대학교육의 연장 교육(본당학교는 이미 신부가 된 이를 계속 교육했다)으로 발전하여 나갔다.

중세 로마교회의 기독교교육을 한마디로 정의하기는 매우 어려운 것이 사실이다. 그러나 예수의 재림을 기다렸던 종말론적 초대교회와 달리, 교황을 신의 대행자로 이해하였던 중세교회의 교권적 구조는, 예수 그리스도와의 신앙적 만남보다는 신비적인 성만찬의 참여를 통해 숨어계신 하나님과의 만남을 추구하는 신앙체제로 바뀌면서, 모든 교육 행위의 목적을 "삶을 위한 준비가 아니라, 교회(로마 교회)에 봉사하기 위한 작업 준비"[22]로 이해하고 시행되어 왔다. 이때의 교권주의적 신앙 구조는 모든 교육 행위를 신 중심, 생(生) 중심, 신앙 중심보다는 교권적 제도와 교리 보존을 위한 수단으로 전락시켰다. 이로써 초대 교회 당시의 산 교육의 현장이었던 성도의 교제(communio sanctorum)와 가정들이 전적으로 외면되기 시작하였다. 그러나 공식교육의 기원이 된 대학이 기독교교육적인 목적에서 출발하였던 것은 주목할 만한 일이다. 오늘날처럼 기독교교육과 공교육 사이의 간격이 큰 시점에서 보면, 당시 대학의 설립을 추동하였던 신앙 구조와 기독교교육과의 함수관계는 재해석을 요하는 문제일 것이다. 한마디로 중세의 기독교교육은 교권과 그 보존을 장(場)으로 하는 교육 행위였다. 바로 그 이유로 인하여 중세의 기독교교육은 두 가지의 치명적 약점을 가지고 있다. 그 첫째는 교권 확장의 수단으로 교육이 도구화 되었던 약점을 가진다. 둘째로 중세교육이 성직자와 귀족의 자녀만을 위한 교육으로 선회하면서, 사회의 이원화 내지는 양극화를 초래하는 사회악의 선례가 되었다. 즉, 중세의 기독교교육은 서민과 민중을 교육의 기회로부터 배제하는 비인간화의 도구가 되어, 결과적으로 사회적 관계를 외면하는 기독교교육으로 전락하는 위험성에 노출되었던 것이다.

---

22 Margaret Deansley, *A History of the Medieval Church,* Methven & Co. L.T.D 36. Essez Street, London, 1957. p.209.

V. 개신교회의 기독교교육

16세기 종교개혁 운동의 배경은 당시의 정치, 사회, 경제적 요인으로 설명될 수도 있으나, 민중들의 동조라는 신앙적인 이유가 보다 근원적이었다. 따라서 개신교의 기독교교육은 종교개혁이라는 거대한 역사적 사건에서 나온 결과물이었다. 그렇기에 종교개혁은 교육혁명에 의하여 일어난 것이 아니었고, 오히려 종교개혁에 의한 후기 사건으로 교육이 변화를 가져왔다고 본다.

1000여 년간 절대적 권위로 군림했던 교황주의 구조의 신성로마제국은 드디어 면죄부(indulgentia)를 파는 사기행위마저 종교적으로 합리화하는 상황에까지 이르렀다. 수도원학교, 본당학교는 물론 대학(universitas)까지도 교권에 의한, 교권을 위한 교육제도로 굳혀지고 말았다. 1517년 10월 31일 마르틴 루터(Martin Luther)가 내붙인 95개조의 항의문은 비록 한 신부의 항거로 시작되었으나, 신성로마제국의 근저를 뒤흔들어 놓은 역사적 계기가 되었다. 결국 그것은 1521년 웜즈(Worms)회의에서 마르틴 루터를 파문하는 결과를 가져왔지만, 그 사건 이후 루터는 세 가지의 중요한 논문을[23] 내놓음으로써 공개적으로 로마의 권위에 도전하였다. 특히 처음 논문과 둘째 논문에서 루터는 교회의 권위, 더욱이 교황의 절대권에 대해 도전하였다. 이 도전은 죽음까지도 가져올 수 있는 큰 죄였다. 그러면서 루

---

[23] Martin Luther, *Three Treatises*, Muhlenberg Press, Philadelphia. 1960. 여기 세 논문은 모두 1520년에 쓰였는데, 그 첫째는 "기독교 신앙의 개혁에 관하여 독일의 기독교 귀족에게 보내는 공개서한"(An open Letter to the Christian Nobility of the German Nation concerning the Reform of the Christian Faith)이었고, 둘째는 "교회의 바벨론적 노예"(The Babylonian Captivity of the Church)이었으며, 셋째는 "기독자의 자유"(The freedom of a Christian)였다.

터는 오직 유일한 권위는 신약성서의 복음임을 주장했다. 그리고 미사와 성찬을 선행(善行)의 수단으로 삼았던 성례주의(sacramentalism)에 도전하면서, 구원은 선행에 의해서가 아니라 '믿음'으로만 가능한 것임을 설파하였다. 이로써 로마교회를 교권적 제국으로 만들었던 교황권의 권위와 신앙의 통로였던 미사와 성례전에 대한 루터의 도전은[24] 오랜 세월 쌓여온 불만과 불신을 터뜨리는 민중 항쟁의 불씨가 되었으며, 이것이 결국은 개신교회(Protestant church)를 탄생시킨 종교개혁을 가져오게 한 것이다.

이렇듯 엄청난 일을 하게 된 루터의 근본적인 동기는 그의 신앙적 확신에서 온 것이었으며, 그것은 동시에 신학적인 소신이기도 했다. 이러한 루터의 신앙적 확신과 소신은 교육의 변혁까지도 가져온 요인이기도 했다. 마빈 테일러(Mavin J. Taylor)는 그가 편집한 『종교교육』[25]에서 종교혁명과 교육혁명을 가져온 루터의 핵심적인 신학 사상을 세 가지로 요약하고 있다.

그 처음은 성서적 권위의 회복이었다(sola scriptura). 이것은 1521년 4월 18일 파문 처분을 받은 이후 프레드리히의 주선으로 피신하고 있던 때에, 그가 성서를 독일어로 번역하여 만인의 성서로 만든 이유이기도 하다. 둘째는 '의인은 믿음으로 말미암는다'(justification by faith)라는 칭의 신앙의 회복, 그리고 셋째는, 신앙인은 말씀을 믿는 신앙 때문에 제사장이라는 '만인사제직'universal priesthood of all believers)의 주장이다. 신앙은 하나님 앞에서 주체적이며 동시에 책임적이라는 뜻이다. 이것은 루터가 대중 교육, 특히 누구나 성서를 읽

---

24 John Dillenberger & Claude Welch, *Protestant Christianity*, Charles Scribner & Sons, New York, 1954. p.22.

25 Marvin J. Taylor, ed. *Religious Education*, p.15.

을 수 있도록 돕는 '민중의 학교'(Volkschule)[26] 설립에 관심을 가지게 된 근거가 되기도 하였다.

한걸음 더 나아가 루터의 교육 이해는 루터의 특별한 신학사상에 의해 뒷받침되고 있다. 두 왕국의 개념이 바로 그것이다. 루터에게 있어서 '지상의 나라'(Kingdom of the earth)는 국가와 정부의 존재 근거가 된다고 보았으며, '하늘 나라'(Kimgdom of Heaven)는 교회의 존재 근거가 된다고 보았다. 이원론적 이해라는 비판에도 불구하고, 루터가 두 왕국 개념의 통일(unity)을 존재론적(ontological)으로 해결하지 않고 오히려 윤리적(ethical)으로, 그것도 소명(vocatio)이라는 차원에서 해결하려했던 것은 매우 흥미로운 접근이었다. 교회에서의 신앙적인 책임만큼이나 그리스도인의 시민적 책임(특히 직업을 통한)역시도 사회의 질서와 안전을 위하여 필요한 소명이라고 보았다. 기독자가 된다는 것은 곧 책임 있는 시민이 되는 것이다. 이러한 루터의 신학적 관심은 교육 행위의 두 핵심을 부각시켰다. 교육의 영적 차원과 사회적 차원이 바로 그것이다. 이 둘은 넓은 의미에서의 교육의 내용 구조가 되었고, 루터는 여기서부터 그의 교육 사상과 교육 과정을 풀이하였다.

루터의 교육 사상은 그가 쓴 두 논문과 그가 실시한 교육 행위 속에서 드러난다. 그가 쓴 유명한 논문은 "기독교 학교 설립 및 유지에 관하여 독일 각 도시의 시장 및 시평의회 회원에게 보내는 글"(*To the Councilmen of all Cities in Germany that they establish and maintain Christian School*)[27]이라는 제목의 글이다. 그리고 다른 논문은 "아동들을 학교

---

[26] Donald J. Butler, *Religious Education*, Harper & Row, New York & Evanston, 1962, p.31.

[27] Marvin Luther, Works of Martin Luther, Vol. Ⅳ, A. J. holman Co., & the Castle

에 입학시켜야 할 의무에 관한 설교"(*Sermons on the Duty of Sending Children to School*)[28]이다. 루터는 첫 논문에서 다음과 같이 말한다.

"전 독일을 통하여 우리는 슬픔을 경험하고 있다. 어찌하여 모든 학교들은 자멸하도록 버림을 받고 있으며, 대학들은 허약해졌고 수도원들은 쇠퇴하고 있는가…"[29]

이것은 중세교회가 관장하고 있던 당시의 교육 상황에 대한 통탄이었다. 대학교, 수도원, 학교와 본당학교는 상류계급의 자제와 승려만이 공부할 수 있었던 고등교육기관이었는데, 거기서는 고전(古典)과 고등학문(advanced study)만이 교수되었고, 대중에게는 국어만을 겨우 해독할 수 있는 초보적인 학교만이 있었으며, 그것마저 교회의 절대적인 통치하에 있었다. 여기서 루터는 교육의 세 가지 변화를 촉구하였고 또 자신이 직접 실천하였다. 첫째로 교육의 중요성을 강조하였다. 중요성이란 곧 민중을 위한 우수한 학교를 건립하는 일이었다.

"소년과 소녀들을 위하여 어느 곳에나 학교를 설립해야 할 것은 성서와 하나님을 위해서이다. 사회와 세계를 유지하려면 훌륭하고 기술이 있는 남녀들이 나와야 하며, 그들의 정치는 선한 것이어야 하기 때문에 백성들은 자기 자녀들을 잘 길러야 한다."[30]

Press, 1931. pp.103-130. 그리고 Kending B. Cully, ed., *Basic Writings in Christian Education*, Westminster Press, Philadelhia 1960, pp.135-149.

[28] Donald J. Butler, *Religious Education*, p.31.

[29] Kendig B. Cully ed., *Basic Writings in Christian Education*, p.138.

[30] *Ibid.*, p.145.

신앙인의 만인사제직이라는 신학적 입장은 루터로 하여금 좋은 시민 양성, 세속적인 지도자. 양성이라는 교육목표를 세우게 하고, 그것은 결국 공교육(公敎育, public education)을 강조하기에 이르렀다. 공교육은 서민의 교육 기회 균등화를 의미하는 것이었다. 교육에 대한 교회의 지배로부터의 탈피, 상류층의 독점으로부터의 만인의 평등화 작업은 루터가 종교개혁과 함께 이룩해 낸 커다란 교육개혁으로 평가받는다. 그러나 공교육이라 하더라도 그 교육 내용은 곧 성서였으며, 그 외에 교리문답서(catechism)와 번역된 이솝 이야기 혼북(horn book, 국어 학습) 그리고 음악, 체육, 지리, 역사, 산수 등이 교과 과정에 포함되어 있었다.[31] 루터는 신앙과 생활을 하나의 '장'(場)으로 묶어내는 새로운 교육적 시도에 성공한 사람이다. 그리고 교회교육과 민중교육을 절묘하게 결합한 첫 번째 교육자라고 보아도 좋을 것이다. 교육 내용과 교육 과정 속에 오랜 세월 자리 잡아온 '성'(聖)과 '속'(俗)이라는 이원론적 속성은 이제 루터에게서 새로운 통일을 이룬다. 1523년, 루터는 소녀들을 위한 학교 설립에 나섰으며, 1527년에는 소녀들을 교육할 여교사의 기숙사를 자기 집에 만들기도 했다.[32] 중세의 대학이 오늘의 대학의 모델[33]이 되었다면, 루터의 공교육은 오늘의 공교육(公敎育)의 시초가 되었다고 볼 수 있다. 그리고 루터는 또 다른 교육개혁에 나선다. 그것은 가정에서의 부모의 교육적 책임이었다. 루터는 신명기 32장 7절과 시편 78편 5-8절[34]을 인용

---

31 김용기, 『서양 교육사』, p.124.

32 Karl Holl, *The Cultural Significance of the Reformation*, Meridian Books, Inc., New York, 1959, p.110.

33 대학의 모델도 크게 두 흐름이 있어 파리대학, Bologna 대학, Oxford 대학은 중세 로마교회의 줄기를 이어 받았지만, Cambridge나 Harvard는 개신교적인, 특히 John Calvin의 제네바 아카데미의 후예로서 다른 한 주류를 이루고 있다.

하면서, 가정에서의 자녀교육은 부모의 책임이며 이는 "하나님의 명령"(Command of God)[35]이라고까지 보았다. 버틀러(Donald J. Butler)는 루터의 가정교육이 후대에 기독교 개혁교회, 미조리 루터, 네덜란드에 깊은 영향을 끼쳤다고 풀이하며, 결정적으로 19세기의 기독교교육학자인 호레스 부쉬넬(Horace Bushnell)에게 깊은 영감을 주었다고 해석한다.[36] 마지막으로 루터는 교육 행위와 교육시설, 그리고 그의 유지를 위한 국가와 정부의 책임을 강조하였다.

> "의회원과 정부 관리의 할 일은 젊은이들을 위하여 가장 훌륭한 관심을 기울이는 일이며, 돌보는 일이다. 전시(全市)의 재산과 명예와 생명이 그들에게 있은즉, 인간과 신을 향하여 그들의 책임은 옳게 수행되어야 한다."[37]

구체적으로 시 정부는 그 시(市) 안에 있는 모든 젊은이와 어린이를 위하여 의무교육을 실시할 것이며, 교육에 필요한 시설, 경영을 전적으로 책임져야 할 것이라고 강조했다. 이렇듯 공교육과 의무교육을 강조하는 한편, 동시에 종교지도자 양성과 훌륭한 교사 양성을 위해 특출한 학생들을 선발하여 계속 훈련시킬 것을 강조한 것으로 보아, 루터는 고등교육의 중요성도 역설했던 것이다.[38] 당시 외면되었던 민중의 교육균등화 작업, 공교육의 실시, 성서를 고전적 독점에서 학교와 민중의 성서로 바꾸어 놓은 것, 의무교육을 위한 시(市)

---

[34] Kendig B. Cully, ed., *Basic Writing in Christian Education*, p.142.
[35] *Ibid.*
[36] Donald J. Butler, *Religious Education*, pp.35-36.
[37] Kendig B. Cully ed., *Basic Writing in Christian Education*, p.142.
[38] *Ibid.*, p.147.

정부의 책임 등은 현대교육에 지대한 영향을 행사한 것이었다. 그러나 루터가 공교육의 위대한 공로자이긴 하지만, 공교육을 전적으로 시정부의 책임으로 돌림으로써, 그 이후에 이른바 국가주의 교육, 심지어는 독재주의 교육이라는 위험한 씨를 심어 놓았다고 볼 수도 있다. 오히려 그는 시정부와 함께 교회와 사회에게도 새로운 인간형성(중세기에 있었던 교권으로의 예속을 위한 교육이 아니라면)을 위한 공동책임이 있음을 말했어야 했을 것이다. 국가의 신성한 책임을 강조한 나머지 정치적으로 후대의 나치즘을 유발했다는 비판처럼, 그의 교육론은 교육적 독재주의를 가져올 위험을 안고 있는 것이다. 기독교교육적으로 본다면 루터는 '성서'와 '신앙'을 '장'(場)으로 하는 교육론을 펼쳤으나, 교육 과정에 있어 교회와 가정, 사회의 교육보다도 학교교육을 지나치게 강조하여 공교육론에 치우쳤다는 비판을 받는다.

개신교의 기독교교육은 루터에게서 시작되기는 했으나, 그 후 종교개혁이 잇달아 일어난 곳에서 새로운 교육개혁도 줄을 이었다. 제네바의 신정(神政) 정치를 구사했던 존 칼빈(John Calvin)은 교회 구조 자체를 '봉사'와 '교육'의 기능으로 구분하여 교육 행위를 교회론적으로 합리화시켰으며, 또 제네바 아카데미를 만들고 초급반과 고급반을 만들어 공교육 제도를 실천하였다. 모라비안 교도로서 교육의 대성자인 존 아모스 코메니우스(John Amos Comenius, 1592-1670)는 그의 유명한 저서인 『위대한 교육』(The Great Didactic)을 통해, 교육의 목적을 하나님과 인간이 일체가 되어 영원한 행복을 얻는 데 두었다. 교육은 그 준비로 인간에게 지식과 도덕과 경건심을 배양하고 발전시켜, 인간악과 사회악을 개선하려는 데 있는 것임을 역설하였다.[39] 코메니우스는 그 방법으로 성서와 자연과학과의 통일을 모색하였다. 이로써 종교개혁 시대의 기독교교육은 '신앙과 문화'를 장으로 하는 교육 운동으로 나타났으며 이는 중세 로마교회의 '교권'을 '장'으로 했던 교육으로부터의 획기적인 탈바꿈이었다고 볼 수 있다.

VI. 주일학교 운동과 기독교교육

주일학교 운동(Sunday School Movement)은 기독교교육사에 있어서 획기적이고도 이색적인 특성을 가지고 출현하였다. 그것은 권위주의적 교육의 틀을 탈피한 새교육의 시작이었으며, 후일 기독교교육학을 태동시킨 교육혁명이었기 때문이다. 그러나 주일학교 운동 그자체는 어떤 학문적 결과물은 아니었으며, 다만 후대의 학자들이 그것에 학문적 의미를 부여한 것이었다. 그러므로 그 교육적 중요성에도 불구하고 주일학교 운동은 학문 이전의 범주에 속한다.

주후 1600년대에서 1800년대의 서유럽은 서서히 등장하는 공업혁명으로 인해 전통과 기존 체제에 심각한 변화가 일어나고 있었다. 영국도 예외는 아니어서, 그곳 역시 도시화 현상이 일어나 인구의 유동이 빈번해지고 단순했던 생활 구조는 복잡하고 기능적으로 변화되고 있었다.[40] 사회 구조의 변화로 인해 전통적으로 내려온 사회 계급의 2원성(二元性) (엘리트와 귀족에게만 고등교육은 허용되었고, 하층

---

39 김용기, 『서양교육사』, p.156.
40 Donald J. Butler, *Religious Education*, pp.54-55. 그리고 William Bean Kennedy, "Christian Education Through History", *Introduction to Christian Education*, edited by Marvin J. Taylor p.25.

계급, 약자(弱者)에게는 교육의 기회란 거의 무시되고 고작 국어학교 정도로 문호만 열려 있었다)이 무너지기 시작한 것이다.

이에 따라 서서히 대중교육의 필요성이 태동되기 시작하였으며,[41] 교육기회의 균등화는 점차 사회의 공업화와 함께 필연적으로 뒤따르기 시작하였다. 대중과 노동자, 그리고 그들의 자녀들에게까지 교육이 개방되기 시작했다는 의미이다. 그러나 윌리엄 케네디(William Kenedy)는 그의 논문에서 당시의 엘리트의 교육이 민중에게까지 개방된 것은 아니라고 보았다. 교육의 계급적 이원화 제도는 그대로 있었다고 보는 것이다. 그럼에도 불구하고 이 시기에 나타난 보통교육(common education, 주로 선량한 시민 양성을 목적으로 한 독서, 글쓰기 초보적인 종교교육을 실시) 운동은 교회 계통의 사립 보통학교 설립을 독려하는 동력이 되었다. 그 중에서도 영국의 자선학교(Charity School)라는 특수학교의 출현은 특별한 의미를 가지고 있었다. 자선학교는 가난한 집 아이들을 교육하기 위해 세워진 특수학교였다. 주일학교의 출현은 시대적인 상징이었던 자선학교의 한 모형이었다.

이 자선학교 운동이 급격하게 발전한 곳은 영국이었는데, 주일학교 태동 이전에 영국에는 세 곳의 자선학교가 이미 존재하고 있었다고 알려져 있다. 그 중 하나는 스코틀랜드에서 시작된 유년학교(the Infant School)로서, 공업화의 부작용으로 나타난 노동자에 대한 비인간적 처우와 그들의 가난한 자녀들, 더욱이 나이 어린 소년 소녀들의 과잉 노동문제에 깊은 관심을 가지고 있던 사회개혁자 로버트 오웬(Robert Owen)이 설립한 것이었다. 오웬의 교육적 역점은 일반적 지식 교육과 함께 노래나 춤 등의 자유로운 놀이를 통한 어린이들의

---

[41] Donald J. Butler, *Religious Education*, p.54.

발달에 있었다. 이 같은 운동은 프랑스에서도 진 프레데릭 오베를린(Jean Frederic Oberlin) 목사에 의해서 이루어졌다.[42] 두 번째 형태의 자선학교는 '급장학교'(級長學校) 혹은 '감독생학교'(減毒生學校, Monitorial School)이다. 영국교회의 안드류 벨(Andrew Bell)과 무명의 조셉 랑카스터(Joseph Lancaster)에 의해 시작된 이 학교는, 많은 학생들 중에서 성숙한 학생들(급장들, 혹은 감독생들)을 뽑은 후, 교사가 그들을 우선 교육시키는 교육 방법을 선택했다. 훈련받은 감독생들(monitors)은 대중을 학생으로 삼고 문맹 퇴치 교육을 실시하였다. 세 번째 형태는 학교라고 부를 수는 없으나, 자선을 위한 기구였던 '기독교 지식 보급협회'(S. P. C. K. Society for the Promotion of Christian Knowledge)의 출현이었다. 이것은 교리문답과 성서 교육을 실시할 것을 목적으로 하여 영국교회가 설립한 협회였다. S. P. C. K.를 제외하고 당시의 자선학교들은 궁극적으로 사회개혁에 목적을 두고 세워졌으며, 그것의 구체적 프로그램으로써 소외된 노동 대중과 어린이들에 대한 교육을 선택하였다. 그래서 자선학교는 공식학교 교육의 방법보다는 삶과 삶이 만나고 접촉하는 비공식적 교육 상황을 선택하였다. 이 운동은 교육의 흐름을 밑으로부터 창조하는 새교육의 출현이었다.

주일학교의 출현은 당시 자선학교들이 깊이 관심했던 '세속적 상황'(secular condition)에서 비롯되었다. 이 주일학교 운동에는 토마스 스톡크(Thomas Stock)라는 한 목사의 개인적인 후원만 있었을 뿐, 영국교회가 공식으로 개입한 것은 아니었다. 그것은 한 평신도에 의해서 시작되었으며 교회 밖의 '세속적 상황'에 깊이 뿌리를 두었고, 교회 혁신보다는 오히려 폭넓은 사회개혁을 목적으로 하여 시작되

---

[42] *Ibid.*, pp.56-57.

었던 것이다.

주일학교는 1780년 로버트 레이크스(Robert Raikes, 1735-1811)[43]라는 한 평신도에 의해서 시작되었다. 신학이나 기독교 신앙의 깊은 지식도 가지고 있지 않았던 레이크스는 평범한 언론인이었으며, 특히 교도소(감옥) 개혁에 깊은 관심을 가졌던 사람이었다. 교도소 개혁이 사회개혁을 위한 가장 적절한 길이라고 믿었기 때문이다. 그러나 불행히도 수년간의 경험은 레이크스에게 절망을 가져왔으며, 그 절망으로 인해 그는 더욱 근본적인 사회변혁의 길을 모색하기에 이르렀다. 형을 받은 죄수들의 변화에 앞서 사회 속에 깊이 뿌리박고 있는 두 가지 악, 즉 '무지'(ignorance)와 '나태성'(idleness)을 먼저 제거하는 하는 것이 시급하다고 본 것이다.[44] 이 놀라운 발견은 주일학교라는 구체적 형식으로 표현되기 시작했다. 지식을 제공함으로써 무지를 몰아내고, 공동생활을 통해 '게으름'을 몰아내는 '예방' 프로그램[45]이 바로 주일학교였던 것이다.

---

[43] 로버트 레이크스(Robert Raikes)는 영국 글라우세스터 시에서 1735년 9월 14일에 출생하였다. 레이크스는 공식교육을 초보적인 것만을 받은 것으로(본당대학교, catheral college school) 알려져 있다. 21세 때 아버지의 별세와 함께 로버트 레이크스는 인쇄 사업을 시작하였다. 인쇄업을 통해 레이크스는 인간 복리를 위하여 출판을 하곤 하였다. 사회 변화에 관심을 가졌던 레이크스는 교도소(감옥)을 개선하고자 모금을 해서 죄수들에게 음식을 사주고 교육 프로그램들을 마련하였다. 그러나 25년간의 수고 끝에 레이크스는 새로운 사실을 발견했다. 교도소의 개혁은 '예방' 프로그램에 의하여 이룩되어야 할 것임을 알게 되었다. 바로 이 동기가 1780년 주일학교를 설립하게 된 기본적인 원인이 되었다. 1783년 레이크스는 자기 인쇄소를 통해 글라우세스터 시의 주일학교를 소개하였고, 1785년 주일학교에 등록한 학생 수는 영국에서만도 25만 명으로 계산되었다. 그는 1811년 별세하였다. William C. Seitz, "Robert Raikes", the Westminster Dictionary of Christian Education, ed. Kendig B. Cully, pp.550-552.

[44] Donald J. Butler, *Religious Education*, p.60.

[45] William. C. Seitz, "Robert Raikes", *the Westminster Dictionary of Christian*

1780년 글라우세스터(Glaucester)시의 킹 여사(Mrs. King)가 첫 교사가 되고, 그녀의 집에서 최초의 주일학교가 시작되었다. 레이크스와 스톡크 목사가 보증인이 되었으며, 교과과정은 글읽기와 철자법, 예배와 성서 연구, 문답서 공부 등이었다. 아침에는 10시에서 12시까지, 오후에는 1시에서 5시 30분까지 공부를 하고, 예배시간에는 모두 함께 교회로 갔다. 1783년 처음으로 글라우세스터(gloucester) '주일학교'가 소개된 이후, 주일학교 운동은 기적적으로 영국, 웨일즈, 미국 등, 전 세계로 퍼져나갔다.[46] 주일학교 운동은 그 후 수많은

Education, p.551.

46 주일학교 운동(sunday school movement)은 로버트 레이크스(Robert Raikes)에 의해서 시작되었지만, 복음주의적 지도자들에 의해서 급격하게 팽창되어 갔다. 1803년에는 초교파적인 주일학교협회(National Sunday School Society)가 조직되었다. 19세기 초에는 바로 이 협회가 미국에서 시작된 세계 통일공과(international uniform lesson)와 협조하기도 했다.

20세기에는 계단공과 출판에 공헌하였다. 미국에서는 1790년 필라델피아에서 중리학교협회가 조직된 것을 비롯하여, 1815년에는 미국의 복음주의 교파에 의하여 채택되어 전 미국의 기독교화 운동으로 나타났다. 성서 연구에 더욱 집중하였고, 학생의 회심을 그 목적으로 했으며, 교사는 무보수로 봉사하는 모델이 나왔다. 1824년에는 주일학교 연맹(Sunday School Union)이 조직되어 통일된 기구로서 나타났다.

1889년 런던에서 처음으로 제1차 세계주일학교 대회가 열렸으며, 1907년 제5차 대회 때(로마에서) 영국, 미국, 유럽 대표들은 세계주일학교 협의회(World's Sunday School Association)를 탄생시켰으며, 이것은 주일학교를 국제적으로 발전시키는 일에 큰 발돋움이 되었다. 그러나 1903년에 미국에서는 조지 코우(George Coe)와 존 듀이(John Dewey)와 같은 자유주의 신학에 근거한 교육자들이 중심이 되어 종교교육협회(Religious Education Association, R. E. A. 라고 약칭된다)를 조직함으로 주일학교는 복음주의 방향으로 흘렀는가 하면, R. E. A. 는 자유주의적 방향으로 흘러 두 조류 사이에 긴장을 이루게 되었다. 주일학교 협회는 성서를 중심한 공과 작성에 열중했지만, R. E. A.는 성서 이외에 역사, 인물, 신학도 강조함으로 역점과 교육의 내용 구조에 긴장을 이루었다. 다행히도 미국에서는 1922년 주일학교 협회와 R.E. A. 가 합쳤으며, 1924년에는 종교교육 국제기구(International Council of Religious Education)으로 명명하였다. 1930년에서, 1940년대로 와서 주일학교 운동은 인기와 창의성까지 잃게 되고,

비판과 변화를 거치면서도 끈질기고 강력한 영향력을 가지고 현대 기독교교육 운동의 기초를 놓았다.

도날드 버틀러(Donald J. Butler)는 주일학교 운동의 역사적 의미를 다음과 같이 논평한다. 주일학교 운동 이전까지 기독교교육사는 크게 네 단계를 거쳐 성장하여 왔다. 그 첫 단계는 초대 교회의 카테큐메널 교육(catechumenal education)이고, 둘째 단계는 중세기 초기의 카테케티컬학교(catechetical school), 셋째 단계는 중세 후기의 수도원학교, 본당학교, 대학교육이었으며, 넷째 단계는 개신교, 특히 루터의 공교육 강조의 시대(정부의 책임)였고,[47] 다섯째 단계는 바로 이 주일학교 운동 시대라고 해석한다. 그런데 주일학교 교육은 과거의 기독교교육의 흐름과는 전혀 다른, 오히려 교회 밖에서의 인간의 처절한 삶의 문제와 세속적 상황에 대한 깊은 관심에서 출발하였던 것이다. 주일학교 운동은 인간의 삶과 사회문제와 만나고 씨름하면서, 그 속에서 일어나는 인간 변화와 사회 변화를 추구해 간 교육이었다. 그러므로 주일학교 운동은 한마디로 '사회개혁'을 '장'(場)으로 하는 교육이었다. 모든 교육이 엘리트 계층의 출세를 위한 수단으로 사용되었던 상황 속에서, 주일학교 교육은 대중과 노동자의 자녀들을 위한 비공식적인 교육의 전부였다. 그러나 이 교육에 약점이 없었던 것은 아니다. 주일학교 운동은 '미성년자'에게만으로 국한된 탓에 성인이 배제되어 있었고, 교회는 이 운동에 처음부터 참여하지 않았

따라서 교회의 전공동체와는 깊이 관계 맺지 못해온, 그리고 어린이에게만 교육적 시도를 기울여온 일방주의적 방향에 대하여 심각한 비판의 소리도 드높아졌다. 여기서 새로운 의미의 교육의 쇄신이 모색되어야 했다.
Robert T. Handy, "Sunday School Movement", *The Westminster Dictionary of Christian Education*, pp.640-643.
[47] Donald J. Butler, *Religious Education*, p.54.

다. 그 결과 교회와 주일학교는 '한 지붕 두 가족' 같은 불협화음으로 갈등을 겪어야 했다.

다음 사적 고찰(史的考察)로 넘어가기 전에, 우선 그것의 방법론적 전제(前提)를 살펴보기로 한다. 본 연구는 역사적 사실들(facts)만을 나열하는 객관식 방법에만 의존하지 않았으며, 또한 반대로 주관적 전제나 학문적 선입견에 의해서 역사적 사실들을 왜곡시켜서도 안 된다고 본다. 오히려 주객(主客)의 연관 속에서 사실과 해석(interpretation)을 배합함으로써 사적 고찰을 진행할 것이다.

이러한 방법론적 전제에서 사적 고찰은 크게 두 가지 영역에서 문제들을 보고자 한다. 그 하나는 각 시대마다 가졌던 신앙 고백의 내용에 대한 이해이다. 이것은 기독교교육의 장의 구조를 말한다. 하나님과 인간과 세계 사이의 관계 구조에 대한 시대적 이해이다. 다른 하나는 그 신앙고백이(신앙의 내용 구조) 구체적으로 전수되었던 교육 행위(교육의 과정을 의미한다)에 대한 이해이다. 내용의 구조와 교육 과정 사이의 만남은 각 시대마다의 교육의 '장'을 이루었으며, 이에 대한 역사적 분석을 통해 그 '장'의 의미를 찾아보려는 것이 제2부의 목적이다.

3장.
장(場)의 사적 고찰 Ⅱ
: 학문 이후

구약시대의 교육으로부터 주후 18세기 주일학교 운동까지의 기독교교육은 전문적인 학문 운동은 아니었다. 그러나 긴긴 기독교교육 행위들 속에는 구조와 과정이 서로 얽히면서 나름대로의 특수한 '장'(場)들을 형성하여 왔다. 그리고 그 '장'은 기독교교육 행위를 생성(生成)시켰다. 비록 부분적이고 초보적이나마 학문적 시도가 없었던 것은 아니지만,[1] 주일학교 운동 때까지의 기독교교육은 하나의

---

[1] Kendig B. Cully는 이미 인용된 *Basic Writing in Christian Education*, pp.5-6에서 학문 이전의 부분적 시도들을 몇 가지로 소개하고 있다. Alexandra의 Clement가 쓴 『교육자로서의 그리스도』(*Christ the Educator*). 예루살렘의 Cyril의 『문답식 강의-프로카테케시스』(*The Catechetical Lectures-the Procatechesis*), 성 어거스틴의 『무식자의 교리 내용』(*The Cathechizing of the uninstructed*), Rabanus Maurus의 『성직자의 교육』(*Education of the Clergy*), Jean Gerson의 『어린이들을 그리스도에게로』(*On Leading Children to Christ*), Martin Luther의 『기독교학교

종합적인 학문은 아니었다. 그래서 우리는 이 기간을 학문 이전의 기독교교육시대라고 명명(命名)하였다.

무엇이 학문적이고, 또한 무엇이 아닌가라는 정의의 한계(限界) 자체가 다소 모호하지만, 기독교교육이 하나의 학문[2]으로 나타난 것은 1862년에서부터 1951년까지 살았던 미국의 종교교육학자, 조지 앨버트 코우(George Albert Coe)[3] 박사로부터 비롯되었다는 것이 일반적인 견해이다. 그러나 코우 박사를 학문적 선구자로 명명하는 데에는 두 가지 엄연한 역사적 배경이 있었고, 또한 그 배경에서 보아야 할 것이다.

첫째는 주일학교 운동으로부터 시작되어 형성된 보수신학과 주입식 교육이다. 주일학교 운동은 복음주의자들에 의하여 세계화(世界化)되었고, 당시는 그들이 국제통일공과(International Uniform lesson) 제작에 가장 큰 영향을 끼쳐왔을 때였다. 코우 박사의 기독교교육론은 바로 보수주의 신학과 교육에 대한 강력한 비판과 저항에서 시작되었다. 특히 1903년 미국 시카고에서 처음 조직된 '종교교육협회'(Religious Education Association)는 당시의 보수주의 주일학교 운동에 대한 반발로 일어난 신교육 운동이었으며, 이 운동의 선구자가 바로 조지 앨버트 코우 박사였다.

둘째로, 코우 박사의 학문적 배경은 영국의 주일학교 운동과는 큰 연관성이 없는 미국계 족보(美國系 族譜)를 따라 형성된 것으로 알

의 설립과 유지에 관하여 독일 내의 시장과 시의원에게』, John Amos Comenius 의 『위대한 교육』(*The Great Didatic*) 등 이외에도 몇 가지가 더 있다.

2 여기서 "학문"이란 편의상 교육의 목적, 내용, 과정에 대한 객관적 비판, 합리화, 의미 부여 및 연결성을 모색해가는 비판 행위를 의미한다.

3 조지 앨버트 코우(George Albert Coe)에 관한 자세한 설명은 본서 5장에서 세밀하게 취급될 것이다.

려지고 있다. 특별히 1802년부터 1876년까지 살았던 미국 뉴잉글랜드의 신학자, 호레스 부쉬넬(Horace Bushnell)이 쓴『기독교적 양육』(Christian Nurture)[4]은 그의 중요한 학문적 배경이 되었다. 이 한 사람의 영향과 이 한 권의 책이 미국의 신학과 기독교교육학 형성에 있어서, 특히 조지 코우에게 지대(至大)한 영향을 끼쳤다는 사실은 중요한 역사적 족보(族譜)로 평가된다. 엄밀히 말하면, 호레스 부쉬넬이야말로 학문의 선구자이며, 학문의 길을 열어놓은 관문(關門)이기도 하다. 이러한 이유로 필자는 자의(自意)에 따라 기독교교육의 학문적 시초를 호레스 부쉬넬로 간주한다. 그리고 조지 코우는 기독교교육의 대성자(大成者)라고 해석한다.

Ⅰ. 학문의 관문 - 호레스 부쉬넬

18세기말 영국에서 일어났던 주일학교 운동이 기독교교육사에 끼친 영향은 지대하였다. 그러나 미국으로 건너온 주일학교 운동이 보수주의 계통의 교회에 의해 '전도'(傳道)의 수단으로 사용되면서, 그것은 신앙 운동으로서는 대성(大成)하였으나 학문적 기초를 놓는 데는 실패하였다. 이 같은 공백 상황에서 학문적 시도는 주일학교와는 전혀 다른 상황에서 일어나고 있었다. 주일학교 운동이 사회적 변화의 내면적 요청에서 비롯되었다면, 기독교교육의 학문적 시도는 당시 미국에서 강렬하게 일고 있던 부흥운동이 만들어낸 신학적 상황에서 비롯되었다. 그렇기에 기독교교육의 학문적 시도는 처음

---

[4] Horace Bushnell, *Christian Nurture*, Yale University Press, New Haven, 1960.

부터 신학적 문제로부터 출발하였다. 이 문제를 처음으로 다룬 사람은 뉴잉글랜드의 신학자 호레스 부쉬넬[5]이었다.

1. 호레스 부쉬넬의 사상적 배경

호레스 부쉬넬의 신학과 기독교교육 사상의 형성 이면(裏面)에는 두 개의 큰 사상이 충돌하고 있었다. 그 중 하나는 그의 신학 형성에 큰 영향을 준 유년시절의 뉴잉글랜드 회중주의(New England Congregationalism) 사상(칼빈주의)이었으며, 또 다른 하나는 1740년에서 1742년 사이에 미국 전역을 휩쓸었던 이른바 '대각성운동'(大覺醒運動)이 만들어낸 부흥주의 신앙이었다. 우선 대각성운동(the Great Awakening)부터 논의하여 본다.

존 딜렌버거(John Dillenberger)와 클라우드 웰취(Claud Welch)는 공저(共著)인 『개신교사』(改新教史)[6]에서 대각성운동의 단면을 다음과 같이 설명한다. 18세기에 일어난 미국의 대각성 운동은 부쉬넬이 자라난 뉴잉글랜드를 포함하여 버지니아까지 뒤흔들어 놓았다. 생동하던 초기의 청교도적 신앙이 침체되고 칼빈주의가 전통과 교리만을 앞세우는 메마른 교회로 변모하고 있을 때, 조나단 에드워즈(Jonathan Edwards)는 칼빈주의 신앙을 근거로 새로운 회개 운동의 불길을 당겼다. 에드워즈는 미국이 낳은 초기 최대의 신학자로서, 그

---

5 호레스 부쉬넬은 1806년 4월 14일 Connecticut주 반탐(Bantam)이라는 작은 동리에서 Ensign, Dotha Bushnell의 맏아들로 태어났다. 1823년 예일대학교에 입학하여 1827년 그 대학을 졸업했다. 그리고 1831년에 다시 예일대학 신학부에 입학해서 1833년 졸업과 함께 하트포드(Hartford)에 있는 '북교회'(North Church)의 담임목사가 되었다.

6 John Dillenberger and Claude Welch, *Protestant Christianity*, pp.136-140.

는 특히 설교를 통해 '심판하시는 하나님, 구속하시는 하나님'을 강력하게 선포하였다. 그의 설교는 특별히 감정적이지 않았으나 이를 듣는 회중은 극한 감정으로 반응하였으며, 그것은 회심으로 이어졌다. 그러나 에드워즈보다 더 열정적인 설교자는 영국 성공회의 조지 휘트필드(George Whitefield)였다. 그의 직설적인 복음 선포는 수십만 명의 사람들을 변화시켰으며, 놀라운 회개를 불러 일으켰다. 그러나 남부 침례교에서는 이 대부흥운동에 가담한 성직자와 신도를 학대했는가 하면, 중부 식민지에서는 장로교회를 낡은 장로교(old-side presbyterian)와 새 장로교(new-side presbyterian)로 분열시켜 놓는 결과를 초래하기도 했다. 북부 뉴잉글랜드에서는 찰스 초온시(Chrles Chauncy)가 주도하는 부흥반대운동이 일어나기도 했다. 그들은 감정보다 신앙의 '이성'(理性)적 분별력을 외치면서 대각성운동을 반대하였으나, 이 거창한 물줄기를 막지는 못했고, 결국 초온시의 운동은 유니테리안파(Unitarianism)로 변질되었다. 그러나 대각성운동이 불러일으킨 직접적인 종교경험과 즉각적인 회심은 무기력해진 교회 속에 새로운 신앙의 열정을 불어 넣었으며, 프린스톤, 브라운, 타트마우드 같은 유명한 대학들이 이 운동의 결과로 설립되었다. 이 대각성 부흥운동은 19세기 중엽까지 미국 전역을 깊숙이 파고들었다. 호레스 부쉬넬은 바로 이 종교적 열광주의 상황 속에서 출생하여 교육을 받았고 목회를 했으며, 또한 신학을 세워야 했다. 부쉬넬은 대각성 운동이 신학적으로도 지나치게 일방적(one-side)[7]이었기 때문에 온전한 신앙을 망각했다고 보았다. 성인들의 의식적 회심만

---

[7] Williston Walker, "Horace Bushnell", *Christian Nurture by Horace Bushnell*, p. X X X

이 구원에 이르는 유일한 길이라고 강조하는 부흥회의 일방주의는 결국 어린이들을 하나님의 약속으로부터 배제하고 소외시키는 비극을 범했다고 부쉬넬은 비판했다. 그리고 부쉬넬은 대각성운동을 교육적인 해악(害惡)이라고 보았다. 부흥운동에 대한 그의 비판은 역으로 자신의 신학세계를 열어가는 동력이 되었다. 그의 신학세계를 이루는 또 다른 '축'(軸)은, 그의 초기 생애에 영향을 끼쳤던 뉴잉글랜드 회중주의 교회와 생활이었으며, 그 중에서도 특히 중요했던 것은 칼빈의 '언약 공동체'로서의 교회, 하나님과 성도 사이에 맺은 언약으로 세워진 하나님의 집(Household of God) 사상이었다. 그는 교회를 어린이들도 세례(baptism)를 통해 하나님의 언약에 초대되고, 참여할 수 있는 공동체라고 믿었다. 이 언약 공동체는 회개와 즉각적인 회심(conversion)의 경험을 가진 어른들만이 독점할 수는 없으며, 오히려 남녀노소(男女老少)가 함께 하나님의 언약에 참여함으로써 이루어지는 공동체라고 믿었던 것이다. 성인과 어린이가 모두 하나님의 언약 안에 있다는 부쉬넬 사상의 기저(基底)는, 양육이 교육과 변증법적 관계를 가진다고 보았던 데 있다. 그것은 루터 봐이글(Luther A. Weigle)의 말을 빌리면 다음과 같다.

"『기독교적 양육』(Christian Nurture)은 18세기 중엽으로부터 미국 교회를 휩쓸었던 방종적 초자연주의(arbitary supernaturalism)와 감정적 부흥에 의존한 극단적인 개인주의(extreme indivisualism)에 도전한 저서이다…감정적 부흥이란 신의 주관성에 대한 임의적인 해석, 원죄와 전적 타락에 대한 지나친 강조, 인간의 무능력 그리고 회심에 지나치게 호소한 결과이다…."[8]

부흥운동이 칼빈주의를 '감정'(感情)이라는 매개로 풀이한 신앙 운동이었다면, 호레스 부쉬넬의 교육신학적 시도는 칼빈주의를 언약 공동체와 이성을 매개로 풀이한 것이었다. 부쉬넬이 예일대학에서 수학하고 있을 때, 선풍적으로 대학가를 누벼왔던 사상은 이상주의였으며, 특별히 영국의 사무엘 테일러 콜러리지(Samuel Tayler Coleridge)가 쓴 『사고(思考)를 위한 도움』(Aids to Reflection)은 열광적으로 읽혀지고 있었다. 콜러리지는 논리 전개와 합리성이 종교적 진리를 증명할 수 있다고 보았고, 결국 종교란 직관과 합리성에 의해 이해될 수 있다는 것이라고 믿었다. 이로써 부흥운동은 신앙의 핵심을 하나님과 인간 사이에 놓여 있는 비연속성(특히 죄와 타락으로 인한)으로 보고 인간의 회심을 구원에 이르는 길이라고 강조하였는가 하면, 부쉬넬은 신앙의 핵심을 신앙 공동체(언약에 의한)와 이성에 둠으로써 하나님과 인간 사이에는 내면적으로 연속성이 있다고 보게 되었다. 이러한 이해는 부쉬넬로 하여금 부흥운동에 대해 날카로운 신학적 비판을 가하게 하였으며, 동시에 자기 신학 형성(결국은 자유주의 신학으로 구분되지만)과 기독교교육학을 태동시키는 학문적 근거를 마련하였다.

2. 호레스 부쉬넬의 신학논쟁과 기독교교육론

비록 칼빈주의(Calvinism)의 정통성을 계승받았지만 부쉬넬은 전통과 정통에만 머물지 않고 오히려 칼빈주의를 새로운 비판 정신과

---

8 Luther A. Weige, "Introduction", *Christian Nurture by Horace Bushnell*, pp. ⅩⅩⅩ Ⅰ-ⅩⅩⅩⅢ

시대적 상황의 문제 속에서 재해석하려고 했다. 그러므로 부쉬넬의 신학은 당시 뉴잉글랜드를 파고 들었던 부흥운동의 심판적 권위주의의 신앙에 대한 신랄한 비판으로 서서히 나타나기 시작했다.

시드니 알스트롬(Sydney E. Ahlstrom)은 그의 논문인 "호레스 부쉬넬"[9]에서 부쉬넬의 신학적 순례(巡禮)를 매우 잘 설명하고 있다. 1849년 부쉬넬은 그의 신학의 주저[10] 『그리스도 안의 하나님』(God in Christ)을 내놓았다. 이 책은 1848년 하버드와 예일 대학에서의 특별 강연의 세 제목, '구속론', '그리스도의 신성', '교리와 성령'의 문제들과 씨름했다. 이 강연은 큰 논쟁을 불러일으켰으며, 그 논쟁에 응답하기 위해 부쉬넬은 1851년 『신학에 있어서의 그리스도』(Christ in Theology)를 내놓았고, 1866년에는 『구속적 희생』(The Vicarious Sacrifice)을, 그리고 1874년에는 기독론, 화해론, 그리고 신의 희생적 사랑을 주제로 하는 『용서와 법』(Forgiveness & Law)[11]을 각기 출판하였다. 위의 책들 속에서 신학의 중요 문제들과 씨름하는 동안, 부쉬넬은 새로운 신학 수립에 역점을 두었다기보다는 역사적으로 문제되어 온 주제들에 대한 새로운 해석을 시도하였다. 삼위일체론은 사변적 추리라기보다는 하나님 되심(Godhood)에 대한 인간 경험이라고 보았으며, 기독론은 인간성과 역사적 예수를 중요시하던 당시의 신학에 반대하고, 보다 신적인 그리스도를 강조하면서 구속사적 그리스도 상을 부각시키기도 했다. 그러면서도 구속론에 와서는 그리스도 안에서의 하나님의 화해적이고도 희생적인 사랑(객관적)과, 이에

---

[9] Sydney E. Ahlstrom, "Horace Buchnell", *A Handbook of Christian Theologians*, edited by Martin S. Marty & Dean G. Peerman, Meridan Books, The World Publishing Co., Cleveland & N. Y, 1967.

[10] *Ibid.*, p.40.

[11] *Ibid.*, p.41.

대한 인간의 경험(주관적)의 가능성을 제시하는 아날로기(analogy)를 내세웠다. 그러므로 부쉬넬은 19세기의 극도의 감정주의와 개인주의, 그리고 합리주의적인 칼빈주의(객관주의)라는 양극화에 반대하여, '복음'과 그 복음의 경험 사이, 그리고 도덕적 삶의 변화까지로 이어지는 상관관계 수립에 그의 신학적 열정을 쏟았다.

특히 부쉬넬은 『용서와 법』(Forgiveness & Law)에서, 기독교 설교는 역사적 양면성을 모두 말해야 한다고 보았다. 그가 의미하는 역사적 양면성 중 하나는 구속의 객관성, 즉 그리스도가 우리를 위하여 죽으심으로 하나님 앞에서 의로워질 수 있게 되었다는 복음의 역사적 사실이다. 이 점에서 부쉬넬은 19세기의 정통 칼빈주의와 정통신학과 동조했다. 그러나 다른 하나는 구속의 주관적 경험이다. 그리스도의 십자가와 부활은 하나님과 인간이 화해하는 사건이며, 그 의미는 인간을 죄로부터 구속하여 그의 삶을 변화로 이끌어야 한다는 것이다. 그러면서도 그 경험은 진정한 고난을 동반하는 것이라고 보았다. 그리하여 부쉬넬은 개신교 신학의 핵심인 의인(義認, justification)과 성화(聖化, sanctification) 사이의 변증법적 이해를 재수용하면서, 당시 의인만을 강조하는 신학을 과감히 수정하려 하였다.

호레스 부쉬넬의 신학적 공헌은 여기서 끝나지 않았다. 그의 신학과 신학적 방법론[12]은 기독교교육학을 태동시키는 근거가 되었

---

[12] *Ibid.*, pp.44-45.
Bushnell의 교육 방법론은 1858년에 쓴 『자연과 초자연』(Nature & the Supernatural) 속에 나타나 있다. 부쉬넬은 자연을 법과 인과원칙의 영역으로 보았으며, 초자연을 초월적인 힘에 의해 통제되는 영역이라고 전제했다. 그러나 이 두 영역은 동질적(consubstantial)이고, 상호침투적이므로 자연의 모든 인간과 사물은 초자연의 영역 속에 참여하고 있다고 보았다. 이 방법과 전제에서 부쉬넬은 신학의 주제와 교육까지도 풀이해 나갔다.

다. 놀랍게도, 그리고 최초로 신학과 교육 사이의 학문적 대화가 여기서 시작되었다. 부쉬넬이 기독교교육의 시조라고 불리는 이유는, 그의 주저인『기독교적 양육』(Christian Nurture)이 신학과 교육을 종합한 첫 학문적 시도였기 때문이다. 이 책은 1847년 처음 출판되었으나, 그 완성은 1861년이었다. 이 기간 동안 부쉬넬은 긴 신학적 순례를 거치면서 그 결과로 초자연주의만도, 자연주의만도 아닌 초자연과 자연의 동질적 구현(同質的 具現)으로서 '가정'(家庭)의 중요성을 주장하기에 이르렀다. 부흥운동이 강조하는 개인의 회개와 회심에 반대하여, 부쉬넬은 "공동체 속의 인간"(man in community)[13]을 주제로 제시하였다. 여기서는 기독교인 부모의 책임이 강조되었으며, 필자가 호레스 부쉬넬의 교육신학의 구조와 과정을 '가정화'(家庭化)를 '장'(場)으로 하는 교육이라고 명명(命名)하는 이유가 여기에 있다.

'가정화'를 '장'으로 한 부쉬넬의 기독교교육론은 제4장에서 자세히 다루게 되므로, 여기서는 중요한 세 가지 주제만을 이야기해 본다. 첫째로 부쉬넬은 유아세례(infant baptism)가 가지는 신앙적·신학적 이유 때문에, '가정'을 하나님의 은총의 매개(means of grace)라고 본다. 그리고 가정은 신의 언약 공동체이고, 또 신의 임명을 받은 유기적 공동체라고 강조한다. 교회는 결국 가정의 연장이라고 본 것이다. 둘째로 부쉬넬은 어린이를 영적 변화와 성격 형성의 가능적 존재로 이해한다. 이는 부흥 운동이 주장하는 회심 절대주의를 거부한다. 셋째로 은총의 매개로서의 가정은 부모의 양육적 책임을 필수적으로 동반한다고 보았다. 부모의 마음과 정신이 어린이들의 삶과 성격 형성에 결정적 요인이기 때문이다. 호레스 부쉬넬은 기독교교육

---

13 *Ibid.*, p.36.

학자로 출발한 것은 아니었지만, 대각성으로 인한 회심 일변도의 신앙과 공동체로부터 어린이를 소외시킨 극단적 개인주의에 항거하여 반증적인 신학과 해석을 추구하게 되었다. 부쉬넬은 보편적 교육은 물론, 기독교교육 행위를 신학적으로 해석하는 작업에[14] 도전한 최초의 학자라고 보아야 할 것이다.

Ⅱ. 자유주의 신학과 진보적 종교교육학파

호레스 부쉬넬은 지나친 신학의 비연속성(非連續性, 죄와 회심의 강조)에 대한 저항으로서 신학의 연속성(언약 공동체로서의 교회, 유아세례, 양육)을 주장하면서, 결국은 '가정'을 '장'으로 하는 기독교교육론을 펼쳤다. 그러나 부쉬넬의 사상은 학문적 체계를 갖춘 것도, 또한 학파를 만든 것도 아니었다. 그럼에도 불구하고 그는 기독교교육을 학문으로 해석한 최초의 개척자였다. 더불어 그의 학문적 천재성은 후대 학자들에게 큰 반향을 일으켰다.

학문적인 의미의 현대 기독교교육론에 대한 본격적 탐구는 시카고에서 처음 조직된 종교교육협회(Religious Education Association-R. E. A.로 약칭됨)로부터 시작되었다.[15] 이 역사적 대회에 참여했던 종교

---

[14] 부쉬넬은 결국 신과 인간, 초자연과 자연 사이의 연속성을 기독교교육의 근거로 삼았다는 점에서 후대의 비판을 외면할 길이 없다. 그러나 부쉬넬은 그 시대 그 상황에서 나온 학자라는 점에서 평가되어야 할 것이다.

[15] Sara Little, *The Role of the bible in Contemporary Christian Education*, John Knox Press, Richmond, Virginia, p.13. 그리고 H. Shelton Smith도 "Christian Education", *Protestant Thought in the Twentieth Century*, edited by Arnold S. Nash, The Macmillan Co., New York, 1951, pp.225-226에서 이 시기를 학문의 조직적인 출범기라고 보고 있다.

교육 지도자들은 조지 앨버트 코우(George Albert Coe) 박사를 위시하여, 니콜라스 버틀러(Nicholas Butler), 찰즈 홀(Charles Hall), 프란시스 피바디(Francis Peabody), 제임스 러셀(James Russell)등[16]이었으며, 대회의 목적은 다음과 같았다.

"이 나라의 종교력(力)은 교육적인 이상(理想)에 영감을 주고, 동시에 교육력은 종교적 이념(理念)에 감화를 줌으로써 이 나라가 종교교육의 이념, 필요성, 그리고 그 가치를 알도록 하는 데 있다. … 그러나 오늘의 젊은이를 위한 종교교육, 도덕교육은 역사, 문학, 과학과의 깊은 대화를 하지 못하는 큰 약점을 안고 있다. 그리고 종교교육과 도덕 교육의 유일한 조직으로서의 주일학교는 보다 높은 차원의 이념으로 승화되어야 할 것이다. 주일학교 이외에도 가정, 주간학교, 그리고 다른 교육 기관들이 개발되어야 할 것이다."[17]

이처럼 넓은 의미의 국가적인 종교교육의 이념화(理念化), 좁은 의미의 종교교육의 현장화(現場化)를 목적으로 출범한 이 협회는 처음부터 두 개의 사상적 전통을 이어받아 하나의 흐름을 형성하였다. 그 사상적 전통 중 하나는 히브리적이고 개신교적인 신학이었다. 그러나 그것은 당시 영향력을 크게 행사하고 있던 자유주의 신학이었으며, 이 신학의 빛에서 이해한 히브리적 신앙과 개신교 전통이었다. 또 다른 하나의 전통은 그 시대를 주름잡고 있던 미국의 실용주의 사상(實用主義 思想)이었다. 결국 1903년 R. E. A.와 함께 시작된

---

16 Kendig Brubaker Cully, "Religious Education Association", *the Westminster Dictionary of Christian Education*, pp.565-566.
17 *Ibid.*

'진보적 종교교육학' 운동은[18]이 두 사상적 전통, 즉 자유주의 신학의 내용 구조와 실용주의 철학의 과정을 종합한 종교교육학론의 수립이었고, 이 운동은 1940년대까지 강력한 영향력을 구사하였다.

1. 두 사상의 만남 - 자유주의 신학과 실용주의 철학

진보적 종교교육학의 내용 구조에 결정적 영향을 끼친 사상은, 프리드리히 슐라이어마허(Friedrich Schleiermacher, 1768-1834)[19]로부터 시작되어 1세기 간 큰 호응 속에 형성된 자유주의 신학이었다. '종교 경험의 신학'(Theology of Religious Experience) 대변자로 알려진 슐라이어마허는 종교의 본질이란 '안다'는 지식 과정이 아니고, 본질적으로 느낌과 사랑의 영역이라고 믿었다. 그리고 신앙을 신에게 절대 귀의(歸依)하는 감정(sense of absolute dependence)이라고 정의한다. 그러므로 그는 "종교 경험이란 신 의식(神意識)의 민감화이며, 자아의 눈을 인간의 세계로 돌리는 과정"[20]이라고 보았다. 여기서 슐라이어마허는 오래된 신학의 객관주의와 교리주의를 주관주의 신학과 경험주의 신학으로 전환시킨다. 그리고 이러한 신학적 전제에서 슐라이어마허는 성서 해석에 있어서도 새로운 지평을 열어놓는다.

그는 성서의 권위가 계시의 권위나 이성의 권위가 아니라는 전

---

[18] 진보적 종교교육학은 George Albert Coe에 의하여 자유주의 신학과 John Dewey의 실용주의 교육철학을 그 나름대로 종합한 학파인 것이다.

[19] Fredrivh Schleiermacher는 18세기 당시의 헤겔의 합리주의로 채색된 사변신학에 반발하고 나선 학자이다. 그의 신학 작품은 주저(主著)인, *The Christian Faith*, Harper Torchbooks, 1963과 *On Religion*, Harper Torchbooks, 1958등이며, Schleiermacher에 대한 책으로는 Richard R. Niebuhr, *Schleiermacher on Christ and Religion*, Charles Scribner's Cons, N. Y. 1964를 들 수 있다.

[20] Sara Little, the Role of the Bible ib Contemporary Christian Education, pp.13-14.

제를 내세운다. 성서란 오히려 '신앙인의 내적 경험'(inner experience of the believer)[21]이며, 그 경험 자체가 권위라고 보았다. 그러므로 성서는 하나님의 말씀으로도 아니고, 신의 직접적인 말씀의 기록으로도 아닌, 신앙인의 내적 경험(內的 經驗)만이 그 권위가 된다고 주장했다. 그리하여 슐라이어마허는 성서비평학(Bible Criticism)의 아버지가 된 셈이다.[22]

자유주의 신학 형성의 또 다른 주역은 1822년 루터파 교회 감독의 아들로 출생한 알버트 리츨(Albert Ritschl)과, 그 시대에 등장한 성서비평학 운동이다. 리츨의 신학은 '도덕적 가치의 신학'으로 정의된다. 그는 신앙의 본질을 도덕적으로 해석하였다. 리츨은 예수가 도덕적 모범이나, 역사적 인물로서만 의미가 있다고 보았으며, 성서는 이 역사적 인물을 사적(史的)으로 연구하는 훌륭한 재료라고 보았다. 이 같은 기독론과 성서 이해는 결국 신앙의 본질을 계시와 은총이 아닌, 도덕적 의미(意味)에서 이해하였다. 그리하여 기독교란 윤리적 이상을 실현해 가는 과정이라고 보았던 것이다.[23] 리츨은 슐라이어마허와 함께 근대 자유주의 태동의 시조가 되었고, 아울러 성서비평 연구에 크나큰 모티브를 제공하였다. 슐라이어마허와 리츨은 오랜 세월 지켜온 성경무오설과 절대 권위에 도전한 학자들이었으며, 그 결과로 이어진 성서의 상대적 이해는 성서가 역사학적 방법(歷史學的方法), 분석적 방법(分析的方法), 과학적 방법(科學的方法)으로 연구하는 사료라는데까지 이르렀다. 성서비평학[24]으로 알려진 이

21 Ibid., p.14. 그리고 John Dillinberger & Claude Welch, Protestant Christianity, pp.188-189.
22 Jules Lawrence Moreau, "Biblical Criticism", The Westminster Dictionary of Christian Education, pp.55-58.
23 John Dillinberger & Claud Welch, Protestant Christianity Education, pp.189, 199.

운동은 18세기 말과 19세기에 강력하게 등장했다.

성서비평학(聖書批評學)은 상이(相異)한 연구 목적에 따라, 크게 세 가지의 방법으로 나타났다. 첫째는 본문 비평(textual criticism)으로 성서의 원문(原文) 연구를 목적하고, 둘째는 문헌비평(litarary criticism)으로서, 성서 문헌의 출처를 연구하는 자료 비평과 성서 문헌의 양식을 비교 연구하는 이른바 양식비평(form criticism)으로 구분되어 있다. 그리고 셋째는 역사비평(historical criticism)이다. 본문 비평학자와 문헌비평학자들이 연구를 끝내면, 역사비평학자들은 역사의 인물이나 사건들 뒤에 숨은 역사적 포인트를 찾아 그 상관관계를 연구하게 된다.[25] 이러한 성서비평학은 그것이 방법론이기 전에 성서의 새로운 이해를 전제하고 있는 자유주의 신학의 표현이었다는 점에 유의한다. 성서에 나타나는 계시의 객관적-초월적인 권위를 부정하고 오히려 그것을 종교적 경험의 기록으로 보았던 자유주의 신학은, 그 영향으로 신학연구에 있어서 과학적 방법을 불러오게 하였다.

존 딜렌버거, 그리고 클라우드 웰치(John Dillenberger & Claude Welch)는 슐라이어마허, 리츨, 그리고 성서비평학을 종합하여 새 학파의 출현이라고 평가하였다. 그리고 19세기의 자유주의 신학의 특징을 다음과 같이 요약했다. 첫째로 자유주의 신학에 있어서는 진리가 절대적이 될 수 없으며, 이해된 모든 지식은 상대적이다. 그러므로 진리의 인식에는 언제나 타락과 과오의 가능성이 있다고 전제한다. 둘째로, 신과 인간 사이에는 죄로 인한 비연속적인 단절이 아닌 오히려 유사성(similarity), 혹은 닮음(likeness)이 내재하고 있다는

---

24 *Ibid.*, p.197.

25 Jules Lawrence Moreau, "Bibleical Criticism", *The Westminster Dictionary of Christian Education*, pp.55-58.

것이다. 셋째로 인간은 약하고 부정적인 존재가 아니라 오히려 가능성이 주어진, 그래서 인간과 신에게 신뢰를 걸어볼 수 있는 존재라고 보았다. 넷째로 신학은 과학적 방법에 의해 탐구되는 학문이라고 보았다.[26] 이러한 자유주의 신학의 내면 구조, 특히 인간의 가능성과 성서를 과학적으로 분석하여 얻은 역사적 재료, 그리고 역사적이고 도덕적인 예수상을 강조하는 자유주의 신학의 주장은, 고스란히 진보적 종교교육론의 철학과 내용 구조를 형성하는 결정적인 요소들이 되었다.

다른 한편, 자유주의 신학과 함께 진보적 종교교육학에 깊은 영향을 끼친 다른 사상은 존 듀이(John Dewey)의 실용주의 교육철학이었다. 존 듀이의 교육 사상은 진보적 종교교육학파의 '장'(場)의 과정에 결정적인 영향을 끼쳤다. 특히 그의 교육철학은 추상적인 가설이 아닌 '실험 학교'를 거쳐 얻은 실증된 사상이라는 점에서 설득력을 가지고 있었다. 듀이의 사상은 본서 5장에서 다루어지므로 여기에서는 듀이의 일반적인 사상과 그 공헌에 대하여만 논하고자 한다.

존 듀이는 1859년 미국에서 출생하였으며, 1879년 벨몬트 대학을 졸업하였고, 1884년 존스 홉킨스 대학(Johns Hopkins Universty)에서 "칸트의 심리학"이라는 논문을 제출하여 철학박사 학위를 받았다.

---

[26] John Dillinberger & Claude Welch, *Protestant Christianity*, pp.213-214.
그리고 Langdon Gilkey, *Naming the Whirlwind, The Renewal of God-Language*, The Bobbs-Menill Co., Indianapolis & N. Y., 1969, pp.74-82에서 자유주의 신학의 특징을 비슷한 내용으로 서술하고 있다. 첫째로, 기독교 신학은 절대무오의 진리였던 것이 물리학의 영향으로 존재의 신비를 다루는 상징의 학문으로 상대화되었다. 둘째로 역사학의 등장으로 인하여 신학은 자존의 학문으로부터 그 시대의 상황과 요구에 응답하는 학문이 되었다. 셋째로 천국의 초월성을 향하여 형성되었던 신학이 이제는 지상적인, 보다 인간과 사회의 정의를 위한 신학으로 변하였다.

듀이는 1888년에서 1894년까지 미네소타 대학, 미시간 대학에서 강의를 하였으며, 1894년에서 10년간(1904년까지) 시카고 대학교에서 철학교수 이외에도 학교교육 책임자로서 그의 실험학교(laboratory school)를 이끌어 갔었다. 여기서부터 존 듀이는 세계적 명성을 얻게 되었다. 존 듀이가 학자로서 활약하던 그 당시 미국 사회는 전통적인 문화와 새로운 문화 간의 가치 충돌로 진통을 겪고 있었다. 뉴잉글랜드에서는 종교와 정치가 여전히 청교도적인 전통에 근거하고 있었으며, 그것은 전형적인 농경 공동체(rural community)를 배경으로 하고 있었다. 그러나 중서부와 서부에서는 이 전통에 항거하는 '개성주의'와 독자적인 공동체 창조라는 강력한 요청이 정치·경제·사회구조 속에서 나타나기 시작했다. 그 결과 미국은 농경사회로부터 공업화 사회로의 급격한 변화를 겪기 시작하였다.[27]

이러한 변화 속에 세워진 '연구학교', '실험학교'는 격변하는 사회 안에서 새로운 교육의 근거를 찾기 위한 것이었다. 여기서 존 듀이는 미국과 전 세계의 교육에 두 가지 전환점을 마련한다. 하나는 '실험학교'를 통한 교육실험이었고, 다른 하나는 실용주의 철학을 근거로 전개된 그의 교육철학이었다. 먼저 실험학교의 스토리부터 논의하기로 한다.

존 듀이 이전에 처음 설립된 실험학교는, 1889년 영국 더비샤이어(Derbyshire)에서 세실 레디(Cecil Reddie)에 의하여 세워진 애버츠홀름(Abbotsholme)학교였다. 그리고 세실 레디의 동역자였던 배들리(J. H. Badley)에 의하여 또 다른 연구학교가 세워졌었다. 그 외에도 유럽 각국에는 '진보적 학교'(progressive school)로 알려진 여러 학교들이 이

---

[27] S. J. Curtis & M. E. A. Boultwood, *A Short History of Educational Ideas*, p.463ff.

곳 저 곳에서 생겨나고 있었다.[28] 그러나 그 중에서도 1896년 존 듀이가 세운 시카고 대학의 실험학교는 세계적인 이목을 집중시켰던 중요한 실험이었다. 이 실험학교에서는 4세에서 14세 사이의 어린이들을 한 그룹(group)에 8명 내지 10명으로 나누어 존 듀이의 지도 밑에 교육을 실시케 하였다. 존 듀이는 처음부터 자기의 교육원리를 강요한 것이 아니라, 다만 교육 행위와 학습행위 사이에 자연스러운 상호작용(interaction)이 일어나도록 하는 여건(condition)을 만들어주는 데 집중하였다.[29] 여기서부터 참여에 의한 학습, 혹은 행동에 의한 학습(learning by doing)의 기본교육 방법이 시험되기 시작했다. 여기서는 과거의 주입식(注入式) 교육, 일방적인 교사 주도적인 학습과정을 배제하였다. 그 대신 교사는 교육 현장에서 일어나고 있는 학습과정을 예의주시하도록 훈련되었으며, 어린이들이 어떻게 배우게 되는가를 관찰하고 학교와 사회생활 사이의 공백을 어떻게 메울 수 있는가라는 문제에 깊은 관심을 가지도록 하였다. 도날드 버틀러는 이 실험학교를 오히려 프뢰벨(Froebel)의『아동 중심 교육』(*Child Centered Education*)의 연습이었다고 해석한다.[30]

그러나 듀이는 실험학교를 넘어, 방대하고도 획기적인 저술[31]을

---

28 D. J. Bulter, *Religious Education*, pp.105-106.

29 S. J. Curtis & M. E. A. Boultwood, *A Short History of Educational Ideas*, p.465.

30 D. J. Bulter, *Religious Education*, p.107.

31 그의 사상을 담은 주요 저서들은 1886년『심리학』(*Psychology*), 1891년『윤리학 개론』(*Outline of Ethics*), 1903년『논리 연구』(*Studies in Logical Theory*), 1908년『윤리학』(*Ethics*), 1910년『우리는 어떻게 사고(思考)하나?』(*How we Think?*), 같은 해에『독일철학에 미친 다윈의 영향』(*Influence of Darwin on German Philosophy*), 1916년『실험 논리』(*Essay in Experimental Logic*), 1920년『철학의 재건』(*Reconstruction in Philosophy*), 1922년『인간의 본성과 행위』(*Human Nature and Conduct*), 1925년『실험과 자연』(*Experience & Nature*), 1933년『경험으로서의 예술』(*Art as Experience*), 1939년『논리학』(*Logic*) 등으

통해 자신의 교육철학을 세워나갔다. 윌듀란트(Will Durant)는 그의 저서『철학사』(The Story of Philosophy)[32]에서 듀이의 사상을 이렇게 표현하고 있다.

"듀이는 진화론에 근거한다. 마음(mind)이나 육체(body)는 저질적 형태(低質的形態)로부터 진화하는 투쟁과정에 있다. 그래서 듀이는 모든 탐구분야에 다원주의를 표준으로 삼는다.… 사상이란 재적응(readoptation)을 위한 도구이다.…"[33]

듀이는 자연주의자이며 진화론자였고, 또한 상대주의자이며 동시에 인간을 신격(神格)과 동일시한 낙관주의자(樂觀主義者)이기도 하였다.

이러한 사상적 배경에서 듀이의 교육론은 1897년『나의 교육 신념』(My Pedagogical Creed)이라는 저서에서 부각되기 시작하여, 1900년『학교와 사회』(The School & Society), 1902년『어린이와 교과 과정』(The Child & the Curriculum), 1915년『내일의 학교들』(Schools of Tommorrow), 그리고 결정적 작품인 1916년의『민주주의와 교육』(Democracy and Education)에 이르러 완숙하게 되었다. 특히 민주주의와 교육 속에 강력하게 부각된 경험의 사회성은 모든 교육 행위의 시금석(試金石)이 되었다. 연구학교의 실험, 진화론적 우주론에 근거한 세계와 사회 이해, 그리고 개인 경험의 사회성을 바탕으로 하는

로, 그 폭은 매우 깊고 넓었다. (Dagobert D. Runes & Others, *Dictionary of Philosophy*, Liittlefield, Adams & Co., Paterson, J. T. 1964, p.78.

[32] Will Durant, *The Story of Philosophy*, The Pocket Library, 630 Faith Ave, New York.

[33] *Ibid.*, pp.522-523.

교육의 가능성은 듀이 사상의 근간을 이루었다. 이 사상은 일반교육과 종교교육에도 결정적인 영향을 끼쳤다. 존 듀이의 교육 사상은 진보적 교육학파(Progressive Education)라는 학명을 얻게 된다.

2. 진보적 종교교육학파

진보적 종교교육학파가 형성된 정확한 시기를 말하기는 어려우나, 대부분의 학자들은 이미 언급한 1903년 시카고에서 열렸던 종교교육협회(R. E. A)를 그 출발점으로 동의하며, 구체적으로는 이 운동의 선구자였던 조지 앨버트 코우(George Albert Coe)박사를 선구자로 보고 있다. 형식주의와 권위주의 교육에 반대하고 나선 이들은, 새로운 시대의 요청에 응답하는 새로운 종교교육을 세우고자 하였다. 이를 위하여 그들은 신학과 교육 사이에 이것이냐 저것이냐의 양자택일이 아니라, 신학과 교육을 어떻게 올바른 관계로 종합하는가를 가장 큰 과제로 생각하였다. 또한 그들은 '복음'은 '시대' 속에서 해석되어야 하며, '기독교교육'은 '학생'(피교육자)에게 더 많은 자유를 주면서 학생들의 요구에 따라 결정되는 교육 내용이어야 하고, 교실(classroom)의 활기성(活氣性)은 숙제 위주보다는 넓은 학습 경험, 교실과 사회생활 간의 살아 있는 관계 속에서 찾아야 한다고 믿었다.[34] 한마디로 교육은 분위기 창조가 선행되어야 하며, 바로 이 사상이 진보적 종교교육 운동의 기본 개념이었다고 본다. 진보학파의 인간이해는 인간을 창조와 사회화의 가능성을 지닌 존재로 보는 데 있었다. 바로 그 이유 때문에 필자는 진보적 종교교육학파를, '사회화'를

---

[34] Docald J. Butler, *Religious Education*, pp.107-108.

'장'(場)[35]으로 하는 교육이라고 명명하였다. 이 학파는 조지 앨버트 코우 박사와 그의 제자 해리슨 엘리엇(Harrison Elliott)이 주역이었다.

1862년 뉴요크 주의 한 감리교회의 목사의 아들로 태어난 조지 코우는 로체스터 대학교(University of Rochester)에서 지적 형성의 성숙기를 가진다. 대학 교수로 있는 동안 그는 찰스 다윈의 변호자가 되었으며, 학문의 과학적 방법을 가장 중요시했다. 그의 신학 형성에 결정적 영향을 준 곳은 보스턴 대학교의 신학부였으며, 특히 당시 조직신학 교수이면서 이상주의 철학자였던 보든 파커 바운(Borden Parker Bowne)의 영향은 결정적이었다.[36]그리고 당시 선풍적으로 유행하기 시작한 성서의 역사비평학은 코우를 흥분케 하였다. 1891년 보스턴 대학교에서 철학박사 학위를 받은 코우는 유럽을 왕복하면서 자유주의 신학, 특히 리츨과 헤르만의 사상과 긴밀히 접하였다. 1893년 노드 웨스턴 대학교 철학교수로 임명된 코우 박사는 종교교육협회(R. E. A) 운동에 앞장서기도 했다. 그의 말년인 1922년에 코우는 유니온 신학교로 옮겼으며, 1927년 은퇴할 때까지 교수직에 머물렀다. 그의 저서들은, 1900년『영적 생』(The spiritual Life), 1902년『성숙한 마음의 종교』(The Religion of a Mature Mind), 1904년『종교와 도덕에 있어서의 교육』(Education in Religion & Morals) 등이 있으며, 주저로 알려진 책으로는 1917년의『종교교육의 사회적 이론』(A Social Theory of Religious Education), 1929년의『무엇이 기독교교육인가?』(What is Christian Education?), 그리고 1932년의『시민 양성으로서의

---

[35] 본서 5장에서 더 취급될 것이다.

[36] Wayne R. Rood, *Understanding Christian Education*, Abingdon Press, Nashville, New York, 1971, p.183. 웨인 루드는 코우에게 영향을 끼친 바운 교수의 세계관을 다음과 같이 요약한다. "세계는 통일된 우주로서 그 본질은 합리적이며 그것은 신의 마음에 의하여 유지되는 실재"라고 보았다.

교육』(*Education for Citizenship*) 등이 있다.

조지 코우의 교육 사상은 자유주의 신학과 실용주의 철학이라는 두 가지 이념에 근거한다. 자유주의 신학으로부터는 신의 내재주의(Immanentalism)와 영적 가치관을 배웠으며, 실용주의 철학으로부터는 진화론적이고 진보적인 역사관을 배웠다. 이렇게 두 가지 이념을 종합한 그의 사상은, 신은 인간 안에 내재하는 실재이며 동시에 그 신은 진화하는 역사 속에 내재한다는 것으로 요약할 수 있다. 이러한 교육신학적인 전제는 충격적인 논제인 "교육에 의한 구원"(Salvation by Education)[37]을 주장하게 하였다. 그의 주장에 의하면, 결국 인간 구원이란 인간의 성숙이 만들어내는 신의 민주주의(Democracy of God)실현에 있으며, 신의 민주주의는 존 듀이가 주장하는 자아와 사회 사이의 상호작용(transaction)에 의해 성취된다는 것이다. 로버트 월리(Robert C. Worley)는 그의 논문 "조지 앨버트 코우"(George Albert Coe)[38]에서 코우 박사의 교육 과정의 근본 핵심을 사회적 동기(social motif)라고 불렀다. 코우 박사는 사회 구원이 인간 자아와 집단 사이의 상호작용에 의해서만이 이루어지는 것이라고 보았기 때문이다. 코우는 민주주의를 정치의 이상적 형태로 보았으나, 신의 민주주의는 인간과 역사 속에 내재하는 신의 존재에 참여할 때에만 가능하다고 보았다. 민주주의는 종교교육 행위를 통해서 가능하다는 것이다. 이러한 신념은 코우 박사를 진보교육협회, 아동문제, 연구운동체, 노동운동, 주택문제, 사회문제에 깊이 관여하게 하였으며, 그것들을 해결해 가는 교육은 '신의 민주주의'를 지상에 세우는 수단이라고 보았다.

---

37 1902년에 쓴 *The Religious of a Mature Mind*, pp.293-396에 기록된 논문.
38 *The Wesminster Dictionary of Chaistian Education*, p.128.

이 같은 진보학파의 주장과 교육 운동은 코우의 제자들에 의해 계속 진행되었다. 윌리엄 바워(William C. Bower)는 조지 코우의 교육 신학을 커리큘럼에 투영하였으며,[39] 시카고 대학의 기독교교육학과 교수였던 어네스트 쉐이브(Ernest J. Chave)는 "종교교육에 대한 기능적 접근"(A functional Approach to Religious Education)[40]을 통하여 코우의 자연주의적 종교관을 확대하였고, 조지 코우의 수제자(首弟子)이자 진보적 종교교육학파의 마지막 대변자 해리슨 엘리엇(Harrison S. Elliott)[41]은 이미 신정통주의 사상으로 변하기 시작한 당시의 신학 혁명의 흐름에 끝까지 저항하면서, 코우가 제창한 가능적인 교육에 의한 구원을 끝까지 방어해나갔다. 진보적 종교교육학파 운동은 1940년에 내놓은 엘리엇의 책을 마지막으로, 그때까지 약 40년간에 걸쳐 미국교회와 신학교 그리고 세계 기독교교육의 흐름을 주도하였다.

자유주의 신학과 실용주의 철학이 합성되어 탄생시켰던 진보적 종교학파 운동은, 그것의 허다한 약점에도 불구하고 오랜 세월 권위주의적 주입식 교육, 그리고 교리(教理) 암기를 마치 정도(正道)처럼 지켜온 전통적 교육 이해에 정면으로 항변하고 나선 교육혁명이었다. 그것은 초자연적이고 초월적인 전통적 신(神) 관념에 저항하면서, 신을 인간과 역사 속에 내재하는 실재로 대치하였다. 또한 비관적이고 타락적인 존재로 인간을 비하해온 전통적 인간관과 말세적

---

[39] Sara Little, *The Rule of the Bible in Contemporary Christian Education*, pp.16-173. Bower는 특히 상황, 경험을 위주로 성서를 풀이하는 입장을 취하였다.

[40] Ernest J. Chave, *A Functional Approach to Religious Education*, The University of Chicago Press, Chicago, Ⅲ, 1947.

[41] Harrison S. Elliot, *Can Religious Education be a Christian?*, The Macmillan Co., N. Y., 1953. 그의 사상은 5장에서 취급될 것임.

천국관을 부정하면서 인간의 무한한 가능성(경험과 창조)을 강조하였고, 천국은 인간이 지상에 세울 수 있는 신의 민주주의라고 정의했다. 진보적 종교교육학파는 이 모든 것이 교육에 의해 가능한 것으로 보았다. 교육은 사회적 경험과 참여를 통하여 신의 민주주의 실현과 자기실현을 가능케 하는 경험이라고 보았던 것이다. 그러기에 진보적 종교교육학파는 '사회화'를 '장'으로 하는 교육의 대표적 학파라고 볼 수 있다.

Ⅲ. 사상적 혁명 - 쉘튼 스미드(Shelton Smith)

1903년 종교교육협회(Religious Education Association)의 창립과 동시에 시작된 진보적 종교교육학파 운동은 1940년까지 미국과 전 세계 무대를 독점해 왔다. 다른 사상들은 감이 이에 항거할 수도 없었고, 듀이나 코우를 능가할만한 새로운 사상이나 인물도 등장하지 않았다. 그러나 이렇듯 무적(無敵)의 왕좌에 있었던 그 사상은 1940년을 기점으로 흔들리기 시작했다. 1940년 해리슨 엘리엇이 『종교교육이 기독교적일 수 있는가?』[42]라는 문제작을 내놓았지만, 위기를 맞고 있던 당시의 자유주의 신학과 진보적 종교교육학을 되살리기에는 역부족이었다. 문제는 그 다음해인 1941년, 듀크 대학교 기독교교육학 교수인 쉘튼 스미드 박사의 등장이었다. 스미드는 해리슨 엘리엇뿐 아니라 거대한 진보적 종교교육학파를 향하여 신학적 도전의 '돌' 하나를 던졌다. 그것은 『신앙과 교육』(*Faith and Nature*)[43]

---

[42] *Ibid.*

[43] Shelton Smith, *Faith and Nurture,* Charles Scribner's Sons, N. Y., 1941.

이라는 한 작은 책의 출판에서 비롯되었다. 이 책이 기독교교육사에 있어서 획기적인 전환점이 될 줄은 누구도 몰랐다. 그러나 여기서부터 새로운 '장'(場)이 열리고 기독교교육 프로그램은 새로운 방향을 찾았으며, 학문적 깊이도 더 한층 심화되는 계기가 되었다.

1. 갈등하는 시대성 문화와 사상적 배경

1920년대 황금기를 이루었던 진보학파(존 듀이를 중심으로 한)와 진보적인 종교교육학파(조지 코우가 중심이 된)는 한마디로 신의 내재화와 신격화된 인간의 가능성에 근거를 둔 낙관주의 교육이었다. "인간 의식의 분석은, 곧 신의 사상 표현과 동일한 것"[44]이라고까지 보며, 인간과 세계의 무한한 성장 가능성을 믿었던 종교교육론은 동시대적 낙관주의에 깊은 영향을 받았던 것이다. 그러나 이러한 낙관주의가 무너지기 시작한 것은 크게 두 가지 이유에서였다.

그 첫 번째 원인은 제1차 세계대전으로 인한 인류 문명의 파멸이었다. 결국 인간은 선한 존재가 아니라 타락한 실존이라는 전후파적(戰後派的) 비판주의가 유럽과 세계 속에 파고들기 시작한 것이다. 인간이 창조하고 세운 문화와 문명이 인간들에 의해 한순간에 무참하게 파괴되는 역설적(paradox) 경험은, 더이상 인간을 무한한 가능적 존재로만 볼 수는 없다는 시대적인 에토스를 불러일으켰다. 이것은 철학, 문학, 신학의 세계에도 지대한 변화를 가져왔다. 이와 때를 같이하여 등장한 다른 이유는 미국의 경제공황이었다. 인간 생활의 안

---

[44] McMurry S. Richey, "Toward the Renewal of Faith and Nurture", *Duke Divinity School Bulletin*, Vol. 28, No. 2. May 1963, p.127.

전망을 근본에서 뒤흔들어 놓은 경제공황은 미래에 대한 낙관을 부정하게 된 원인이 되었다. 제1차 세계대전과 미국의 경제공황은 낙관주의적 자유주의 신학과 종교교육의 근저를 뿌리 채 뒤흔들어 놓은 원인이 되었다.

그러나 두 번째 원인이 더욱 직접적이고도 중요한 것이었는데, 그것은 바로 신학혁명(神學革命)이었다. 1918년 칼 바르트(Karl Barth)가 내놓은 『로마서 강해』는 전 유럽을 사상적으로 거꾸로 뒤집어 놓았다. 칼 바르트는 신과 인간 사이의 연속성과 동질성을 부르짖던 자유주의에 대하여, 신-인간 사이의 질적 차(質的差, Qualitative Difference)를 주장하며 인간의 교만을 비판하고 나섰다. 폭풍우를 몰고 온 칼 바르트의 신학혁명은 에밀 브루너(Emil Brunner), 프레데릭 고가르텐(Frederick Gogarten), 폴 틸리히(Paul Tillich), 루돌프 불트만(Rudolph Bultmann), 라인홀드 니버(Reinhold Niebuhr) 같은 이들의 신학적 동조를 이끌어 내었으며, 그 후 세계의 신학은 양 극단의 한 끝에서 다른 끝으로 서서히 그 방향과 해석의 '추'를 옮기고 있었다. 이 신학혁명이 종교교육의 사상과 구조에 근본적인 변화를 강요하였던 것이다. 여류 신학자 조지아 하크네스(Georgia Harkness)는 그의 작은 논문 "종교교육을 위한 숨은 철학"[45]에서, 새로이 시작된 신학운동의 관점에서 보면 진보학파는 "어떻게"(how)라는 방법론에만 치중하고 "무엇을"(what)이라는 교육 내용에 대해서는 치명적인 약점을 가지고 있었다고 비판하였다.

---

[45] Georgia Harkness, "An Underlying Philosophy for Religious Education", *Studies in Religious Education*, edited by Philip Henry Lotz & L. W. Crawford, Cokesbury, Nashville, 1931, p.58.

2. 그럼에도 불구하고-해리슨 엘리엇

이렇듯 거센 사회적 비판이, 그리고 신-인간 사이의 비연속성을
들고 나온 위기신학이 자유주의 신학을 압도하기 시작한 바로 그때,
이 거센 물결에 홀로 항거하고 나선 소장신학자(小壯神學者)는 해리
슨 엘리엇이었다. 예일 대학교에 제출한 박사 학위논문이 유명한 문
제작이었다.[46] 그는 조지 코우의 수제자였으며, 유니온 신학교 교수
직을 이어 받았었다. 미국 신학의 무대 위에 불어 닥친 새로운 신학,
즉 신정통주의 신학에 항거하기 위해 그는 바르트 신학을 연구했다.
엘리엇의 논증은 단호하고 또 분명했다. 신정통주의 신학은 새로운
신학이 될 수 없고, 오히려 낡은 신학으로의 복귀를 주장한다고 보
았으며, 때문에 신정통주의 신학은 시대로부터의 후퇴라고 결론지
었다. 오히려 엘리엇은 자유주의 신학과 진보적 종교교육 사상이야
말로 '현대적'이라고 보았으며, 그것이 진리라고 주장하였다. 그는
이 진리를 수호하기 위하여 문제작을 내놓았다. 그러나 켄딕 쿨리는
『1940년 이후의 기독교교육의 탐구』(the Search for a Christian
Education-Since 1940)[47]에서 엘리엇을 문제를 제기한 사람 그 이상이
아니었다고 평가한다.[48] 쿨리는 종교교육이 기독교적일 수 있는가
를 스스로 물은 엘리엇이 비록 그 물음에 대해 "기독교적이 될 수 있
다"고 대답하였으나, 무엇이 기독교적이고 무엇이 아닌지의 한계가
불분명하다고 비판하였으며, 엘리엇은 결국 주관주의를 벗어나지

---

[46] Harrison Elliott, *Can Religious Education be a Christian?*
[47] Kendig B. Cully, *The Search for a Christian Education-Since 1940*, Westminster
Press, Philadelphia, 1965.
[48] *Ibid.*, pp.17-19.

못했다는 것이다.[49] 그것은 엘리엇이 '기독교적'이란 말을 자유주의 신학, 특히 신의 내재성을 강조하는 모든 종교적 경험과 교육 행위라고 정의했기 때문이었다. 엘리엇에 있어서 '기독교적'이란, 말씀으로서의 성서도, 응답으로서의 신앙도 아니었다. 그보다는 오히려 인간 경험(experience of child)에 모든 것을 걸었던 그의 종교교육은, 신학의 문제가 아니라 심리학과 사회학의 문제였기에 방법론적 오류에 빠졌다는 것이다. 그리고 교육 과정(educational process)을 신의 계시의 매개로 본 것은 '기독교적'일 수 없었다.[50] 자세한 사상의 전개는 5장에서 취급될 것이다. 그러나 그는 진보적 종교교육학파의 마지막 챔피언으로서 인간이 세울 수 있는 신의 민주주의 이상을 재확인하였으며, 그 실현을 위한 최고의 방법을 '교육'이라고 보았다.

3. 도전자 - 쉘튼 스미드

이렇듯 자유주의 신학과 신정통주의 신학이 극렬하게 충돌하는 상황 속에서, 쉘튼 스미드는 기독교교육의 대전환기 중심에 등장한다. 스미드 박사의 후계자가 된 맥머리 리치(McMurry S. Richey)박사는 스승의 은퇴를 기념하는 논문에서, 기독교교육 사상의 전환을 가져온 스미드 박사 등장의 역사적 의미를 다음과 같이 설명한다.

"만일 코우 박사와 듀이 박사가 진보학파 운동의 공인된 주인공들이라면, 스미드 박사는 종교교육 혁명의 중심적 인물이다."[51]

---

49 *Ibid.*, p.19.
50 *Ibid.*
51 McMurry S. Richey, *Duke Divinity School Bulletin*, p.128.

1923년 예일 대학교로부터 철학박사 학위를 받았을 때, 스미드 교수는 자기의 동료(해리슨 엘리엇)보다도 더 코우와 듀이의 사상에 가까이 있었으며, 특히 듀이의 『민주주의와 교육』(*Democracy and Education*)[52]은 그가 교과서로 삼았던 소중한 책이었다. 1928년 스미드는 코우 박사의 후임으로 컬럼비아 대학교 사범대학의 종교교육철학 교수로 임명되었으며, 그의 사상은 자연주의적 인본주의(naturalistic humanism)로 채색되어 있었다. 스미드는 봐이글(Luther A. Weigle)과 코우 박사의 소개로 호레스 부쉬넬을 읽었으나, 부쉬넬에 머물지 아니하고 조나단 에드워즈(Jonathan Edwards), 그리고 미국 신학사상 형성의 원형인 청교도 신학까지 탐구하는 열정을 쏟았다.[53]

그러나 스미드의 사상적 메타노이아(metanoia)는 1931년 유니온 신학교의 교수로 있을 때 일어났다. 존 듀이의 제자였던 존 차일즈(John L. Childs)의 신서인 『교육과 실험주의철학』(*Education and the Philosophy of Experimentalism*)[54]은 존 듀이를 능가한 자연주의 사상이었지만, 오히려 이 저서와 접한 스미드는 실험주의 철학에 대하여 새로운 의혹을 품기 시작하였다. 이와 때를 같이하여 1933년에 있을 종교교육 대회에서 바르트 신학을 비판하도록 청탁을 받았던 스미드는, 칼 바르트의 '하나님의 말씀과 인간의 말'(the Word of God and the word of man)과 에밀 브루너(Emil Brunner)의 위기신학을[55] 접하면서 신학사상의 회심을 시작하였다. 그 결과 1933년 종교교육대회의 강사로 나선 스미드는 바르트와 브루너의 비판자가 아니라 옹호자가

---

[52] John Dewey, *Democracy and Eduction*, The Macmillan Co., N. Y., 1961.
[53] *Duke Divinity School Bulletin*, p.129.
[54] John L. Childs, *Education and the Philosophy of Experimentalism*, Century Co., 1931.
[55] *Duke Divinity School Bulletin*, p.130.

되어 "종교교육자들을 바르티안과 씨름하게 하라"(Let Religious Educators recken with Barthians)[56]는 제목으로 강연을 마무리하였다. 이 강연에서 수천여 명의 자유주의 신학자와 진보적 종교교육학자들은 충격에 휩싸였다. 그러나 홀로 외로이 섰던 스미드는 강렬하게 다가오고 있는 바르트 신학의 생동력과 진리를 증언하였다. 그리고 바르트 신학의 빛에서 잘못된 종교교육의 학문적 전제와 전개과정을 강렬히 비판하였다. 스미드는 오랜 세월 미국의 종교교육을 지배한 자연주의적 인본주의의 근저를 뒤흔들어 놓았으며, 바르트 신학이야말로 인본주의적 주관주의에 빠진 종교교육을 구출할 수 있는 신학이라고 믿었다. 또한 그는 자유주의 신학과 진보학파들이 믿었던 신-인 사이의 동질성 내지는 연속성, 인간 가능성의 찬양, 경험에 의한 종교적 진리의 발견에 대하여 날카로운 비판을 가했다. 오히려 신-인간 사이의 비연속성, 인간의 피조성과 타락성, 초자연적인 계시의 필요성, 그리고 성서의 중심성을 들고 나온 바르트의 신학에서 기독교교육의 전제와 방법들을 다시 점검해야 한다고 주장했던 것이다. 스미드는 이러한 교육을 "복음주의적 교육"(evangelical pedagogies)이라고 불렀다.

"무엇보다도 가르치는 행위(teaching)는 설교와 마찬가지로 '말씀'을 섬기는 데 그 목적을 두어야 한다. 교사의 목적은 성서 안에 계시된 예수 그리스도, 즉 하나님의 말씀과 어린이들이 만나도록 끌어들이는 데 있다. 기독교교육의 규범(norm)이 있다면, 그것은 성서 안에 증

---

56 Shelton Smith, "Let Religious Educators reckon with Barthians", *Religious Education*, ⅩⅩⅨ, No. 1. January, 1934, pp.45-50.

언된 그리스도이다. 그러므로 성서가(인간의 삶이나 상황이 아닌) 교과과정을 결정짓는 요인이다."[57]

이 폭풍우 같은 신학적 도전은 스미드 박사를 종교교육의 이단 자로 몰아갔으나, 그는 외로이 바르트 신학을 변호해 나갔다. 고독과 오해 속에서 그는 듀크 대학교에서 계속 바르트 신학과 씨름하였으며, 대학원생들에게는 바르트와 연결된 신학 서적들을 연구하도록 촉구하였다. 1940년 코우의 교육 사상을 변호하는 해리슨 엘리엇의 마지막 학문적 몸부림이 있은 지 불과 1년 만인 1941년, 쉘튼 스미드는 그의 교육 사상의 결정판인 『신앙과 양육』(Faith and Nurture)[58]을 출판하였다. 이 책 이전에 스미드는 『종교교육에 있어서의 신학적 재건』(Theological Reconstruction in Religious Education)[59]이라는 논문으로 그것의 기초를 놓았다. 소외되고 외로웠지만, 그는 확실한 역사적 근거를 찾아가야 했다. 스미드는 『신앙과 양육』에서 바르트 신학과 기독교교육 사이의 상호관계가 가능한가를 연구하였으며, 기독교교육은 처음으로 자유주의 신학이 아닌 새로운 신학과의 관계를 찾기 시작했다. 『신앙과 양육』은 중심적인 주제 세 가지를 이슈화하고 있다. 첫째는, 기독교교육의 중심은 인간 경험이 아니라 예수 그리스도의 사건이며, 그 구원의 의미라는 것이다. 그것은 인간 경험 중심에서 신 중심으로 교육 구조의 핵심을 바꾸어 놓았다. 두 번째는 기독교교육의 핵심을 경험의 개발이거나 성장이 아니라,

---

[57] Ibid., p.49.

[58] Shelton Smith, Faith and Nurture.

[59] Shelton Smith, "Theological Reconstruction in Religious Education", Christendom, Ⅳ, No. 4. Autumn, 1939, pp.565-574.

하나님 앞에서의 회개(repentance)라고 본 것이다. 그것은 부흥운동의 회심과 부쉬넬의 양육사상 사이의 갈등의 재연이었다. 세 번째는, 기독교교육을 개인의 인격 성장이나 사회에 적응하는 사회화가 아니라, 구속적 공동체로서의 교회를 통한 신앙화라고 본 것이다. 그러나 불행하게도 『신앙과 교육』 이후, 스미드가 학문적 관심을 윤리와 미국교회사로 옮기면서 그의 기독교교육론은 중단되고 말았다. 그러나 스미드의 신학적 도전은 기독교교육을 인간 성장의 '장'(場)으로부터 그리스도의 계시의 장인 교회로 옮겼으며, 내재주의와 인본주의로부터 신 중심의 구조로 사상 체계를 바꾸어 놓은 역사적 계기가 되었다. 이 한 권의 책, 『신앙과 양육』은 1940년대에서 1960년대까지의 기독교교육을 황금기로 만들어 놓은 초석이 되었다.

IV. 신정통주의 신학과 기독교교육학파 운동

기독교교육의 사상적 초점을 자유주의 신학으로부터 복음주의 신학으로 옮겨놓은 것은 듀크 대학교의 쉘튼 스미드 교수였다. 그러나 쉘튼 스미드가 종교교육의 예레미야[60]로까지 불릴 만큼 자유주의 신학에 대한 그의 외로운 싸움 뒤에는 신정통주의 신학이라는 새 신학이 뒷받침하고 있었다. 신정통주의 신학은 스미드의 사상뿐 아니라 쉘튼 스미드로부터 영향을 받은 후배 교육신학자들의 사상적 기저를 마련해 주었다.

---

[60] *Duke Divinity School Bulletin*, p.130.

1. 새로운 신학적 상황

근대 개신교사에서 1918년에 출판된 칼 바르트의 『로마서 강해』만큼 강한 폭풍우를 일으킨 저서는 또 없었다. 100여 년 동안 세계 신학을 석권해온 자유주의 신학의 뿌리를 뒤흔들어 놓은 바르트는 철두철미하게 하나님의 말씀에서 신학을 시작해야 한다고 설파한다. 인간이 신을 발견하는 것도, 인간의 종교 경험도 신학의 시작이 될 수 없다는 것! 오직 하나님의 말씀만이 시작이고 또 끝이어야 한다. 하나님의 말씀은 곧 신의 성실성 그 자체이며, 인간을 향한 비타협적인 부정 속에서 다가오는 긍정과 화해로서의 신의 은총이라고 보았다. 이렇듯 신 중심의, 더욱이 그리스도와 성서 중심의 새로운 신학적 패러다임은 새로운 신학 운동의 열쇠가 되었다.[61] 뒤를 이어 미국에서는 1932년 라인홀드 니버가 쓴 『도덕적 인간과 비도덕적 사회』(Moral Man & Immoral Society)[62]가 미국의 자유주의적 낙관주의를 뒤집는 계기가 되었다. 특히 역사 이해와 해석에서 니버는, 역사의 타락 뒤에는 인간 타락이라는 실재가 깔려있다고 풀이하였다. 그리고 니버는 루터의 칭의사상(justification by faith through grace alone)을 역사 해석의 열쇠로 삼았다.

이렇듯 유럽과 미국에서 일어난 새신학운동은 하나의 거대한 흐름으로 나타나기 시작했다. 이 운동에는 다양한 명칭이 붙여졌는데, "위기신학"(Theology of Crisis), "바르트주의신학"(Barthianism), "변증신학"(Dialectical Theology), "신초자연주의신학"(Neo-Super Natural Theology),

---

[61] Duke Dillenberger & Claud Welch, *Protestant Christianity*, p.257.

[62] Reinhold Niebuhr, *Moral Man & Immoral Society*, Charles Scribner's Sons, New York, 1932.

"말씀의 신학"(Theology of the word)[63] 등이 그것이다. 유럽에서는 루톨프 불트만, 폴 틸리히, 에밀 브루너, 프레데릭 고가르텐 등이 바르트 신학에 호응하였으며, 스칸디나비아에서는 앤더스 니그렌(Anders Nygren), 구스타프 아울렌(Gustaf Aulen), 그리고 미국에서는 니버 형제가 가세하였다. 사라 리틀(Sara Little) 교수는 복음의 회복, 개신교 신앙의 재발견, 하나님의 계시성을 회복하는 신정통주의 신학이 기독교교육의 새 이정표를 제시했다고 보았다.[64]

2. 기독교교육 형성에 영향을 끼친 신정통주의 신학자들

쉘튼 스미드를 포함하는 기독교교육학자들은 신정통주의 신학자들로부터 신학 형성 과정에 깊은 영향을 받았다.

사라 리틀은 그의 학위 논문에서 신학과 기독교교육과의 관계를 다음과 같이 요약한다.

기독교교육학파 형성 과정에 가장 중요한 큰 역할을 한 사람은 칼 바르트이다. 칼 바르트 자신이 의식적으로 교육신학에 대하여 쓴 것은 없지만, 그의 신학에서 제기된 문제의식은 교육신학의 살아 있는 명제들이었다.[65] 바르트의 신학은 쉘튼 스미드, 그리고 제임스 스마트(James Smart)와 캠벨 와이코프(Campbell Wykoff) 등의 교육신학자들에게 깊은 의미를 주었다. 그리스도 사건을 하나님 계시의 전무후무

---

63 William Hordern, *The Case for a New Reformation Theology*, Westminster Press, Philadelphia, 1959, p.16ff.
64 Sara Liittle, *The Role of the Bible in Contemporary Chistian Education*, p.27.
65 *Ibid.*, p.33.

한 일회적 사건으로 본 바르트는 그리스도의 전사건(totus Christus)에서 하나님은 인간과 전 역사를 향하여 말씀하셨고, 인간은 이 말씀에 회개로 응답하도록 부름 받았다고 보았다. 바로 이 말씀은 복음이었으며, 성서는 설교와 함께 이 복음에 대한 증언(witness)이었다. 쉘튼 스미드는 칼 바르트로부터 '신 중심의 신학'(Theocentric Theology)을, 제임스 스마트는 바르트로부터 '말씀의 신학'(the Theology of the Word)을, 와이코프는 바르트로부터 '복음'을 배웠다.

칼 바르트 이외의 다른 신학자는 영국교회의 대주교였던 윌리엄 템플(William Temple, 1881-1944)이다. 바르트와 동 시대에 살았으나, 그는 신정통주의 신학과 자유주의 신학 사이를 오가며, 이 둘을 종합했던 신학자이기도 하다. 바르트는 예수 그리스도의 사건을 유일한 계시로 보았던 반면에, 템플은 계시의 매개를 '경험'(experience)이라고 보았으며, 그 계시의 확인은 신앙이 아니라 이성과 양심에 있다고 보았다. 템플은 우주 자체가 하나의 전체적이고도 통일된 제도와 질서이며, 그것은 창조적 영에 의해 통제되는 성스러운 과정이라고 보았다. 그리스도 사건 속에 자신을 계시하신 초월적인 하나님의 자기 구현만이 신학의 근거가 아니라, 인간의 경험과 우주과정 자체를 계시의 매개로 보았다는 점에서 템플은 슐라이어마허에 더 근접한 신학자였다. 이 사상은 예일 대학교 신학부 교수인 랜돌프 밀러(Randolph C. Miller) 박사에게로 이어졌다.[66]

칼 바르트와 같은 대열에서 또 하나의 세계적인 학자로 부각되었던 신학자는 폴 틸리히(Paul Tillich)이다. 사라 리틀은 교육신학적

---

[66] *Ibid.*, pp.28, 74.

관점에서 틸리히를 "계시와 이성"[67]의 신학자로 명명하고 있다. 조직신학과 교육신학이라는 논문에서 틸리히는 신학과 기독교교육의 이중 차원(dual dimension)을 동시적인 것으로 보고 있다. 그 이중 차원이란, 인간의 물음과 신의 대답이다. 말씀을 강조하는 복음주의신학은 인간의 물음을 외면하는 위험을 안고 있는가 하면, 이성을 강조하는 변증법적 신학은 신의 초월성과 계시의 가능성을 외면하는 위험을 가지고 있다고 지적하면서, 틸리히는 인간의 물음과 신의 대답이 서로 만나는 상호연결의 방법(the method of correlation)이야말로 신학과 기독교교육이 만나는 길이라고 주장하였다. 또한 사라 리틀은 유럽에서 마르틴 부버(Martin Buber)의 인격주의 철학을 신학에 접목한 에밀 브루너(Emil Brunner)를 "계시와 만남"(revelation & encounter)의 신학자라고[68] 특징짓고 있다. 계시란 본질적으로 신과 인간이 만나는 사건(encountering event)이지만, 동시에 계시의 하나님은 전 세계와 전 인류를 만나시며, 또 구원의 완성을 위하여 계속 일하시는 행위를 의미한다고 브루너는 보았다. 이 만남에서 자신을 계시하시는 하나님과 인간은 '너', 즉 구원과 만남의 인격적 대상으로서의 너(Thou)가 된다는 것이다. 여기서 '나와 너'는 계시적 차원이며, 이것은 신과 인간 사이의 만남의 관계라고 보았다. 폴 틸리히와 에밀 브루너의 사상을 기독교교육학에 접목시킨 학자는 루이스 쉐릴(Lewis J. Sherrill)이었다.

1940년에서 1960년대 사이의 교육신학자들은 큰 틀에서 신정통

---

[67] *Ibid.*, p.40.
[68] *Ibid.*, p.47.
그리고 Emil Brunner의 *Truth as Encounter*, The Westminster Press, Philadelphia, 1964는 교육신학자들에게 중요한 사상을 제공하고 있다.

182 _제2부 | 교육신학의 역사적 고찰

주의 신학의 영향 하에 있었다. 그렇다면 그 중심 주제들은 무엇이었던가? 처음은 신의 주권성의 신학이다. 신정통주의 신학은 내재적이고 자연신화 된 자유주의 신학에 대하여, 초월적이고 타자적이며 주권적인 하나님의 자유를 재확인하고 재긍정하는 신학이다. 그것은 하나님을 인간과는 질적으로 다른, 그러면서도 그의 뜻에 따라 인간과 세계와 관계하시는 분으로 이해하였다. 때문에 하나님은 역사와 자연의 '주'이시며, 역사와 자연의 창조적 과정이 아니었다. 두 번째로 신정통주의 신학은 '계시'(revelation)에 대한 기독론적 이해와 신앙적 이해에서 일관성을 가진다. 계시의 내용은 하나님의 말씀이고 계시의 성육신은 예수 그리스도이기에, 결국 하나님을 아는 지식은(기독교교육의 근거는) 예수 그리스도 사건이었다. 그리스도를 통한 하나님과 인간의 만남은, 신앙으로 응답하는(인간이 경험으로 발견하는 것이 아니라) 전 존재론적 회개와 결단에서 오는 것이다. 셋째로 그리스도의 말씀 사건은 곧 인간과 전 역사를 향하신 하나님의 은총의 사건이라고 본다. 예수는 종교적 천재이거나, 도덕적 모범이 아니라 전 세계와 전 인류를 향하신 하나님의 자기계시이다. 넷째로 신정통주의 신학은 인간을 자유주의 신학이 말하는 낙관적인 존재만으로 보지 않는다. 인간은 하나님의 형상(Imago Dei)대로 지음 받은 존재이지만 동시에 타락한 존재로서, 모든 인간의 성취는 죄와 타락의 가능성 안에 있다고 본다. 다섯째는 역사와 하나님 나라 개념이다. 사회복음주의자가 말하는 구원은 인정하지만(그러므로 개인과 역사 전체가 하나님의 구원의 영역이라 믿지만), 사회 자체가 인간의 창조와 성취에 의하여 점진적으로 천국화 된다는 이론은 배격한다. 오히려 역사와 사회는 하나님의 심판과 은혜 안에 있다고 본다. 그러므로 역사란 하나님의 나라가 도래함으로 완성되는 역사라고 믿었다.[69]

3. 기독교교육학파 운동

신정통주의 신학으로부터 처음으로 강력한 충격과 영향을 받은 사람은 이미 논의한 쉘튼 스미드 교수였다. 그러나 쉘튼 스미드 이후 신학혁명과 교육의 변화는 후대 여러 기독교교육학자들에 의해 계승되어 갔다. 그들은 랜돌프 밀러(Randolph C. Miller), 루이스 쉐릴(Lewis Sherrill), 제임스 스마트(James D. Smart), 그리고 하워드 그라임즈(Howord Grimes) 등이었다.

쉘튼 스미드의 교육신학적 혁명에 처음으로 호응한 학자는 당시 성공회 신학교에 재직 중이던 랜돌프 밀러 박사였다.[70] 그는 『기독교교육의 단서』(*The Clue to the Christian Education*)[71]에서, 올바른 신학의 방향 설정이 기독교교육의 목적과 방법의 방향 설정에 얼마나 중요한 것인가를 논한다. 지난날의 기독교교육에서 '내용'(content)과 '방법'(method)이 서로 분리되었다면, 이제 미래의 교육에서는 내용과 방법 사이에 유기적 연결을 가져야 한다는 것이다. 또한 밀러는 전도(evangelism)에서도 교육적 통일점을 찾아야 한다고 강조하였으며, 기독교교육을 풀어가는 단서는 "전생(全生)에 의미를 줄 수 있는 신학의 타당성"(relevance of theology to the whole of life)[72]의 발견이라고 결론지었다. 그는 이어서 『그리스도인의 삶을 위한 교육』(*Education for Christian Living*)[73]을 내놓았으며, 『당신들의 어린이의

---

[69] John Dillinberger & Cloude Welch, *Protestant Christianity*, pp.269-283.

[70] Kendig B. Cully, *The Search for a Christian Education Since-1940,* p.64.

[71] Randolph Crump Miller, *The Clue to the Christian Education*, Charles Scribner's Sons, N. Y. 1950.

[72] *Ibid.*, p.65.

[73] Randolph Crump Miller, *Education for Christian Living*, Englewood Cliffs, N. J.

종교』(*Your Child's Religion*)[74]를 저술하였다. 이 책에서 밀러는 "관계 속에 있는 하나님에 대한 진리"라는, '관계'의 신학을 최초로 소개한다. 기독교교육의 목적은 '신학' 그 자체를 교육하자는 것이 아니라, 신학을 도구로 하여 모든 학습자가 교회를 통해 하나님과의 올바른 관계에 들어가도록 하는 데 있다고 정의한다. 여기서 기독교 진리는 기독교 신앙의 내용과 방법의 근거가 되지만, 그것을 교리화하여 교육 내용으로 대치할 수는 없다는 것이다. 문제는 살아계신 하나님과 학습자 사이에 맺는 관계와 경험이 기독교교육의 핵심이 되어야 하기 때문이다. 밀러에게 교과과정(curriculum)은 하나님과 학습자 사이의 관계에 근거해야 하며, 그것은 언제나 신 중심의 커리큘럼과 동시에 경험 중심이라는 양차원이어야 했다. 여기서 우리는 윌리엄 템플의 신학적 흔적을 엿볼 수 있으며, 아울러 신 중심 신학인 신정통주의 신학의 영향과 경험 중심의 신학인 자유주의 사이의 종합을 꾀한 흔적을 볼 수 있다.

랜돌프 밀러가 저술한 다른 중요한 책은 『성서 신학과 기독교교육』(*Biblical Theology & Christian Education*)[75]이었다. 성서 신학의 중요 주제들을 각 연령별 기독교교육 과정과 접목한 이 책은 밀러의 큰 공헌이었다. 특히 버나드 앤더슨(Bernhard Anderson)이 쓴 『성서의 열린 드라마』(*The Unfolding Drama of the Bible*)[76]의 성서적 해석을 바탕으로, 밀러가 이를 독특한 양식(form)으로 기독교교육 과정과 접목한 것은 인상적이었다. 성서의 주제를 영어의 "C"로 시작하여 다섯

Prentice-Hall, 1956.

[74] Randolph Crump Miller, *Your Child's Religion.*

[75] Randolph Crump Miller, *Biblisal Theologuy & Christian Education,*

[76] Bernhard W. Anderson, *The Unfolding Drama of the Bible,* Aessociation Press, 291 Broadway, N. Y., 1957.

"C"로 집약시켰다. Creation(창조), Covenant(언약), Christ(그리스도), Church(교회), 그리고 Consummation(완성)이다. 밀러는 성서 신학과 기독교교육의 새로운 교육신학적 관계를 모색하였으며, 『기독교양육과 교회』(*Christian Nurture and the Church*)[77]를 집필했다. 교회론을 중심으로 기독교교육론을 펼친 밀러는, '교회'야말로 선교와 교육의 '장'(場)임을 강하게 부각시킨다.

랜돌프 밀러와는 달리 칼 바르트 신학의 영향을 받고 이를 교육 신학에 접목한 학자는 제임스 스마트 박사이다. 캐나다인이며 토론토에서 목회경험을 가진 장로교 목사인 스마트 박사는, 한때 녹스 대학(Knox College)에서 기독교교육학을 강의한 일도 있었으나 본래는 성서 신학자였다. 그러나 그는 『교회의 교육적 사명』(*The Teaching Ministry of the Church*)[78]이라는 책 하나 때문에 기독교교육학자로 더 많이 알려져 있다. 본래 그 책은 미국 장로교회 커리큘럼 제작을 위한 신학적 근거를 마련하려는 데 그 목적이 있었다. 스마트 박사는 그 신학적 근거를 하나님의 말씀에 두면서, 말씀을 선포하고 해석하는 책임은 교회에 있다고 강조한다. 그러므로 스마트 박사는 밀러와 마찬가지로, 교회는 이 말씀을 선포하는 공동체일 뿐 아니라 교육하는 공동체임을 강조한다. 이 교회 공동체에는 기본적으로 두 가지 사명이 있다고 본다. 그것들은 모두 말씀에 대한 봉사로서, 하나는 설교(preaching)이고, 다른 하나는 교육 행위(teaching)이다. 설교는 불신앙적 상태 속에 있는 인간에게 회개와 회심을 촉구하는 말씀의 선

---

[77] Randolph Crump Miller, *Christian Nurture & the Church*, Charles Scribner's Sons, N. Y., 1961.

[78] James D. Smart, *The Teaching Ministry of the Church*, The Westminster Press, Philadelphia, 1954.

포이고, 교육은 이미 하나님께 회개하고 돌아온 상황 속에 있는 인간에게 신앙적 성장을 위한 말씀의 교육이라고 보았다. 설교와 교육은 두 개의 봉사 기능이지만, 한 하나님의 말씀(the world of God)에 봉사하는 두 기능인 것이다. 그러므로 기독교교육의 목적은 설교와 교육을 통해 사람들로 하여금 예수 그리스도의 구원에 책임 있게 참여하도록 인도해 가는 것이라고 보았다.

> "기독교교육의 목적은 인간의 의사소통의 매개를 넓히고 또 깊게 하고, 인간의 교제를 성장시키고, 또 풍요하게 하므로, 그것들을 통하여 인류를 구원하시는 예수 그리스도에 참여케 하는 데 있다."[79]

스마트 박사는 그의 교육론에서 몇 가지 주장을 분명히 하고 있다. 경험 중심의 밀러와 달리, 그는 말씀 중심의 교육을 강력히 주장하며 교회를 기독교인 양육의 공동체로 본다. 인간의 회개와 회심을 요청하는 설교의 비연속성과 양육이라는 교육의 연속성 사이의 함수 관계를 교회 공동체를 '장'(場)으로 하여 풀이한 점은 매우 적절한 해석이었다.

이미 세상을 떠난 학자이지만, 기독교교육사에서 빼놓을 수 없는 중요한 다른 한 사람은 루이스 쉐릴(Lewis Sherrill) 박사이다. 텍사스 출신의 장로교 목사인 쉐릴은 1925년에서부터 1950년까지 켄터키에 있는 루이빌 신학교의 기독교교육학 교수였으며, 1950년 이후로는 뉴욕에 있는 유니온 신학교에서 기독교교육학을 강의하였다. 랜돌프 밀러가 윌리엄 템플의 영향을 받았다면, 제임스 스마트는 칼

---

[79] Sara Little, *The Role of the Bible in Contemporary Christian Education*, p.108.

바르트의 영향을 받았으며, 루이스 쉐릴은 부버와 폴 틸리히의 영향을 받았던 학자였다.

쉐릴의 저서들은 초기 작품과 후기 작품으로 분리된다. 초기 작품에는 『어린 시절을 여는 문들』(The Opening Doors of Childhood)[80], 『기독교교육의 기원』(The Rise of Christian Education)[81], 그리고 『죄와 구원』(Guilt and Redemption)[82]등이 속한다. 특히 『기독교교육의 기원』은 구약에서부터 중세기까지의 기독교교육의 역사를 사료화(史料化)한 걸작으로 평가받는다. 『죄와 구원』은 인간의 실존적 물음과 신학 사이의 관계를 소재로 하였으나, 그의 사상은 후기 사상에서 무르익어갔다. 후기 작품인 『영혼의 투쟁』(The Struggle of the Soul)[83] 과 『힘의 선물』(The Gift of Power)[84]은 심층심리학과 신학의 새로운 대화와 만남을 심도 있게 모색한 대작으로 알려져 있다.

1957년 쉐릴이 작고한 후, 로이 페어차일드(Roy W. Fairchild)는 쉐릴을 추모하는 글, "기독교교육을 위한 쉐릴의 공헌"(The Contribution of Lewis J. Sherril to Christian Education)[85]에서 쉐릴의 교육학적 공헌을 실존적 인간 이해와 신학의 만남에 두었다. 쉐릴은 당시 유행하던 실험심리(experimental psychology)나 발달심리(developmental psychology)의 방법을 과감히 거절하고 인간의 실존 이해를 오히려 교육신학의 파트너로 선택한다. 그는 '발달' 혹은 '성장'이라는 용어 대신

---

[80] Lewis J. Sherrill, *The Opening Doors of Childhood*, The Macmillan Co., N. Y. 1939.

[81] Lewis J. Sherrill, *The Rise of Christian Education*.

[82] Lewis J. Sherrill, *Guilt and Redemption*, John Knox Press, millan Co., N. Y. 1959.

[83] Lewis J. Sherrill, *The Struggle of the Soul*, The Macmillan Co., N. Y., 1959.

[84] Lewis J. Sherril, *The Gift of Power*.

[85] Kendig B. Cully, *The Search for a Christian Education Since 1940*, p.52.

에 "불안"(anxiety), "지각"(perception), "관계"(relationship), "갈등"(am-bivalence), "동일시"(identifacation)[86] 같은 심층 심리학적인 용어들을 사용한다. 여기서 쉐릴은 존 듀이나 로버트 율리히보다도 오토 볼노브(Otto Bollnow)의 실존적 인간 이해에 더 가까운 접근임을 보여준다. 『영혼의 투쟁』에서 쉐릴은 삶의 세 가지 자세를 설명하고 있다.

첫째는 '삶'을 무의미의 연속이라 보는 비관주의이며, 둘째는 '삶'을 하나의 신화적 유물로 신격화시키는 신비주의이다. 그러나 셋째는 '삶'을 하나의 '순례'로 보면서, 이 순례의 과정 속에 일어나는 사건과 경험들 속에서 오히려 의미와 목적을 찾는 자세이다. 바로 이 '순례' 과정과의 연관 속에서 나온 쉐릴의 『힘의 선물』은 그의 교육신학 사상을 정점으로 이끈다.

『힘의 선물』에서 쉐릴은 인간의 실존적 분석과 신학적 인간학을 절묘하게 연결시킨다. 그는 특히 인간의 자아(self)란 '만남'(Confrontation-en-counter) 안에서 비로소 '존재'(being)가 '존재화'(becoming)된다고 보았다. 여기서의 '만남'이란 하나님의 오심(confrontation)을 말하며, 이 만남에 대한 인간의 응답을 "encounter"라고 부른다. 결국 기독교교육이란 하나님의 오심과 인간의 응답이 만남 속에 참여함으로써 비로소 존재가 존재화 되어가는 것이라고 정의된다. 이것은 교회의 전체적 시도라 보았다. 밀러의 교육을 '관계'를 '장'(場)으로 한 교육이라고 한다면, 스마트의 교육은 '말씀'을 '장'으로 한 교육이라고 볼 수 있으며, 쉐릴은 '만남'을 '장'으로 풀이한 교육이라고 볼 수 있다. 쉐릴의 교육신학은 기독교교육을 하나님의 오심과 불안한 인간의 응답 사이의 만남에서 일어나는 제3의 사건이라고 풀이한다.

---

[86] *Ibid.*, p.53.

기독교교육학파 형성에 주요한 역할을 담당하였던 쉘튼 스미드, 랜돌프 밀러, 제임스 스마트, 루이스 쉐릴 같은 거장 이외에도 프린스톤 신학교 교수인 캠벨 와이코프(Campbell Wyckoff)[87]는 '복음'을 '장'으로서 하는 교육신학을 세웠으며, 루엘 하우(Reuel Howe)[88]는 '대화'를 '장'으로 하는 기독교교육을, 하워드 그라임즈(Howard Grimes)[89]는 '구속적 공동체-교회'를 '장'으로 하는 교육신학을, 데이비트 헌터(David R. Hunter)[90]는 '참여'-'앙가주망'을 '장'으로 하는 교육신학을 펼쳤다. 이 모든 학자들은 기독교교육학을 1960년대까지 황금시대로 이끌었던 중요한 인물들이었다.

---

[87] D. Campbell Wyckoff, *The Task of Christian Education*, The Westminster Press, Philadelphia, 1955. 그리고 *the Gospel and Christian Education*, The Westminster Press, Philadelphia, 1959. 그리고 *Theory & Design of Christian Education Curriculum*, The Westminster Press, Philadelphia, 1961.

[88] Ruel Howe, *The Miracle of Dialogue*, Seabury Paperback, 1963. *Man's Need and God's Action*, Seabury Press, Greenwich Conn., 1953. *Herein is love*, The Judson Press, Valley Forge, 1961.

[89] Howard Grimes, *The Church Redemptive*, Abingdon Press, N. Y. & Nashville, 1958. *The Rebirth of the Laity*, Abingdon Press, N. Y. Nashville, 1962.

[90] David R. Hunter, *Christian Education as Engagement*, The Seabury Press, Inc., 1963.

Ⅴ. 세속신학시대의 등장과 기독교교육의 위기

사적 관점(史的 觀點)에서 보면, 1940년대에서 1960년대까지를 기독교교육학파의 학문적 전성기로 볼 수 있다. 그러나 1960년 이후 기독교교육은 신학 부재 현상과 함께 기독교교육학의 부재라는 혼돈으로 빠져들기 시작했다. 이러한 학문의 급격한 위기는, 얽히고설킨 시대적, 문화적 요인에 의해 초래된 문화혁명에 기인한다. 하버드의 종교사회학자 하비 콕스(Harvey Cox)는 자신의 저서인 『세속도시』(*The Seculer City*)[91]에서 그 원인을 "도시화"(urbanization)라고 진단하였다. 한편 네덜란드의 아렌드 밴 류벤(Arend Th.van Leeuwen)은 『세계 속의 기독교』(*Christianity in World History*)[92]에서 18세기 이후에 나타난 과학혁명이 초래한 역사의 "세속화"(secularization)에 그 원인이 있다고 주장하였으며, 랭든 길키(Langdon Gilkey)는 『회오리바람을 명명하여』(*Naming the Whirlwind*)[93]에서 "과학과 기술"(science and technology)을 그 원인으로 보았다. 용어는 달리 표현되었지만 이들의 분석 밑바닥에 깔려 있는 공통적 관점은, 과학과 도시화의 혁명적 폭발현상이 세계관을 하루아침에 뒤집어 놓았다고 본 것이다.[94] 그들은 이 세계가 절대적이고 권위주의적인 구조로부터 세속적이고 상대적이며 민주화된 사회 구조로 변했다고 본다. 이러한 세계관의 변화는 가치관의 변화까지 동반하여, 이른바 낡은 형태의 가

---

[91] Harvey Cox, *The Secular City*, The Macmillan Co., N. Y. 1965.

[92] Arend Th.van Leeuwen, *Christianity in World History*, Charles Scribner's Sons, N. Y. 1965.

[93] Langdon Gilkey, *Naming the Whirlwind; The Renewal of God Language*, 1969. p.57.

[94] *Ibid.*, p.37.

치 구조가 깨지면서 아직 형성되지 않은 가치관들이 전 세계의 모든 사회 속으로 파고들기 시작했다고 보았던 것이다.

1. 세속정신

랭든 길키는 이 변화의 시대적 정신을 "세속정신"(secular spirit)이라고 보았다.[95] 세속정신이란 현대 사회의 시대적 사고양식(mode of thought)을 의미하는데. 그것이 나타내 보이는 첫 번째 특징은, 세계는 가변적(contingent)이기 때문에 그 어떤 절대적 목적도 존재하지 않는다는 견해이다. 즉, 그 무엇도 절대화하지 않는 다원적 가치 구조를 말한다. 세속정신의 두 번째 특징은 상대성과 상대주의(relativism)의 원리이다. 역사란 그때그때 일어나는 사건과 상황이 결정하는 것으로, 그 곳에는 역사의 주체나 목적 같은 것이 허용되지 않는다는 것이다. 세 번째 특징은 유동성(transience)이다. 세계는 끊임없이 변하는 것이기에, 모든 것은 새로운 것에 의해 교체되고 또 새롭게 생성되는 것이다. 네 번째 특징은 자율성(autonomy)으로 상징되며, 인간이 자유와 결단의 주체라는 인간 존엄성의 재확인이다. 이것은 본회퍼가 예언했던 "하나님 없는 성숙한 시대"의 도래라고 보아도 좋을 것이다. 인간이 만들어낸 과학은 교리와 신화를 몰아내고, 사회는 전적으로 '수'와 '양'과 '속도'에 의해 통제되는 조직으로 나타난다. 길키 교수는 이러한 '세속정신'의 등장이 신정통주의 신학의 근거와 바탕을 근본에서 뒤흔들어 놓았다고 풀이한다.[96]

신정통주의 신학은 모든 창조와 인간을 스스로 자존할 수 있는

---

[95] *Ibid.*, pp.48-57.
[96] *Ibid.*, p.85ff.

존재가 아니라고 보았으며, 오히려 신의 주권(Sovereignty of God) 안에
있다고 믿었다. 신 중심의 신학은 인간과 모든 창조들이 오직 신 안
에서만 그 존재 이유와 근거를 찾을 수 있다고 보았다. 그러나 1960
년 이후에 등장한 세속정신은 가치의 상대화를 불러왔으며, 이것은
현대인의 사고 구조에 깊숙이 파고들었다. 신정통주의 신학은 인간
을 신으로부터 소외되고 이웃으로부터 소외된 자들로서, 자기 구원
을 스스로 이룰 수 없는 무기력한 존재라고 보았다. 그러나 세속정
신은 인간을 스스로의 운명을 결정짓는 주체로 보았으며, 사회와 역
사까지도 창조해 가는 창조자들로 본다. 신정통주의 신학은 인간 구
원이란 전적으로 하나님의 은총과 진리에 의해서만 가능하다고 믿
었던데 반하여, 세속정신은 인간 구원이 인간의 문명과 기술의 '발
전', 그리고 '성장'에 있다고 본다. 신정통주의 신학은 과학이나 철
학, 이성이 아니라 '신앙'이 신학의 방법이 되어야 한다고 보았는데
반하여, 세속정신은 신학마저도 과학적 분석과 언어 분석에 의해 시
도되어야 한다고 본다. 이러한 신학과 시대적 정신 사이의 갈등 속
에서 신정통주의 신학이 위기로 몰리게 된 가장 치명적인 이유는,
신정통주의 신학 자체가 교회와 세계, 신앙과 불신앙, 신의 말씀과
세속 사이의 분리를 선언함으로써, 결국은 새로 등장한 세속 정신과
신학적 해석 사이의 근본적인 갈등을 해결하지 못한 데 있다.[97]

2. 세속신학시대의 출범

　세속신학의 출현은 신정통주의 신학이 세속정신과 신학적 해석

---

[97] *Ibid.*, p.103. 그리고 Harvey Cox, *The Secular City*, p.110을 보라.

사이의 공백을 채우지 못한 한계에서 출발하였다. 역으로 세속신학은 이 공백 속에서 새로운 해결을 모색하는 몸부림으로 나타났다. 즉, 그것은 세속정신에 대하여 기독교 복음의 의미가 무엇인가를 묻는 새로운 신학방법으로 등장한 것이다. 1920년대에서 1960년 초까지의 신학은 이제 서서히 그 기반이 무너지기 시작하면서, 신학의 초점은 전통적인 삼위일체론, 기독론, 성서 이해로부터 하나님의 존재 자체인 신의 실재(the reality of God)를 질문하는 비교리적인 방법으로 옮겨갔다.[98]

마틴 마티(Martin E. Marty)는 『오늘의 미국 개신교 신학』(*American Protestant Theology Today*)[99]에서 세속신학의 형성과정을 설명한다. 그의 설명에 의하면, 본회퍼의 '종교 없는 기독교'와 칼 바르트의 『신의 인간성』(*The Humanity of God*)[100]이 세속신학의 하나의 암시가 되었지만 그 본격적인 출발은 영국 국교회의 주교인 존 로빈슨(John A. T. Robinson)의 『신에게 솔직히』(*Honest to God*)[101]라는 것이다. 로빈슨의 책이 출간된 1963년, 폴 밴 뷰렌(Paul Van Buren)은 『복음의 세속적 의미』(*The Secular Meaning of the Gospel*)[102]를 내놓음으로써 세속신학 출현에 불을 댕겼다. 그리고 1965년 하비 콕스가 내놓은 『세속도시』(*the Secular City*)[103]는 전통적 신학, 선교, 종교 사회학에 대하여 새로

---

[98] Langdon Gilkey, *Naming the Whirlwind*, p.4. 또 Langdon Gilkey의 다른 논문 "Dissolution and Reconstruction in Theology", *Frontline Theology*, edited by Dean Peerman, John Knoox Press, Richmond, Virginia, 1967. p/ 30을 보라.

[99] Mertin E. Marty, *American Protestant Theology today*, ed. by Peerman, p.25.

[100] Karl Barth, *The Humanity of God*, John Knox Press, Richmond, Virginia, 1960.

[101] John A. T. Robinson, *Honest to God*, S. C. M. Paperback, Bloombury St. London, 1963.

[102] Paul Van Buren, *The Secular Meaning of the Gospel*, The Macmillan Co., N. Y., 1963.

운 혁명적 계기를 제공하였다. 같은 해에 캐나다의 피에르 버튼(Pierre Berton)은 『안락한 교회 의자』(The comfortable Pew)[104]를 내놓으면서 현대교회의 죽음을 예고하였다. 미국에서 선풍적인 바람을 타고 일어났던 '신의 죽음의 신학' 등 일련의 신학 혁명은, 1960년대의 교회와 세계가 그동안 새로운 신학을 절실히 갈구하고 있었다는 사실의 반증이었다. 세속신학자들의 출현은 이 요청에 대한 응답이었으며, 그들은 한결같이 '세속성'(secularity)을 신학 해석의 새로운 규범 내지는 화두로 선택하였다.[105] 세속신학은 기독교의 진리와 복음을 교회적 언어가 아니라 세상적 언어(worldly term)로 재해석하려는 젊은 신학자들의 몸부림이었다.

넓은 의미에서의 세속신학은 그 신학적 접근을 달리하는 몇 개의 가지들로 뻗어 나갔다. 필자는 이를 크게 다섯 개의 신학 방법으로 구분한다. 첫째는 '과정신학'(Process Theology)이라고 불린다. 미국에서 일어난 이 과정신학 운동은 윌리엄스(D. D. William), 슈버트 오그덴(Schubert Ogden), 그리고 존 캅(John Cobb) 등에 의하여 주도되었다. '과정신학'은 종말론을 필요로 하지 않는 자유주의 신학의 낙관주의적 과오와, 인간과 역사를 비관적으로 보는 정통신학의 과오[106]

---

103 Harvey Cox, The Secular City.

104 Pierre Berton, The Comfortable Pew, J. B. Lippincott Co., Philadelpiha, N. Y., 1965.

105 위르겐 몰트만(Jürgen Moltmann)은 그의 역작, the Theology of Hope, p.50 이하에서 신정통주의 신학이 크게 두 흐름으로 나뉘어져 있다고 보고 있다. 하나는 칼 바르트를 중심으로 하는 '신 초월의 주체의 신학'을 말한다. 신의 초월성과 함께 계시와 은총에 의한 신의 역사 참여를 말한다. 그러나 다른 하나의 흐름은 루돌프 불트만과 폴 틸리히를 중심으로 하는 '인간 주체의 초월의 신학'이다. 인간 실존 의식에서 계시의 의미와의 만남을 모색하는 신학이다. 그러나 두 신학의 흐름은 역사적으로 출현한 세속정신이나 혹은 세속성을 향한 복음의 의미를 폭넓게 다리를 놓지는 못했다.

106 Carl Michelson, Worldly Theology, Charles Scribner's Sons, N. Y. 1967, pp.20-21.

를 보완하려는 새로운 시도이다. 과정신학은 신과 그의 로고스를 예수 그리스도의 사건에만 예속시킬 수 없고, 그것들이 오히려 우주 전체와 그 과정 속에 계신다고 본다. 과정신학은 이 우주론적 과정을 신학의 중심주제로 선택한다. 칼 마이클슨 교수는 세속신학의 두 번째 접근을 '해석학적 신학'(Hermeneutical Theology)이라고 명명한다. 불트만의 후예인 제임스 로빈슨(James Robinson)에 의해 대변되고 있는 '해석학적 신학'은, 진리 자체는 시험될 수 없는 것이라는 전제에서 자신들의 신학을 출발한다. 그러나 예수 그리스도 안에서 하나님의 말씀을 듣는 행위는 곧 인간 존재의 물음에 대한 해답이다. 그러므로 인간 실존은 신앙과 이해의 양식(mode)이 된다고 보며, 복음은 역사성과 해석에 의해 그 의미를 찾는다. 바로 이 해석은 인간, 사건, 언어를 '장'(場)으로 한다. 제임스 로빈슨의 해석학적 신학은 『이해를 추구하는 신앙』(fides quarens intellectum)[107]이라는 신학 방법을 선택했던 칼 바르트와는 달리, 신앙과 이해는 인간 실존의 동시적인 표현 양식이라고 본다. 세속신학의 세 번째 갈래는 '세속신학'(Secular Theology)이다. 무엇이 세속신학인가 하는 물음에 대한 결정적인 정의가 있는 것은 아니다. 그러나 적어도 세 사람의 학자들이 이 부류에 속한다고 볼 수 있다. 한 사람은 폴 밴 뷰렌(Paul Van Buren)이다. '세계' 자체를 기독교의 중심과 목적으로 받아들인다는 점에서는 본회퍼와 윌리엄 해밀튼(William Hamilton)[108]과 동일선상에 있으나, 신의 죽음의 신학자와는 달리, 그들은 신이 죽은 것이 아니라 신을 서술하는 언어의 무의미성이 문제라고 본다.[109] 또한 그들은 오늘날

---

107 Karl Barth, Anselm; Fides quarens Intellectum.
108 신의 죽음의 신학을 말하는 한 학자이다.
109 Langdon Gilkey, *Naming the Whirlwind*, p.125.

기독교가 경험하는 위기가 세속정신 속에서 경험적 접촉점을 제공하는 언어의 재발견을 통해 극복될 수 있다고 주장한다.[110] 밴 뷰렌은 언어분석을 통해 세속화를 논하는 학자이다. 세속신학의 두 번째 학자는 존 로빈슨(John A. T. Robinson) 주교이다. 로빈슨 역시 기독교의 위기는 진리를 전통과 교리적인 틀 안에 예속시킨 데 있다고 본다. 신학은 하나님의 실재(reality of God)의 문제로 전환되어야 한다고 주장한다. 그러나 하나님의 실재는 "위에 있는 분"(up there)도, "밖에 있는 분"(out there)도 아니라, 우리 존재의 근거가 되는 실재라고 해석하였다. 하나님의 실재는 세속적인 경험 전체를 통해서, 인격적 관계 속에서, 예수를 통해서 알 수 있다고 본다. 세상적인 것 자체가 궁극적인 하나님의 실재를 알 수 있는 '장'(場)이라고 본 것이다. 그것은 "세상적 거룩성"[111] 혹은 "거룩한 세속성"[112]이라는 말로도 표현된다. 세속신학에 속하는 세 번째 학자는 하비 콕스(Harvey Cox)이다. 그는 세속도시의 출현과 함께 등장한 "세속인"(secular man)을 그의 신학적 주제로 한다. 세속인은 과학적이고, 기술적이며, 삶의 의미까지 스스로 해결할 수 있는, 이른바 신 부재의 삶, 인간 자율의 생을 살아가는 사람이다.[113] 이미 도시 속의 인간관계는 마르틴 부버적인 "나와 너"(I & Thou) 관계가 아니며, 그것은 "나와 많은 너"(I & You)라는 새로운 관계 속에서 이익과 취미에 의해 이루어지고 있다고 본다.

그렇다면 이제 익명성(anonymity)과 이동성(mobility)의 도래 속에

---

110 Carl Michelson, *Worldly Theology*, p.22.
111 John A. T. Robbinson, *Honest to God*, pp.84-104.
112 Fredrick Herzog, *Understanding God*, Charles Scribner's Sons, 1966. p.17.
113 Carl Michelson, *Worldly Theology*, pp.22-23.

서 살고 있는 세속인에게 기독교 신앙은 과연 무엇을 의미하는가? 여기서 칼 마이클슨은 뷰렌과 콕스 사이의 차이점을 다음과 같이 설명하고 있다.

"밴 뷰렌의 세속신학은 전통적인 교리적 언어를 버린 것이 아니라, 오히려 무의미해진 그 언어에 새로운 의미를 부여함으로써 현대인의 경험 속에서 새로운 근거를 마련하려 했다. 그런 뜻에서 뷰렌은 바르티안이다. 그러나 하비 콕스는 새로이 형성된 사회와 도시, 그리고 거기에서 파생된 세속성이라는 에토스 속에서 기독교 신앙은 과연 무슨 의미를 가지는가를 묻는다."[114]

세속신학의 네 번째 접근 방법은 폭풍우처럼 등장했다가 회오리 바람처럼 사라져간, 그러면서도 깊은 여운과 상처를 남긴 '신의 죽음의 신학'(the Death of God Theology)이다. 가브리엘 바하니안(Gabriel Vahanian)[115], 토마스 알타이저(Thomas J. J, Altizer)와 윌리엄 해밀튼[116] 같은 학자들이 이 학파에 속하고 있다. 그들의 학문적 추구는 생략하기로 한다.

다섯 번째의 학문적 그룹은 세속신학 이후에 출현한 중요한 학파 운동이었다. 이 신학운동을 '종말론의 신학'(Theology of Eschatology) 혹은 '종말론적 신학'이라고 부른다. 여기에는 프랑스 신부인 떼야

---

114 *Ibid.*, p.23.

115 Gabriel Vahanian, *The Death of God,* George Braziller, New York.

116 Thomas J. J. Altizer & William Hamilton, *Radical Theology and the Death of God*, The Bobbs-Merrill Co., Indianapolis, New York, kensas City, 1966. 그리고 Thomas J. J. Altizer가 쓴 *The Gospel of Christian Atheism*, The Westminster Press, Philadelphia.

르 샤르뎅(Teilhard Chardin)과 독일의 젊은 신학자인 위르겐 몰트만(Jü rgen Moltmann) 교수가 속한다. 샤르뎅은, "우주 진화론적 종말론"(eschatology of evolutionary universe)을 말하고, 몰트만 교수는 그리스도와 역사의 종말론을 말한다. 두 사람 사이에 유기적인 학문적 연관성은 없지만, 그러나 '종말론'을 역사 해석의 주제로 삼고 있다는 점에서는 공통점을 가진다. 특히 몰트만의『희망의 신학』은 그리스도의 부활사건과 그 사건에서 약속된 신의 미래는 곧 현재이고, 그것은 역사를 종말론적 지평으로 만든다고 본다. 몰트만은 그리스도의 부활과 역사, 그리고 종말의 변증관계 속에서 시간과 역사를 하나님의 약속(Promissio Dei)으로 해석하며, 이 'Promissio Dei'에서 역사의 미래와 교회의 선교(missio)까지 풀어간다. 여기서 몰트만은 바르트의 그리스도 중심의 신학을 받아들이면서도, 그 학문적 지평을 역사의 문제에로 확대해가고 있다. 그는 리처드 니버(H. Richard Niebuhr)의 역사 상대주의에 동조하면서도 종말론적 신학을 가지고 니버의 문화 이해를 초극하려 하고 있다. 몰트만은 신정통주의 신학의 그리스도 중심과 세속신학이 부각시킨 거룩한 세속성 사이의 공백과 공간을 '오고 있는 종말론'이라는 새로운 해석을 통해 극복한다. 따라서 이제 미래의 기독교교육은 몰트만의 신학과 어떻게 대화할 것인가라는 새로운 과제를 떠안게 되었다.

3. 기독교교육의 위기

1960년대 들어 신학계의 흐름 속에 세속정신이 등장하면서, 이제 기독교교육이라는 행위는 총체적 위기 속으로 빠져들었다. 특히 과학기술 혁명과 문화 혁명은 기독교의 존재와 기독교교육의 가능성까지 크게 위협하기 시작하였다.

클레어몬트 신학교(Claremont School of Theology) 기독교교육 교수인 앨렌 모어(Allen Moore) 박사는 "커뮤니케이션 센터로서의 교회 : 미래의 비전"(*The Church as a Communication Center: a Vision of the Future*)[117]이라는 논문에서, 오늘의 교회교육을 포함한 기독교교육의 근본적 위기는 기술과 사이버네틱스(Cybernetics) 혁명에 의해서 조성되었다고 지적한다. 바로 이 기술과 사이버네틱스는 인간에게 새로운 환경(new environment)을 만들었을 뿐 아니라, 그 새로운 환경이 새로운 인간(new man)을 만들어가고 있다고 본다. 모어가 의미하는 환경이란 무엇인가? 그는 전자화되어버린 현대사회의 통신구조 자체가 이미 모든 사람에게 대량의 교육경험을 제공하고 있다고 본다. 일반대중의 세계에까지 파고든 전자기술의 위력은 과거에 없었던 새로운 형의 인간을 창조하고 있다. 이상적 인간상이었던 종교적이고 도덕적인 인간이, 오늘날 극도로 세속적이고 상황적이며, 기술적인 인간으로 변화되고 있다는 것이다.

앞서 논의했지만 신정통주의 신학의 붕괴는, 그 신학의 내용보다는 갑작스럽게 등장한 세속성과 세속정신, 전자 환경과 기술 인간에 의하여 한순간에 의미 없는 것으로 전락하였다. 바로 이 과학기술 혁명이 전통적인 기독교교육의 바탕을 동시에 뒤흔들어 놓은 것이다. 주일학교 운동이 일어났던 사회는 공동체(Community-Gemeinde) 중심의 "나와 너"(I & Thou)의 관계의 사회, 목농사회(牧農社會)였다. 그러나 갑자기 들이닥친 돌변적인 문화-기술 혁명은 기독교교육의

---

117 Allen Moore, "The Church as a Communication Center : A Vision of the Future", *The Christian.*

목적(aim)과 내용(content), 방법(method), 그리고 현장(field)의 의미와 바탕까지를 크게 흔들어 놓은 것이다. 그 위기는 첫째로, 교육 목적의 혼돈으로 나타났다. 종교적이고 개인적이며, 경건한 도덕인을 위한 전통적인 기독교교육의 목적은 세속적이며, 상황적이고 또 기술 중심의 현실세계에 의해 그 초점을 잃어버렸다. 둘째는 교육 내용의 혼돈이다. 과거의 기독교교육은 초자연적이고 그리스도론적이며, 성서적이고 교회론적인 교과내용(curriculum)이었다. 그러나 자연주의적이고 세속적이며 경험적인 것만을 소재로 다루는 세속신학의 도전 앞에서, 이제 기독교교육은 가르칠 내용을 잃어버렸다. 셋째는 교육 방법의 혼돈이다. 전통적으로 사용해 온 '언어', '암기'의 교육 방법은 과학과 함께 등장한 '교수 기계'(teaching machine), '완전 학습' 같은 기계화 앞에 의미를 상실하고 있다. 넷째는, 교육 현장(field)의 혼돈이다. 가정에서의 기독교교육의 중요성을 들고 나온 호레스 부쉬넬(Horece Buchnell)의 이론은 오늘날의 가정에서 일고 있는 온갖 "비부모화"(非父母化, deparenting)[118] 현상 앞에서 할 말을 잃어버렸다. 교회는 기독교교육이 일어나는 모체적 현장이다. 그러나 하나님 죽음의 신학 이후의 세계는 문자 그대로 "교회의 죽음"[119]을 경험하고 있다. 교회는 할 말을 잃었으며, 교회에 실망한 현대인은 교회로부터 떠나고 있다. 여기에 교회교육은 그 현장과 사람을 동시에 잃고 있다. 학교는 조직과 제도이기 전에 학문하는 공동체였다. 기독교계 학교를 포함하여 오늘의 모든 학교는 사회적응(social conformity)에 필

---

[118] Deparenting에 대하여 보다 자세한 설명은 본서 4장 가정을 '장'(場)으로 하는 교육에서 취급될 것이다.

[119] John A. T. Robinson, "Church & Theology From Here to Where?", *Theology Today*, July, 1968, p.149.

요한 수단으로 전락했으며, 거대한 조직이 되어 인간을 비인간화하고 있다. 이러한 목적, 내용, 방법, 현장의 상실은 찬란한 유산을 지닌 기독교교육을 심각한 위기로 몰아넣었으며, 어디로 갈 것인가라는 심각한 물음이 제기되어야 할 시대에 온 것이다.

4. 탈바꿈을 위한 기독교교육의 몸부림

이러한 위기적 상황은 기독교교육학자들을 곤경으로 몰아갔다. 그러기에 지난 1960년대는 신학 부재와 함께 기독교교육학의 부재 시대라고 해야 할 것이다. 물론 몇 가지의 괄목할 만한 저서들이 없었던 것은 아니다. 예를 들어 넬스 페레(Nels F. S. Ferré) 교수의 『기독교교육을 위한 신학』(*A Theology for Christian Education*)[120], 웨인 루드 (Wayne Rood)의 『기독교를 가르치는 예술』(*The Art of Teaching Christianity*)[121], 그리고 『기독교교육 이해』(*Underatanding Christian Education*)[122], 조셉 반(Joseph D. Ban)의 『변화를 위한 교육』(*Education for Change*)[123], 랜돌프 밀러(Randolph C. Miller)의 『언어 공백과 신』(*The Language Gap and God*)[124], 캔딕 쿨리(Kendig B. Cully)의 『교회는 어떻게 가르치는가를 아는가?』(*Does the Church Know How to Teach?*)[125], 그리고 고든 챔벌린(J. Gordon Chamberlin)의 『교육현상학』(*Toward a*

---

[120] Nels F. S. Ferreé, *A Theology for Christian Education*.

[121] Wayne R. Rood, *The Art of Teaching Christianity*, Abingdon Press, NSshville, N. Y., 1968.

[122] Wayne R. Rood, *Understanding Christian Education*.

[123] Joseph D. Ban, *Education for Change*, The Judson Press, Valley Forge, 1968.

[124] Randolph Crump Miller, *The Language Gap and God*.

[125] Kendig B Cully, ed., *Does the Church Know How to Teach?*, The Macmillan Con., Collier-Macmillan L.T. D., London, 1970.

Phenomenology of Education)[126] 등을 들 수 있다. 그러나 이러한 책들이 위기의 기독교교육을 구원하지는 못했다. 조셉 반의 『변화를 위한 교육』을 제외하고는, 급격하게 등장한 세속성과 과감히 대결하여 그 속에서 기독교교육의 길을 모색하는 학자는 없었다. 페레 교수는 스칸디나비아계 루터신학의 입장에서 교육의 회복을, 웨인 루드는 인격주의에서, 밀러는 언어 분석학적 관점에서 회복을 꿈꾸었으나 모두 실패하였다. 그래서 우리는 1960년대를 교육신학의 부재시대 라고 선언한다.

여기서는 다만 두 가지의 교육신학의 가능성이 나타났을 뿐이 다. 하나는 넓은 의미에서의 '인격주의'(personalism)를 기초로 하는 기독교교육론의 대두(擡頭)이다. 여기에는 웨인 루드 교수도 포함되 지만, 대표주자는 영국의 기독교교육학자 로날드 골드만(Ronald Goldman)이었다. 1963년에 출판된 존 로빈슨(John A. T. Robinson)의 『 신에게 솔직히』에 의해 충격을 받았다는 로날드 골드만은, 1964년 『 유년기로부터 청소년에 이르기까지의 종교적 사고』(*Religious Thinking from Childhood to Adolescence*)[127]라는 글을 내놓았으며, 그 이듬해인 1965년에는 『종교를 위한 준비』(*Readiness for Religion*)[128]를 출간하였 다. 에드윈 콕스(Edwin Cox)에 의하면, 로날드 골드만의 기독교교육 론은 침체했던 세계 기독교교육계에 도전적이고 충격적인 계기를 제공했다. 골드만의 가장 중요한 관심은 성서의 지식 그 자체가 아 니라, 발달과정에 따라 성장하는 어린이들에게 성서가 어떻게 해석

---

[126] J. Gorden Chamberlin, *Toward a Phenomenology of Education*, Westminster Press, Philadelphia, 1973.

[127] Ronald Goldman, *Religious Thinking from Childhood to Adolescence*, Routledge and Kegan Paul, London. 1964.

[128] Ronald Goldman, *Rediness for Religion,* the seabury Press, N. Y. 1965.

되고 또 응용되는가에 있었다. 그는 신학은 로빈슨 주교로부터, 발달심리학은 스위스의 심리학자 진 피아제(Jean Piaget)[129]의 사상에서 영향을 받아 하나의 합성을 시도했다. 그 결과 골드만은 아동에게 있어서의 종교적 성장은 다섯 단계(five stages)를 거친다는 결론에 이르렀다. 그는 대략 7-8세를 '직관적 종교 사고의 단계'로, 8세 때를 '변천 단계 Ⅰ'(transition stage Ⅰ)로 본다. 8세로부터 12세까지는 제3단계로서, '구체적인 조작의 단계'(stage of concrete operational thinking)이며, 논리적 사고가 가능하기 시작하는 단계이다. 12세는 '변천 단계 Ⅱ'(transition stage Ⅱ)이다. 골드만은 제5단계를 '추상적 조작의 단계'라고 보았으며[130], 이때부터 신학과 교육의 접목이 가능하다고 보았다. 그러나 골드만에게 던져진 질문 하나는 제5단계인 '추상적 조작의 단계' 이전에도 종교교육이 가능한 것인가라는 물음이었다. 이에 대해서 골드만은 그 단계의 어린이들이 창조적인 일과 놀이(play) 그리고 느낌을 통해 '종교'의 세계에 접근할 수 있다고 보았으나, 12세 이전의 아동들에게 추상적인 언어 전달 자체는 종교교육에 있어서 금물이라는 것을 암시하였다.[131] 기독교교육론 부재의 현실에서 골드만은 기독교교육의 초점을 세속신학과 피아제의 발달심리학으로 돌렸으며, 이 둘을 종합하는 시도는 그의 공헌이라고 본다.[132]

---

[129] Ediwin Coz, "Honest to Goldmna; An Assessment", *Religious Education*, Vol, LⅩⅢ, p.428.

[130] Jeam Piaget, *The Psychology of Intelligence*, London: Routledge & Kegan Paul, 1950과 그의 저서, *The Child's Conception of Number*, London; Routledge and Kegan Paul, 1952로부터 영향을 받았다.

[131] *Religious Education*, Vol, LⅩⅢ, p.428.

[132] 이 논제와 직접적인 관계는 없으나, 피아제를 중심으로 풀이한 다른 논문이 있다. 정웅섭, "어린이의 언어특성과 도덕판단", 「신학 연구」, 한국신학대학 신학

그러나 세속신학 이후에 나타난 교육신학의 또 다른 가능성은, 넓은 의미에서 '인간화'를 '장'(場)으로 하는 기독교교육의 등장이었다. 여기에는 레티 러셀(Letty M. Russell)이 쓴 『선교에 있어서의 기독교교육』(Christian Education in Mission)[133]과, 기독교교육학자는 아니지만 기독교교육에 지대한 영향을 끼치고 있는 파울로 프레이리(Paulo Freire)의 『눌린 자의 교육』(Pedogy of the Oppressed)[134]이 속한다. 레티 러셀과 파울로 프레이리 사이의 공통점은, 모든 교육은 인간을 참 인간화시키는 의식적 작업이어야 한다는 것이다. 물론 여기서 제시하는 인간화라는 교육 목적은 역사적 상황에서 일어나는 비인간화로부터의 인간됨의 회복을 의미한다. 그러나 이 두 사람 사이에는 질적으로 다른 방법론적 차이가 있다.

레티 러셀은 엄밀한 의미의 기독교교육학자는 아니었으나, 14년간 뉴욕 빈민굴에 자리 잡은 '동 할렘 개신교구'(East Harlem Protestant Parish)에서 교육 목사로서 봉사한 것이 동기가 되어 기독교교육에 관심을 갖게 되었다. 이후에 그는 교육을 '선교'라는 관점에서 풀이한 교육신학자로 부각되었다. 그러므로 러셀에게 있어서 기독교교육의 '장'(場)은 선교였다. 그러나 선교의 정의가 문제가 된다. 근래에 문제되고 있는 "신의 선교"(Missio Dei)[135]는 교회론 이해에 있어서

회, 14호, 1973.

[133] Letty Russel, *Christian Education in Mission*, The Westminster Press, Philadelphia, 1967. 번역, 정웅섭(책명:『기독교교육의 새 전망』)

[134] Paulo Freire, *Pedagogy go the Oppressed*, Herder & Herder, 1968. 파울로는, "Cultural Action for freedom", *Harvard Educational Review*, 1973. 그리고 *Education for Critical Consciousness*, Continuum Book, N. Y., 16973가 있다.

[135] "Missio Dei"라는 용어가 누구에게서 언제부터 쓰인지는 알 수 없으나, 그 어원은 "하나님의 선교"라는 뜻으로 쓰이고 있다. "Missio Dei"에 대한 자세한 설명은 본서 7장을 보라.

새로운 신학혁명으로까지 불린다. 그렇다면 러셀이 주장하는 교육의 '장'인 '선교'는 무엇인가?

첫째로, '선교'는 교회의 선교이기 전에 '하나님의 선교'라는 전제이다. 러셀은 교회가 예수 그리스도를 통하여 하나님이 전 세계와 화해하시는, 그리고 모든 인간을 참 인간으로 초대하시는 선교에 참여하도록 부름 받았다고 본다.[136] 둘째로 이 세계는 비록 타락하고 비인간화 되었음에도 불구하고 신의 선교의 영역(arena)이라는 이해이다. 하나님의 말씀은 전 세계를 향하여 선포된 말씀이며, 교회란 이 세계 속에서 말씀하시고 일하시는 하나님의 역사(役事)의 후기사건(post script)[137]이다. 셋째로, 교회는 새로운 구조로 변화되어야 할 요청을 받고 있다. 이 같은 하나님의 선교신학은 기독교교육을 새로운 차원으로 끌어올린다. 교육은 세계 속에서 선교하시는 하나님의 구원에 참여하는 전 교회를 연구하고, 훈련하고, 참여케 하는 행위라고 요약된다. 여기서 기독교교육은 도덕주의, 교회주의, 개인 성장주의를 넘어서서 하나님의 선교에 참여하는 교회교육으로 승화되었으며, 기독교교육의 죽음을 종식시키고 새로운 지평으로 도약시킨 계기가 되었다.

다른 한편, 파울로 프레이리(Paulo Freire) 역시 기독교교육학자는 아니었다. 1920년 브라질에서 출생한 프레이리는 1947년부터 동북 브라질의 문맹교육에 참여하였는데, 이후 그의 교육론은 하나의 키워드(keyword)로 집약되었으며, 그것은 "의식화"(conscientisation)[138] 교

---

136 Letty Russel, *Christian Education in Mission*, p.14.

137 *Ibid.*

138 "Education for Awakeness; A Talk with Paulo Freire", *Risk*, School or Scandal, Vol. 6, No. 4, 1970, p.6.

육으로 정립되었다. 1964년까지 프레이리는 브라질에 있는 레치페 (Reciefe) 대학교에서 역사와 교육철학 교수로 있었으며, 교수로 있는 동안에도 그는 여러 곳에서 수십 만 명의 문맹들을 교육하는 실험을 실시하였다. 1964년, 그는 불순한 교육 동기라는 죄목으로 감옥살이를 했으며, 출옥 후 하버드 대학교(1967-70년)에서 교환교수로 봉직하기도 했다.[139]

프레이리에 의하면 모든 교육 행위에는 중간노선(neutral education)이란 있을 수 없고, 오직 양자택일만이 있을 뿐이다. 교육은 인간을 해방(liberation)하든지, 혹은 인간을 예속시키든지 둘 중에 하나를 실천하고 있다는 것이다. 프레이리의 '의식화' 교육은 남아메리카의 정치적 상황을 배경으로 하고 있었으며, 따라서 그는 모든 교육 행위는 인간을 자유케 하는 것이어야 하며 교육의 전 과정은 인간해방의 구현 수단이어야 한다고 보았다. 파울로 프레이리는 인간해방으로서의 교육은 실재나 상황에 대한 '성찰'(reflection)과 '행동'(action)이 맞닿은 실천, 즉 프락시스(praxis)라고 보았다. 프락시스는 세계를 향한 의식을 말하며, 동시에 인간이 살고 있는 '현실을 변화시키는 의도성'(intentionality)이라는 것이다. 그래서 교육으로서의 프락시스는 실재에 대한 성찰과 그 실재를 변화시키는 행동 사이의 통일을 의미한다. 그러므로 프레이리에게 있어서 교육은 인간 해방이어야 하며, 해방은 인간이 자기의 주변의 실재를 의식할 뿐 아니라 그 실재를 변화하려는 의도에 의해 이루어진다고 본다.[140] 결국 프레이리의 교육은 인간해방을 '장'으로 하는 교육으로 정의할 수

---

[139] *Ibid.* 그리고 Paulo Freire, *Pedogogy of the Oppressed*에 Richard Shaull이 쓴 서문은 파울로 프레이리의 생애를 잘 설명해 주고 있다.
[140] *Risk.*, Vol. 6 No.4, 1973, pp.7-12.

있으며, 단적으로 그의 교육론은 정치적(political) 성격을 가지고 있었다.

　'선교'를 '장'으로 이해한 러셀의 기독교교육과 '인간의 해방'을 '장'으로 이해한 파울로 프레이리의 교육론은 양자 모두 교권주의에 빠져 있는 기독교교육으로부터, 그리고 인간을 기술교육의 도구로 전락시킨 일반교육 현실로부터 새로운 인간화의 가능성에로 우리의 시야를 넓혀 주었으며, 교육은 삶과 역사로부터 분리시킬 수 없는 삶의 이야기임을 일깨워 주었다. 다만 교육의 구체적인 상황 속에서, 그것이 선교이든, 인간 해방이든 간에 책임 있는 교육 과정과 방법들이 교육을 어떻게 뒷받침해야 하는가라는 문제는 여전히 크나큰 숙제로 남아 있다. 그러나 두 사람은 방향을 잃은 기독교교육계에 새로운 지표를 던져 준 예언자들이었다.

제3부

기독교교육
장의 형태론

4장.
가정화를
장으로 하는 교육

서설

역사란 인간의 창조에 의한 작품만은 아니다. 그러나 그것이 인간과 인류가 창조해 가는 장(場)인 것은 사실이다. 또한 역사는 처음부터 오늘처럼 복잡하게 진행되어온 것은 아니며, 오히려 소박한 삶의 구조에서 시작되었다. 이 소박했던 인간의 삶의 장은 가정(家庭)이었다. 사회학적으로 가정은 사회와 국가를 이루는 기본적인 공동체(共同體)의 단위였으며, 교육학적으로 가정은 사회인, 즉 시민 양성을 위한 기본적인 교육 공동체였던 것이다. 그러므로 인간의 역사 생존은 가정을 공동체로 하여 이루어져 왔으며, 부모와 자녀 사이의 관계라는 상호작용 속에서 이어져 왔다. 이 '가정'은 인류 역사를 이루어 왔던 원초적 장이었을 뿐 아니라, 오늘날에 있어서도 마찬가지로 가장 기본적인 교육의 현장인 것이다.

성서 시대의 종교교육과 기독교교육은 가정을 '장'으로 하는 신앙경험과 신앙 전수행위였다. 특히 초기 히브리인들의 교육은 가정을 '장'으로 하는 부모교육이었다. 후대 바벨론 유배 이후의 유대인들은 회당과 '가정'에서의 율법교육(律法敎育)과 도덕교육(道德敎育)을 철저히 이어갔다. 신약 시대의 초기 그리스도인들이 모였던 곳은 가정이었으며, 그 곳에서 떡을 떼는 일, 기도하는 일, 그리고 사도의 말씀을 듣는 일들을 통하여 신앙교육을 실현하고 있었다.

그러나 처음으로 가정을 기독교교육의 장으로 풀이한 사람은 호레스 부쉬넬(Horace Bushnell)이었다. 부흥운동의 회심(回心) 중심적 신앙에 반발하고 나선 부쉬넬은, 사랑의 하나님, 부모의 교육적 책임, 어린이의 영적 가능성을 은총의 매개인 가정을 통하여 하나의 신앙경험으로 묶으려 하였다.

인간 부재와 가정 부재(家庭 不在)의 비극을 경험하기 시작한 현대의 과학기술 사회 속에서, 특히 가정교육을 외면하고 있는 현대교회에 있어서 호레스 부쉬넬의 가정교육론은 재평가되어야 마땅하다. 바로 이러한 작업에 앞장선 학자가 데이비드 스튜워드(David Steward)[1]이다.

---

1 David Steward는 현재 미국 캘리포니아주의 버클리 시에 있는 Pacific School of Religion의 기독교교육학 주임 교수로 있는 학자이다.

Ⅰ. 호레스 부쉬넬의 교육신학과 가정교육론

부쉬넬은 1802년 4월 14일 코네티컷 주 반탐에서, 아버지 엔자인 부쉬넬(Ensign Bushnell)과 어머니 도사 부쉬넬(Dotha Bushnell) 사이의 맏아들로 태어났다. 농부인 그의 아버지는 본래 감리교인이었으며, 어머니는 성공회 교인이었다. 그러나 호레스가 태어났던 곳에는 오직 회중교회(會衆敎會, Congregational Church)만 있었기에 부쉬넬 가족은 그 교회에 출석하게 되었으며, 그곳 회중교회에서의 생활은 부쉬넬의 신앙과 신학 형성에 지대한 영향을 끼쳤다.

부쉬넬은 1823년 예일대학에 입학하여 1827년에 졸업하였다. 1829년에 법률 공부를 위해 예일대학에 들어갔으나, 그 후 종교적 회의에 휩싸이면서, 1831년 신학부에서 공부하게 되었다. 1833년 신학부를 졸업함과 동시에 그는 하트포드(hartford) 시에 있는 회중교회의 목사가 되었다. 1856년에는 캘리포니아주 버클리(Berkeley)에 있는 캘리포니아 주립대학을 설립하는 과정에 참여하였다.

이미 3장에서 논의되었지만 당시의 두 가지 주류적 사상적 흐름은 부쉬넬의 신앙과 신학 형성에 결정적 영향을 던져 주었다.

그 하나는 18세기에서 시작한 대각성(大覺醒, Great Awakening) 부흥 운동이었으며, 이 운동은 부쉬넬의 신학적 반발을 일으켰다. 특히 조나단 에드워즈(Jonathan Edwards, 1703-1758)[2]의 지나친 정죄와 심판 위주의 설교는[3] 부쉬넬의 부정적 응답을 일으켰다.

부쉬넬에게 영향을 끼친 또 하나의 사상은 독일의 이상주의(理想

---

[2] 조나단 에드워즈는 조지 휘트필드(George Whitefield)와 함께 유명한 대각성 운동을 인도해 나간 부흥사이며 동시에 신학자이기도 했다.

[3] Donald Butler, *Religious Education*, p.93.

主義)였으며, 그 사상은 당시 영국의 낭만주의자였던 사무엘 테일러 콜러리지(Samuel Tayler Coleridge)를 통하여 미국 대학가에 스며들었다. 인간의 이성과 자유를 높인 자유주의적 사조는, 대학 시절 부쉬넬의 급격한 사상적 변화를 불러일으켰다. 그러나 궁극적으로는 어린 시절 경험한 뉴잉글랜드 회중교회의 언약 공동체적인 따뜻한 분위기가 그의 신앙적 근거가 되었고, 그는 그 위에 자기의 신학을 수립하였다. 바로 이 신앙경험과 신학은 이후 그가 기독교교육론을 펼치게 된 동기와 내용이 되기도 하였다. 부쉬넬은 교회를 언약 공동체로 이해했다는 점에서 칼빈주의자였다. 그러나 대부흥운동도 비록 칼빈주의의 표현이기는 했지만, 부쉬넬에게 있어서 그것은 변질된 것이었다. 그의 주저인 『기독교적 양육』(Christian Nurture)은 이러한 전 이해에 근거하여 풀이되어야 한다.

1. 교육신학적 구조 - 초월성과 내재성 사이

웨인 루드(Wayne R. Rood)는 『기독교교육 이해』(Understanding Christian Education)[4]에서, 부쉬넬의 신학은 역설적(paradoxical)이었다고 해석한다. 회중교회가 그러했듯이 부쉬넬의 신학은 칼빈의 신의 주권성에 근거하여 정통 신학을 고수하고 있지만, 다른 한편 스코틀랜드와 영국에서 경험한 청교도주의는 미국의 회중교회를 자유주의 경향으로 몰고 갔다. 이렇게 현대 성서신학에서도 방법론으로 논의되고 있는 '본문과 상황'(text and context) 사이의 문제가 이미 부쉬넬의 신학과 교육론 속에 깊이 작용하고 있었으며, 따라서 그의 신학은 본문

---

4 Wayne Rood, *Understanding Christian Education*, pp.13-14.

과 상황, 메시지와 삶의 자리라는 양면적(兩面的) 차원에서 해석되어야 한다.

이러한 전제에서 그의 신학 구조를 살펴보면 첫째, 부쉬넬의 하나님 이해는 정통적인 신학 이해에 근거하면서도 동시에 경험적 차원에서 보려고 하였다. 부쉬넬은 하나님이 무한한 존재이며 증명할수 없는 "신비적 질"(mystical quality)[5]의 차원에 계신 분이라고 본다. 그러므로 하나님은 초월적이고도 영원하신 분이다. 그러나 동시에 하나님은 인간에게 자신을 계시하시는 주체이시며, 그 계시가 인간의 경험 안에 연결되는 순간, 인간은 하나님을 아버지와 아들, 그리고 성령으로 고백하게 되는 것이다. 또한 그는 '스스로 계시는 분'으로서의 하나님은 계시와 경험을 매개로 하여 인간에게 인식된다고 하였다. 이것이 그가 미국의 슐라이어마허라고 불린 이유이며, 윌리엄 템플의 사상과 동일선상에 있다고 보는 근거인 것이다.

부쉬넬의 신학 구조의 두 번째 측면은 기독론이다. 기독론 이해에 있어 부쉬넬은 '역사적 예수'(historical Jesus) 논쟁 자체에 대한 학문적 관심은 크지 않았다. 오히려 부쉬넬은 '신적 그리스도'(divine Christ)에 대하여 지대한 관심을 기울였다.[6] 그러기에 그리스도 사건은 '역사적'으로가 아니라(이 점에서 부쉬넬은 자유주의 신학의 부산물인 성서비평학이나, 역사비평학에 동조하지 않는다), 구속적인 의미(redemptive meaning)에서 해석되어야 한다고 보았다. 결국 예수 그리스도는 하나님의 인격적 현존(personal presence)이고, 하나님은 예수 안에서 자신을 현현(顯現)하셨기 때문이다. 아울러 그는 신적 그리스도 안에 참

---

[5] *Ibid.*, p.17.

[6] Sydney C. Ahlstorm, "Horace Bushnell", *A Handbook of Christian Theologians*, ed. by Martin E. Marty & Dean G. Peerman, p.41.

여하게 되는 매개를 인간의 경험이라는 유비(analogy)[7]라고 보았으며, 신적 그리스도에 참여하는 경험은 다른 사람의 고통과 슬픔 속에 참여하게 되는 윤리적 의미를 가진다고 보았다. 이로써 그리스도의 십자가의 죽음은 참여라는 경험의 유비를 통해 모든 사람의 죄속에 대신 참여함을 의미하게 된다. 그래서 부쉬넬은 기독론을 대속적인 차원에서 이해할 뿐 아니라 윤리적인 참여로도 이해하였다.

그의 신학 구조에 있어서 세 번째 주제는 인간 이해이다. 부쉬넬에게 있어서 인간의 본성은 자연계에 속하는 물질적 존재(physical being)만도 아니요, 관념주의자들이 말하는 영적 존재(spiritual being)만도 아니다. 오히려 인간은 물질과 영을 포괄하는 제3의 존재인 것이다. 따라서 인간은 세계적 존재인 동시에 영적 존재이다. 이 영적 존재라는 의미에서 우리는 하나님의 행위와 창조의 증거를 볼 수 있게 된다. 이것이 하나님의 형상(Imago Dei)이다. 그러나 동시에 인간은 타락한 죄인이다. 여기서 죄를 무엇으로 정의하는가에 따라 인간 이해는 전혀 다른 차원을 지니게 된다. 부쉬넬에 의하면 죄란 "능력의 상실"(incapacity to overcome)을 의미한다.[8] 죄를 극복할 수 있는 능력의 상실은 개인뿐만 아니라 가정, 사회, 국가, 민족 등의 각 영역에 침투하여 있는 일종의 사회적 압력으로 존재하게 된다. 따라서 루드는 부쉬넬의 죄 이해를 개인적이고 관계적인 것이라기보다는 사회적 압력이라고 보았다. 이런 점에서 부쉬넬은 어거스틴의 인간 이해를 사상적 근거로 받아들이면서도 오히려 그 정의는 자유주의 신학의 해석을 받아들인 셈이다.

부쉬넬의 신학 구조의 네 번째 주제는 구속론이다. 1866년에 출

---

[7] Wayne Rood, *Understanding Christian Education*, p.22.
[8] *Ibid.*, p.17.

판한 『대속적 희생』(*The Vicarious Sacrifice*)과 1874년에 출판한 『용서
와 법』(*Forgiveness and Law*)은 부쉬넬의 구속론에 관한 논증들이다.
신관, 기독론과 마찬가지로 부쉬넬의 구속론은 양면성(兩面性)을 가
진다. 그 하나는 구속에 대한 이른바 객관적 이해(objective view)이다.
'그리스도께서 우리를 위해 죽었다'는 사실은, 예수가 하나님 편에
서 인류를 위하여 대속적으로 희생하셨다는 객관적 의미를 가진다.
이는 인간이 하나님 앞에서 스스로 의로워지는 것이 아니라, 의로워
짐을 받게 되는 대속적 근거가 된다. 그러나 다른 하나는 구속에 대
한 주관적 이해(subjective view)이다. 그리스도께서 이루신 객관적인
구속의 사건은 인간의 삶의 변화를 가져오는 것이어야 하고, 능력을
상실한 죄된 인간에게 능력을 부여한다는 의미에서 인간을 구속하
는 것이어야 한다. 또한 여기서는 인간과 세계가 하나님과 화해하게
되는 변화를 경험할 수 있어야 한다. 바로 이 구원의 사건을 경험하
게 되는 가장 중요한 장(場)을 부쉬넬은 가정과 교회라고 불렀다. 여
기서 인간은 비로소 새로운 존재로 변화하게 되는 힘을 가지게 된
다. 그러므로 그리스도 구속의 객관성이 '가정'과 '교회'를 장으로
하여 인간의 참여에 의해 경험으로 이어질 때 비로소 구원은 이루어
진다.

　그의 신학 구조에 있어 다섯 번째 주제는 교육신학의 전개로, 그
기본 전제는 연속성의 신학이었다. 오토 볼노브(Otto Bollnow)는 그의
『실존철학과 교육학』(*Existenzphiolosophie und Pädagogik*)[9]에서 교육에
는 크게 두 가지 흐름이 있다고 말한다. 그 하나는 시간과 존재의 비
연속성(discontinuity) 위에 두는 교육이다. 실존주의 철학은 인간 존재

---

[9] Otto Bollnow, 『실존철학과 교육학』.

를 절망, 불안, 단절로 해석함으로써, 인간을 비연속적인 존재로 정의한다. '회심'만을 강조하는 대각성 부흥운동의 기저에도 인간 구원은 교육에 의해 해결될 수 없다는 논조를 깔고 있다. 그러나 교육의 다른 한 흐름은 교육의 무한한 가능성을 약속하는 낙관주의적 입장이다. 이에 따르면 시간, 역사, 인간 존재는 점진적으로 진보해 나가는 진화의 과정에 있으며, 인간은 교육을 통하여 개발될 수 있는 가능성을 지니므로, 교육은 인간과 사회를 구원하는 성취하는 유일한 매개라는 것이다. 루소, 프뢰벨, 헤르바트, 존 듀이 같은 위대한 교육학자들의 사상적 경향도 이 낙관주의의 범주에 속한다.

이 범주에서 보면, 호레스 부쉬넬의 교육신학의 구조는 비연속성을 주장을 강조하는 부흥운동보다는 연속성을 강조하는 낙관주의적인 경향에 서 있다고 볼 수 있다. 그가 존 칼빈의 예정론을 신학적 근거로 하고 있으면서도 칼빈의 언약 공동체(covenant community)로서의 가정의 유기성(organic unity), 부모와 자식 사이의 신성한 관계의 강조, 스코틀랜드 개혁운동의 핵심이었던 '도덕적 삶'에 대한 재강조, 뉴잉글랜드에서의 정신훈련의 중요성 등을 강조한 것은, 역설적으로 연속성을 강조한 것으로 나타났다.[10] 그러므로 부쉬넬의 교육신학은 초월성과 객관성, 계시의 타자성(otherness)과 계시의 주관성(subjectivity) 사이의 양면적 긴장을 유지하면서도, 이 초월과 내재 사이를 이어놓는 매개를 '경험'과 '가정'으로 한계지음으로써 결국은 연속성의 신학으로 옮겨갔다고 본다. 여기서는 회개와 회심의 비연속적 연속성도 철저히 배제되었다.

부쉬넬은 하나님 계시의 객관적 가능성(objective possibility)과 주

---

10 Wayne Rood, *Understanding Christian Education*, p.24.

관적 가능성(subjective possibility)을 인정하는 혜안을 가졌으나, 단순한 경험이 이 두 사이를 매개할 수 있다고 봄으로써 낙관주의에 흘렀다고 볼 수 있다. 이 논쟁점은 인간 이해에 와서 더욱 뚜렷해진다. 그는 인간이 회개라는 급격한 방향전환보다는 '가정'이라는 유기체적 관계를 통해서만 영적으로 성장할 수 있다고 믿었다. 영적 성장의 가능성과 보장은 곧 '가정'이라는 '장'(場)에 의해서만 이루어진다는 것이다. 그러므로 부쉬넬에게 있어서 기독교교육이란 비연속적 연속성이 아니라 단절없이 계속되는 과정이고, 양육이며 성장인 것이다. 그리하여 부쉬넬은 당시 유행하고 있던 '어린이는 도덕적 선택의 길이 없다'라든지, '구원의 영역 안에 있지 않다', '어린이를 위한 구원의 보장이 없다'는 식의 사상에 크게 반발하였다. 오히려 부쉬넬은 어린이들이 감각과 느낌을 통해 종교를 생동하는 기능으로 실천할 수 있는 능력을 가지고 있다고 주장하였다.[11] 이러한 인간 이해는 부쉬넬이 기독교교육을 어린이들의 영적 갱신의 가능성을 찾아가는 일이며, 또 적극적인 분위기를 형성함으로써 가능한 인격 형성을 추구하는 일이라고 보도록 뒷받침하였다. 더욱이 그는 부모와 자식 사이에 형성되는 신앙과 사랑의 경험을 통하여 선(善)은 실현된다고 보았다.

2. 호레스 부쉬넬의 아동 이해[12] - 영적 가능의 존재

부쉬넬은 그의 주저인 『기독교적 양육』[13]에서, 인간 이해 특히

---

[11] *Ibid.*, p.25.
[12] 부쉬넬의 사상적 전개는 그의 『기독교적 양육』(*Christian Nurture*)에서 찾는다. '아동 이해'라는 말은 '인간 이해'라는 범주와 동의어로 사용한다.

아동 이해에 있어서 용납할 수 없는 두 가지 잘못된 철학적 견해가 존재한다고 지적한다.

그 하나는 '낙관주의적 해석'으로서, 인간성 자체가 완전히 선 (goodness)하다고 보는 입장이다.[14] 이 견해는 존재론적으로 인간 안에는 신성한 본질이 주어져 있다고 보았으며, 타락이나 죄가 인간의 본질적인 선을 파괴시키지 못한다고 믿었다. 따라서 교육이란 인간의 이러한 본성을 개발시키는 것이라고 본다. 부쉬넬은 이러한 견해를 낙관주의라고 불렀으며, 이를 반대하였다.

잘못된 인간 이해의 다른 하나는 이른바 비관주의적 견해이다. 이것은 '아동은 본질상 죄인'이라고 보는 해석이다. 아무리 좋은 것이라 하더라도 교육은 인간을 변화시킬 수 없으며, 다만 성인이 되고 난 후에 회심을 통해서만 신앙에 이르는 것이라고 보았다.[15] 이 견해는 사람은 회심 없이는 나면서부터 죽기까지 운명적으로 죄 속에 살 수밖에 없다는 운명론을 펴고 있으며, 결국은 성인 차양론(어른이 된 후에야 회심은 가능하다고 보기 때문)을 통해 교육의 무용론을 주장한다. 이것은 아동의 성장 가능성까지도 부인하는 결과를 가져왔다. 부쉬넬은 이를 비관주의라 불렀으며, 또한 배격하였다.

이상의 두 극단적인 견해와는 달리 부쉬넬은 아동을 한마디로 "영적 가능성"(spiritual possibility)[16]의 존재라고 정의한다. 영적 가능성이란 다음의 몇 가지 부쉬넬 자신이 사용한 용어들로써 설명되어야 할 것이다. "아동은 영적으로 갱신되는 가능적 존재이다."[17] 아동

---

13 *Ibid.*
14 *Ibid.*, p.15.
15 *Ibid.*, pp.4, 9.
16 "영적 가능성"이라는 말은 필자가 이해한 대로 명명한 것이며, 이는 다른 여러 용어들로 풀이된다.

은 죄인만도, 선인만도 아닌, 그 안에 거룩한 원리(holy principle)를 가지고 있는 가능적 존재이며, 그것은 아동이 계속 자극되고 또 개발되어야 한다는 것을 의미한다. 그러므로 아동은, "악과의 투쟁, 실패와 구출…타락과 구원의 이중적 경험을 거쳐 하나님께로 가까이 가는 존재이다."[18] 또한 그는 아동이 "죄의 참혹성도, 선의 가치도 함께 배워 가면서 바로 그 과정에서 승리를 찾아 가는"[19] 존재라고도 하였다.

한 걸음 더 나아가 부쉬넬은 이렇듯 영적 가능성의 존재로서의 아동에게는 계속적인 "훈련에 의해 형성되는 질"(qualities received by training)이 있다고 보았다. 아동은 실패와 구원의 이중적 과정이라는 훈련에 의해 열려지는 성장으로 향하며, 능력과 힘이라는 삶의 질을 형성[20]해간다. 이 생성 과정 속에 있는 아동을 일컬어 그는 "아동은 계속적으로 삶과 영적 후보자"[21]가 되고 있다고 하였다. 그렇다면 이렇듯 생성 과정 속에 있는 아동들은 과연 어떠한 매개와 방법을 통해 사람됨의 질로 형성되는 것인가?

부쉬넬은 성인만이 회심의 능력을 가지고 있다는 비관주의자들을 비판하면서, 일회적인 회심만이 삶의 생성의 전부가 아니라고 주장한다. 오히려 아동들은 아동들이 살고 있는(그러므로 반드시 성인의 세계에서 일어나는 것만이 아닌) 은혜의 장(場) 속에서 회심의 경험을 가질 수 있다는 것이다.[22] 이 사상은 기독교교육의 새로운 근거를 마련

[17] Horace Bushnell, *Christian Nurture*, p.4.
[18] *Ibid.*, p.15.
[19] *Ibid.*
[20] *Ibid.*, p.82.
[21] *Ibid.*, p.206.
[22] *Ibid.*, p.60.

하는 부쉬넬 특유의 도전이었다. 다시 말하면 어린이들은 연령에 따라 회심이 가능하다는 것이다. 예수 그리스도는 성인만의 구주가 아니라 어린이와 젊은이까지를 포함하는 모든 사람의 구주이기 때문이다. 이러한 인간 이해, 아동 이해는 부쉬넬의 교육론을 풀어가는 열쇠가 된다. 그는 "아동은 그가 보는 모든 것으로부터 오는 인상(impression)을 향해서 항상 개방된 존재"[23]며, 이 개방을 통해 아동의 성격은 비로소 형성되기 시작한다고 말한다. 그에 따르면 교육은 결국 개방(열림)에서 일어나는 사건이며, 개방 속에 있는 아동에게 빛과 인상을 주는 행위인 것이다. 이 행위는 아동과 가정 사이의 창조적 분위기라는 변증 관계 속에서 이루어지며, 이 역동적 관계야말로 (가정의 창조적 분위기) 아동들을 회심시키는 은혜의 영역이 되는 것이다. 그러므로 아동의 영적 능력은 자율적으로 참여하고 자유로이 숨 쉴 수 있도록 창조해 가는 가정 분위기에서 가능해진다. 아동과 가정이 서로 만나는 그곳에 회심과 교육은 비로소 가능해진다는 것이 부쉬넬의 해석이다. 이러한 어린이의 회심의 공식적 매개를 부쉬넬은 세례(baptism)라고 풀이한다. 그러므로 아동들은 유전에 의한 죄인(traducianism)이 아니며, 그렇다고 나면서부터 절대선이 어린이들 속에 있는 것도 아니다. 아동은 영적으로 그리스도와 연합될 수 있는 존재이며, 그 연합의 길은 부모의 신앙과 신의 뜻을 담아내는 가정의 분위기(모든 것을 옳게 사용하고 자연과 결혼도 옳게 시행하는)[24]이다. 부쉬넬은 부모의 신앙과 가정 분위기에서 풍겨나는 인상의 씨가 아동의 생성 과정 속에 하나의 힘으로 나타나는 곳에서 그러한 연합은 이루어진다고 보았다. 이 부쉬넬의 사상은 후대에 부각된 자아와

---

23 *Ibid.*, p.82.
24 *Ibid.*, p.198.

세계 사이의 상호작용(transaction)을 명제로 한 존 듀이의 사상과 유사성을 지니고 있다. 아동의 영적 가능성을 인정하고 있다는 점에서 자유주의 신학 계열에 속한다고 볼 수 있으나, 부쉬넬의 새로운 인간 이해, 아동 이해는, 그리고 가정론은 기독교교육을 교육신학으로 승화한 학문적 개척자였다.

3. 교육자로서의 부모 - 신앙과 사랑의 화신

아동은 전적인 선도 전적인 타락도 아닌, 은혜의 '장'(기독교 가정) 안에서 성장하는 가능적 존재라는 해석은 이미 부모의 자리와 사명을 암시한다. 기독교 가정에서의 부모의 자리는 하나님과 아동 사이의 관계와 신앙을 매개하는 통로이다. 이러한 정의는 부모의 교육적 사명이 무엇인가를 한계 짓는다.

그보다 앞서 부쉬넬은 부모에게 잘못된 부모상과 잘못된 교사상이 있다고 전제한다. 잘못된 부모와 교사상은 그들이 "그리스도의 빛"[25] 안에 있지 않은 데서 비롯된다. 그리스도의 빛 안에 있지 않는 부모란 자녀들에게 진리를 전하고 가르치기는 하나, 그 진리가 내적 능력(inward power)을 가지지 못한다. 내적 능력이 없는 진리란, 부모가 한낱 의무와 저질적인 사상과 왜곡된 식견으로[26] 강요하는 교육을 의미한다. 부쉬넬에게 있어 이러한 비신앙적 교육은 오히려 해악적이다. 부모가 자신이 믿지도, 실천하지도 않는 의무를 자녀들에게 강요하는 것은 비극이 된다. "그리스도의 빛"으로부터 떨어진 잘못된 부모의 교사상은 "경건한체함"(sanctimony), "완고함"(bigotry), "광

---

25 *Ibid*., p.68.
26 *Ibid*., p.55.

신주의"(fanaticism), "남의 흠만을 찾아내는 습관"(censorious habit), 그리고 "불안"(anxiousness) 등[27]으로 나타난다. 이것들은 부모의 자격을 근본에서 부정하는 원인들이다. 부쉬넬에게 있어서 기독교교육의 장은 부모와 자녀들 사이의 유기적 관계에 있지만, 그것은 자동적으로 보장된 것이 아니라 신앙과 사랑의 관계 안에서 이루어지는 가능성인 것이다. 그러므로 부모의 무책임(그리스도와의 관계 파열에서 오는 것)은 엄숙한 기독교교육적 가능성까지를 왜곡하는 죄를 범하게 된다. 기독교교육의 성패는 가정이라는 장(場) 속에서 교사로서의 책임을 다하는 부모에 달려 있다고 본다. 그렇다면 기독교교육자로서의 부모의 자격은 무엇인가? 무엇이 부모를 올곧은 교육자로 만드는 것인가? 이 질문은 부쉬넬의 사상에 항시 도전이 되곤 하였다. 이 물음을 두고 부쉬넬은 두 가지 기본적인 문제를 들고 나온다.

첫째로는, 부모들이 항상 "주님의 돌보심"(nurture of the Lord)[28] 안에 있어야 한다는 것이다. 이것은 하나님을 향한 부모의 신앙적 관계이며, 이 신앙적 차원은 부모가 자녀들과의 관계를 이루는 근거로, 또한 가르치고 교육하는 부모의 존재 근거로 된다. 부쉬넬은 "주님의 돌보심" 안에 있는 부모상을 아브라함에게서 찾으며, 그 상을 유비의 근거로 삼으려 했다.

> "문제의 핵심은 아브라함이 그의 자녀들에게 명령(command)하였다는 데 있지 않다. 오히려 아브라함은 자기 자녀들을 하나님께 복종할 수 있는 사람으로 훈련시켰을 뿐 아니라, 자녀들을 명령할 수 있는 내적 능력, 혹은 내적 권위를 소유했던 사람이라는 데 있다."[29]

---

27 *Ibid.*, pp.225-227.
28 *Ibid.*, p.10.

여기서 부쉬넬은 명령이나 훈계 자체를 찬양하거나 반대한 것이 아니었다. 오히려 명령, 훈계, 교육은 그것을 시행하는 부모의 신앙적 권위에 의해서 이루어져야 한다는 것을 의미했다. 바로 여기에 부쉬넬의 학문적 공헌이 숨어있다. 교육은 부모의 신앙에서 오는 내면적 요인과 그 요인이 만들어내는 역동적 관계라는 해석은 오히려 충격적이었다.

다음 두 번째 문제로, 부쉬넬은 "주님의 돌보심" 안에 있는 부모를 하나님과 그리스도께서 들어 쓰시는 '복음'의 전달자 또는 매개자로 이해하였다.[30] 이 말은 부모를 기계적인 매개로 이해한다는 의미는 아니다. 오히려 매개라는 의미는 모든 자녀들에게 사랑과 복음을 전하시는 하나님의 매개라는 뜻이며, 바로 이 매개는 넓은 의미의 교육적 의미를 담는다. 이 매개를 통하여 어린이들도 '회개', '사랑', '의무', '의존', 그리고 '신앙'의 주체가 된다. 부모는 하나님의 사랑과 어린이들의 신앙 사이의 관계와 커뮤니케이션(communication)의 매개이며, 이것이 바로 기독교 양육이라고 정의한다. 부모의 "모습", "삶의 스타일", "자세"[31]들은 그리스도의 복음을 담은 그릇들이며, 그것들을 통하여 어린이들은 그리스도와 만나게 된다고 보았다.

이 두 가지, "주님의 돌보심" 안에 있는 부모, 그리고 복음의 매개로서의 부모는 부모의 거룩한 교육적 책임과 의무까지를 동반하고 있다. 그 중 하나는 부모들이 자녀들에게 자신들의 지식과 신조, 경험들을 전달하고 훈련시키는 일이다. 부모는 가정생활을 통하여 자녀들에게 성경을 가르치고 기도를 가르치며 예배에 참여하는 훈

---

29 *Ibid.*, p.216.
30 *Ibid.*, p.10.
31 *Ibid.*, p.14.

4장 | 가정화를 장으로 하는 교육_ 225

련을 시켜야 할 책임이 있다. 그러나 부쉬넬에게 있어서 결정적인 부모의 교육적 책임은 지식을 전달하는 의무 그 이상의 것으로서, 이것을 부쉬넬은 "신앙의 방법"(method of faith)[32]이라고 불렀다. 부쉬넬은 이렇게 말한다.

> "가정에서 어머니는 말로만 교육하는 것인가? 아니다. 그 이상의 것이다. 어머니의 인내와 사랑에서 창조되는 분위기(atmosphere)에 의해서 교육은 이루어지는 것이다."[33]

신앙의 방법이란 사랑과 인내에서 형성되는 분위기 자체를 의미하며, 그 분위기가 곧 교육적이라는 말이다. 말이나 암기에 의한 교육 방법도 무시할 수 없는 부모의 교육적 사명이기는 하나, 부모의 진정한 사랑, 순수함, 질서의 숨김없는 증명으로 엮어가는 가정이라는 장 그 자체가 진정한 기독교적 양육이라고 믿었다. 부모의 기도 소리에서, 하늘의 뜻이 실현되는 정신이 있는 바로 그곳에서 교육은 일어난다고 보았다.

> "불신앙적 남편은 신앙적 아내에 의해 성화되고, 불신앙적 아내는 신앙적 남편에 의해 성화되어진다. … 그러나 이 말은 어린이들이 자동적으로 그리고 내면적으로 거룩한 사람들이라는 말이 아니다. 다만 부모 중에 한 사람이라도 신앙인이 있는 경우, 그는 자녀들과 하나님과의 관계를 개선할 수 있으며 어린이들을 크리스천으로 만들기에 족하다."[34]

---

32 *Ibid.*, p.230.
33 *Ibid.*, p.70.

진정 하나님을 사랑하는 부모는 가정에서 자녀들에게 지식과 교리만을 가르치는 것이 아니다. 그들을 하나님의 자녀로서 진정으로 사랑할 수 있는 인내 속에서 참된 기독교교육은 이루어진다고 보았다. 여기서 부쉬넬의 교육론은 게슈탈트(Gastalt) 이론과 호흡을 같이 한다. 부쉬넬에게 있어서 가정과 부모 이상으로 좋은 교사는 없는 것이다.

4. 교육 목적 - 경건으로의 성장

교육 목적이란 영적 가능 존재로서의 아동과 복음의 매개로서의 부모 사이에서 이루어지는 결과가 무엇인가에 대한 물음이다. 부쉬넬에게 있어 교육 목적은 뚜렷하고 분명하였다.

부쉬넬은 단적으로 교육의 목적을 "경건 안에서의 성장"(growth in piety)이라고 정의한다.[35] 영적으로 가능적 존재인 아동들은 가정이라는 장에서 부모의 훈계와 사랑을 통하여 성장하며, 그 성장은 '경건의 성장'이라고 정의된다. 문제는 무엇이 경건의 성장인가라는 것에 대한 물음이다. 부쉬넬은 '경건'이라는 말의 의미를 다양하게 설명하고 있어서 그 의미가 뚜렷하지 못한 약점을 가지고 있다. 그러나 부쉬넬이 의미하는 경건의 개념은 기독교인이 된다는 것과 동의어였다. 그는 부모들이 기독자가 되려고 열심히 노력하면 할수록, 자녀들은 경건 안에서 성장한다고 보았다.[36] 좋은 크리스천이 되면 될수록 '선'을 추구하게 되며, 선을 사랑하기 시작하면 바로 그 곳에

---

[34] *Ibid.*, p.130.
[35] *Ibid.*, p.12.
[36] *Ibid.*

서 새로운 삶의 새벽이 열린다는 것이다.

또한 부쉬넬은 성령의 힘이 인간에게 주어진 초월적 상태를 경건이라고도 불렀다. 결국 경건이란 "거룩한 덕"(holy virtue)[37]혹은 영적 은사(spiritual grace)라는 것이다. 분명치는 않으나 이 거룩한 덕이라는 말은 성령을 받은 사랑의 상태를 의미하기도 했다. 따라서 부쉬넬의 기독교교육의 목적은 성령을 받음으로 얻어지는 "거룩한 덕"으로서의 경건으로 정의된다. 그러나 이 거룩한 덕에는 영적 은사 이외에 도덕적 생활의 변화(moral renovation)가 뒤따라야 했다. 이 영적 은사와 도덕적 생활의 변화를 통칭한 경건을 부쉬넬은 기독교적 덕(Christian virtue)[38]이라 불렀다. 그러기에 이 덕은 하나님을 향한 의존과 신앙을 통한 영적변화에서 오는 경건과 덕을 의미했다. 부쉬넬은 비록 '덕', '경건'이라는 말로 교육 목적을 표현했으나, 그 본질적인 의미는 하나님의 은혜 안에서 이루어지는 영적, 도덕적 변화의 총화를 의미했다. 부쉬넬은 어린이가 인상(印象)을 통한 성격 형성이 가능한 때부터 기독교교육의 목적인 "거룩한 덕"이 형성되기 시작한다고 보았던 것이다. [39]

5. 교육 현장으로서의 가정

이러한 기독교교육이 가능한 현장은 어디인가라는 질문은 부쉬넬의 교육 이해에 있어서 핵심적인 문제였다. 한마디로 그 곳은 가정이며, 바로 신앙적 가정이 교육의 현장이다. 이 가정은 혈연 집단

---

37 *Ibid*., p.25.
38 *Ibid*., p.27.
39 *Ibid*., p.176.

그 이상이며, 오히려 신적인 의미가 부여되어 있는 가정이라는 점에서 기독교교육의 장(場)인 것이다.

부쉬넬 자신은 신학적으로나 신앙적으로 하나님 나라가 이 땅에 실현되는 두 기본적 매개가 있다고 믿었다. 하나는 회심의 과정을 거친 어른들이 신앙과 경건으로 돌아오는 길이며, 다른 하나는 가정이 가지는 내적인 역학이었다. 이 역학이 가정 구성원들의 신앙과 경건을 불러일으키는 힘이라고 호레스는 이해하였다.[40] 바로 이 힘이야말로 교육의 질(質)을 창조한다. 성인들의 신앙적 비약보다 어린이와 자녀들의 습관, 느낌, 성격이 형성되는 이 가정이 진정한 교육을 창출한다고 믿었다. 이러한 교육신학적 이유에서 부쉬넬은 유아세례(Infant Baptism)를 거부하는 아나뱁티스트(Anabaptist) 운동과 개인적인 회심만을 강조하는 대각성 부흥운동을 비판한다. 그들이 극단적인 종교적 개인주의에 빠졌기 때문이다.[41]

그렇다면 가정이 이토록 중요한 교육의 장이 되는 근거는 무엇인가? 부쉬넬은 다음의 몇 가지 신학적, 교육적 이유를 들고 있다.

첫째로 가정은 본질상 하나님의 언약의 공동체이기 때문이다. 아브라함과의 언약은 아브라함과 그의 가족 그리고 후손에게로 이어지는 신앙의 인치심(seal of faith)이었다. 신앙과 사랑은 가족 전체에 미치는 신앙적 표상이었다. 여기서 부쉬넬이 어째서 종교적 개인주의와 부흥운동을 반대하였는지를 알 수 있다. 언약 공동체로서의 가정은 아브라함과 신앙인 부모들과 맺으시는 하나님의 언약이기 때문에, 그 곳엔 성령의 임재가 약속되어 있다고 보았던 것이다.[42]

---

[40] *Ibid.*, p.165.
[41] *Ibid.*, p.158.
[42] *Ibid.*, p.123.

둘째로, 바로 이 언약 공동체인 가정의 기독교교육 가능성은 부모들의 신앙적 책임을 전제로 하는 유아세례에 있었다. 존 칼빈의 후예인 부쉬넬의 신학적 특색은 유아세례론에서 역력히 드러나 있다. 존 칼빈에게 유아세례는 한편으로는 하나님의 예정과 언약 안에 있는 것이지만, 동시에 자녀를 양육해야 할 부모와 교회의 신앙적 책임이 동반되는 한에 있어 의미 있는 것으로 믿었다. 부쉬넬 자신도 이 같은 유아세례 신학에서 교육론을 전개한다. 부모의 신앙적 인침은 곧 자녀들의 신앙 형성의 근거가 되며, 세례받은 자녀들은 부모의 신앙 때문에 "계수된 신자"(accounted believer)[43]가 된다고 보았다. 여기서 부쉬넬은 유아세례 신학을 근거로 크게 세 가지로 풀어간다. 그 하나는 유아세례는 부모의 신앙 교육적 책임이 전제되어 있다는 사실이다. 두 번째로 세례를 받은 자녀들은 이미 하나님과의 언약 안에 있게 되며, 이로써 자녀들은 영적 성장의 가능성 속에 들어온다는 것이다. 이런 근거에서 부쉬넬은 자녀들을 나면서부터 죄인이라고 정죄한 부흥주의 신학을 비판하였다. 세 번째로 유아세례는 하나님과 부모와 자녀 사이에 맺는 언약과 신앙의 관계에 근거하며, 그 관계는 계속되는 과정이라고 보았다.

셋째로, 이 가정은 그 본질에 있어서 유기적(organic)이었다. 이는 생리적 유기성이 아니며, 또한 교육적 공동체라는 의미에서의 유기성도 아니다. 오히려 유아세례라는 예전이 가지는 신앙적, 영적 의미의 유기성인 것이다. 부쉬넬은 이를 "성령이 임재하는 집", "구속의 힘에 의하여 삶의 변화를 경험하게 되는", "사랑성"(loveliness)의 유기성"이라고 표현한다.[44] 가정의 이러한 영적, 신앙적 유기성은

---

43 *Ibid.*, p.140.
44 *Ibid.*, p.12.

곧 신앙과 경건의 힘이 된다고 믿었다.

넷째로 이러한 유기적 가정은 부모와 자녀들의 공동적인 참여로 이루어진다.(이것을 본 저자는 "가정화"라고 명명한다.) 예배를 통하여 부모와 자녀들은 신앙과 삶의 공동체를 형성하게 된다. 그 참여는 강압이 아니라 영향과 설득의 힘에 의한 것이다.[45] 여기서 비로소 가정 정신이라는 분위기가 형성되며, 그것은 가정의 구석구석까지 스며들어 자녀들이 날마다 숨 쉬는 공기와 같이 된다.[46] 이 가정 정신은 부모에게서 시작되는 것이지만, 그것은 자녀들의 참여에서 완성되는 것이기도 하다. 이때 가정의 성원들은 동화력을 만들어낸다. 이 동화력으로부터 자녀들의 생리적 스탬프(stamp), 즉 모습과 삶의 형식, 빛깔, 표현까지도 생성된다고 보았다.[47]

부쉬넬에게 있어서 가정은 기독교교육이 이루어지는 장(場)이며, 동시에 신앙과 경건을 세워나가는 유일한 장인 것이다. 가정은 유아 세례에 의한 하나님의 언약 공동체이고, 동시에 영적, 유기적 공간이기 때문이다. 이 유기성은 부모의 신앙과 교육적 책임을 동반하며 동시에 자녀의 참여와 훈련을 요청한다.

여기서 영적 가능 존재인 자녀와 아동은 단순한 말이나 교훈에 의해 교육되는 것이 아니었다. 기독교 양육은 성령의 집에서 비로소 생성될 수 있는 사랑의 행위이다. 이러한 부쉬넬의 접근은 기독교교육학을 열어가는 최초의 학자라는 위상을 높여주고 있다.

---

[45] *Ibid.*, p.76.
[46] *Ibid.*, p.77.
[47] *Ibid.*, p.80.

6. 교육 방법

가정을 장으로 하는 기독교 양육은 어떤 교육 방법을 동반하는 가? 먼저 부쉬넬이 지적하는 잘못된 교육 방법부터 논의해 보기로 한다.

그 중의 하나는 "획일주의"이다.[48] 그것은 영광주의적 신앙일 수도 있고, 엄격한 교리주의일 수도 있다. 도덕적 생활 연습이나 성경 암송도 획일주의의 잘못된 교육 방법이라고 보았다. 아무리 좋은 내용과 동기가 있었다고 해도 획일주의적인 방법은 결국 성령의 역사와 관계의 가능성을 소멸시키기 때문이다. 잘못된 또 다른 방법은 아동들에게 육적 감각과 육적 탐욕, 그리고 심지어는 음식에 대하여 욕심을 불러일으키는 무절제이다. 그 중에는 어린이들에게 커피를 마시게 하는 일까지도 금지되어 있다.[49] "무조건 부정하는 방법", "강제로 행동을 통제하는 방법", 신의 이름을 빙자한 "지나친 절대주의", "폭군적 행위", "행동에 대한 율법주의적 자세", "의미 없는 성경 암송" 등은 아동의 영적 가능성을 가로막는 잘못된 방법이라고 단정한다. 이러한 방법들은 가정을 장으로 하는 교육의 모든 가능성마저 소멸시키고 만다.[50] 방법 하나가 잘못됨으로써 교육의 가능성은 악마적이고 죄악적인 것으로 전락할 수도 있다는 뜻이 된다.

반대로 부쉬넬에게 있어서 바람직한 교육 방법이란 가정에서의 기독교교육 가능성을 실현시킬 수 있는 적극적인 매체를 포괄한다. 즉, 부모 자신이 신앙적으로 사는 방법이다. 부쉬넬은 삶으로써 진

---

48 *Ibid.*, p.46.
49 *Ibid.*, p.238.
50 *Ibid.*, pp.255-259, 318.

정한 교육은 가능하다고 믿었으며, 이것을 가장 중요한 원칙으로 삼는다. 크리스천이 되도록 아동을 강요하거나 가르치기 전에, 부모 자신이 먼저 참 크리스천이 되는 신앙의 생활화가 가장 중요한 방법이라는 것이다. 이에 관련하여 부쉬넬은 이렇게 말하고 있다.

"나면서부터 그리스도는 성화(聖化)되었다. 그리하여 그리스도는 자기 자신 안에서 그의 선택한 백성을 성화시키려 하였다."[51]

한 사람의 성화는 만인의 성화를 가져오는 연쇄적 시초라는 유비(類比)에서, 부쉬넬은 부모가 참 크리스천이 되는 길만이 아동들을 교육하는 가장 중요한 방법이라고 믿었다. 이것은 부모에 의해서 실현되는 사랑, 부드러움, 인내, 신적인 성실성의 방법이다. 말의 전달이나 교훈도 중요한 교육 방법이기는 하나, 그 말들이 담고 있는 참 사랑, 부드러움이 동반되어질 때에만 비로소 그것은 산 교육의 방법이 된다고 보았다.[52] 부쉬넬은 이러한 교육 방법을 "성령의 은총으로 이루어진 기독교화(基督教化)"의 방법이라고 불렀다. 이것은 현대 기독교교육론이 강하게 부각시킨 "관계의 언어"(language of relationship)[53]라는 교육 방법과 같은 의미를 가지는 중요한 해석이라고 평가할 수 있다. 부모의 삶 자체, 신앙의 성실성(誠實性) 이상으로 더 좋은 교육 방법은 없다는 의미이다. 그러나 부쉬넬의 교육 방법에는 다른 측면 하나가 등장한다. 그것은 가르치는(teaching) 차원과 맞물

---

[51] *Ibid.*, p.150.

[52] *Ibid.*, pp.201-204.

[53] 루이스 쉐릴(Lewis Sherrill)이나 랜돌프 밀러(Randolph Miller)등이 제시한 의사소통의 내면적 차원을 의미한다.

려 있는 배움(learning)의 차원으로서, 언제, 어떻게 '배움'(learning)이 일어나는가에 대한 물음이다. 학습은 암기나 모방이나 강제에 의해서 일어나는 것이 아니라 오히려 '보는 데서', '음성을 듣는 데서', '움직임 가운데서' 아동들이 의미 있는 인상을 얻게 되면서 가장 자연스럽게 이루어진다고 보았다. 많은 지식이나 사실들을 아는 데서 학습이 이루어지는 것이 아니라, 오히려 지식과 사실들에 참여하는 자기 경험에서 학습이 이루어진다는 것이다. 그러므로 사랑과 경험, 인내와 참여, 또 부모와 자녀들 사이의 공동적인 신앙경험은 가장 중요한 방법이 된다. 이것은 암기 교육만을 강조하는 주입식(注入式) 교육에 저항하는 선구자의 소리라고 보아도 좋을 것이다.

이러한 방법론적인 대전제에서 부쉬넬은 가정 기독교교육을 "가정 정부"(family government)라고 보았다.[54] 가정 정부(家庭政府)란 특수한 권위(authority)가 부여되어진 방법론적 구조를 의미하며, 그 권위란 가정의 법과 질서, 그리고 도덕적인 설득의 힘을 통하여 드러난다. 이 권위는 하나님께서 부여하신 권위이며, 통제가 아니라 올바른 관계 형성을 위해 쓰도록 부모에게 주어진 힘으로 이해하였다. 때문에 가정 정부란 하나님께서 제정한, 그리고 아동들의 신앙과 경건의 변화를 위하여 주어진 신성한 질서인 것이다.[55] 바로 이 가정 정부의 권위를 가지고 부모는 다음의 교육 방법들을 사용할 수 있을 것이다.

첫째는 신체적 양육(physical nurture)의 방법이다. '몸'은 인간 마음의 집일 뿐 아니라 사고, 감정, 행동의 매개이다. 그리고 몸은 영혼과 종교적 삶의 근거이기에 양육되어야 한다는 것이다. 그는 몸이 건강

---

[54] Horace Bushnell, *Christian Nurture*, p.270.
[55] *Ibid.*, p.273.

하게 양육되어야 하며, 그 건강은 하나님을 향한 개방성(開放性)이어야 한다고 보았다. 그러므로 몸은 욕심이나 육정(肉情)을 위해 양육될 수 없다. 음식을 먹을 때도 정중한 자세로 할 것이며, 옷은 화려하지 않더라도 항상 깨끗하고 단정하게 입어야 한다는 것이다.

가정 정부에 있어서 두 번째의 교육 방법은 처벌의 방법이다. 부쉬넬은 처벌이 중요한 교육 방법이긴 하나, 처벌을 받는 아동의 인간적 존엄성을 상실하지 않는 범위에서만 용납될 수 있는 것이라고 말한다. 즉, 처벌은 부모의 욕심이나 감정의 표현이 아니라, 사랑과 관계 수립을 위하여 부드럽게 사용되어야 한다고 보았다.[56]

가정 정부의 세 번째 교육 방법은 '놀이'(play)의 방법이다. 놀이는 아동들의 본능적 욕구이며, '자유' 특히 기독교적 자유를 풀이하는 상징이라고 부쉬넬은 정의한다. 놀이는 인간의 즐거운 행동의 표현이기에 인위적 동기나 합리화가 필요 없는 자유 그대로의 상징인 것이다. 그러므로 놀이는 하나님께서 인간에게 주신 가장 고귀한 것에 대한 가장 자연스러운 해석자일 수 있다. 가정 정부에 있어서 부모의 의무 중 하나는 자녀들의 놀이와 놀이 본능에 깊은 동정을 가지는 일이며, 또 적극 참여하는 것이라고 하였다.[57] 이것은 생일 축하, 절기 놀이, 교회의 절기 행사 등, 놀이와 관련된 행사를 적극 지원해야 한다는 뜻이다.

가정 정부의 네 번째 교육 방법은 성경 해석의 방법이다. 가정에서의 성경 암송 자체는 잘못된 것은 아니지만, 그것으로 끝나서는 안 된다. 올바른 성경 해석은 성경을 생활화하는 일이며, 부모의 생활을 통해 아동들도 성경의 진리를 사랑하도록 만드는 일이라고 보

---

56 Ibid., p.285.
57 Ibid., p.291.

았다.[58] 진정한 진리는 지적이고 논리적인 말의 설명이 아니며, 오히려 의미있게 사는 생활 속에서 경험되는 것이기 때문이다. 그러므로 성경 암송보다 더 중요한 것은 성경의 말씀이 생활 속에서 기쁨과 자유로 경험되는 때이며, 이것이 최선의 방법인 것이다.

가정 정부의 다섯 번째 교육 방법을 부쉬넬은 치유적 목회(ministry of healing)라고 불렀다.[59] 부쉬넬은 부모와 자녀 사이에 오고가는 '좋은 대화'(good conversation)는 설교보다 훨씬 좋은 방법임을 시사했다. 더욱이 '오고 가는 부드러움'(corresponding gentleness)은 부모와 자녀들을 성령의 뜨거움으로 인도한다고 믿었다.

가정 정부의 마지막 교육 방법은 가족들이 함께 드리는 공동적 기도이다. 기도는 그 본질에 있어서 하나님과 소통하는 대화이다. 기도가 계속되는 동안 하나님은 인간들 마음속에 가장 좋은 조화(harmony)를 이루시며, 가족들 사이에 동의(同意)하는 마음을 가지게 한다고 믿었다.[60] 이상의 모든 방법들은 결국 가정을 장(場)으로 하는 하나님과 부모, 자녀 사이의 신앙과 경건의 생활화(즉 가정화)를 가능케 하는 매개들인 것이다.

호레스 부쉬넬은 천재적 신학자였으며 동시에 기독교교육학자였다. 비록 단 한 권의 교육론이지만 그 속에서 부쉬넬은 문제의 핵심과 구조, 방향까지를 예리하게 포착하고 해석한 최초의 학자였다. 그의 신학이 다소 내재주의적이고, 인간 이해가 약간은 낙관주의적이었으며, 교육의 현장을 가정으로 국한시켰다는 점에서는 비판의 여지가 있을 것이다. 그러나 그가 신학을 과감하게 주-객(主客)의 양

---

58 *Ibid.*, p.318.
59 *Ibid.*, p.326.
60 *Ibid.*, p.335.

극적(兩極的) 이해에서 탈피하여 주-객의 변증법적(辨證的) 관계로 끌어올렸으며, 교육의 장과 방법까지를 일관성 있게 풀어나간 것은, 그의 학문성과 천재성을 함께 드러내 준 것이었다. 다만 그의 가정론이 목농시대(牧農時代)를 배경으로 그린 그림이었고, 그것을 마치 유일한 하나님의 언약 공동체처럼 과장하였으며, 또한 가정의 죄와 타락까지를 다루지 못했다는 약점들에도 불구하고 결과적으로 그 터전 위에 교육론을 수립함으로써 그의 이론이 단순성에 빠졌다는 비판은 불가피한 것으로 보인다. 그러나 부쉬넬의 신학과 교육론은 오늘의 교육신학과 과정 속에 뚜렷한 자리를 차지한다. 특히 고도의 산업화와 도시화로 인한 오늘날의 가정 부재(家庭 不在) 시대의 혼돈 속에서, 가정 기독교교육의 중요성을 무엇보다 강조했던 부쉬넬의 신학과 교육론은 깊은 의미를 지닌다고 본다.

Ⅱ. 현대적 해석과 의미

호레스 부쉬넬의 이론은 적극적인 동조자와 강력한 반대자로 양립되면서 벌어진 논쟁을 통해 더욱 발전되고 심화되었다고 볼 수 있다. 그에게 동조한 사람들은 20세기 초기의 자유주의 신학 및 진보학파(進步學派) 사람들이었다. 특히 조지 코우(George Albert Coe)는 여러 번 부쉬넬을 인용하여 자기의 이론을 뒷받침하기도 했다. 그러나 부쉬넬에 대한 동조는 진보학파 사람들에 의해서만 이루어진 것은 아니다. 신정통주의(新正統主義) 학파에 속했던 랜돌프 밀러(Randolph Miller)도 부쉬넬을 지지하였다. 그리고 근래에 와서 호레스 부쉬넬을 재해석한 젊은 학자는 데이비드 스튜워드(David S. Steward)[61]이다.

그러나 반면에 부쉬넬의 이론에 반대하고 나선 학자들은 신정통주의 신학 계열에 속하는 사람들이었다. 그들 중에서도 쉘튼 스미드(Shelton Smith)가 대표 주자였다고 볼 수 있다.

그러나 문제는 부쉬넬의 사상이 현대사회와 가정에 어떤 타당성과 시대성이 있는가를 찾는데 있지 않다고 본다. 말하자면 부쉬넬의 이론적 배경은 '농경사회'였기 때문에, 그의 이론을 현대 신학과 학문에서 비판하는 것은 공정하지 않기 때문이다. 오히려 가정 부재의 비극과 이에 따라 연쇄적으로 부각된 교육부재(敎育不在), 인간부재(人間不在)의 비극들 속에서 부쉬넬의 선구자적 지혜가 오늘날 무엇을 의미하는가를 찾는 것이 더욱 의미 있는 작업일 것이다.

1. 가정 구조의 변화

오늘의 세계와 사회를 송두리째 뒤흔들기 시작한 이단자는, 과학과 기술혁명의 부산물로 부각된 "세속력"(世俗力, secular force)이라고 풀이한다.[62] 그 중에서도 시카고 대학교의 종교사회학 교수인 깁슨 윈터(Gibson Winter)[63]는 그의 저서 『사랑과 갈등』(*Love and Conflict*)에서 오늘의 가정이 그 바탕에서부터 근본적으로 붕괴되고 있음을 신랄하게 파헤치고 있다. 또한 루터파 신학자인 해롤드 하스(Harold

---

61 David S. Steward는 자기 자신을 호레스 부쉬넬의 직접적인 후예라고 밝히고 있지는 않으나, 그의 사상 전개의 근거는 부쉬넬의 소재로부터 이어받고 있다.

62 밴 류벤(Arend Th.van Leeuwen), 하비 콕스(Harvey Cox), 깁슨 윈터(Gibson Winter) 같은 종교 사회학자들은 오늘의 세계와 역사의 세속화의 원인을 과학과 기술의 혁명이라고 보고 있다.

63 Gibson Winter, *Love and Conflict*, Dolphin Books, Doubleday & C., Ins., Garden City, New York, 1958.

Haas)도 "기독교 신앙과 가정생활"(*Chritsian Faith and Family Life*)[64]이라는 논문을 통해 현대 가정이 급격하게 변해가는 사회의 구조적 영향으로 깊게 감염되었음을 지적하고 있다. 사회 변화는 밖으로부터온 공업화(industrialization)와 도시화(urbanization)라는 두 '축'에 의해자극되었다. 바로 이 '축'은 사회 깊숙이 고도의 개인주의를 심어 주기 시작했다. 하스는 이 고도의 개인주의는 과학과 기술에 대하여인간이 가졌던 절대적 신뢰가 가져온 결과이며, 그것은 냉정한 실리주의(實利主義)로 표현되고 있다고 본다. 또 이 두 '축'은 고속화된 교통망 구축과 정보통신망의 고도화를 가져왔으며, 이는 가정의 구조자체를 전면적으로 변화시켜 놓는 결과를 가져오게 했다고 본다. 이로써 기본적인 인간 공동체로 구성되었던 전통 사회의 가정은 인격적인 만남과 공동체적 유대감을 상실한 채 이익집단[65]으로 변모하였다는 것이다.

바로 이 새로운 이익집단의 출현은 가장 큰 사회 문제로 나타났다. "가정 기능 변화에 따른 가정교육 문제"[66]라는 논문에서 성균관대학의 손직수 교수는, 봉건사회의 가정이야말로 자급자족의 완전한 단위공동체(單位共同體)였다고 지적한다. 경제적, 생산적, 종교적, 보호적, 교육적, 오락적인 기능에 있어서 자급자족했던 전통적인 가정의 구조는 부권중심(父權中心)이었다. 그리고 교육은 바로 이 가정의 구조에 의해서 이루어졌다. 그러나 가정의 이익집단으로의 변화는 사회와 가정을 핵분열시키기 시작했다. 직장, 취미와 오락, 생산,

---

64 Harold Haas, "Christian Faith and Family Life", *Life in Community*, ed. by Harold C. Letts, Muhlenberg Press, Philadelphia, 1957.

65 *Ibid.*, p.151.

66 손직수, "가정 기능 변화에 따른 가정교육 문제", 「새교육」 대한교육연합회, 1970, 8월호, pp.45-49.

교육, 관계의 다원화, 텔레비전 등은 가정을 자급자족하는 공동체로 살 수 없도록 만들었으며, 결국 가정 밖에 있는 전문가와 전문기관에 의존하도록 만들어 버렸다. 이는 동시에 가정 자체도 하나의 전문기관이 될 수밖에 없는 상황으로 만들었다. 이로써 현대 가정은 복합적인 관심, 이해, 세대문제, 고민을 안은 식구들의 한 이익집단으로까지 변모되어 왔다. 핵가족(核家族)은 그 한 예이기도 하다. 월터 뮬더(Walter G. Muelder)는 이를 "가정 부재의 신화"(cult of home-lessness)[67]라고까지 불렀다.

이러한 현대 사회의 가정 부재 현상은 두 가지 커다란 손실을 가져왔다. 그 첫 번째 손실은 가정이 하나의 비인격적 집단으로 변하고 있다는 사실이다. 대화의 단절, 사랑과 돌봄의 결핍, 공동체성의 상실은 오늘의 가정이 기독교교육의 장(場)으로서의 의미를 잃고 있다는 말이 된다. 오늘날에는 호레스 부쉬넬이 그토록 강하게 호소했던 하나님의 은총의 매개로서의 가정, 그리고 그 안에서의 교육의 가능성마저 존재하지 않는다. 두 번째의 손실은 가정 자체가 교육적 책임과 기능을 포기하기 시작했다는 비극으로서, 그 결과 교육을 전적으로 가정 밖의 전문적 기관에 위임하게 되었다는 사실이다. 현대 가정은 자신의 엄숙한 책임과 기능마저 포기함으로 교육 부재의 새로운 신화까지도 만들어낸 것이다. 이것은 현대라는 화려한 물질 사회 속에서 오히려 가정과 교육의 가능성을 잃어버리게 된 하나의 패러독스(paradox)라고 표현할 수밖에 없다.

---

67 Walter G. Muelder, *Foundations of the Responsible Society*, Abingdon Press, 1959, p.70.

2. 호레스 부시넬의 후예

이러한 가정 부재와 교육 부재의 현상은 결국 인간 형성은 물론, 청소년의 이유 없는 반항이라는 새로운 시대적 문제들을 유발시키고 있다. 그러나 문제는 여기에만 머물지 않는다. 교육을 미래사회 형성(未來社會形成)의 매개로 보는 데오돌 브라멜드(Theodore Brameld)의 교육철학은 가정이 교육을 가능케 하는 가장 중요한 '장'이라는 사실을 재확인하며, 오늘의 사회는 가정을 통하여 새로운 교육의 부흥(revival)을 시도해야 하는 역사적 기로에 서 있다고 주장한다.

손직수 교수는 위에 인용한 그의 논문에서, 현대 사회에서 가정이야말로 다시 회복되어야 할 교육의 장임을 역설하고 있다. 현대 가정이 비록 그 바탕과 구조가 뒤흔들리기는 했으나, 오히려 새로운 의미의 교육의 장이 될 수 있을 것이라고 주장한다. 이것은 대단히 중요한 착안이기도 하다. 오늘의 가정은 인간이 휴식하는 장이라는 점에서 성인들의 안정화(安定化)의 기능을 살려야 하며, 성인들의 심리적 안정은 결국 가정의 분위기 형성은 물론, 한 걸음 더 나아가 아동을 사회 구성원으로 형성해 가는 사회화(社會化, socialization)[68]의 장으로 만드는 기초가 된다는 것이다. 손직수 교수는 가정이라는 바로 그 이유 때문에 현대 가정이 아동의 심리 및 인격 형성의 기본적인 장이 된다고 보았다. 일반 교육학의 입장에서도 가정은 성인들을 위한 안정의 장으로, 또한 아동과 청소년들을 위한 사회화의 장으로서의 중요한 교육적 의미를 담고 있다.

---

[68] 손직수, "가정 기능 변화에 따른 가정교육 문제", 「새교육」 1970, 8월호, pp.45-49.

기독교교육은 일반 교육학적인 주장에 동의하면서도, 가정을 단순한 안정과 사회화의 장으로만 예속시키려는 심리적 접근에는 동의할 수 없다. 즉, 가정에 대하여 그 이상의 의미를 말해야 한다고 본다. 이것이 기독교교육의 강점이면서 또한 난점이기도 하다. 가정은 하나님의 성령이 깃드는 곳이며, 더욱이 신앙적인 부모와 자녀 사이의 관계와 분위기가 살아 있는 가정은 성령께서 역사하시는 은총의 매개라고 해석한 부쉬넬의 교육론은 여전히 유효하다. 더 나아가 가정은 하나님께서 약속하신 언약 공동체이며, 유아세례는 이 언약 공동체의 확인뿐 아니라 계속적인 부모의 교육적 책임까지를 동반하는 것이었다. 시대 변화의 흐름 속에서도 부쉬넬의 가정교육론을 재해석하는 후예들의 논조는 자못 영감적이기까지 하다.

그 중 한 사람은 랜돌프 밀러(Rndolph Miller)이다. 밀러는 그의 저서인 『기독교적 삶을 위한 교육』(Education for Christian Living)[69]에서 여러 번 부쉬넬을 인용한다. 밀러는 가정이 인간의 인격 형성에 중요한 장임을 강조하는 일반교육에 동의하면서,[70] 아울러 인간의 올바른 자세 확립을 위해서도 가정은 가장 중요한 장이라고 한다. 그리고 아동들이 호흡하는 공기와 마찬가지로, 올바른 인격 형성은 가정의 분위기(atmosphere)를 통해서 이루어진다는 데까지도 동의하고 있다. 그러나 밀러는 인격적 형성이 "기독교적 신앙의 힘에 근거하여야 하며, 그 신앙의 힘은 깨어지고 분열된 모든 관계까지도 치유할 수 있다"[71]는 점을 분명히 하면서 일반교육론을 뛰어넘는다. 부쉬넬은 이를 "치유적 목회"(ministry of healing)라고 불렀지만, 밀러는

---

[69] Randolph c. Miller, *Education for Christian Living,* pp.96-98.

[70] *Ibid.*, p.93.

[71] *Ibid.*, p.97.

이를 구속적 차원(redemptive quality)의 "화해의 목회"(ministry of reconciliation)[72]라고 불렀다. 여기서 밀러는 가정을 구속적 세포(redemptive cell)라고 명명한다. 이 안에서 아동과 구성원들은,

> "자기가 있는 그대로 사랑받고 있다는 사실과 용납되고 있다는 사실을 알게 되며, 또한 신뢰적 관계 구조 안에 있다는 사실을 알게 되며, 또 올바른 안내를 받아가며 자유로이 성장할 수 있으며, 그 곳에서 하나님의 실재를 경험하게 된다."[73]

또 다른 후예는, 밀러와는 다른 위치에서 문제를 접근하는 제임스 스마트(James Smart)이다. 스마트는 가정에 있어서의 권위주의적인 모든 교육, 특히 교리 암송식 교육을 죄악이라고 규정한다. 이 점에서 스마트는 부쉬넬과 동일선상에 선다. 그는 가정에서 예배가 소멸되고, 어머니가 성경을 읽어주던 가정교육이 사라진 오늘날의 기독교교육이 전면적인 위기에 직면해 있다고 주장한다. 또한 자신의 저서『교회의 교육적 사명』(The Teaching Ministry of the Church)[74]에서, 가정교육 속에는 어쩔 수 없는 "역설"(paradox)이 수수께끼처럼 깃들어 있다고 지적한다. 한편으로 가정교육에는 교리 암송이라는 필요악이 존재하지만, 다른 한편으로는 진리를 자유로이 경험하고 또한 발견할 가능성도 있다는 점에서 가정교육을 포기할 수도 없다는 것이 바로 이 역설인 것이다. 부쉬넬과 밀러가 강조하는 경험적 차원과는 달리, 스마트는 성서의 말씀을 가정교육의 근거로 하고 있다.

---

[72] Ibid.

[73] Ibid., p.98.

[74] James D. Smart, The Teaching Ministry of the Church, pp.172-186.

가정을 장(場)으로 하는 교육은 구약의 가정 구조와 신약의 '세례'를 중심으로 한 가정 구조에 그 근거를 두고 있다고 본 것이다.[75] 이 가정은 하나님의 은총의 매개였으며, 구성원들의 연대의식(連帶意識, solidarity)이었다. 스마트는 가정에서의 기독교교육이, 지혜와 사랑, 진리와 정의의 권위를 가지고 부모가 아동을 위하여 진심으로 기도하는 데서 이루어지는 것이라고 보았다.[76] 그래서 그는 새로운 의미의 "권위"의 가정교육을 주장한 학자로 분류된다.

그러나 부쉬넬의 직접적인 후계자는 데이비드 스튜어드(David S. Steward)이다. 1971년 11월, 12월호「종교교육」(*Religious Education*) 저널에 기고한 "교사로서의 부모"(Parents as Teacher)[77]라는 논문에서 스튜어드는 부쉬넬의 사상을 현대 가정 속에 과감히 끌어들이는 색다른 접근을 시도하고 있다. 스튜어드는 '부모'라는 용어가 가지는 의미부터 해석하면서, 부모란 '자녀'를 가진다는 통속적 의미가 아니라고 전제한다. 오히려 부모란 다른 인격을 향한 삶의 의지를 가진 사람을 말한다.[78] 그러므로 스튜어드에 의하면 전통적인 개념으로 이해되어 온 부모의 권위 의식, 심지어는 라틴어로 genitor인, 생산적 혹은 생리적 관계로서의 아버지 개념도 올바른 의미에서의 부모가 아니라는 것이다. 과거의 가정은 부모의 권위나 심지어는 부모라는 이름만으로도 자녀들을 밀착시켰으나, 이러한 가정은 오늘에 와서 점점 무의미해지고 있다고 보기 때문이다. 오히려 부모(parenthood)는 부모화(父母化, parenting)의 책임과 과정을 동반해야 하는 새로운 의미

---

75 *Ibid.*, p.179.

76 *Ibid.*, p.183.

77 David S. Steward, "Parents as Teachers", *Religious Education*, The Religious Education Association, Nov., Dec., 1971.

78 *Ibid.*, p.442.

로 나타난다.[79] 부모화를 동반하는 부모의 명칭을 라틴어로 Pater라고 표현했으며, 부모는 결국 아동을 자기에게로 예속시키는 것이 아니라, 세상으로 사회화시키는 사회적 존재로서 이해한 것이다. 여기서 부모란 자신들이 책임지고 있는 자녀들을 돌보고 교육하는 인격적 상호작용 안에 있는 한에서만 부모일 수 있다는 뜻인 것이다. 스튜어드는 이로써 부모란 사회적 역할로서 이해되어야 할 뿐 아니라, 결국은 그것 역시 사회적 현상이라고 정의한다. 즉 어머니는 양육과 돌봄의 역할을 담당하는 어머니됨(mothering one)을 의미하며, 아버지는 가정의 구조와 결정을 책임지는 아버지됨(fathering one)을 의미한다. 여기서 부모라는 존재는 부모로서 책임져야 할 역할과 기능의 과정 안에서만 비로소 부모일 수 있다는 것이다.

이제 그렇다면 부모는 어떤 의미에서 교사가 되는가? 여기서 부모가 교사가 된다는 의미는 몇 가지 정보를 전달하는 행위만을 뜻하지 않으며, 자라나고 있는 인격들을 향한 책임 있는 삶의 행위와 형태인 것이다.[80] 그러므로 돌보는 삶의 행위가 있는 곳에 비로소 기독교교육은 존재한다.

부모화를 위한 교육론을 스튜어드는 크게 두 가지로 나눠 전개한다. 그 하나는 진 피아제(Jean Piaget)의 사상을 근간으로 풀이한 심리학적 접근 방법이다. 무엇보다도 먼저 교사로서의 부모는 밖으로부터 오는 여러 가지 자극의 '폭'에 대해 자녀들이 어떻게 응답하는지의 능력을 알아야 하며, 동시에 부모가 교사가 되기 위해서는 자녀들이 자기 세계를 어떻게 포착하는가의 능력을 알아야 한다는 것이다. 특히 세계를 알고 또 자연의 발달 과정을 아는 능력을 파악해

---

[79] Ibid.
[80] Ibid., p.443.

야 한다고 보았다. 그러므로 부모의 부모화 과정들 중의 하나는, 자녀의 능력을 있는 그대로 이해하고 또 아는 일이다. 둘째로 스튜어드는 심리적 접근과 함께 환경과의 관계를 중요시하는 게슈탈트 이론(Gestalt Theory)을 적용시키고 있다. 자녀들의 능력과 요구에 적합하도록 구체적인 대상(object)과의 관계성(relationship)을 제공함으로써, 자녀들이 인격적으로 성장할 수 있는 환경 혹은 분위기를 구조화해야 한다고 본다. 이것은 호레스 부쉬넬이 말하는 신앙과 사랑의 분위기와 일치되는 사상이다. 교사로서의 부모가 자녀의 능력 이해(특히 발달 심리의 면에서)와 함께, 그 능력이 성장하고 또 발달하도록 돕는 환경적 구조를 형성할 때 비로소 그 가정 안에서는 부모와 자녀 사이에 인격적 상호작용이 가능해진다고 보았다.

이렇게 호레스 부쉬넬 이후에 있어 가정을 장으로 하는 기독교교육의 가능성은, 밀러에게 있어서는 깨어진 관계까지도 치유되는 구속적 차원의 화해를, 스마트는 지혜와 사랑의 교육을, 스튜어드는 자녀의 능력 이해와 그 능력의 성장을 위한 환경의 구조화를 통한 부모의 부모화라고 하는 해석들을 통해 계승되어 왔다.

3. 가정을 장으로 하는 기독교교육

과학화와 기술화의 심각한 부산물인 가정 부재와 교육 부재의 비극은 더 이상 서구 사회만의 문제는 아니다. 오히려 전통적 문화를 자랑하던 한국의 봉건적 가정도 급속한 과학기술혁명으로부터 밀려오는 이질적 문화에 의해 크게 도전 받고 있으며, 부권 중심에서 남녀평등권으로 가정에 대한 사회의 가치관이 변화하면서 현대 한국 가정의 '핵'(核)은 무너지기 시작한 것이다. 가치 규범의 분열이 바로 그 현상이다. 윤리, 도덕, 인간 이해 등에 있어 그동안의 절대적인 가치가 무너지고 그것들이 상대적인 가치로 변화되어 가면서, 한국사회는 극심한 과거 상실 내지는 과거 망각시대에 돌입했다. 세속화 신학자들은 지난날 인간성을 억누르던 전통, 가문, 도덕적 규범이 상대화됨으로써, 이제 현대인은 인간의 새로운 창의성과 가능성 앞에 서 있다고 말한다. 과거의 가치 규범의 상실이란 가정에 있어서의 전통적인 부권의 권위가 깨어지고 있다는 의미이며, 세대 간에 심각한 대화의 단절이 동반되고 있음을 의미한다. 그러나 우리는 여기서 몇 가지의 질문을 던진다. 이른바 오늘의 '젊은이 문화'란 무엇을 뜻하는가? 서구문화에 적응하는 것인가? 혹은 반항과 불만의 매개인가, 젊은이들의 문화인가? 과거를 잃어버린 오늘의 청소년들이 아직도 미래를 자기 것으로 붙잡지 못한 갈등과 허전함을 무엇으로 표현할까? 상실과 가능성 사이에는 새로운 문화 창조의 책임이 있는 것은 아닌가? 이 상실과 가능성 사이의 틈새에 가정 기독교교육은 무엇을 해야 하는가? 젊은이의 문화 창조를 위한 가정 기독교교육의 과제는 무엇인가? 또한 이런 질문들에 기초하여 다음과 같은 대안들을 비판적으로 검토하여야 한다.

첫째로는 현대 가정의 부모들은 가정을 대화의 장으로 만들어야 한다. 청소년들의 반항은 호레스 부쉬넬이 살았던 당시에는 생각조차 못했던 문제이지만, 오늘날은 전 세계적 현상으로 되었다. 대화는 강권으로, 학습의 강요로, 도덕적 억압으로 일어나지 않는다. 일방적인 지시보다는 부모가 자녀들의 삶의 질문과 요구를 들을 수 있는 대화의 예술을 배우는 데서 비로소 가정의 교육은 이루어진다. 올바른 경청(listening)이 있는 곳에 진정한 응답(response)이 있을 수 있으며 그 곳에 대화는 새로운 차원으로 열려지기 때문이다.

둘째로, 가정을 장으로 하는 부모와 자녀 사이에서 그 대화의 내용은, 삶의 물음과 삶의 목적과 삶의 '참'을 추구하는 것이 되어야 한다. 여기에서는 하나님에 대한 물음, 신앙 문제, 미래 직업 문제까지도 이야기되어야 한다고 본다. 제임스 스마트가 말하는 가정 예배, 밀러가 말하는 분위기 창조, 스튜어드가 말하는 돌봄으로써의 부모화 과정(parenting)은 바로 이 삶의 궁극적인 문제와 씨름하는 만남의 차원에서 이루어져야 할 바람직한 것들이다.

셋째로, 가정을 장으로 하는 교육은 가정 안에서 이루어지는 대화와 만남이 우선 중요하다. 그러나 부모와 자녀의 대화는 그와 더불어 이 사회와 세계에서 일어나고 있는 다양한 사건들에 대한 비판정신과 창조의식을 함께 찾아 가는, 이른바 역사의식과의 호흡 속에 이루어져야 한다. '내 자식만은…'이라는 식의 이기주의적 사고에서 '우리의 자식들은…'이라는 공동적인 문제의식으로 부모와 자녀의 대화가 승화되어야 한다고 본다. 기독교교육적으로 보면 역사와 세계는 하나님의 거룩한 일터이고, 우리 가정의 보다 넓은 삶의 장이며, 따라서 역사 없는 가정이 있을 수 없고, 가정 없는 역사가 있을 수 없기 때문이다. 그러므로 하나님의 역사 참여는 가정에서 시작되며, 가정에서의 삶의 변화는 역사 변화의 기본이 되는 것이다.

이를 위하여 두 가지의 과제가 남아 있다. 그 하나는 부모의 교육 문제이다. 이러한 교육적 책임을 질 수 있기까지 부모 자신에게 새로운 인식이 절실히 요구되기 때문이다. 둘째로 교회는 기독교교육의 중요한 현장(現場)인 가정을 되살리기 위하여 새로운 선교 및 교육 전략을 세워야 할 것이다.(보다 전문화된 가정교육론은 은준관 저『기독교교육 현장론』, 한들출판사, 2007년, 제 2장 "가정 기독교교육론"을 참조.)

5장.
인간 성장과 사회화를
장으로 하는 교육

- 진보적 종교교육학파를 중심으로

'인간 성장과 사회화'를 '장'(場)으로 하는 기독교교육의 학명(學名)은 진보적 종교교육론(進步的 宗教教育論)의 사상적인 '핵'을 필자가 임의로 명명한 것이다. 세계 최초로 등장한 이 종교교육학파는 여러 복합적인 사상들이 만들어낸 종합적인 학문의 구현으로, 자유주의 신학으로부터는 역사의 진화와 인간의 낙관주의를, 이상주의(idealism)로부터는 교육철학을, 존 듀이의 도구주의(instrumentalism)로부터는 교육 방법을 받아들여 하나의 독특한 체계로 집대성한 종합 작품이었다. 그러면서도 이 교육론은 학문적인 창의성과 독자성을 가지고 있다. 바로 그 이유 때문에 이 학파는 후대에 와서 높은 평가와 신랄한 비판을 동시에 받기도 했다.[1]

I. 사상적 계보

인간의 타락이나 죄성 보다 인간의 자유와 정신에 더 큰 비중을 두고 발전해 온 자유주의 신학은 이상주의 철학의 흐름 속에서 그 위치를 굳혀 왔으며, 이후에는 실용주의 철학과 결합하여 20세기 초 미국의 사상적 사조(思想的 思潮)를 주도하였다. 여기서는 진보적 종교교육학파를 형성한 세 개의 사상적 계보를 먼저 살피고자 한다.

1. 이상주의 철학

넬스 페레(Nels F. S. Ferrë)는 그의 『기독교교육신학』(*A Theology for Christian Education*)[2]에서, 이상주의 철학의 실재의 개념은 자연(nature)이 아니라 마음(mind)과 정신(spirit)에 있다고 지적한다. '우주적 정신'(universal mind)은 모든 현상계의 원리와 힘을 규제하는 근원이라고 믿었기 때문이다. '물량'(物量)의 세계는 이 우주적 정신이 각기 다른 '형'(形)과 '목적'을 가지고 표현된 것에 불과하다는 것이다. 인간은 하나의 소우주(小宇宙)이며, 따라서 눈에 보이는 신체적, 물량적 현상(現象)은 인간의 실재가 될 수 없고, 오히려 인간 안에 선재(先在)하고 있는 정신과 영(靈)만이 그 실재가 된다고 믿었다. 여기서 교육(to educate)이란 인간 안에 선재하고 있는 정신과 영을 끌어내는 행위라고 정의되며, 이를 가능케하는 이상주의자들의 교육 방법은 "자

---

1 진보학파가 가지는 사상적인 족보와 그 형성과정에 대해서는 제1장과 제3장을 참고하기 바란다. 그리고 저자가 기고한 "교육철학의 프로레고메나", 「청암 홍현설 박사 회갑기념 논문집」, 감리교신학대학, 1971년, p.289ff.을 참고하라.

2 Nels F. S. Ferrë, *A Theology for Christian Education*, p.61.

기표현"(self-expression)이라고 본다.[3]

철학과 교육의 관계를 두고 고전적 사상(古典的 思想)군을 정리하여 집대성한 권위자는『네 가지 철학』(Four Philosophies)[4]의 저자인 도날드 버틀러(Donald Butler)이다. 그는 이상주의 사상의 계보를 다음과 같이 분류하였다.

아낙사고라스(Anaxagoras)가 말하는 우주의 제일원인(第一原因)인 누스(nous), 소크라테스가 설파한 우주의 목적론적 원리(目的論的 原理), 플라톤이 주장하는 선(善)으로서의 우주적 마음 등은, 궁극적인 실재가 자연이나 물량의 현상계를 초월하여 존재하고 있음을 증명하려는 것이었으며, 버틀러는 이것을 이상주의 사상이라 하였다.

역사의 흐름 속에서 이상주의 철학은 변형의 과정을 거치기는 했으나, 17세기는 이를 다시 계승하는 계기가 되었다. 그 중 한 사람이 데카르트(Renë Descartes, 1596-1650)였다. 그러나 데카르트에 와서 실재는 자아(self)로 그 초점을 바꾸기 시작했다. 이는 그가 신의 실재를 자아의 경험에 의해서만 증명할 수 있다고 보았기 때문이다. 데카르트는 신의 실재가 초월적인 것임을 인정하면서도, 그것은 추상적인 것이 아니라 오히려 자아를 경험하고 자기를 아는 지식에서 추리될 수 있는 것이라고 보았다. 데카르트에서 시작한 이러한 명제는 스피노자(Baruch Spinoza, 1632-1677)에 의해서 더 한층 진전(進展)되었다. 신(神)이라 부르는 제일 원인은 우주의 본질이며 또한 존재하지만, 이러한 우주적 이해는 소우주인 인간의 자아 속에 나타나는 것

---

[3] *Ibid.*, p.62.

[4] Donald J. Butler, *Four Philosophies*, 도날드 버틀러 외에도 웨인 루드(Wayne Rood)는『기독교교육 이해』(*Understanding Christian Education*), p.181ff.에서 이상주의와 진보적 종교교육학파 사이에 사상적인 연결과 계보가 있음을 전제하고 또 풀이하고 있다.

이다. 스피노자는 인간에게 있어 신의 마음과 신의 생각은 현존(現存)이라고 보았다.[5] 그 후, 라이프니츠(E. Leibniz, 1646-1716)의 단자주의(單子主義, monadism)에서도 이상주의 철학은 계승되었다고 본다. 그에 의하면 우주는 수많은 단자(單子)들로 구성된 것이며, 이 우주에는 여러 종류의 단자들이 계급적으로 존재하고 있는 바, 각각의 단자들은 감각, 혼(魂), 영(靈)들이고, 신이란 최후의 단자라는 것이다. 라이프니츠는 바로 이 단자들 사이에 존재론적 연결이 있다고 본다. 그러나 이상주의 철학은 임마누엘 칸트(Immanuel Kant, 1724-1804)에 의해서 대성(大成)되었다. 칸트에 의하면, "물 자체"(物自體, thing in itself)라는 실재, 신(神) 혹은 우주이성(宇宙理性), 그리고 도덕적 근거는 현상 세계 밖에 존재하는 것이며, 그것은 지식과 경험의 내용과 질을 생산한다는 것이다. 이 우주적인 도덕률에 대해 인간은 도덕적 행위를 해야하는 의무감을 가지고 있으며, 이러한 인간의 의무감과 이성은 신의 존재를 불가피하게 만든다. 그러므로 칸트는 인간의 존재, 이성, 도덕적인 행위를 신의 존재의 표현이라고 보았다.

이렇듯 다양한 이상주의 철학은, 각각의 강조점과 접근 방식에서는 달랐지만 근저에는 두 가지의 공통적인 특색을 가지고 철학 사상을 이어왔다. 하나는 신 개념, 혹은 실재에 대한 이해이다. 우주의 본질 혹은 실재에 대하여 플라톤과 헤겔은 이데아(Idea)라는 말로, 라이프니츠와 버클리(Berkeley)는 무한한 영이라는 말로, 스피노자는 우주적 사고(thought), 칸트는 도덕률이라고 불렀다. 각기 다른 해석에도 불구하고, 이들은 궁극적인 실재가 현상 세계 밖에 초월하여 있다는 사실에서 일치하고 있다. 다른 하나의 명제는 인간과 자아

---

5 Donald J. Butler, *Four Philosophies*, pp.141-142.

이해이다. 데카르트, 버클리, 칸트는 인간 자아는 곧 기본적인 실재로서 경험과 사고의 주체임을 주장했다. 라이프니츠는 창세기를 근거하여, 인간은 유한한 존재이긴 하나 '영'을 가지고 있어 신과의 동질성(同質性)을 가지고 있다고까지 보았다. 스피노자는 사고하는 인간을 신의 한 부분이라고 보았으며, 인간은 결국 신 존재의 실재적 표현(實在的 表現)이라는 사실과, 존재론적으로 신의 마음과 사고와 도덕률에 연결되어 있는 존재라는 점을 주장하고 있다. 여기서 이상주의 철학은 자연주의나 실재주의자들과는 달리 실재의 근원을 신의 존재, 우주적 정신이라는 초월성에 두면서도, 인간과 세계라는 현상은 이 실재의 표현이고, 또 인간은 신과 우주정신의 구체적 현존(現存)이라고 보았다. 여기서 우리는 인간의 가능성과 신적 소재(神的 所在)가 강조되어진 이유를 찾게 된다. 조지 앨버트 코우는 그의 초기 저서인『종교교육의 사회적 이론』(A social Theory of Religious Education)[6]에서, 칸트를 중심으로 형성된 이상주의 사상이 인간의 정신적 성장을 위한 교육론의 뒷받침이 된다고 지적한다. 인간의 마음이 우주와의 관계에 있어서 중요한 실재라고 보는 이상주의 사상은 교육 과정에 있는 인간의 자기실현을 위한 능력을 증명해 주는 것이라고 보았기 때문이다.

이렇듯 이상주의가 교육 사상에 미친 영향은 놀라울 만큼 큰 것이었다. 특히 장 쟈크 루소(Jean Jacques Rousseau, 1712-1778)에서부터 시작된 교육론은 인간 존엄과 자유를 표방하는 새로운 물결로 나타났다. 제네바의 작은 도시에서 출생한 루소는 어려서 어머니를 잃은

---

[6] George Albert Coe, *A Social Theory of Religious Education*, Charles Scribner's Sons, New York, 1917, pp.26-27.

후 아버지의 손에서 자랐으며, 결국 공식 교육이라고는 받아본 일이 없는 불우한 생애를 걷기도 했다. 루소는 1762년『사회계약론』과『에밀』(*Emile*)을 출판한 후, 비판과 체포령을 피해 망명생활까지 하였지만, 그러한 위협들도 이상주의 철학을 근거로 혁신적(革新的) 교육론을 펴내었던 루소를 막지는 못했다. 그는 그것들의 타락을 이유로 공교육(公敎育)과 사회의 제도화(인간의 성장을 저해하고 있다는 이유 때문에)를 극구 반대하였다. 그는 교육이 집단보다는 오히려 개인에 역점을 두어야 할 것을 촉구하였다. 교육의 목적은 인간을 평등하도록, 용기를 가지도록, 자유인이 되도록 하는 인간성의 개발이라고 보았기 때문이었다.『사회계약론』에 와서 조금 수정되기는 했으나, "자연으로 돌아가라"는 그의 유명한 명제는 자연주의자들의 주장과는 다른 의미에서의 삶의 근원으로의 환원, 사회의 노예 상태로부터의 자유를 의미했던 것이다. 그리하여 루소의 교육은 철저하게 '아동중심'(child-centered)이었으며, 아동의 사고와 감각은 대략 네 단계를 거쳐 성장한다고 보았다. 그는 우선 유아시대와 아동기에는 성장을 위한 '좋은 환경'을 마련해 주어야 한다고 보았으며, 제3기인 12~15세까지의 소년기에는 소년들이 스스로 해결할 수 있도록 문제를 제기시키는 방법이어야 한다고 보았다. 그러나 제4기인 청소년기에는 문제뿐만 아니라, 올바른 사회의식을 가지도록 과학적 방법을 써야 한다고 주장했다.

그러나 이상주의 철학을 교육에 구체적으로 접목한 교육학자들은 루소의 후예인 페스탈로찌(Jean Heinrich Pestalozzi, 1746-1827), 헤르바르트 그리고 프뢰벨 같은 이들이었다.[7] 페스탈로찌는 루소의『에

---

7 *Ibid*., p.26, 그리고 웨인 루드의『기독교교육 이해』(*Understanding Christian*

밀』을 통해 깊은 영향을 받았으며, 그의 교육 소설『레오나드와 게루트루드』(*Leonard and Gertrude*)를 통해 인본주의 교육을 강조하였다. 페스탈로찌는 사회계급 상승을 위한 교육이나 출세를 준비하는 어떤 교육도 반대하였으며, 오히려 교육은 삶 자체를 위한 것이 되어야 할 것을 주장했다. 루소와는 달리 학교의 필요성을 주장하기는 했으나, 그것은 다만 학교가 가정적 분위기를 가지는 한에서 필요한 것으로 보았다. 결국 교육이란 인간의 몸(body)과 마음(heart). 정신(mind)들이 성장하여 균형을 이루는 전인 성장(全人成長)에 그 목적이 있으며, 그리하여 교육에는 신체교육, 도덕교육, 지적교육(知的教育)이라는 구분이 있어야 한다는 것이다. 이런 교육은 아동들에게 지식을 집어넣어 줌으로써 일어나는 행위가 아니고, 오히려 아동들의 내면적인 능력과 요구를 충분히 실현시키도록 세심한 관찰과 좋은 여건을 만들어줌으로써 가능해지는 것이라고 보았다. 이처럼 페스탈로찌는 교육을 자기 활동과 자기표현을 통해서 자신을 실현시켜 가는 과정이라고 보았는데, 이것은 교육 사상사에 있어서 중요한 흐름이 되었다. 후대에 나타난 헤르바르트(Johann F. Herbart, 1776-1834)의 지식과 경험의 연결 방법, 프뢰벨(Friedrich Fröbel, 1782-1852)의 '활동' 중심의 교육은, 넓게는 이상주의 철학사상으로부터, 좁게는 루소와 페스탈로찌의 아동 혹은 자아중심의 교육으로부터 영향을 받아 이루어 진 것이었다. 바로 이러한 사상들의 흐름이 진보적 종교교육론을 형성하는데 영향을 끼친 중요한 요인이 되었다.

Education), pp.228-232를 보라.

2. 실용주의 철학과 존 듀이의 방법론

일반교육론 형성에 결정적인 영향을 주었던 이상주의 철학의 여음이, 진보적 종교교육 형성에도 깊숙이 파고 들었다는 사실을 우리는 앞에서 논의하였다. 그러나 다른 한편 미국에서 꽃을 피운 실용주의 철학(pragmatism, 이상주의의 직접적인 후예는 아니지만)은 근대 철학 사조(思潮)의 한 축을 이루었으며, 이는 존 듀이(John Dewey)에 의해 교육 사상으로 발전되었다. 이 교육 사상은 통칭(通稱) 진보학파(progressive school)라 불렸으며, 인간 성장과 사회화를 장(場)으로 하는 기독교교육의 내용 구조와 과정까지에도 깊은 영향을 행사한 중요한 족보(族譜)가 되었다.

실용주의 철학의 계보를 두고 학자들 사이에 상반되는 입장이 대립하고 있지만,[8] 여기에서 실용주의에 대한 우리의 관심은 다만 이 사상을 집대성한 두 학자에 있다. 그 두 학자는 찰즈 페어스(Charles Sanders Peirce, 1839-1914)와 윌리엄 제임스(William James, 1842-1910)이다. 도날드 버틀러에 의하면 페어스는 사실상 실용주의 철학의 창시자(創始者)였고, 윌리엄 제임스는 이를 확장시켰으며, 존 듀이는 실용주의를 완성시켰다는 것이다.[9] 특히 찰스 페어스의 실용주의 철학은,

---

[8] 웨인 루드(Wyne Rood)는 *Understanding Chrsitian Education*에서 실용주의의 족보를 헤라클리터스(Heraclitus), 프로타고라스(Protagoras), 프란시스 베이컨(Francis Bacon), 어거스트 콩트(August Comte)의 순서로 추적하고 있으나(이 점에서 웨인 루드는 도날드 버틀러(Donald J. Butler)의 구분과 동일한 접근을 하고 있지만), 맥길(V. J. McGill)은 "실용주의"(Progmatism, *Dictionary of Philosophy*, ed. Dagobert D. Runes and Others, Littlefield, Adams & Co., Paterson, New Jersey, 1964, pp.245-247)라는 논문에서 소크라테스, 아리스토텔레스, 버클리(Berkeley), 흄(Hume), 그리고 칸트(Kant) 등을 그 시조로 취급하고 있다.

[9] Donald J. Butler, *Four Philosophies*, p.431.

그가 과거로부터 마치 악순환처럼 반복되어 온 철학방법론에 있어서의 주(主)-객(客)(subject-object dichotomy) 사이의 갈등, 혹은 공백(空白)을 근본에서 수정하려 했던 때부터 시작되었다. 페어스는 자연주의도, 이상주의도 반대한다. 그는 오히려 양극을 초극하려는 실재주의적 의도에 동조(同調)하고 있다. 페어스에 있어서 진리는 순수한 객관도, 순수한 주관만도 아닌 오히려 행동이라고 규정한다. 행동의 결과가 진리를 말하는 척도가 된다는 것이다. 페어스는 사상이나 이념의 필연성을 강하게 인정하면서도, 그것이 추상적일 경우에는 진리가 될 수 없다고 주장한다. 다만 생활과 행동 속에 실현될 수 있는 유용한 경우에만 비로소 그것은 진리일 수 있다는 것이다.[10] 그러므로 그는 실험되지 않은 진리는 진리가 아닌 것이라고 보았다.

페어스의 천재적 통찰(天才的 洞察)을 이어받아 이를 확장시킨 사람은 윌리엄 제임스이다. 제임스의 기본적인 철학적 입장은 페어스가 개척해 놓은 철학방법에 의존하고 있지만, 그러나 제임스는 자기 나름대로의 독특한 이론 두 가지를 제시하면서 실용주의의 새로운 사상 전개를 시도하였다. 그중 하나의 이론은 자유의지(自由意志) 개념이다. 제임스에게 있어서 자유의지는 인간 이해에 가장 중요한 요인이며, 이 자유의지는 과거와 현재라는 예속적 사고 형식으로부터 인간을 자유케 하는 것이다. 자유의지란 무한한 가능적 세계를 사고하고 또 행동할 수 있는 '폭'을 말한다. 심지어 자유의지는 고질화된 종교적 교리로부터 인간을 자유롭게 하며, 새로운 종교적 가능성으로까지 개방시켜 준다는 것이다. 아울러 인간의 자유의지는 신에 대한 신앙까지도 창의적이며 미래 지향적 관점에서 해석하고, 또 풀이

---

10 *Ibid.*, p.434.

하는 데까지 인도한다. 제임스가 전개한 두 번째 개념은, 우주 자체는 단일적(單一的)이고도 결정적인 것이 아니라, 다원적이며, 복합적이라고 보는 세계관 이해였다. 제임스의 우주의 다원성은 역사의 미결정론을 뜻하고 있다. 그러나 그것은 숙명론적 미지수가 아니라, 궁극적인 선(善)이 실현되어 가는 과정 혹은 '장'(場)으로서, 또는 적극적인 역사의 진보로서의 우주라는 뜻의 미결정인 것이다. 이러한 우주의 다원성과 미래적 가능성, 그리고 자유의지에 근거하는 인간의 창의력과 미래 지향성은 존 듀이의 사고 형성에 핵심적인 내용이 된다. 그중에서도 진리는 반드시 실험되어야 한다는 실험주의 논리는 듀이 사상에 특별히 지대한 영향을 끼쳤다.

이러한 페어스와 제임스의 실용주의적 사상을 교육학에 접목한 학자는 존 듀이(John Dewey)였다.[11] 듀이에게 있어서 철학과 교육 사이를 이어놓는 매개의 발견은 큰 난제였다. 그러나 듀이는 그 매개의 소재를 세계에만(전체주의적 강조) 국한하지도, 인간에만(개인주의적 강조) 국한하지도 않았다. 그는 오히려 매개의 소재를 세계와 인간이 만나는 자리라고 보았다. 다른 실용주의자들과 같이 듀이는 세계란 일회적으로 완성된 죽은 존재가 아니고, 오히려 계속 창조되고 발전되어가고 있는 진화적 과정(進化的 過程)이라고 이해한다. 이렇듯 진화적 과정 속에 있는 세계는 무한한 가능성을 자체 안에 가진다는 것이다. 인간은 이러한 세계나 우주로부터 독립되어 존재하는 실재가 아니라, 오히려 세계와의 동일화, 혹은 참여와 경험이라는 연속성 속에서 비로소 존재한다고 본다. 다른 말로 표현하면, 인간은 세계의 진화과정으로부터 분리될 수 없는 동질적 존재라는 것이

---

11 존 듀이에 대한 생애의 서론은 본서 제3장에서 이미 다루었다.

다. 세계가 진화하는 것이라면, 인간도 진화적 성장의 길을 걷는다
는 뜻이다. 다만 세계와 인간이 만나는 자리를 듀이는 "인간의 참여"
라고 불렀으며, 또 "트랜스액션"(transaction)이라고도 불렀다. 인간이
이 세계에 참여하는 과정에서, "기억"(memory), "사고"(thought), "가치
부여"(valuing)라는 기능들이 작용하며, 바로 이 작용이 교육이라는
인위적 행위를 가능하게 하는 바탕이 된다. 듀이에 의하면 인간은
세계에 참여하게 될 때만 진실로 방대하고도 무한한 세계를 '경험'
하게 된다는 것이다. 바로 이 경험들이 기억 과정, 사고 과정, 가치
부여의 과정(즉, 교육 행위의 총칭)을 통해서 비로소 자기의 삶의 의미
에로 승화되어지는 것이라고 보았으며, 이것들이 교육을 가능케 하
는 원초적 소재라고 본다. 다만 학교의 기능이 있다면 그것은 인간
의 세계 참여의 경험을 의미 있는 것이 되도록 선택하는(교육 과정을
의미함) 책임의 기능이며, 이를 사회적 기능이라고 보았다.

  이것은 영국계의 개인주의[12]의 한 극과, 독일계 특히 헤겔에 의
해 제창된 세계정신(World Spirit)의 우월성(優越性)[13]의 다른 한 극이
가지는 위험성을 인정하면서도 그것들을 동시에 받아들여 세계와
인간 사이, 사회와 자아 사이의 트랜스액션을 모색함으로써 새로운
종합을 시도한 것이었다.[14] 이렇듯 세계와 인간의 트랜스액션 과정
에서 이루어지는 교육 행위를 듀이는 "성장"(growth), "발전"(develop-
ment), "진화"(evolution), "진전"(progress)이라는 용어들로 설명하였으

---

[12] 인간 개개인의 독특성, 개인의 권리, 개인의 책임, 개인의 집합체로서의 공동체
  와 자유로 이해하는 존 스튜어트 밀의 사상적 계열을 뜻한다. Robert S. Brumbaugh,
  Netheniel M. Lawrence, *Philosophers on Education*, p.132.
[13] *Ibid.*, pp.132-133. 세계사 속에 나타난 세계 정신은 인간 개개인에 의한 것이 아
  니라 오히려 개개인의 운명, 자유, 의식을 결정짓는 것이라고 본다.
[14] John Dewey, *Democracy and Education*, pp.342, 356.

며, 결국 이러한 이유 때문에 이 교육을 진보적 교육이라고 불렀던 것이다. 한 자아의 성장, 발전, 진화는 자신 안에서 이루어지는 자율적 행위라기보다는, 자아와 사회 사이에서 이루어지는 상호 의존적이며 상호침투적인 트랜스액션에서 이루어진다는 것이 듀이 주장의 핵심이었다. 그러므로 듀이의 진보적 교육론은 사회와의 트랜스액션 없는 개인의 자유를 주장하는 개인주의도, 인간 하나하나의 주체성을 사회적 이념이나 집단적 가치를 가지고 통제하려는 사회주의적 교육도 모두 배격한다. 진보교육은 인간과 세계, 자아와 사회 사이의 상호의존적인(interdependent) 트랜스액션에서 비로소 진정한 인간 성장과 민주주의 사회는 생성되는 것이라고 보았다. 듀이는 이 경험과 발전을 가능하게 하는 행위를 교육이라고 한다.

이러한 사상적 전개에서 본다면, 듀이의 교육 이해는 구체적으로 어떤 것일까? 듀이에 의하면 한마디로 교육이란 인간이 사회와의 트랜스액션에 참여하도록 인도하여 경험을 얻도록 해주는 행위이며, 또한 이 경험을 통하여 인간이 자기완성을 실현해가는 능력을 개발하도록 돕는 행위라고 정의한다. 그러므로 교육은 인간과 사회와의 트랜스액션을 통하여 인간이 자기실현의 능력을 길러가는 행위이며, 동시에 그 곳에 자유와 개방이 보장된 진정한 민주사회가 생성되는 사회화 작업이기도 한 것이다. 이것이 듀이의 교육이다. 그러나 듀이의 세계와 인간에 대한 실용주의적 이해는 구체적으로 학교와 학생이라는 교육상황에까지 연장된다. 다시 말해서, 교육상황 속에 있는 학생(인간과 자아의 교육적 표현)이란 고립된 존재의 상태에 있는 것이 아니라, 세계와 사회와 끊임없이 접촉하고 있는 경험적 자아로서 이해된다. 이를 경험적 연속(experiential continuum)[15] 이라고 부른다. 그러나 경험적 연속과 그 속에 학생만 존재한다고 교육이 이루어지는 것은 아니다. 거기에는 세계, 특히 진화하는 세계를 대변하는 학교(school)가 있어야 한다는 것이다. 여기서 듀이는 학교의 무용론(無用論-인위적이기 때문에)을 주장한 루소와 달리, 학교야말로 사회로부터 위임받은 소중한 기관이며 교육을 위해서 절대 필요한 것이라고 주장한다. 그러므로 학교란 사회와 학생들 사이의 트랜스액션 혹은 상호 의존을 가능케 하는 현장(現場)이며, 이 현장에서 학생들은 사회화의 목적인 민주사회를 위한 풍부한 유산과 경험에 접하게 된다. 이 트랜스액션이 삶의 전 과정에서 이루어질 때 비로소 성장과 발전은 이루어진다. 그리고 교사(teacher)란 사회의 한 일원(一員)으로서 트랜스액션이 가능하도록 학교로 위임된 사람들의 통칭이다. 교사는 트랜스액션에서 일어날 수 있는 풍부하고도 중요한 가능적 경험들을 선택하는 책임을 가진다. 그리고 그 경험들을 계획하는(커리큘럼의 의미) 역할을 담당한 사람이 교사이다. 그러므로 듀이에게 있어서 교육의 궁극적 목표는 인간 성장이었으나, 그것은 사회와 세계와의 트랜스액션을 '장'(場-구체화된 교육 현장은 학교이다)으로 하는데서 비로소 구현되며, 또한 이의 결과로 사회가 진보하며 민주적으로 발전하게 된다는 것이다.

3. 자유주의 신학

이상에서는 인격 성장과 사회화를 '장'으로 하는 종교교육론의 형성에 이상주의 철학과 실용주의 철학이 끼친 영향이 결정적이었음을 논하였다. 그러나 이에 못지않은 비중을 가지고 종교교육론에

---

[15] John Dewey, *Experience and Education*, Macmillan Co., New York, 1938, pp.50-51.

영향을 끼친 또 다른 한 족보는 자유주의 신학이었다. 자유주의 신학 형성에 대해서는 이미 제3장에서 논의한 바 있다. 그러므로 여기서는 자유주의 신학이 교육신학적으로 어떠한 사상적 근거(根據)를 마련하였는지만을 살피고자 한다.

자유주의 신학이란 한 학파이기보다는 학문을 탐구하는 정신, 혹은 태도라고 보는 것이 옳을 것이다.[16] 즉, 그것은 기독교 신앙을 폭넓은 사고와 인간의 자유라는 모티브(motif)에서 풀이하는 학문적 태도를 말한다. 19세기에 태동하여 세계 제1차 대전을 전후로 종지부(終止符)를 찍은 이 신학운동은 많은 지지자(支持者)와 반대자를 동반한 채 대략 세 가지의 큰 흐름을 따라 움직여 왔다. 그 하나는 슐라이어마허에 의해 제창된 내재주의적이고 경험주의적인 신앙이고, 다른 하나는 리츨에 의해 대변된 칸트 철학의 후예이며, 또 다른 하나는 비데르만(Biederman)에 의해 정리된 헤겔 철학 계열이었다.[17] 그러나 미국 신학에서는 월터 라우셴부쉬(Walter Rauschenbush)에 의해 시작된 사회복음 운동(Social Gospel Movement)이 자유주의 신학의 기초가 되었다. 특히 미국 교회에 깊숙이 흘러온 경건주의와 개인주의에 대한 반대로 사회적 죄와 사회 구원을 들고 나온 사회복음 운동은 당시의 종교교육 운동, 특히 진보학파 운동에 지대한 영향을 끼

---

16 Bernard Ramm은 *A Handbook of Contemporary Theology*, William B. Eerdmans Publishing Co., Grand Rapids, Michigan, 1965, p.80에서 Van A. Harvey는 *A Handbook of Theological Terms*, Macmillan Co., New York, 1964, p.144에서, Daniel D. Williams는 "Liberalism", *A Handbook of Christian Theology*, Living Age Books, Meridan Books, Onc., New York, 1960, p.207에서 자유주의 신학이란 정통주의 신학과 합리주의 신학에 반대하고 오히려 기독교 신앙의 본질을 문화와 과학이라는 '폭'에서 자유로이 해석하려는 학문적 자세를 의미한다고 보고 있다.

17 Bernard Ramm, *A Handbook of Contemporary Theology*, p.80.

쳤다.[18] 그러므로 자유주의 신학은 사실상 네 가지의 흐름 속에 성장되어 온 것이라고 보아야 할 것이다.

이러한 몇 가지의 흐름과 차이점들에도 불구하고, 자유주의 신학은 다음 세 가지의 기본적인 사상적 특징을 가지고 있다고 버나드 람(Bernard Ramm)은 지적한다. 자유주의 신학의 첫 번째 특징은, '연속의 원리'(the principle of continuity)이다. 연속성이란 인간과 신 사이의 존재론적인 관계, 자연과 신 사이의 연속성, 이성과 계시 사이의 연속성을 뜻한다. 자유주의 신학의 둘째 특징은 '자율의 원리'(the principle of automony)이다. 그것은 인간 이성(理性)의 이니셔티브(initiative)를 말하는 것이며, 그 이성은 계시의 가능성까지를 포함하게 되는 자율성을 말한다. 또한 인간이 가지는 종교적 경험은 초월성까지 내포하는 것으로 본다. 자유주의 신학의 셋째 특징은 '역동적 원리'(the principle of dynamism)이다. 이것은 세계의 개방성, 인간의 무한한 가능성, 사회적 실현의 가능성으로부터 오는 성장(growth)과 진화의 가능성을 뜻한다. 결국 이상의 세 가지의 특징은 한편으로는 그 어떤 초월성도 부정하는 동시에, 다른 한편으로는 인간과 세계의 가능성을 전면에 내세우는 것으로 집약될 수 있다. 그래서 밴 하비(Van A. Harvey)는 자유주의 신학을 종합하는 두 가지 핵심을 다음과 같이 요약하고 있다. 첫째로, 그들에게 있어 신이란, 선을 실현해 가는 인간 경험 속에 내재하는 창조적 차원(creative dimension)이다. 즉 신이란 인간 경험 안에 있는 창조성이다. 둘째로, 그들은 그리스도를 도덕적이고 종교적 완성자로 이해하였으며, 모든 인간을 위한 모범자로서의 의미를 부여했을 뿐이다.[19]

---

[18] Daniel D. Williams, "Liberalism", *A Handbook of Christian Theology*, p.209.
[19] Van A. Harvey, *A Handbook of Theological Terms*, pp.145-146.

다니엘 윌리엄스(Daniel D. Williams)는 자유주의 신학과 종교교육 운동의 변증관계를 다음과 같이 설명한다.

"철학적 자유주의와 존 듀이의 실용주의로부터 강한 영향을 받은 당시의 종교교육 운동은 자유주의 기독교와 현대 문화 사이의 인터액션(interaction)의 다른 표현이었다."[20]

II. 대성자 - 조지 앨버트 코우

1903년 미국 시카고 시에서 처음 열렸던 종교교육협회 국제대회는 조지 앨버트 코우라는 대가(大家)를 무대에 등장시켰을 뿐 아니라, 종교교육 운동을 태동시킨 역사적 순간이었다. 막연하고 잡다했던 사상적 계보들이 이 대회를 계기로 뚜렷한 방향성을 지닌 하나의 큰 흐름으로 집약되기 시작하였다. 멀리는 이상주의 철학의 뒷받침이, 가깝게는 미국 실용주의의 철학과 듀이의 교육 사상이 결합되어 진보적 종교교육학파를 탄생시켰기 때문이다.[21]

진보적 종교교육 운동에 적극 참여하였다가 후에 신학적 회심을 한 쉘튼 스미드(Shelton Smith)는, 그 시절의 상황을 다음과 같이 설명한다.

"19세기 말과 20세기 초에 걸쳐 형성된 신학과 교육론은 새로운 종

---

20 *A Handbook of Christian Theology*, p.209.
21 Chelton Smith, "Christian Education", *Protestant Thought in the 20th Cuntury*, ed. by Aonold Nash, p.228.

교교육 운동을 대두시킬 수 있는 준비를 갖추었다. 당시 종교나 교육 지도자들은 진화론적 역사관을 진리로 받아들이고 있었다. 때문에 그들은 진보의 원리(principle of progress)야말로 신학 형성에 있어서 나, 교육론 형성에 열쇠가 된다고 믿게 되었다. 바로 이 신학과 교육 론이 합해졌을 때, 거기에서 '진보적 종교교육'(Progress Religious Education)이라는 운동이 오게 되었다."[22]

하나의 학파로 등장하기까지 진보적 종교교육 형성 과정에 긴장 이 없었던 것은 아니다. 당시 일반교육 사상의 맹주였던 존 듀이와 노스웨스턴(Northwestern) 대학교 종교철학 교수였던 조지 앨버트 코 우(George Albert Coe) 사이에는 학문적 주도권을 둘러싼 숨은 전쟁이 심각했었다고 알려져 있다. 그러나 결국 코우가 대회의 주제 강사로 되면서부터 싸움은 코우의 승리로 기울었고, 그 후 코우의 영향력은 수십 년 간의 사상적 방향을 결정하였다. '교육에 의한 구원'(Salvation by Education)은 이 대회에서 행해진 코우의 강연 제목이었고, 이 강연 을 통해 조지 코우는 일약 세계적인 학자로서, 더욱이 진보적 종교 교육학파의 지도자로서 군림하게 되었다. 그리고 계속하여 코우는 진보적 종교교육학파를 이끌어간 선구적 지도자가 되었다.

1. 교육신학적 구조 - 신은 진화과정의 '원리'와 '힘'

이렇듯 복잡하고도 중요한 역사적 흐름을 따라 나온 조지 코우 의 종교교육론은 사상적 넓이에서는 물론, 그 해석 자체도 과감하리

---

[22] *Ibid.*, p.229.

만큼 창조적이었다. 코우의 교육론의 구조를 이해하기 위하여는 우선 그의 기본적인 신학적 전제 몇 가지를 살펴보아야 할 것이다. 먼저 코우 박사의 사상적 기저(思想的 基底)에는 그의 역사 이해가 깊이 깔려 있다. 여기서 역사라는 말은 성서에 나오는 이스라엘 민족사를 의미한다. 코우는 역사를 결정론적으로도, 숙명론적으로도 보지 않았으며, 오히려 그것을 진화론적 과정으로 이해하였다. 즉, 코우에게 있어서 이스라엘 역사란, 그 본질에 있어서 진보와 성장의 이야기이다. 이 진보와 성장은 이스라엘의 임무, 교훈, 시련, 처벌, 그리고 보상의 경험들로 엮어진 이야기들 속에 담겨 있다.[23] 그러므로 구약 성서는 여호와 아버지께서 자기의 자녀인 이스라엘을 계속 성장시킨 역사라는 것이다. 따라서 역사란 하나님께서 인간을 교육하시는, 그리고 성장시키시는 훈련의 '장'(場)이다. 코우는 신이 민족을 심판하고 악을 멸하며, 선을 격려할 뿐 아니라 역사의 과정 속에서 민족들과 인간들을 공의(公義)로 단련시키신다고 이해하였다. 즉, 코우에게 신은 공의로 민족을 훈련시키시는 '교육자'라고 이해되었던 것이다.[24] 하나님은 민족의 교육자일 뿐 아니라, 개개인의 삶을 실현시켜 주시는 지고(至高)한 교사로서 보았다. 더욱이 신의 은총은 인간을 존재토록, 또한 자기실현에 이르도록 힘주시고(enpowering), 영감을 주시며(inspiring), 일깨우시는(enlightening), 신의 참여를 의미했다.[25] 코우의 이 같은 진화론적 역사 이해는 신(神) 이해, 그리스도 이해, 그리고 나아가서는 교육론까지도 풀어 나간 기본적인 틀(frame)

---

[23] George Albert Coe, *Education in Religion and Morals*, Fleming H. Revell Co., 1907, p.34.

[24] *Ibid.*, pp.35-36.

[25] *Ibid.*

이기도 했다.

그렇다면 진화론적 역사의 눈으로 이해한 코우의 하나님은 어떤 신이었는가? 그에 따르면 하나님은 인간과 역사의 실현을 가능케 하는 내적인 원리라는 것이다. 왜냐하면 그 하나님은 본질적으로 역사의 진화 속에서만 발견될 수 있기 때문이다.[26] 즉, "진화야말로 인간의 영적 성장이 가능한 근거가 되며 동시에 신을 향한 사랑에로 성장 원리이기 때문이다."[27] 하나님은 이 진화의 전체 과정 속에 내재하는 분이다. 그러므로 코우는 하나님이 초월적이고, 교리적이고, 추상적인 분이라는 주장을 거부한다. 그는 오히려 삶의 전 과정 속에 내재하는 원리와 힘으로서 하나님을 이해하였으며, 인간과 민족을 완성시켜 가는 진화의 힘(力)으로 이해하였다. 그렇다면 그리스도는 누구인가? 코우는 그리스도의 성육신(incarnation)을 은총의 지고적 사건(至高的 事件)이라고 보면서도, 성육신 사건은 인간의 불완전한 삶을 완성에 이르도록 돕는 삶의 분담으로 이해한다. 그리고 성육신은 하나님과 인간이 하나되는 계시와 구원의 계기가 된다는 것이다. 또한 바로 이 구원의 과정은 교육의 과정을 거쳐서만이 가능한 것이라고 주장한다. 여기서 코우는 구원과 교육의 동질성과 동시성을 주장하고 있다.[28] 그러므로 코우에게 그리스도의 사건은 사상의 중심이기는 하지만, 그 내용에 있어서는 하나님과 인간이 동질화되어지는 것이라고 보았다. 여기서 신은 초월성을 상실하게 되며, 인간은 그리스도 안에서 자기실현의 위대한 가능성을 가지게 된다. 결국 코우의 사상은 한마디로 인간 중심이었다.

---

[26] *Ibid.*, pp.42-43.
[27] *Ibid.*, p.42.
[28] *Ibid.*, p.406.

이러한 신학적 구조에서 나온 종교교육은 인간으로 하여금 역사의 진화 과정 속에 내재하는 삶의 원리인 신을 경험하도록 돕는 행위로서 정의된다. 신은 결국 인간 삶의 실현이요, 또 근원이기 때문에, 이 신을 경험하는 것이 자기실현을 위해 최선의 길이라고 보았기 때문이다. 그러므로 코우에게 있어서 교육은, 궁극적으로 신의 경험이며 동시에 자기실현이었다.

2. 생성하는 가능적 인격 - 인간 이해(아동 이해)

교육신학적 대전제에서 한 걸음 더 들어가 조지 코우에게 중요했던 한 가지는, 넓은 의미에서는 인간 이해였고, 좁은 의미에서는 아동 이해였다. 초월로서의 신이나 목적론적 역사 이해를 거부하고, 진화론적 역사와 그 안에 내재하는 신 경험, 그리고 인간의 자기실현에 교육의 근거를 두었던 코우는, 자신의 사상을 전개하는데 있어 필연적으로 부딪치는 문제인 '인간이란 무엇인가'라는 질문을 이어갔다. 한마디로 코우에게 있어서 최악(最惡)의 인간 이해는 정통주의 신학(正統主義神學)이 주장하는 전적 타락(total depravity)이었다. 인간의 전적 타락이라는 관점에서 보면 그 어떤 종교교육도 절대 불가능한 것으로 되기 때문이다. 예컨대 아동의 전적 타락설은 모든 가치를 전면적으로 부정하며, 아동이 종교적이 되기까지는 어떤 교육도 필요없게 되고 오직 무엇이 일어날 것이라는 막연한 기다림만이 있어야 하는 일종의 숙명론이라는 것이다. 그러므로 코우에게 있어서 전적 타락설은 신의 창조적 진화에 모순되는 교리이며, 때문에 잘못된 것이라고 규정짓고 있다.[29]

전적 타락이라는 정통 교리는 적어도 다음 네 가지의 이유 때문에 종교교육의 가능성을 말살시키고 있다고 코우는 지적한다. 첫째로 전적 타락은 모든 발전과 성장의 가능성을 부정한다. 둘째로 전적 타락은 성인의 입장에서 아동들을 심판하는 것이기 때문에 일방적이다. 셋째로, 전적 타락은 강압을 강요하여 인격을 왜곡시키는 결과를 가져온다. 그리고 넷째로 전적 타락은 회심의 경험을 강요함으로써 결과적으로는 과잉된 감정을 강조하게 된다. 그는 이 모든 것들이 인간을 왜곡하는 비 영적(非 靈的)인 것들이라고 본다.[30] 종교교육적 입장에서 코우는 전적 타락의 교리는 용납될 수 없는 왜곡된 신앙 표현이었다. 따라서 전적 타락설과는 정반대로 코우의 인간 이해는 낙관적이고 긍정적인 것으로 나타난다. 예수에게 있어서 어린이는 신의 임재를 경험하는 존재로서 받아들인다. 아브라함의 후예인 어린이들은 신과 맺은 언약 때문에 이미 신정왕국(theocratic king-dom)의 일원(一圓)이라고 믿었다. 그러므로 넓은 의미에서 모든 정상적인 어린이는 이미 은총의 세계 안에서 발전하고 성장하는 존재이다.[31] 바로 이 관점에서 코우는 호레스 부쉬넬의 사상을 끌어들인다. 신의 은총 안에 있다는 보장은 유아세례(infant baptism)라는 특수한 행위에 의해서 성립된다는 것이다. 호레스 부쉬넬과 마찬가지로 세례 행위는 급작스러운 회심을 위한 것이라기보다는, 기독교적 가정에서 부모의 신앙교육을 동반하고 있다는 신학적 의미 때문이었다. 은총 안에 있는 어린이, 세례로 인한 교육적 책임과 가능성은 어린이가 전적 타락자가 아니라, 하나님의 사랑 안에 있음을 의미한다. 종교교육은 인간의 영적 각성과 삶의 원리를 매개하는 중요한 행위로

---

29 *Ibid.*, p.49-50.
30 *Ibid.*, p.60.
31 *Ibid.*, pp.46-47.

서 정의한다.[32]

이러한 대전제에서 코우 박사가 이해한 인간 이해 구조는 어떤 것일까? 인간은 전인적(全人的)이고, 또 통일된 관계를 가지는 존재이다. 그 전인적인 인간은 3차원의 특성으로 나타난다. 첫 번째 차원은 심리적 현상이다. 그러나 이 심리 현상은 지(知), 정(情), 의(意)의 종합적인 표현으로 나타난다. 두 번째 차원은 윤리적(倫理的) 차원이다. 인간은 삶의 이상과 선을 추구하는 존재이다. 그러기에 인간은 윤리적 존재이다. 세 번째 차원은 인간은 종교적 존재라는 이해이다. 인간은 자신과의 조화와 통일(심리적), 자신과 이웃 그리고 사회와의 관계(윤리적)가 필연적이지만, 이것들은 세 번째 차원인 신과의 관계가 그 근거와 터전이 될 때에만 자기실현은 물론 윤리적인 것을 포함하는 전인적인 삶의 완성이 가능해진다는 것이다. 이 인간 이해는 코우가 종교교육을 풀어가는 근거이며 또 중요한 개념이다.[33]

인간은 전적으로 타락한 존재도, 육체만을 가진 존재도, 영혼만이 있는 존재도 아니다. 하나의 통일된, 조화된 인격(personality)인 것이다.[34] 인격이란 결국 전인적인 선택의 행위로써 나타난다. 선택은 인간의 진화적 생성을, 그리고 성장을 가능케 하는 전인적인 행위이기에, 인격이란 이미 완성된 것이 아니라 항상 '되고 있는'것이다. 여기에 실용주의 철학의 역사진화와 자유주의 신학의 역학원리(力學原理)가 깊숙이 작용한다. 그리고 이 인격은 '선택'이라는 행위를 통해 다른 인격들과(공동체와의)의 관계(듀이에게 있어서는 트랜스액션

---

32 *Ibid.*, p.55.

33 *Ibid.*, p.30.

34 George Albert Coe, *What is Christian Education?* Charles Scribner's Cons, 1929, p.94.

이라고 불리었음) 속에 들어오게 된다. 여기서 인간은 비로소 자기실현, 혹은 자기 긍정에로 성장한다. 인격이란 선택이라는 가치 선정의 행위를 거쳐 비로소 인격적 개성으로 생성되며, 동시에 항시 다른 인격들과의 상호성(mutuality), 혹은 상호 응답적인 관계 안에 놓인다. 여기서 코우는 듀이의 자아와 사회 사이의 트랜스액션의 한계를 넘지 못하고 있다.

이러한 인간 이해, 소위 '인격원리'는 아동 이해로까지 이어진다. 아동은 전적으로 타락한 존재도, 또한 완성된 존재도 아니라 생성과정에 있는 가능적 인격이다. 선과 악이 모든 어린이 속에 혼합되어 있다는 것이다. 즉, 완성된 존재가 아니라 인격 형성을 위한 한 후보자로서, 미래의 '누군가'가 되고 있다는 것이다.[35] 여기에서 인간 속에 내재하는 신은 인격이 되고 있는 성장과정의 어린이들 속에서 일하시는 분으로 이해된다. 그리고 그 신은 삶의 원리이며 동시에 그 실현을 일깨우는 분이다. 이것을 코우는 교육 과정에 있는 신이라고 부른다. 그러므로 코우에게 있어서 하나님은 교육자이시며, 교육은 인격적 후보로서의 아동의 성장과정이다. 인격 성장이 교육의 목적이며, 교육은 어린 인격들이 자기를 표현하는 전 과정이다. 그러므로 코우의 교육 방법은 전달이나 강요가 아니라 어린이들이 창조적인 자기표현을 할 수 있도록 '적절한 재료'(fitting material)를 제공하는 일이라고 정의된다.[36]

---

[35] George Albert Coe, *Education in Religion & Morals*, pp.58-59.
[36] *Ibid.*, pp.195-196.

3. 대변자이며 동시에 인격적 주체-교사

그렇다면 아동의 가능성을 '자기표현'이라는 과정을 거쳐 개발하도록 돕는 기관과 사람들은 누구인가? 그들의 성장을 위해 '적절한 재료'를 정리하여 제공하는 사람들이나 기관을 무엇이라고 부르는가? 이 사명을 수행하는 기관과 사람들을 통틀어 코우는 교사라고 불렀다. 교사란 함축적인 의미이다. 먼저 교사로서의 기관은 교회인 것이다.[37] 코우에게 교회는 인간과 아동의 인격적 가능성을 개발하고 성장시키는 가장 중요한 교육자이다. 그리고 교회이외의 교육자로서의 교사는 부모와 전문지식을 가지고 있는 교사들이다.[38]

어떤 의미에서 교회가 교사인가? 코우는 크게 세 가지 이유를 들어 교회가 중요한 교사라는 점을 강조한다. 이 논제는 코우의 큰 공헌으로 평가된다. 첫째로, 교회는 사회적, 문화적 유산의 집대성(集大成)이기 때문이다.[39] 사회적 유산으로서의 교회는 신앙의 선조들이 남긴 유형, 무형의 유산을 전통으로 간직하고 있으며, 교회 안의 어른들의 신앙적 예지와 사귐은 젊은이들의 자기실현을 위한 '적절한 자료'가 되고 있다. 교회는 선조의 유산을 이어받은 사회적 상속자일 뿐 아니라, 그 유산을 보존한다는 자체가 젊은이들의 영적 갱신(靈的更新)의 매개가 된다는 이유에서 교회는 중요한 교사인 것이다.[40] 둘째로, 교회가 기독교교육의 중요한 교사가 되는 이유는, 교회는 곧 성도의 교제(fellowship)이고, 이 교제는 곧 기독교교육이 일

---

[37] George Albert Coe, *A Social Theory of Religious Education*, p.85.

[38] George Albert Coe, *Education in Religion & Morals*, p.38.

[39] George Albert Coe, *A Social Theory of Religious Education*, p.85.

[40] *Ibid.*, pp.86-87.

어나는 과정(process)[41]이라고 보기 때문이다. 성도의 교제는 어른과 어린이, 교사와 학생들을 하나의 공동체로 묶을 수 있는 끈이며, 이 교제는 놀이를 좋아하는 어린이들의 기호에서 시작된다. 그러나 교제는 놀이로 끝날 수는 없다. 놀이에서 시작된 교제는 목적 있는 공동체로 성장해 가야하기 때문이다. 코우에게는 이 성장하는 과정이 바로 종교교육인 것이다. 일하는 공동체로의 성장은 어린이와 젊은 이들에게 참여의 동기와 우선권을 제공하는 것부터 가능하다. 마지막으로 교회가 교사가 된다는 세 번째 의미는, 교회가 예배하는 공동체이기 때문이다.[42] 교회가 인간과 인간 사이에 맺는 교제 공동체이고, 그 공동체 생성과정 자체가 교육이기는 하지만, 그 교제와 공동체는 신의 경험에 이르러 그 절정을 이룬다. 바로 이것이 예배 행위이다. 기독자들의 교제는 예배 행위에서 비로소 신의 화신(化身)과 만나게 되며, 이를 신의 '민주주의 실현'[43]이라고 불렀다. 신의 민주주의가 무엇인지는 밝히고 있지 않지만, 코우는 예배에서 신이 인간과 연합되는 순간이라는 말로 대신하고 있다. 그러나 여기서 한 가지는 분명히 해야 한다. 코우의 신학은 한마디로 성육신의 신학은 아니었다. 그것은 오히려 우리가 경험하는 신 의식(神意識)을 의미했다.[44] 예배는 교회의 정점이지만, 이 예배는 신과 인간이 교제하는 순간이라는 차원에서 교사의 역할을 하는 것이다. 코우는 이렇게 말한다.

---

[41] *Ibid.*, pp.88-89.
[42] *Ibid.*, pp.94-95.
[43] *Ibid.*
[44] *Ibid.*

"진정한 예배가 이루어질 때, 그 교제 안에서 사람은 모든 억압하는 것으로부터 자유케 되며, 그 자유는 모든 사람들을 하나의 형제로 삼도록 힘을 주게 된다."[45]

그는 한 걸음 더 나아가 예배를 통한 신인(神人)의 교제는 인간을 사회적 의식과 사회적 목적에로 성장시킨다고 해석한다. 이렇듯 코우는 교회가 사회적 유산자로서, 교제의 공동체로서, 예배행위를 통하여 인간을 신과 사회와의 관계로 성장시킨다는 의미에 있어 중요한 교사라고 이해하였다.

넓은 의미의 두 번째 교사는 부모이고, 또 전문적인 지식을 가진 교사들이다. 코우는 자신의 초기 저서에서 교사와 부모를 신의 소명을 받은 신의 도구로서 이해하려 하였으며,[46] 특히 인간의 본성을 신적인 것으로 형성시키는 신의 도구라고 보았다. 그러나 후기 저서에서는, 교사를 학생과의 관계에 있어서 종교의 완성자로 보는 해석으로 선회하였다.[47] 물론 코우의 전체적인 사상의 흐름에서 본다면 이는 결국, 교사는 신의 도구이며 동시에 신의 뜻의 실현자(實現者)라는 양면성(兩面性)을 말하고 있는 것으로 보인다. 이러한 전제에서 코우는 교사의 역할을 다음과 같이 열거한다. 첫째로 교사는 신으로부터 임명된, 그리고 사회와 교회로부터 위촉된 사람이다. 학습상황이나, 학생과의 관계에 있어서 교사는 특수한 사명과 기능을 가진다. 교사란 자기가 아닌 다른 실재나 기관을 대변(代辯)하는 기능 속에서 행동하기 때문이다.[48] 교사는 신을 대변하고 교회를 대변하며, 또한 커

---

45 *Ibid.*
46 George Albert Coe, *Education in Religion & Morals,* pp.38-39.
47 George Albert Coe, *What is Christian Education?* p.38.

리큘럼을 대변한다. 그러나 학생은 결국 자신 이외에는 아무것도 대변하지 못하기 때문에, 교사와 학생이 상호작용하는 학습상황에 오면 교사는 언제나 사회적 성격과 책임을 지니게 되는 것이다. 이러한 정의는 듀이로부터의 영향이라고 볼 수 있다. 이 대변자로서의 교사는 신의 뜻과 교회의 유산을 전달(transmit)해야 하는 사회적 기능을 담당하게 된다. 교회가 과거로부터 이어받은 유산상속자인 것처럼, 교사는 이 유산을 전달해야 할 사명이 있는 것이다. 그러나 코우에게 있어서 더 중요한 교사의 역할은 대변적 기능을 넘어 인격을 완성시키는 자로서의 역할에 있다. 이것이 교사의 두 번째 역할이다. 교사는 대변자이며 동시에 자기 선택, 자기 노력, 자기 습성이라는 과정을 거쳐 이룩한 인격(人格)의 주체(主體)인 것이다.[49] 바로 이 주체적 인격이 교사와 학생 관계를 결정짓는 중요한 요인이 되는 것이다. 바로 이 주체적인 인격이 학생의 인격 변화를 가져올 수 있는 중요한 요인(要因)이 된다는 것이다. 그러므로 인격적 주체로서의 교사는 자기가 대변해야 할 주제(신, 교회, 교리, 유산)에 대하여 책임적인 동시에, 자기의 신념과 충성심을 근거로 그 주제들을 인상 깊게 해석해야 하는 역할을 담당해야 한다. 그러므로 교사의 '지식'(知識)과 '신념'(信念)은 교육 과정에서 뗄 수 없는 두 영역이 된다. 그리하여 교사는 학습상황에 들어와서는 학생들의 경험, 그들의 개성, 연령에 맞도록 자신의 자세, 사고의 방향, 언어구사를 해 나갈 수 있는 능력을 가진 자라고 본 것이다. 코우에게 있어서 교육이란 교사와 학생 사이의 인터플레이(interplay)[50]로 나타난다(존 듀이는 트랜스액션

---

[48] *Ibid.*, p.23.

[49] *Ibid.*

[50] *Ibid.*, p.24.

이라고 불렀다). 이 인터플레이는 학생의 인격 변화를 가져온다. 교사는 이를 실현시키기 위한 대변자요, 인격의 주체이며 해석자이다.

4. 생의 목적 실현과 신의 민주주의 실현 - 교육 목적

교사와 학생 간의 인터플레이는 어떠한 결과를 가져오는 것일까? 학생의 인격 변화가 교사–학생 사이의 인터플레이라는 학습 상황으로부터 오는 결과라면, 그 인격 변화는 무엇으로, 그리고 어떤 표준으로 측정(測定)할 수 있는 것인가? 이것은 교육 목적에 대한 질문이며, 조지 코우는 이 질문에 대해 특유의 해답을 제공하고 있다.

이와 관련하여 조지 코우는 먼저 과거로부터 내려오는 잘못된 교육 행위들이 범한 실패들을 예리하게 비판한다. 물론 그 비판의 근거 자체가 후대에 와서는 또 다시 역비판의 대상이 되기는 했으나, 코우는 자기 나름대로의 이론을 다음과 같이 펼친다.

잘못된 교육의 첫 번째 실패는 권위주의적 교육 행위이다. 권위주의적 교육이란 '교사 중심' 교육을 의미한다.[51] 이 교육 행위에서는 아동을 대상으로 열심히 가르치기는 하나, 인간 자신을 가르치는 것이 아니라 교회의 일원(一圓)을 만들기 위해 필요한 기독교적 지식을 가르쳐 온 행위인 것이다. 이러한 교육 행위가 이루어진 배경은, 오직 교회만이 신의 의지와 계시의 독점자이고 해석자라는 신학적 교만인 것이다. 그러므로 결국 여기서의 교육이란, 유일하게 구원받은 자들이 집결(集結)한 교회라는 특수사회로 개인들을 유입하는 수단이 되는 것이다.[52] 코우에 의하면 이러한 권위주의적 교육은 학

---

[51] George Albert Coe, *Education in Religion & Morals*, p.11.
[52] George Albert Coe, *A Social Theory of Religious Education*, p.53.

습의 진정한 주체가 되어야 하는 학생과 아동들의 가능성을 외면하고 소멸시켜 버리는 결과를 가져온다. 교인 만들기 교육으로 끝나는 이 교육은 아동들의 삶의 문제와는 관계 없는 성인들, 교사들의 독백으로 끝나버리고 만다는 것이다.

잘못된 교육의 두 번째 실패를 코우는 지나친 목적지향적 교육(emphasis on goal)이라고 불렀다.[53] 이것은 교사 중심도, 아동 중심도 아닌 목적을 성취하기 위한 교육 행위를 뜻하며, 얼마나 많은 양의 지식을 얼마나 빠른 속도로 학생들 머릿속에 축적하는가를 성공의 기준으로 삼아 온 교육 행위를 말하는 것이다. 이런 목적지향적 교육은 현대에 이르러 '개발'(development)이라는 사회적 요청과 목적을 성취하는 하나의 도구로 전향되고 있다.[54] 개인을 교육하기는 하되, 그 교육 목적은 사회적 개발이나 사회적 위치를 확보하는 데 필요한 기능과 적응을 가르치는 행위인 것이다. 코우는 권위주의적 교육이 주로 중세기 교회가 인간을 교리, 제도, 교회 구성원으로 유입하기 위하여 교사와 성인을 중심으로 실시하였던 교육이라고 지적한다.[55] 또한 현대에 와서는 모든 국가들이 경쟁적으로 인간을 과학과 기술화를 위한 수단으로 이용하기 위해 이러한 목적지향적 학교교육을 강조하고 있다고 지적하며, 중국에 있는 기독교계 학교교육을 예로 들면서, 동양에 있어서도 이러한 권위주의적 교육은 학생들의 가능성과 동기를 말살시키고 있다고 말한다. 코우는 이상의 두 잘못된 교육론이 교육 과정 속에서 아동 부재라는 비극을 초래했다고 개탄했다. 그러나 놀랍게도 코우는 잘못된 교육의 세 번째를, 지나친

---

[53] George Albert Coe, *Education in Religion & Morals,* p.11.
[54] *Ibid.,* pp.14-15.
[55] *Ibid.,* pp.70-71.

'아동 중심'(overemphasis on child) 교육이라고 비판한다.[56] 권위주의적 교육이나 목적지향적 교육이 아동을 교육 과정에서 소외시키는 과오를 범했다면, 다른 한 극은 과잉된 아동 중심 교육이라는 것이다. 즉, 그러한 교육이 어린이의 삶에 지나친 집착을 가하는 동안, 삶 자체가 경험해야 할 영역, 가야 할 목적의식, 삶의 의미를 소멸시키는 위험성을 가지고 있다고 본다. 객관성에만 초점을 두었던 교육이 잘못된 것이었다면, 주관성에만 초점을 두는 교육도 좋은 교육은 아니라는 것이다. 한 걸음 더 나아가 조지 코우는 교육 사상(특히 목적을 중심으로)의 흐름을 추적하면서, 객관성에 근거했던 과거의 권위주의적, 목적 지향적 교육은 루터, 코메니우스, 루소, 페스탈로찌, 프뢰벨 같은[57] 교육 사상가들의 영향을 따라 그 추세가 꺾였으나, 현대에와서 오히려 주관성에 근거하는 아동 중심의 교육으로 변질되어 버렸다고 비판하고 나섰다. 이 변질 과정은 수백 년을 거쳤지만, 코우는 그 변질의 과정을 정확히 읽고 있었다. 과거의 교권적 통제(敎權的統制)가 현대에 이르러서는 국가적 통제로 변했다는 것이다.

과거의 교육은 특권층의 독점물(獨占物)이었으나, 현대에는 민중의 권리로 바뀌었다. 과거의 교육은 주입식 위주의 교육이었으나, 현대에서는 전인 교육(知, 情, 意를 통틀어)으로 변하였다. 또한 과거에는 추상적 학문이 주류였지만, 현대에는 논리적이고, 과학적 학문으로 바뀌었다는 것이다. 과거에는 교사 중심으로 학습을 진행하였으나, 현대에는 어린이의 본성을 개발하는 교육으로 변화되었다. 과거

---

56 *Ibid.*, p.12.
57 *Ibid.*, pp.80-81. 루터는 교육론을 어린이의 권리에, 코메니우스(Comenius)는 어린이 성장의 자연적 질서에, 루소는 삶의 본연으로, 페스탈로찌는 도덕적 삶에, 프뢰벨은 자유로운 발전 등으로 교육 사상을 전개시켰다고 코우는 생각했다. 이들이 가진 공통점은 아동을 중심으로 교육을 풀이하려 했다는 사실이다.

의 교육은 어린이에게 무엇인가를 주는 것으로 이해하였으나, 현대에 와서는 아동들에게 방법을 제공함으로써 아동 자신이 자유롭게 표현하도록 돕는 것으로 변했다고 본다.[58] 교리를 중심으로 했던 로마가톨릭의 교육과 교리문답(catechism)을 중심으로 했던 전통적 개신교 교육, 그리고 회심과 개인의 구원을 중심으로 펼쳐 나갔던 복음주의적 교육은 객관성에 근거했던 주입식 교육의 범주에 속한다고 코우는 보고 있다. 코우 자신이 개신교 신학자이면서도, 코우는 고전적 개신교 신학과 교육의 경향성에 대해서는 심각한 비판을 하고 있는 셈이다.[59] 이러한 권위주의적 교육에 대하여 직접적으로 반발하고 나선 교육의 경향성은 자유주의 교육(liberalism)에서 온 것이었다. 자유주의는 아동 중심의 주권성을 그 초점으로 하는 새로운 교육론으로 나타났다고 코우는 해석한다. 그러나 코우는 이 자유주의 교육이 생동적인 교육의 방법과 재료를 제공하지만, 동시에 심각한 주지주의(主知主義, intellectualism)의 위험성을 안고 있다고 지적한다. 코우는 결국 권위주의 교육도 반대했지만, 동시에 아동 중심만의 자유주의도 반대하였다. 그렇다면 조지 코우의 교육 목적은 무엇인가? 권위주의 교육도, 자유주의 교육도 바람직한 교육으로 받아들이지 아니한 코우는, 자신의 교육의 목적을 '삶의 목적'이라는 용어 속에 집약시킨다.[60] 그러나 문제는 코우 자신이 이 삶의 목적이 무엇이냐를 뚜렷하게 해명하고 있지 않다는데서 혼선은 심화되고 있다. 코우는 막연하나마 삶의 목적이 윤리적 차원을 의미하고 있는 것처럼 설명한다. 교육의 목적은 지식과 능력 그 자체의 개발이 아

---

[58] *Ibid.*, p.83.

[59] George Albert Coe, *A Social Theory of Religious Education*, pp.304-330.

[60] George Albert Coe, *Education in Religion & Morals*, p.21.

니라, 오히려 그 지식과 능력을 올바르게 사용할 수 있도록 돕는다는 것이다.[61] 그러므로 삶의 목적에 교육의 목적을 두는 코우는, 교육 과정마저도 윤리적이어야 한다고 주장한다. 물론 여기에는 인간 자아의 도덕적 성장까지도 포함된다. 또한 교육의 목적인 삶의 목적에는 넓은 의미의 사회화(socialization) 과정도 포함되어 있다. 여기서 말하는 사회화란, 종교적 전통을 전달한다는 전수(傳受)의 차원과 함께 동시에 인간을 신의 분위기(divine environment)로 적응시켜 나가는 과정을 뜻한다. 그러므로 코우의 교육 목적은 미성숙한 인간을 삶의 적절한 목적을 위하여 발전해 나가도록 돕는 것이다. 다시 말하면 교육이란 이 윤리적 실현과 사회화를 가능케 하는 모든 시도(試圖)인 것이다. 조지 코우는 이 삶의 내용을, 인간이 참여하여 실현하는 신의 민주주의(Democracy of God)라고[62] 명명한다. 이것이 바로 종교교육의 궁극적인 목적이 되는 것이다. 그 이유는 신과 인간이 실현하는 민주주의는 인간 사회가 바라는 궁극적 이상이기 때문이다. 그러므로 코우에게 있어서 종교교육의 목적은 신의 민주주의 실현이며, 이를 가능하게 하기 위해서는 그 교육 과정마저 윤리적이고 도덕적이어야 한다는 것이다. 그 실현 과정은 전통, 사회, 특히 신의 분위기에 적응하는 일이어야 한다. 그렇다면 그 교육 내용은 어떤 것이어야 할까? 그것을 코우는 한마디로 사회적 이상주의(social idealism)라고 부른다.[63] 공정한 정부, 빈곤 없는 경제 질서 확립, 신의 민주주의 이상을 향한 젊은이들의 헌신과 삶의 자기실현, 사회복 지와 환경 보호, 노동과 교육과 놀이, 그리고 사회 정의, 형제애 구현을 근거로

---

[61] *Ibid.*, pp.17-18.
[62] George Albert Coe, *A Social Theory of Religious Education*, p.54.
[63] *Ibid.*, p.55.

하는 세계 공동체의 실현은 신의 민주주의 실현을 위해 절대 필요한 내용인 것이다. 코우 자신은 자기의 신학을 자유주의 신학으로부터 차별화하려 하지만, 그의 교육론을 뒷받침하는 그의 교육신학이 사회복음 운동, 그리고 19세기 자유주의 신학의 낙관주의와 깊이 내통하고 있는 것만은 부인할 수 없다. 결국 그리스도는 신의 민주주의 실현에 필요한 행동의 원리와 정신이며, 우리는 그리스도의 이 원리와 정신을 역사적 상황 속에 응용하면 된다는 것이다. 그러므로 신의 민주주의 실현은 그리스도에게서 이루어지는 것이 아니고, 그리스도에게서 나타난 원리를 가지고 결국 인간이 이룩하는 것이다. 교육은 이러한 창조적 인간을 형성하는 것을 돕는 과정인 것이다. 기독교교육이란, 예수의 원리에 따라 인간과 인간 사이의 관계를 조직적으로 재건하는 일이다. 이로써 인간은 위대한 가치를 지닌 존엄한 존재라는 사실을 자기 경험과 창조적인 자기 표현을 통하여 실현시켜 나가는 것이다. 이렇게 해서 조지 코우는 교육의 목적을 삶의 목적에 두면서, 그것을 신의 민주주의 실현이라는 말로써 설명하려 하였다. 그것은 사회화라는(전통의 전수와 적응의 양면을 가진) 경험과 실험을 통하여 이루어지는 것이며, 여기에서 비로소 교사와 학생의 공동적 참여와 상호작용이 이루어지게 된다. 종교교육이란, 신의 민주주의 실현을 위한 목적 설정과 교육 과정을 생동적이고도 창조적으로 이룩하는 행위를 통칭하는 말이다. 조지 코우의 학문적 공헌은 일반 교육학에 있어서 존 듀이가 차지했던 만큼이나 크고 위대한 것임에 틀림없다. 그러나 그것은 종교교육론에서 이야기되는 비중이다. 다만 코우의 모토인 신의 민주주의란 어떤 것인가라는 교육신학적 물음은 그대로 남는다. 그것이 기독교 신앙의 근거인 하나님 나라(Kingdom of God)라는 말인지, 아니면 하나님 나라에 대한 새로운 용어에 불과한 것인지, 조지 코우가 신의 민주주의를 분명히 해명하고 있지 않다는 점에서 그 문제는 더욱 미궁(迷宮)에 빠진다. 비록 코우 자신은 신학적, 교육적 자유주의를 배격했다 하더라도, 그가 이 사상들로부터 자유롭지 못했던 것은 사실이다. 더욱이 코우 사상 전체의 흐름으로 본다면, 그는 신의 민주주의라는 개념을 월터 라우쉔부쉬(Walter Rauchenbush)가 말했던 사회복음주의로 이해하였으며, 이는 결국 역사를 진화론적이며 동시에 낙관적으로 이해하였다는 비판을 면할 수 없게 된다.

5. 사회화가 이루어지는 곳 - 교육의 장

조지 코우의 교육 목적은 삶의 목적 실현과 신의 민주주의 실현에 있었다. 학생과 학교(교사는 사회로부터 위임된 대변자) 사이의 트랜스액션(transaction)은 결국 민주주의라는 지고(至高)한 이상적 사회를 창조한다는 존 듀이의 낙관적 사고와 평행하여, 조지 코우는 자아와 사회 사이의 상호작용(interaction)은 결국 신의 민주주의를 이 산업사회 속에서 실현할 수 있다고 믿었던 것이다.[64] 바로 이 신의 민주주의 실현은 사회화(socialization)라는 구체적인 교육 과정을 통하여 이루어진다는 것이다.

코우의 교육의 '장'(場)은 바로 이 사회적인 상호작용이 일어나는 곳을 말한다. 개인이라는 자아와 사회라는 공동체 사이의 상호작용은, 결과적으로 교육 과정을 통하여 개인의 변화와 사회의 변화를

---

[64] Robert C. Worley, "George Albert Coe", *The Westminster Dictionary of Christian Education,* ed. by K. B. Cully, p.129.

가져온다. 그리고 그 곳에서 신의 민주주의는 비로소 생성된다. 그러므로 자아와 사회 변화 속에서 생성되는 신의 민주주의의 과정은 곧 교육의 '장'이 되는 것이다. 사회화란, 종교교육의 '장'이 된다. 여기서 아동과 개인은 언어, 수(數), 관습을 배움으로써 사회 속에 참여하게 되는 도구를 마련하게 된다. 여기서 아동은 그 개성(individuality)을 잃어버리기보다는 오히려 보다 폭넓은 인간관계 속에서 자아성(自我性)이 더욱 뚜렷하게 형성된다고 코우는 믿었다.[65] 상호응답적 관계(reciprocal Relationship)로 자아는 성장하게 된다는 것이다. 그리하여 사회와 개인은 사회화 교육 과정을 거쳐 서로 보완(補完)하게 된다. 사회화 교육의 또 다른 결과는 자아의 성장과 함께 사회가 진보적으로 재건되어 간다는 것이다. 사회의 재건은 집단체제의 독주가 아니고, 개개인을 보호할 뿐 아니라 개인이 자기실현과 자기 발전을 이룰 수 있도록 최고의 봉사를 제공하는 때에 비로소 이루어진다는 것이다.[66] 그러므로 사회란 집단이나 대중을 의미하는 것이 아니라, 인간의 개성과 자아성을 돕고 증진하는 의식적인 그룹을 의미하는 것이다. 그러므로 이러한 의미의 자아와 사회 사이의 상호작용이라는 '사회화'는 조지 코우가 뜻하는 종교교육의 '장'을 이루게 된다.

구체적으로 이 사회화라는 교육의 '장'이 어떤 현장에서 구현되는 것인가? 조지 코우는 이 현장에는 대략 4가지가 있다고 본다. 그 하나는 가정(家庭)이다. 여기서 코우는 호레스 부시넬의 영향을 받은 것은 사실이다. 그러나 부쉬넬은 가정을 신의 은총의 매개라는 신학적 의미부여 위에다 교육론을 펼친 데 반하여서, 조지 코우는 가정을 기본적으로 민주주의를 연습하고 경험하는 공동체로 이해하였

---

[65] George Albert Coe, *A Social Theory of Religious Education*, p.38.
[66] *Ibid.*, p.17-18.

다. 여기서 가정은 사회화를 이루어 가는 자연 질서의 한 부분이라는 것이다. 물론 가정에는 부모라는 역할을 담당하는 사회의 대변자들이 있다. 그러나 그들의 존재만으로는 가정을 민주적으로 만들 수는 없는 것이다. 오히려 '귀를 기울이는 부모'(listening parents)[67]가 가정을 민주적으로 만들 수 있다고 보았다. 불평하는 자녀들에게 단순한 관심을 표현하는 정도가 아니라, 부모가 자녀들과 함께 중요한 문제들을 놓고 같이 씨름하면서, 자녀들도 그 해결점을 향해 함께 참여할 수 있도록 매개를 열어줄 때 비로소 가정은 민주적이 된다는 것이다. 여기에는 남녀라는 성의 차별도 있을 수 없고, 특정한 교리에의 예속도 없다. 다만 어린이들이 자기의 권리와 의무 사이의 함수(函數)관계를 올바로 실현해가고 경험할 수 있도록 가정을 하나의 의도적인 그룹으로 발전시켜 나가는 것이다. 이것을 민주적 가정(民主的 家庭)이라고 불렀다. 이 가정은 사회정의를 경험할 수 있는 기본적이고도 자연적인 사회화의 터전인 것이다.

두 번째 현장은 사회적 삶 자체이다. 그중에서도 국가는 가장 중요한 대표기관이다. 국가, 특히 민주국가야말로 사상의 자유, 언론의 자유, 결사의 자유, 법 앞에서의 평등권 등 인간의 기본적인 자유를 변호할 뿐 아니라 이들을 보장하는 기관이기 때문에, 국가는 사회화 교육을 촉진하는 중요한 현장이었던 것이다.[68] 자유국가나 민주국가가 되면 될수록 국가를 인간과 국민의 진정한 연대의식을 실현시키는 가장 중요한 기관으로 이해하였고, 이는 기독교 신앙으로부터 영향을 받은 결과라고 보았다. 이러한 민주국가는 국가적 정책 자체가 보다 책임적인 사회교육 현장을 창조해 주는 것이다. 세 번

---

[67] *Ibid.*, p.213.
[68] *Ibid.*, p.249.

째 교육 현장은 학교(school)이다. 신의 민주주의 실현이라는 궁극적인 목적에서 자유국가가 제정하는 학교의 성격은 본질상 사회화를 경험하는 현장이 되어야 하며, 그 곳에서 교사와 커리큘럼도 이 사회화를 매개하는 기능으로 나타나야 한다는 것이다.[69] 이에 관련하여 조지 코우는 다음과 같이 말한다.

"공립학교에 있어서의 사회화 종교교육이란 독서, 작문법, 수학 이외에 종교를 가르쳐야 한다는 것을 뜻하지 않는다. 오히려 민주주의를 철저히 교육하자는 말이다. 민주주의를 교육한다는 말은 예리한 민주주의적 자세, 활동, 목적의식을 개발한다는 것이다. 다시 말하면, 학생들을 민주적으로 만든다는 것이다."

이로써 국가와 학교는 사회화 교육을 수행하는 중요한[70] 교육 현장들이다.

그러나 네 번째 교육 현장은 교회이고, 구체적으로는 교회학교이다. 국가와 학교가 훌륭한 교육 현장임에는 틀림없으나, 조지 코우는 모든 종교교육을 국가나 학교에만 의존하지는 않는다. 오히려 국가나 학교가 해결할 수 없는 인간 자아의 운명, 인류의 미래 운명, 사랑의 운명 같은 인간의 깊은 문제는 신의 영감과 신의 의지 안에서 해결될 수밖에 없다고 보는 것이다. 교회는 바로 이 문제를 포착해야 할 교육적 책임이 있다는 것이다. 단순한 교리 전달이 아니라 전인을 사회화시키는 교육에 관심을 가지고, 교회는 건물과 교육 장비, 훈련된 교사, 과학적인 관리 모두를 이를 위해 투자해야 한다고

[69] *Ibid.*, p.11.
[70] *Ibid.*, p.263.

코우는 주장한다.[71] 조지 코우는 이러한 이유에서 기존의 주일학교 운동이 여러 가지 면에서 실패하고 있다고 지적하며, 주일마다 약 30분간의 귀중한 시간이 불필요한 말, 광고, 특별 행사, 출석 부르기, 준비 없는 교사들의 무책임한 교육으로 낭비되고 있다고 비판한다.[72] 오히려 그는 주일학교가 지니고 있는 교육 현장의 중요성을 인정하면서도 앞으로의 주일학교는 새로운 혁신이 절실히 요구되고 있음을 피력하였다. 교회학교는 불필요한 순서, 무책임한 준비에서 오는 혼돈을 극복하여, 그 시간을 교육적으로 효과가 있도록 운영하는 새로운 시도가 있어야 할 것이라는 것이다. 필요하다면 교회학교 시간을 두 시간으로 연장하여 사회화 경험이 가능하도록 해야 할 것이라고 보았다.[73] 여기서 교회학교를 현장으로 하는 종교교육은 신의 민주주의 실현을 위하여 공동체를 변화할 수 있는 힘을 기른다는 의미를 가지게 되며, 학생들은 이 변화를 위한 선교에 참여하도록 교육해야 할 것을 의미한다. 이렇듯 조지 코우는 사회화라는 적을 수행하는 네 가지 현장의 중요성을 강조했으며, 이 현장들 사이의 뗄 수 없는 상호의존성을 강하게 들고 나왔다. 이는 결국 코우가 전인 교육과 사회화 교육을 핵심으로 했기 때문이다.

6. 자기실현의 길 - 교육 방법

조지 코우의 교육 방법은 신의 민주주의 실현을 위한 총체적인 매개로 정의된다. 그래서 그의 교육 방법은 추상적이고도 복잡하다.

---

71 *Ibid.*, p.265.
72 *Ibid.*, p.243.
73 *Ibid.*, pp.226-227.

코우의 교육 방법에는 크게 두 영역이 있다. 그 하나는 넓은 의미에서 아동이나 인간의 성격을 형성하는 모든 과정, 특히 인간을 하나의 종이나 민족으로 형성하는 모든 요인들을 교육 방법 안에 포함시킨다.[74] 여기에는 사회화 과정에 필요한 문화적 유산 전반과 시대정신도 이 안에 포함된다. 또 다른 하나의 교육 방법에는 젊은이나 아동들을 사회화 과정에 참여하도록 유도하는 어른들의 자발적 활동(voluntary activity) 모두가 포함된다.[75]

그러나 그것이 넓은 의미의 교육이든, 기술적 의미의 교육이든 그 속에는 두 가지 기본적인 유형(類型)이 있다고 전제한다. 그 하나는 주입식 교육 방법(注入式敎育方法),[76]즉, 진리의 규범인 교리문답을 교리화하여 일방적으로 전수하는 방법이다. 중세 로마가톨릭 교회는 주입식 교육의 전형이었다. 코우는 이러한 주입식 교육 방법이 성서를 살아 있는 진리로부터 고착된 문자로 전락시켜 삶과의 접촉을 차단하였으며, 교육 과정에서의 결정의 순간이나 경험들을 말살하였다고 본다.[77] 그러나 주입식 교육과는 다른 하나의 교육 방법은 인격원리(personality-principle)이다. 인격원리는 교리나 전통에서 출발하지 않고 오히려 모든 인간이 가지고 있는 잠재력과 가능성에서부터 출발한다. 코우의 말로는 인격의 존엄에서 출발하는 교육 방법인 것이다.[78] 그러므로 조지 코우의 교육 방법은 넓은 의미에서 '인격'이라는 실재에 근거하며, 무엇이 인격이고 그것은 어떻게 성장하는가라는 물음에서 교육 방법은 나온다는 것이다.

---

[74] George Albert Coe, *Education in Religion & Morals,* p.33.

[75] *Ibid.*

[76] George Albert Coe, *What is Christian Education?* p.43.

[77] George Albert Coe, *Education in Religion & Morals,* pp.163-165.

[78] George Albert Coe, *What is Christian Education?* p.67.

그러므로 중요한 것은 코우가 정의하는 '인격'이 무엇인가이다. 코우에게 인격이란 존재론적인 인격성과 진화론적인 인격적 행위를 포괄하는 함축적 개념이다. "인격이란 정적(static)인 것이 아니고 오히려 자기인식(自己認識, self-awarness)이라는 행위와 행동 속에서 계속적으로 존재의 근거를 찾는"[79] 것이다. 여기서 코우는 종교교육의 새 지평 하나를 열어간다. 인격이란 항상 인격화되어가는 행동 속에서만 인격일 수 있다는 해석은 하나의 혁명이었다. 그것은 존재와 존재화의 함수관계를 의미했으며, 이러한 해석은 현대 교육학에서도 대단히 중요한 자리를 차지한다.[80]

그렇다면 자기인식이란 어떤 행위를 의미하는 것인가? 그것은 자기긍정(self-recognition), 자기 가치부여(self-valuation), 자기정체성(self-identity)이라는 단계적 행위들을 동반하는 행위이다.[81] 이러한 단계적 행위들은 몇 개의 구체적인 매개들을 통해 이루어지게 된다. 그 하나는 자연을 정복(mastery of nature)하는 길이며, 이 정복의 길은 인간을 하나의 바람직한 인격으로 바꾸어 놓는다고 보았다.[82] 두 번째의 매개는 '놀이'(play)이다. 자연에 대한 감상, 음악, 드라마, 문학을 포함하며, 진선미(眞善美)를 놀이라고 부른다. 그리고 놀이는 도덕적 민감성(moral-sensitiveness)까지를 포함한다. 세 번째 매개는 우정과 우정 사이에서 생겨지는 의리(loyalty)이다. 이것은 자신과 타자 사이의 동일화 과정을 의미하며, 넓게는 사회화(socialization)을 의미한다. 코우

---

79 *Ibid.*, p.75.
80 being and becoming이라는 함수관계를 교육론에 도입한 사람은 조지 코우 이외에도 실존철학 교육학자인 오토 볼노브(Otto Bollnow)와 기독교교육학자인 루이스 쉐릴(Lewis J. Sherrill)을 들 수 있다.
81 George Albert Coe, *What is Christian Education?* p.75.
82 *Ibid.*, p.104.

의 교육 방법도 인격이 인격화 되어가는 둘 사이의 함수관계에 있다. 그러나 그것은 아동 중심의 교육 방법이 아니라, 자아와 타자와의 관계, 더욱이 사회 공동체와의 상호관계 속에서 이루어짐을 뜻한다. 그러므로 인격은 인격화되어야 하는 것이지만, 그것은 타자와의 동일화 과정에서만 이루어질 수 있는 것이다. 네 번째 매개는 실패이다. 인격은 실패와 고통을 통해서도 인격화되며, 더욱이 실패는 인격을 전투적으로 성장시킬 수 있기 때문이다. 마지막 매개는 예배이다. 감사, 찬양, 회개, 기도 등의 모든 예배 행위는 인격적 주체인 인간이 신과의 교제를 실현하는 행위이며, 이 행위 속에서 인격은 심오한 신인식(神認識)과 함께 새로운 윤리관도 세워가게 되는 것이라고 보았다.[83] 그러므로 조지 코우의 교육 방법은 미리 설정한 원리에 따라 고안해내는 조작이 아니었다. 교육 방법은 인격들 사이의 사회화를 가능케 하는 모든 매개들의 총체였다. 그러기에 코우의 교육 방법은 내용 전달만도, 아동의 경험만도 아닌 사회화를 촉진하는 매개의 종합이다.

코우는 한걸음 더 나아가 학습과정에서 이러한 교육 방법은 어떤 모양으로 구체화되는가를 묻는다. 사회화 과정에서 인격 성장을 가능하게 하는 첫째의 교육 방법을 코우는 자기표현의 방법(self-expression)이라 명명한다.[84] 자기표현을 통한 학습방법은 학습자에게 자유를 경험하게 한다. 이 자유란 종교와 영적 의미의 본질로 이해된다. 이 자유의 경험은 죄와 두려움 그리고 이기심으로부터 인간을 해방시키기 때문에, 자기 표현 방법은 종교교육의 중요한 교육 방법

---

[83] *Ibid.*, pp.104-124, 그리고 Wayne Rood, *Understanding Christian Education*, pp.194-196을 보면 조지 코우의 인격원리에 대한 설명을 찾을 수 있다.

[84] George Albert Coe, *Education in Religion & Morals*, p.77.

이 된다는 것이다. 이 자유의 경험은 인격과 인격 사이의 인격적 관계에서 경험하는 생-변화로 이어진다. 자기표현의 방법은 이를 가능케 한다는 것이다. 이 방법은 교사에게서 출발하여 학생에게 내려오는 것이 아니라 학생들로부터 출발하여 오히려 교사에게로 향하는 것을 의미한다. 그러므로 교사가 자기표현의 방법을 사용하는 경우, 학생들 속에 잠재하고 있는 가능성을 찾는 일부터 시작해야 한다.[85]

자기표현의 방법 이외에 다른 방법을 "자기실현"(自己實現, self-realization)이라고 불렀다. 이 방법은 존 듀이의 "행동함으로써 학습한다"는 명언에 기초를 둔 교육 방법이다. 자기실현의 방법은 가정에서의 생활과 행동에서 시작된다는 듀이의 이론에 뿌리를 두고 있다.[86] 특히 음식 만들기-식(食)의 문제, 뜨개질-의(衣)의 문제, 토목일-주(住)의 문제 등에 직접 참여하는 행동에서 자기실현은 이루어진다는 것이다. 자유로운 자기활동(free self activity)을 통하여 학생들은 자기 자신이 학습의 주체가 된다는 사실을 발견하게 되기 때문이다.[87] 벌(罰, punishment) 자체는 부정적이지만, 때로는 현재를 초극할 수 있는 의욕과 능력을 불러일으키는 방법이라고 본다. 또한 놀이(play)는 자기실현의 한 도구로서 학생들의 흥미를 끌어내는 중요한 방법이며, 동시에 가정과 학교에서 사용될 신성한 성격을 가지고 있다. 놀이란 어떤 동기를 필요로 하는 것이 아니며, 영감(inspiration)을 가져오는 도구이다.

결국 자기표현, 자기실현의 방법은 사회화를 위한 것이고, 이 사회화 과정에서 인격 성장은 비로소 가능해진다. 그러나 조지 코우는

---

[85] Ibid., p.117.

[86] Ibid., p.124.

[87] Ibid., p.130.

이 모든 방법들을 하나의 집약적인 틀 안에 연합시키는 모험에 나선다. 그것을 자기 통제(self-government)의 방법이라고 불렀다.[88] 자기 통제의 방법은 교사와 학생의 관계, 자기 인식, 자기 표현, 자기 실현이고, 학생들의 놀이 등, 인격 원리에서 오는 모든 방법과[89] 아울러 신과의 영적 교제, 교사와 학생 사이의 인격적 사회화, 세계와 역사 속에서의 사회화와 선교 의식까지도 담아내야 하는 커리큘럼은 구체적으로 학생들의 사회화와 인격 성장을 도와주는 매개이어야 했다. 그러므로 커리큘럼은 구체적이고 생활적이어야 하며, 흥미와 재미, 그리고 문제 해결을 위한 원리와 목적을 제시할 수 있어야 한다. 여기에는 사실에 대한 과학적 분석도 포함한다.

코우는 이 자기 통제의 방법에 커리큘럼 외에 창조적 교수법을 중요한 매개로 첨가시킨다. 이를 '문제 중심'의 교수법(problem-project teaching method)이라고 불렀다.[90] 학생들의 생의 상황에서 출발하는 이 교수법은 아동의 관심(interest), 학생의 자기활동(자기표현, 또 자기실현, activity), 학생 참여(participation), 학생의 성격(character) 형성의 과정으로 인도하는 방법이다. 이러한 교수법은 다섯 단계를 거쳐서 이루어진다고 코우는 설명한다. 즉, 첫째 단계로 학습자의 경험에서 나오는 문제들을 가지고 교육한다(커리큘럼은 여기에 포함된다). 둘째 단계는 학생들 스스로 자신과의 관계에서, 그리고 세계를 인식하도록 자기표현을 유도한다. 셋째 단계는 학생들 자신의 인격적 실현을 돕는다. 넷째 단계는 학생들의 인격의 사회화이다. 이것은 학생들이 교사와의 관계에서, 또래와의 관계에서, 사회, 학교, 국가와의 관계

---

[88] George Albert Coe, *A Social Theory of Religious Education*, p.18.
[89] *Ibid.*, p.98.
[90] George Albert Coe, *What is Christian Education?* p.180.

에서 인격적 자아들이 사회적 관계를 맺는다는 뜻이다. 다섯째 단계는 자유로운 자기 활동, 혹은 자기 통제이다. 이 모든 창조적 과정에서 학생들은 신의 내재적 임재를 경험하게 된다. 그러므로 코우의 종교교육은 일반 교육 과정까지를 포함하여 인격 원리와 인격 성장, 그리고 그 인격의 사회화를 실현시키는 한 창조적 교육이 될 수 있으며, 이 창조적 교육이 곧 종교교육이라고 보았다.

Ⅲ. 잔존자 - 해리슨 엘리엇

진보적 종교교육학파는 조지 앨버트 코우에게서 집대성되었다. 그러나 집대성된 코우의 사상은 계승자나 해석자에 의하여 계속 이어져야 했으며, 이를 위해 코우는 자신의 교수 생활을 통하여 동조적인 제자들을 길러내야만 했었다. 해리슨 엘리엇(Harrison S. Elliot)은 조지 코우를 계승하여 진보적 종교교육론을 가장 강한 어조로 변호하였던 수제자였다.[91] 이 역사적 계승에 대하여 웨인 루드(Wayne R. Rood)는 다음과 같이 서술하고 있다.

"20세기의 처음 40년간, 조지 앨버트 코우의 제자들은 미국 안에 있는 주요 대학이나 신학교의 종교교육 교수들로 활약했다. 그들은 자기들의 스승이었던 코우의 인간성과 그의 사상에 깊은 영향을 받았었다. … 그러나 종교교육에 관한 신학적 논쟁은 뉴욕에 있는 유니온 신학교에서 시작되었다. 1930년대 후반에 와서 신학적 논쟁은 신화

---

91 제3장에서 취급한 역사적 고찰을 참고하시기 바란다.

(神話)로 남을 만큼 강하게 일어나고 있었다. 이때 은퇴와 함께 조지 코우는 해리슨 엘리엇을 후임자로 선택하였고, 유니온 신학교의 클래스에서 코우의 전통은 열렬히 변호되고 계승되어갔다.”[92]

엘리엇의 등장은 신학적 논쟁의 와중에서 더욱 뚜렷한 위치를 차지하였다. 그러나 엘리엇의 사상적 체계는 신정통주의 신학사상의 비판을 통하여 코우의 사상을 변호한 것에 불과한 것이었다. 그럼에도 불구하고 엘리엇은 진보적 종교교육론을 변호했던 마지막 계승자라는 점에서 그 역사적 의미를 평가받고 있다.

1. 신 의식과 경험 - 교육신학적 구조

조지 코우의 계승자로서 유니온 신학교 강의실에서 엘리엇이 강력하게 진보적 종교교육론을 변호하고 있을 당시, 같은 학교의 다른 교실에서 라인홀드 니버(Reinhold Niebuhr) 교수는 진보학파와는 전혀 다른 신학사상을 강의하고 있었다. 비도덕적인 사회를 진보의 ‘장’(場)으로 보았던 자유주의적 낙관주의를 신랄하게 비판하면서, 니버는 신의 공의와 신의 심판적 행위를 주장하고 나섰던 것이다.[93] 이같은 니버 교수의 도전은, 30~40년대의 화려했던 진보학파의 전통과 그 사상적 근거를 뿌리에서부터 흔들기 시작한 새로운 도전이었다. 이러한 상황에서 해리슨 엘리엇은 조지 코우의 명성과 사상을 배경으로 하여 강력한 후계자로 등장하였으나, 그의 사상은 니버 교수의 폭풍우 같은 도전을 거슬러 올라가야 했었다. 엘리엇은 상대를

---

[92] Wayne R. Rood, *Understanding Christian Education*, pp.256-257.
[93] *Ibid.*, p.257.

이기기 위하여 상대의 신학을 연구해야만 하였다. 그래서 그는 신정통주의 신학파라는 학명을 가진 새로운 신학운동을 공부하게 되었고 이에 대항하여 진보적 신학을 변호하였다.

엘리엇의 사상 밑바닥에 흐르는 근저는, 그리고 바로 그 사상적 이유 때문에 신정통주의 신학과 분리되어야 했던 분기점은 계시(revelation)문제였고, 그리고 그 계시의 로커스(locus, 계시가 어떤 매개로서 나타나는가라는 질문)에 대한 해석에 있었다.

먼저 계시에 대한 논쟁부터 살펴보기로 한다. 엘리엇은 신정통주의 신학이 주장하는 계시 이해를 다음과 같이 정리하였다. 그들은 초월적인 하나님이 예수 그리스도만을 통하여 자신을 계시하셨다는 사실을 궁극적인 전제로 하고 있으며, 그 전제는 성서의 증언에 의해서만 확인되고 입증되는 것이라는 성서주의를 믿고 있다고 지적한다.[94] 홈리히하루젠(C. E. Homrighausen)과 에밀 브루너(Emil Brunner)를 인용하면서, 엘리엇은 그들의 계시 이해는 신의 선취적 행위에 의하여만 나타난 영원한 진리라고 결론짓는 신학적 이해에 대하여 극심한 불만을 표시하고 있다.[95] 더욱이 이 계시의 내용인 영원한 진리는 신앙과 신의 영에 의하여서만 인간 속에 파고들 수 있다는 사실에 대해서도 엘리엇은 몹시 불만스러워 했다. 계시에 있어서 신의 선취적 행위라는 사실, 이 행위를 성서와 신앙이라는 두 가지의 축을 매개로 하는 신정통주의 신학은 결국 권위주의 신학으로 다시 추락했다고 보았다. 에밀 브루너가 계시를 신의 말씀(Word of God)으로 이해하였다 하더라도, 엘리엇에게는 그 개념마저 일방통행적인 권위주의로 끝나고 있다는 것이다. 이러한 신정통주의 신학의 권위주

---

94 Harrison Elliot, *Can Religious Education be Christian?* pp.5, 12, 68ff, 115.
95 *Ibid.*, pp.68-73.

의적 이해를 반대하고 나선 해리슨 엘리엇은 자기의 사상을(엘리엇
은 현대 종교교육이라고 불렀다) 창조적 이해라고 불렀으며, 계시에 대
한 그 해석을 진화론적으로 끌고 나갔다. 한마디로 엘리엇은 계시
란, 인간 경험 속에서 체험하는 신 의식(Consciousness of God)이라고
정의한다.[96] 신 의식이란 위로부터(from without) 오는 초월적 개념이
아니라, 인간이 주체가 되어 그의 사고 구조와 경험 속에서 가지는
신 의식이라는 것이다. 그래서 계시란 신이라는 실재와의 관계의식
이며, 또 동시에 삶 속에 나타나는 신적 의지와 계획을 인식하는 행
위를 의미한다. 그러므로 현대 종교교육론(modern religious education)
은 신이 예수 그리스도를 통하여 자기를 계시하셨다는 사실을 받아
들이면서도, 예수는 유일한 계시적 사건이 아니라 많은 계시 중의
지고(至高)의 한 계시일 뿐이라고 해석한다. 엘리엇은 여기서 계시의
상대화와 다원화를 주장하고 나섰던 것이다. 엘리엇은 '계시'를 인
간 경험으로부터 분리시키는 순간부터 그 계시는 권위주의적이 되
며, 그것은 결국 인간의 자유와 자율을 억누르는 결과를 가져온다고
믿었다. 그래서 계시란 인간이 경험하는 신 의식이지, 초자연적인
사건이 아니라고 이해했으며, 이것은 그의 현대 종교교육론 전개에
있어 기본적인 신학적 전제로 되었다.

　　여기에서부터 그 '계시'가 일어나는 로커스의 문제로 논의의 실
마리를 옮기도록 한다. 이미 논의한대로 신정통주의 신학의 계시 이
해는, 그것이 하나님의 선취적 행위로서 예수 그리스도의 사건에서
완전히, 그리고 일회적으로 현현(顯現)되었다는 사실을 믿는 데 있었
다. 그러므로 신정통주의 신학의 계시의 내용은 신의 행위 자체였고

---

96 *Ibid.*, p.66.

(혹은 말씀), 그 계시의 로커스는 예수 그리스도의 전 사건(前 事件)이라고 보았다. 즉 예수 그리스도 안에서만 신과 신의 말씀을 접할 수 있다는 것이다. 이 예수 그리스도는 성서에 의하여 증언되었으며, 인간의 신앙에 의하여(그리고 신의 영) 생활 속에 응용되어지는 것이다. 그러나 엘리엇은 이러한 계시 이해와 로커스의 이해가 기독교교육 과정을 내용 중심, 성서 중심, 교회의 교리 중심으로 전락시키는 결과를 가져왔다고 비판한다.[97] 다시 말하면, 신학의 권위주의적 계시 이해는 교육 과정과 교육 내용을 모두 권위주의적으로 만들어 버리고 만다는 것이다. 반기를 들고 나선 해리슨 엘리엇은, 인간 경험 속의 신 의식으로서의 계시는 예수의 사건 안에서 그 로커스를 찾기도 하지만, 또한 자연과 역사가 계시의 로커스가 된다고 주장하면서 계시의 로커스를 다원화시켰다. 이 자연과 역사는 결국 인간의 경험과 인간 삶의 영역이다.[98] 그러므로 엘리엇에게 있어서 계시(신 의식)의 로커스는 예수의 사건, 자연, 역사, 경험들인 것이다. 신정통주의 신학은(엘리엇의 해석에 의하면) 성서를 계시의 로커스로 하고 그것의 객관적 진리를 교육의 소재로 하지만, 현대 종교교육론은 인간의 경험과 자유를 주체로 하여 성서, 전통, 교리를 자유로이 해석할 수 있는 경험적 소재(empirical data)를 교육의 중심으로 삼는다. 그래서 교육은 교리 전달이나 암기가 아니라 성서와 계시를 경험하는 것 그 자체여야 하며, 또한 그 경험을 해석할 수 있는 능력을 개발하는 것이어야 한다. 이런 의미에서 현대 종교교육론은 교회의 신앙이나 신조에서 출발하지 않으며, 오히려 인간의 본질과 인간 성장의 조건을 설명해 주는 최선의 과학적 지식에서 출발하는 것이다. 신학은 종교

97 *Ibid.*, p.5.
98 *Ibid.*, p.115.

교육의 근거가 아니라, 심리학, 사회학, 인류학, 교육학에서 오는 지혜와 그것을 해석하는 과학적 추구를 그 근거로 삼는다.[99]

2. 사회 구원의 참여자 - 인간 이해

인간은 무엇이며 그 인간은 누구인가라는 철학적 질문은 교육을 이해하고 교육을 정의하는 데 가장 중요한 물음이다. 이 물음은 엘리엇에게도 예외일 수는 없었다. 엘리엇은 창조적 종교교육론을 펼쳐가기 위하여 자기 나름대로의 인간론을 전개하고 있다.

엘리엇이 용납할 수 없었던 인간 이해는 당시 선풍적으로 대두되기 시작했던 신정통주의 신학이 제시하는 인간관, 특히 라인홀드 니버의 인간관이었다. 인간은 하나님의 형상(Imago Dei)대로 지은 바 되었으나, 타락과 함께 전적으로 죄인이 되었다는 사실을 니버는 강하게 내세우고 있었다. 인간이 죄인인 이유는 근본적으로 자기중심적 충동(egoistic impulse), 혹은 교만(pride)의 존재가 되었기 때문이다. 교만은 신의 주권에 대한 인간의 반항으로 나타났으며, 그것은 본래의 관계를 파괴시켜 버렸고, 따라서 이러한 인간은 교육이나, 역사의 진전(progress)에 의하여 구원받을 수 없다는 것이다. 니버는 조지 코우의 명구(名句)였던 "교육에 의한 구원"을 근본에서부터 부정하고 있었다. 인간이 죄인이라는 병의 깊이는 교육 방법이나 수단으로는 해결될 수 없기 때문이다. 이렇게 니버가 인간에게 종교교육은 본질적으로 불가능하다고 말하는 동안, 엘리엇은 니버의 이러한 비관적 인간론이 종교교육을 불가능하도록 만들어 버린다고 비난하

---

99 *Ibid.*, pp.1-4.

였다.[100] 엘리엇에게 이러한 비관적 인간 이해는 루터나 칼빈에 의해 진행된 고전적 개신교회가 범하여 온 치명적 약점이라고 본다. 이러한 이유에서 엘리엇은 신정통주의 신학을 받아들일 수 없다고 보았으며, 아울러 그 신학은 종교교육에 불필요한 신학이라고 보았다. 그렇다면 엘리엇의 인간 이해는 어떤 것인가? 인간은 죄인이라는 근본적 전제에 대하여 엘리엇은 조건부로 이를 수락한다. 즉 인간은 죄인이긴 하지만, 그 죄란 전적 타락이거나 인간의 파멸을 의미하는 인간 내면의 병이 아니라, 인간 통제 밖에 존재하는 사회나 환경에 의해 생겨난 희생(victims of circumstances)[101]이 곧 죄(罪)라는 것이다. 그러므로 엘리엇은 궁극적으로 죄를 인간의 책임이기 전에 사회와 환경이 만들어놓은 희생물이라고 본 것이다.

"인간 개개인의 죄 된 행위는 어렸을 때 그 사람들에게 주어졌던 생의 조건들의 결과이다. 그 사회적 조건들은 개개인의 결단이 실천되기도 전에 이미 주어졌다. 그리고 죄 된 행위는 부모들의 무책임, 불행한 가정과 환경적 조건들에 의해서 이루어진, 즉 사회적 원인에 의해서 결과된 것이다."[102]

그래서 엘리엇은 죄의 실체는 인정하였으나, 그 죄는 인간이 책임질 수도 없고 또 통제할 수도 없는 인간 밖에 있는 환경의 희생물인 것이다. 많은 경우 법정에 끌려오는 죄인은 환경의 희생자들뿐이고, 오히려 죄를 만들어내는 환경의 오염자인 진짜 죄인은 언제나

---

100 *Ibid.*, p.178.
101 *Ibid.*, pp.170-175.
102 *Ibid.*, p.175.

사회 안에 건재하고 있다는 것이다. 그러므로 죄는 착취(exploitation)이고, 책임과 겸손을 망각한 자기 합리화가 죄인 것이다. 죄는 개인적인 것이 아니고 사회적인 것이다. 이 사회적인 죄는 불치의 병이 아니라 사회적 책임에 의해 치료가 가능한 것이라고 엘리엇은 단정했다. 그리고 이 주장은 그의 교육 이해에 지대한 차이점을 던져주었다. 신정통주의의 비관적 인간 이해는 종교교육을 불가능하게 만들지만, 자기가(엘리엇) 믿는 사회적 죄인으로서의 인간은 종교교육을 통하여 구원에 이를 수 있다고 믿었다. 엘리엇은 이 사회적 죄를 극복해 나가는 경험을 책임적이고 성숙한 기독자의 경험이라고 불렀으며, 이것이 곧 종교교육의 과제이고 또한 과정이라고 보았다.

3. 사회화와 그리스도 같은 성격 형성 - 교육 목적

계시 이해와 인간 이해에 있어서 신정통주의와는 근본적으로 다른 차이점을 보여주었던 해리슨 엘리엇은 교육 목적에 와서도 극렬한 논쟁으로 문제를 다루고 있다. 엘리엇은 다시 라인홀드 니버를 자기의 적수(敵手)로 선택한다. 특히 니버의 초기 저서인 『도덕적 인간과 비도덕적 사회』[103]에서의 니버의 발언을 중요시한다. 니버는 교육에 의해 초래될 이상 사회의 꿈은 계몽주의 시대 합리주의의 유물이라고 지적하면서, "이 계몽주의 신앙은 오늘날 교육자들의 신조로 남아 있으며, 철학자, 심리학자, 그리고 사회과학자들에 의해서 계속 살아 있다"[104]고 말했다. 여기에서 교육자들이란, 조지 코우

---

[103] Rienhold Niebuhr, *Moral Man and Immoral Society,* p.24. Harrison Elliott은 그의 저서, *Can Religious Education be Christian?* p.198에서 Niebuhr의 공격을 그대로 인용하면서 문제의 초점을 재정비하고 있다.

를 중심으로 일어난 진보적 종교교육학파를 두고 한 말이다. 이어서 니버는, 이들 교육학자들은 더 많은 지혜를 소유하는 길만이 사회문제를 해결할 수 있으며, 보다 적절한 교육학적 기술은 결국 '사회화된 인간'을 생산하게 될 것이며 아울러 사회의 문제들도 해결할 수 있다는 낙관적 희망을 가지고 있다고 비꼬기도 했다.[105] 니버는 진보학파들의 낙관주의가 두 가지 이유에서 근본적으로 수정되어야 한다고 했다. 첫째로는, 그들이 믿는 인간의 이성과 지혜는 제한되어 있기 때문이며, 둘째로 이 사회의 밑바닥에는 '충동의 힘'(power of impulse)이 도사리고 있어 제한된 이성은 충동을 극복하기보다는 그 충동의 종이 되어버리기 때문에 낙관주의는 한계에 이르렀다고 했다. 엘리엇이[106] 계속 니버와 씨름한 것으로 보아 니버의 도전은 확실히 무게가 있는 것이었음을 엿볼 수 있다. 오히려 니버는 비도덕적 사회 속에서 인격과 인격이 만나는 관계 회복만이 개인과 사회를 구하는 길이며, 그 과정은 파워 그룹 사이의 갈등을 거쳐서 이루어지는 것이라고 보았다. 뒤늦게 니버는 인간의 초월성, 특히 충동을 초월하는 힘을 인간이 가지고 있다고 설파하였다. 이것을 니버는 '역사의 실증주의'라고 불렀다. 이러한 역사의 실증주의적(實證主義的) 입장에서 진보학파의 낙관적 진보개념과 교육에 의한 사회화(구원)는 수정되어야 한다는 것이 니버의 주장이었다.

이러한 니버의 비판과 도전에 대하여 엘리엇은 침묵으로 패배를 선포하지는 않았다. 오히려 엘리엇은 니버의 비판을 역이용하면서[107] 자유주의 교육을 자기도 비판하려고 한다. 즉, 엘리엇 자신도

---

104 *Ibid.*
105 *Ibid.*
106 Harrison Elliott, *Can Religious Education be Christian?* pp.201-202.

니버가 비판한 자유주의 교육이 지나친 주지주의(主知主義)에 빠져 인간의 심리작용과 물리작용 사이의 통일을 잃어버렸다고 비판하고 나섰다. 또한 자유주의 교육은 지나치게 개인주의에 빠져, 인간의 얽힌 공동의 문제를 개인의 능력 개발에서 해결하려 하는 모순을 범했다고 비판하였다.[108] 그러나 이렇듯 방어진을 쳐놓은 엘리엇은, 현대 종교교육은 크게 두 가지의 교육 목적을 향해 나가고 있다고 말한다. 그 첫째는 사회화이다. 엘리엇은 그것을 이렇게 표현한다. "개개인의 지혜와 능력이 사회적 목적 실현이라는 공동적 과제에 사용되어질 때, 그 곳에서 삶의 궁극적 가능성은 새로운 꽃을 피우게 된다."[109] 사회적 목적 실현이란 신의 나라에 대한 인간이 가질 수 있는 최선의 측정이기 때문이며, 이것이 종교교육의 목적이 된다고 보았다. 듀이는 이를 트랜스액션(transcation)이라고 불렀고, 조지 코우는 사회적 인터플레이(social interplay)라고 불렀으나, 엘리엇은 이를 사회적 전략(social strategy)[110]이라고 불렀다. 뚜렷한 용어의 차이에도 불구하고 엘리엇 역시 교육의 목적을 사회화에 둔 것은 분명한 사실이다. 교육의 이러한 사회적 전략에서 개인은 개인적 전략에 머무르지 않고 공동적이고 협동적인 노력으로 전환되는 것을 의미한다. 니버가 제시하는 파워 정치(power poitics)는 오히려 갈등하는 그룹 사이의 긴장과 문제를 심화시킬 커다란 위험이 있음을 지적하고 나선 엘리엇은, 교육 과정에서 사회화를 경험하도록 하는 것이 보다

---

[107] *Ibid.*, pp.204-205. 여기서 엘리엇은, 니버의 비판은 자유주의자들에게만 해당하는 것이라고 말함으로써 진보파를 빼놓으려고 한다. 오히려 자유주의를 니버와 같이 비판하려고 한다.

[108] *Ibid.*, p.205.

[109] *Ibid.*, p.211.

[110] *Ibid.*, p.213.

기독교적인 교육이 되지 않겠느냐고 되물었다.[111] 종교교육의 두 번째 목적은 "그리스도와 같은 성격"(Christlike character) 형성에 있다.[112] 그러나 불행하게도 엘리엇은 "그리스도와 같은 성격 형성"이라고만 제시할 뿐, 그 구체적 내용은 전무하다. 다만 암시되고 있는 의미가 있다면 "그리스도와 같은 성격"이란 사회적 자아[113]라고 표현할 수 있다는 것이다.

이 사회적 자아는 개인주의적으로도, 또는 개인의 생의 변화를 즉각적으로 가져온다는 회심의 경험으로도 이루어지지 않는다고 엘리엇은 믿고 있다. 오히려 개인이 국가나 그룹의 이념 실현을 위하여 협동적 과제에 참여하는 행위를 통해서 비로소 그리스도와 같은 성격으로 형성된다는 것이다.[114] 그러나 여기서 한 가지 물음만은 해결되지 않은 채 남는다. 설사 엘리엇이 지적한 니버의 파워 정치의 한계를 인정한다 하더라도, 사회화 혹은 사회적 전략으로서의 종교교육은 과연 이념화 된 사회, 부도덕한 사회까지도 변화시키는 구원자 일 수 있는가? 그것까지도 합리화하는 사회화의 교육이라면, 그것 역시 전체주의와 획일주의의 위험을 그 안에 가지게 될 것이다. 이에 대한 필자의 본격적인 평가는 제8장으로 미루기로 한다. 다만 교육의 목적으로 내세웠던 사회화와 그리스도와 같은 성격 형성은 조지 코우나 존 듀이의 진보주의 사상에 충실했던 학문적 결과라고 보아야 할 것이다.

---

111 *Ibid.*, pp.216-217.
112 *Ibid.*, p.219ff.
113 *Ibid*, 엘리엇은 제11장을 통틀어 Christlike Character란 사회화된 인간을 의미하고 있는 것으로 일관하고 있다.
114 *Ibid.*, p.228.

4. 신앙과 과학의 합일 - 교육 방법

　　엄밀한 뜻에서 엘리엇의 교육 방법은 사회화와 사회적 전략 속에 이미 반영되어 있었다. 그러나 아쉬운 것은 엘리엇이 교육 방법의 구체적 대안을 제시하지 않고 있다는 점이다. 때문에 여기서는 교육 방법의 원리만을 논의할 수밖에 없는 한계를 가지고 있다. 엘리엇의 원리란 신앙과 과학 사이의 관계의 풀이였으며, 이 두 영역 사이의 올바른 관계 설정은 교육 방법을 권위주의로부터 진보적이고 창조적으로 바꾸어 놓을 수 있는 대안이라고 엘리엇은 믿었다.

　　엘리엇의 교육 방법 원리를 구성하는 두 가지의 큰 흐름이 있다. 하나는 그가 그토록 적대시하는 신앙과 과학 사이의 절대 분리를 주장하는 이원론(dualism)이다. 여기에는 사도 바울이 속한다는 것이다. "내가 복음을 전할 때에 인간의 지혜로운 말을 쓰지 않는 것은 그리스도의 십자가가 헛되지 않게 하려는 것입니다"(고전 1:17b)라는 바울의 고백과, "내가 지혜로운 자의 지혜를 멸하고 총명한 자의 총명을 헛되게 할 것입니다"라는 바울의 편지를 인용하면서 바울은 세상의 지혜를 불필요한 것으로, 혹은 죄악적인 것으로 만들어 버렸다는 것이다.[115] 여기서 바울은 하나님의 지식은 인간의 지혜로는 헤아릴 길이 없다고 잘라 말하면서 이원론적 교육 방법의 제창자가 되었다는 것이다. 이 같은 바울의 입장은 마르틴 루터의 반주지주의(反主知主義, anti-intellectualism)로 계승되었고, 이성을 외면하고 '신앙으로만'(sola fidei)의 신학을 고수하여 온 개신교의 이원론은 더욱 심화되었다는 것이다. 그리고 엘리엇은 이 바울적 전통이 현대에 이르러

---

[115] *Ibid.*, p.121.

과학과 종교의 분리, 신의 계시와 인간의 지식을 분리시키는 칼 바르트나 에밀 브루너의 신학에 의해서 되살아나고 있다고 한탄을 쏟아놓았다.[116] 이러한 이원론적 구조에서 보면, 종교교육이란 세상을 등지고 인간의 지혜와 지식을 외면한 소위 성경 위주의 신앙교육으로 나타나게 되며, 결국은 성서의 교리를 일방적으로 강요하는 권위주의적 교육 방법으로 끝나버리게 된다는 것이다. 엘리엇은 이러한 교육 방법의 원리는 창조적 종교교육을 오염시키는 결과만을 가져왔다고 결론 짓는다.

다른 하나의 흐름은 엘리엇의 용어를 빌리자면, 현대 종교교육론의 진보적 사상이다. 신앙과 과학 사이의 갈등보다는 오히려 과학과 인간 지식을 매개로 신앙을 이해하려는 이 사상적 흐름은, 신약의 요한복음에서 그 근원을 찾을 수 있다는 것이 엘리엇의 해석인 것이다. 사상사적(思想史的)인 해석의 눈에서 보면, 요한복음 속에 나타난 신앙과 과학, 계시와 이성의 종합적 시도는 오히려 로마가톨릭 교회의 전통과 사상 속에서 계속 강화되어 온 것으로 풀이한다. 아울러 희랍적 언어와 히브리 사고 구조를 사용하여 기독교 신앙의 본질을 해명하려고 노력해 온 사실을 엘리엇은 높이 평가했다. 그는 심지어 오리겐(Origen)과 토마스 아퀴나스(Thomas Aquinas)의 계시와 이성의 동일시마저 훌륭한 시도라고 보고 있다.[117] 엘리엇에 의하면 현대 종교교육론이야말로 바울 - 개신교 - 바르트계의 계보보다는 오히려 요한복음 - 아퀴나스 - 로마가톨릭 교회 계보에 그 뿌리를 가지고 있음을 자랑하고 있다. 여기서 엘리엇의 교육 방법이란 그리스도 안에 계시된 신에 대한 지식에 그 초점을 두지만, 그 신의 지식을

---

116 *Ibid.*, pp.123-128.
117 *Ibid.*, p.213.

이해하고 해석하는 매개는 인간이 성취한 모든 지식이라는 데 그 특징이었다. 그러므로 엘리엇에게 있어서 모든 과학적 지식은 하나님의 지식에 도달하는 중요한 소재와 데이터(data)가 되는 것이다. 여기서 오늘의 천문학, 사회학, 인류학은 종교교육학이 배척해야 하는 세속적 영역이 아니라, 오히려 종교적 통찰(religious insight)을 제공하는 폭넓은 소재가 된다고 보았다.[118] 이러한 신앙과 과학 사이의 새로운 접근은 종교교육을 교리 전달의 수단으로만 이해해왔던 틀을 넘어서려는 새로운 시도였다고 할 수 있으며, 특별히 과학과 기독교 신앙 사이의 새로운 관계 모색이라는 점에서 높이 평가될 수도 있는 과감한 시도였다고 본다. 다만 풀리지 않는 몇 가지 문제는 그대로 남아 있다. 그것은 과학적 지식 그 자체가 신의 지식에 도달하는 소재가 된다는 엘리엇의 해석이 과연 신학적인 타당성을 가지고 있는가라는 물음이다.

5. 신을 의식하는 개인경험 - 종교교육의 장

엘리엇의 교육신학은 사회화 혹은 사회적 전략(social strategy) 속에서 과학적, 사회적 지식을 매개로 하여 개인이 신 의식을 가지게 되는 과정이라고 요약할 수 있을 것이다. 그러나 그에게 있어 결정적이고 구체적인 교육의 장(場)은 무엇인가라는 문제와 종교교육이라는 사건이 일어나는 장은 무엇인가라는 질문은 여전히 남는다.

엘리엇은 호레스 부쉬넬을 인용하면서, 호레스의 종교교육은 '가정'을 장으로 하는 교육임을 긍정하고 있다.[119] 부모와 자녀들 사

---

118 *Ibid.*, p.127.
119 *Ibid.*, p.228.

이의 장은 가정이라는 공동체였다. 그리고 신정통주의 신학의 교육의 장은 교회라는 사실도 인정하고 있다. 그것은 특히 화해와 용서가 경험되는 구속적 공동체로서의 교회가 기독교적인 계시의 로커스(locus)가 되기 때문이라고 믿기 때문이다. 그러나 해리슨 엘리엇은 엄밀한 의미에서의 교육의 장은 가정도 교회도 아니고, 신 의식을 경험하고 또 사회화를 실현해가는 개개인의 사회화 과정이라고 정의한다.[120] 그러므로 엘리엇에게 있어서 교육의 장은 사회화 과정 안에 있는 개개인의 경험인 것이다. 이로써 그는 전체주의적 위험(개인의 경험 없는 사회화)과 개인주의적 위험(사회화 없는 개개인의 성장)의 양 극단을 피하려 했다. 물론 이것은 훌륭한 시도임에는 틀림없다.

그렇다면 엘리엇이 개개인의 경험을 교육의 장으로 이해하는 그 근거는 무엇인가? 이에 대해 그는 성서만이 신의 계시를 기록한 증언이라고 보는 신정통주의 신학을 배격하면서, 성서란 "개인들의 산 경험의 기록"이라 주장을 근거로 내세운다.[121] 이러한 성서 이해는 성서를 문자적으로 풀이해온 통일공과(uniform lesson)를 배격하고 경험을 근거로 성서를 풀이하는 계단공과(graded lesson)를 높이는 근거를 제공한다.[122] 그 이유는 통일 공과란 성서를 문자적으로 풀이함으로써 그 내용을 분산시키고 있으며, 선교와 사회개혁 내지는 이상 사회 실현이라는 차원을 망각하고 있기 때문에 비성서적이라는 것이다. 인간 개개인의 경험이 이루어지는 그 곳에서만 신의 가능하며, 그 곳에서 비로소 사회화 과정은 이루어진다고 보기 때문이다.

그러므로 엘리엇에게 교육의 장은 개개인의 경험이 일어나는 곳

---

120 *Ibid.*, p.229.
121 *Ibid.*, p.112.
122 *Ibid.*, p.34.

이었다. 여기서 성서는 개개인의 경험이 신 의식을 할 수 있도록 도와주는 역사적 재료가 된다. 교리와 기독교적인 전통마저 개개인의 경험을 장으로 하는 교육 과정에 주어질 때, 그것은 암기나 주입의 목적으로 쓰이는 것이 아니라, 그들의 산 경험 속에 적응(adaptation)을 돕는 유산이 될 수 있다는 것이다.[123] 이렇게 성서와 전통이 사회화 과정 안에 있는 인간의 경험 속에 들어올 때 비로소 성서와 전통은 그들의 삶을 위해 의미 있는 경험과 신념으로 변하게 된다는 것이다. 그러므로 해리슨 엘리엇은 종교교육이란 인간 개인들의 산 경험 과정 속에서 신을 의식하고 사회를 의식하게 하는 경험, 혹은 성장을 돕는 행위라고 정의한다. 여기서의 사회화는 "그리스도와 같은 성격" 형성을 의미하는 말이다.

---

[123] *Ibid.*, p.310.

6장.
기독화를
장으로 하는 교육

- 신정통주의 신학의 기독교교육 이해

서론

1920년부터 1940년에 이르기까지 황금기를 이루었던 자유주의 신학과 진보적 종교교육학파의 붕괴는 우연한 사건만은 아니었다. 유럽에 있어서는 세계대전이라는 인간 파멸의 비극과 이에 뒤따른 절망 의식이 당시의 낙관주의를 부정하였는가 하면, 미국의 경제공황은 복음에 의한 사회 구원이라는 낙관주의를 무너뜨린 결과를 가져왔다. 이렇듯 역사와 사회 그리고 인간에 대한 비관주의는 신학과 교육에도 급격한 변화를 가져온 계기가 되었다. 이것은 1940년과 1941년[1] 사이에 기독교교육계에도 불어 닥친 사상적 혁명이었다.

기독교교육의 새 시대는 여기서부터 시작되었다. 해리슨 엘리엇에 의해 마지막으로 변증되었던 진보적 종교교육학파의 철학적이고 인류학적이며, 심리학적이고 사회학적인 해석의 화려했던 시대는 종지부를 찍게 되고, 기독교교육은 "교회 안에서 비로소 새로운 거처를 찾기 시작하였고", 또 말씀의 종으로 교회에 봉사하는 성서신학자 및 다른 신학자들과의 새로운 동업의식(同業意識)을 가지기 시작하였다.[2]

사회화의 경험을 종교교육의 원초적 소재로 삼았던 때와는 달리, 새로운 기독교교육은 계시와 성서, 교회를 신학적 주제로 전개시켜 나갔던 것이다. 이 같은 기독교교육의 변화는 신학 일반은 물론, 특히 성서신학이 비평학과 역사학적 방법으로부터 탈피하여 성서신학과 해석학으로 옮겨가는 변화와 밀접하게 연결되어 있었다.

I. 사상적 계보

기독교교육학파(필자의 임의의 명명이다)가 최초 형성기부터 황금기를 이루기까지는 적어도 세 가지의 큰 요소들이 종합적으로 작용하였으며, 그것들은 학파의 탄생 배경도 제공하였다. 그 첫째는 신학 전역에서 일어난 이른바 신학혁명이었다. 자유주의 신학이 무너지고 이른바 신정통주의 신학이라는 학명(學名)으로 등장한 새로운

---

[1] 1940년은 Harrison Elliott이 *Can Religious Education be Christian?*을 내놓은 해이고, 1941년은 자유주의 진보학파에 대하여 정면으로 도전한 Shelton Smith가 *Faith and Nurture*를 내놓은 해이다.

[2] Sara Little, *The Role of the Bible in Contemporary Christian Education*, p.11.

신학운동은 새로운 기독교교육의 근거를 마련하여 주었다.

둘째는, 한때 진보적 종교교육학파의 유능한 지도자였던 쉘튼 스미드(Shelton Smith)가 신학혁명을 경험하고 난 후, 신정통주의 신학의 빛에서 새로운 기독교교육론을 제창하고 나선 것이 기독교교육 혁명의 전기를 맞이한 역사적 요인이었다.

셋째는, 유대주의 신학자이면서도 유대주의를 넘어 개신교 신학, 특히 신정통주의 신학을 깊숙이 파고 들었던 마르틴 부버(Martin Buber)의 인격주의 철학이 기독교교육 신학과 방법에까지 지대한 영향을 끼쳤다는 사실이다. 이상의 세 가지 사상적 기저(基底)와 역사적 계기는 1940년에서 대략 1963년까지의 기독교교육을 황금기로 만들 수 있었던 계기가 되었다.

1. 신학혁명 - 신정통주의 신학의 대두

이미 제3장에서 신학혁명에 대한 역사적 배경과 의미는 약술한 바 있었다. 그러나 기독교교육학파가 형성되기까지에는 폭풍우 같은 신학혁명의 배경이 있었으며, 그 사상적 영향력은 마치 회오리바람처럼 거센 것이었다.

1918년 칼 바르트(Karl Barth)가 내놓은 첫 저서인 『로마서 강해』는, 신학계 내부에 아성처럼 자리 잡았던 자유주의 신학적 풍토를 뒤엎고 새로운 신학을 태동시키는 계기를 마련하였다. "하나님은 하나님 자신이다"라는 명제 아래 쓴 이 문제작은, 세 가지 기본적 신학적 전제를 내세우고 있다. 즉, 그 첫 번째는 하나님과 인간 사이의 질적인 차이, 두 번째는 종교적 체험과 신비주의를 빙자한 인간의 교만은 곧 죄라는 사실, 그리고 마지막 세 번째로는, 이 죄와의 단절은 하나님의 은총에 의해서만 극복되고 또 구원에 이를 수 있다는 신학적 해석[3]이 바로 그것이다. 이 신학운동은 신개혁신학(新改革神學), 변증신학(辨證神學), 위기신학(危機神學), 말씀의 신학, 그리고 신정통주의신학(新正統主義神學)으로 불리면서 하나의 거대한 신학운동의 흐름으로 등장하였다.

신정통주의 신학은 하나의 통일된 교리 체계나 신학적 입장으로 일관된 학파는 아니었지만, 그러나 신정통주의 신학이 가지는 공통적인 주제는 몇 가지로 집약될 수 있을 것이다. 버나드 람(Bernard Ramm)은 이를 크게 네 가지로 집약하고 있다.[4]

첫째로 신정통주의 신학은 자신들이 개신교 사상, 특히 루터 (Luther)와 칼빈(Calvin)의 진정한 후예라고 믿고 있다. 로마가톨릭 교회는 교리와 전통을 절대화함으로써 진리를 규범화(規範化)하였고, 정통주의는 성서 이해와 계시 이해에 있어서 문자주의에 빠졌고, 자유주의는 인간의 자율성을 강조함으로 하나님의 구원과 복음의 진리를 상대화시키는 과오를 범하여 왔다는 것이다.

둘째로 이 신학운동은 성서 이해에 있어서 정통주의의 문자주의적 입장도, 자유주의의 경험주의적 입장도 거부하면서, 성서는 계시 그 자체는 아니며 오히려 계시를 증거하는 증언이라고 본다. 물론 하나님의 말씀은 인간 언어라는 매개를 통해서 나타나지만, 궁극적으로 하나님의 말씀은 인간의 말(words of man)이 아니기 때문이다. 신정통주의 신학은 그리스도 안에서 하나님의 말씀이 인간과 만나는 곳에서 비로소 신앙은 시작되며, 성서는 이 만남에 대한 증언이라고 믿는다.

---

[3] Van A. Harvey, *A Handbook of Theology Terms*, p.163.
[4] Bernard Ramm, *A Handbook of Contemporary Christian Eduction*, p.11.

셋째로 신정통주의 신학은 역동적인 계시 이해를 가지고 있다. 즉 예수 그리스도와 만날 때(성령의 역사에 의하여) 하나님은 이미 자신을 계시하신다는 것이다. 그래서 계시는 교리나 성서 자체가 아니고, 또 경험 자체도 아닌 것이다. 오히려 예수 그리스도를 통한 하나님과의 만남의 행위이며, 말씀이고, 대화인 것이다. 설교, 성서, 성례전은 이 하나님과의 만남에 대한 증거들이다.

넷째로, 신정통주의 신학은 그리스도의 절대중심성(Absolute Centrality)을 믿는다. 특히 칼 바르트의 신학사상은 이 신념을 분명히 하고 있다. 이로써 신정통주의 신학은 자유주의 신학의 신의 내재성에 반대하여 하나님의 초월성을, 인간 경험의 주체성에 반대하여 성서를 통한 하나님의 말씀을, 인간의 선성(善性)에 반대하여 인간의 죄 됨을 주장하고, 또한 천국의 진화론적 실현에 반대하여 예수 그리스도 안에서 나타난 하나님의 은총과 신앙으로 인한 의인(義認)에 이르는 구원을 주장하였다.[5]

이러한 신정통주의 교육 사상은 기독교교육학자들의 교육신학적 근거를 마련하여 준 역사적 고리였다. 사라 리틀(Sara Little)은 그의 박사 학위 논문이었던 『현대 기독교교육에 있어서 성서의 역할』[6]이라는 책에서 기독교교육 형성에 영향을 끼친 신정통주의 신학자들로서 특별히 윌리엄 템플(자유주의적 경향에서 본), 칼 바르트, 폴 틸리히, 에밀 브루너, 리처드 나버 등을 제시하며, 그들의 사상적 계보를 추적하고 있다.

신정통주의 신학의 최대 관심이었던 계시 이해는 여기에서도 계속되는 주제였다. 그러나 신학자들에 따라 달리 이해된 계시의 로커

---

[5] Van A. Harvey, *A Handbook of Theology Terms*, p.163.
[6] Sara Little, *The Role of the Bible in Contemporary Christian Education*.

스(locus)는 신학 이해와 교육 이해에서 지대한 차이점을 드러냈다.

윌리엄 템플은 하나님 계시의 우위성(優位性)을 인정하면서도, 그 계시의 매개와 로커스는 인간의 종교체험(religious experience)이라고 본다.[7] 종교적 체험이란 우주와 우주 질서 속에 구현되고 있는 신의 섭리에 대한 인식을 의미한다. 그러나 슐라이어마허의 주관적 경험의 신학과는 달리, 템플은 사건(객관적)과 그 사건에 대한 인식이 마주치는 기점을 계시라고 부르고, 이는 종교적 경험에 의해서만 인식된다고 보았다. 그러므로 신은 우주와 역사의 사건과 인간의 마음이 마주치는 바로 그 계시 속에 경험되는 분이었다. 그러나 비록 예수 그리스도가 계시의 사건이고 또한 지고(至高)의 계시(supreme revelation)이지만, 그리스도만이 유일한 계시의 사건은 아니라고 보고 있다는 점에서 템플은 신정통주의 신학의 중심 주제로부터 다소 이탈하고 있다. 한마디로 신은 예수 그리스도를 통해서도 계시하지만, 성례전적 우주(sacramental universe)를 통해서도 계시하신다는 것이다. 화이트헤드 철학의 영향을 받은 템플은, 우주에는 계급이 있다고 생각했으며, 물(物), 생명(生命), 마음, 영(靈)의 단계 뒤에는 연합의 원리가 있어, 이 우주를 섭리하고 있다고 믿었다. 그는 이 원리를 곧 신(神)이라고 불렀는데, 인간은 자연과 우주 속에서 이 신의 행위를 찾을 수 있다는 것이다. 이 사상은 랜돌프 밀러(Randolph Miller)의 관계론적 교육신학 형성에 깊은 영향을 끼쳤다.

두 번째의 신학자는 칼 바르트이다. 신(新)정통주의 신학의 대변인인 그의 사상을, 리틀 교수는 "계시와 말씀"이라는 용어로 집약하고 있다. 바르트에게 있어서 계시의 구체적 로커스는 하나님의 말씀

---

[7] *Ibid.*, p.29.

(Word of God)이다. 여기서 말씀은 세 가지의 양식(forms)으로 이해된다. 즉, 그것은 선포된 말씀(Preached Word), 기록된 말씀(Written Word)과 계시된 말씀(Revealed Word)의 세 가지로 표현되지만, 여기서 계시된 말씀인 예수 그리스도의 사건(totus Christuas)은 모든 계시의 내용이 되고 근거가 된다. 성서는 계시된 하나님의 말씀을 기록으로 증언하고 있으며, 설교는 계시된 하나님의 말씀을 살아 있는 입술로 증거하게 된다. 그러나 바르트는 여기서 끝나지 않는다. 그 하나님의 말씀은 하나님 자신의 구속과 화해의 말씀이며, 이것은 신앙으로 응답하는(analogia fiedei) 사람에 의하여 관찰(observation)되고, 성찰(reflection)되고 그리고 전유(appropriation)되어지는 것이다. 바르트 신학의 중심 명제인 하나님 말씀의 우위성, 초월성 그리고 인간 상황 속에 파고드는 도전성은 제임스 스마트(James Smart)와 캠벨 와이코프(D. Cambell Wyckoff)의 기독교교육론에 깊이 파고들었다.

그 다음의 신학자는 폴 틸리히(Tillich)이다. 넓은 의미에서 틸리히는 신정통주의 신학이라는 범주에 속하고 있으나, 틸리히의 독특한 신학적 위치는 또 하나의 영역을 열어 놓았다.

사라 리틀과 함께 로버트 존슨(Robert Clyde Johnson)은 틸리히 신학을 종합의 신학(Theology of Synthesis)[8]이라 부른다. 칼 바르트를 포함하는 대부분의 신정통주의 신학자들은 분리의 신학(Theology of Diastasis), 은총과 죄, 초자연과 자연, 교회와 세계의 사이에 갈등이 있음을 주장한 데 반하여, 폴 틸리히는 실존적 인간의 질문과 신학적 해답 사이에 상응하는 소위 상호연결의 방법(method of correlation)

---

[8] Ibid., p.40-41, 그리고 Robert C. Johnson, "Paul Tillich", George L. Hunt, ed. Twelve Makers of Modern Protestant Thought, Association Press, 1970, p.65를 참조하라.

으로 철학과 신학의 연관성을 내세웠으며, 이것은 틸리히의 신학을 관통하는 특유의 신학 방법이었다. 틸리히에 있어서 계시의 로커스는 이성(理性)과 인간이 던지는 실존적 물음에 두었다. 계시의 객관성과 함께 계시의 실존적 경험을 중요시하였던 것이다. 이 틸리히의 사상적 구조는 기독교교육학자 루이스 쉐릴(Lewis Sherrill)에게 지대한 영향을 끼쳤다.

템플, 바르트, 틸리히 외에 기독교교육학파 형성에서는 에밀 브루너가 포함된다. 마르틴 부버의 "나와 너"라는 유명한 인격주의적 명제를 신학 방법론에 도입한 에밀 브루너(Emill Brunner)의 계시 이해는 그 로커스를 만남(encounter)에서 풀이하였으며, 이 신학사상은 모든 기독교교육자들에게 깊은 영향을 끼쳤다. 바르트 신학의 계시의 로커스는 예수 그리스도의 유일회적 사건(唯一回的 事件)이었다면, 브루너는 신과 인간 사이의 만남(The Divine-Human Encounter)이었다. 이 문제는 신학적으로는 특수 계시(special revelation)와 일반 계시(general revelation)사이의 논쟁이었으나, 기독교교육적으로는 교육의 장(場)과 직결되는 신학적 문제인 것이다. 기독교교육은 하나님 말씀에 의한 인간의 회개와 신앙을 말하는가(바르트 신학으로부터 오는) 혹은 하나님과 인간 사이의 만남에서 오는 인간 변화인가(브루너와 틸리히에게서 오는) 라는 첨예한 대립으로까지 확대되기 때문이다. 이처럼 자체 안에 많은 차이점과 문제점들을 안고 있었음에도 불구하고 신정통주의 신학은 역동적으로 기독교교육 형성에 크게 공헌하였다.

2. 교육신학 혁명 - 쉘튼 스미드의 사상적 도전

교육신학 혁명의 역사적 의미는 제3장의 사적 고찰에서 이미 논의한 바 있다. 그러나 신정통주의 신학과 기독교교육학파 사이의 역동적 관계가 자연 발생적으로 일어난 것은 아니었다. 거기에는 전환점이 있었고, 불을 당긴 매개자가 있었다. 그는 쉘튼 스미드였다.

진보적 종교교육학파의 정점에 있었던 쉘튼 스미드는 신정통주의 신학의 도전에 의하여 자신의 신학적 혁명을 가져오게 되었고, 그 신학 혁명은 기독교교육의 사상적 흐름을 근본에서부터 바꾸고 수정하는 역사적 변화의 기점이 되었다. 엄밀한 의미에서 기독교교육학파 운동은 쉘튼 스미드에게서 시작되었다.

스미드 교수는 자신이 몸 담았던 진보적 종교교육은 네 가지의 사상에 근거하고 있었다고 보며, 그것은 모두 낙관적이고 또 잘못된 것이었다고 비판한다. 첫 번째의 사상적 근거는, 신이 세계의 진화 속에 내재하는 분이라는 내재적 신관이었다. 두 번째의 근거는, 인간은 무한한 선(善)의 존재(Goodness of Man)라는 낙관적 인간 이해이다. 세 번째 근거는, 인간은 신적 존재이며 또 무한히 성장할 수 있는 가능적 존재라고 이해한 점이다. 마지막 네 번째의 근거는, 예수를 하나의 이상적인 역사적 인물에 불과하다고 본 것이다. 이 네 가지는 자유주의 신학이 제공하는 교육신학적 주제이지만, 스미드는 이 모든 것이 다 잘못된 것이라고 보았다. 인간 중심의 신학은 결국 성서가 증언하는 초월적 실재로서의 하나님과 이 세계를 보지 못하고 있기 때문이다. 스미드는 신학은 신 중심적(Theocentric Theology)이어야 한다고 주장하였다. 1941년에 출판한 스미드의 한 권의 책,『신앙과 교육』9은 기독교교육을 인간 중심에서 하나님 중심의 교육으로 바꾸어 놓는 신학적 모멘텀(momentum)이 되었다. 그의 사상 구조는

---

9 Shelton Smith, *Faith and Nurture*.

다음과 같이 요약될 수 있을 것이다.

첫째는 하나님 나라 사상에 대한 문제이다. 자유주의 신학과 진보학파는 이상적인 사회 질서의 실현이 곧 신의 민주주의(Democracy of God)의 실현이라고 보았다. 이는 지상에 이룩할 수 있는 가능성의 세계이며, 타계적(他界的)이고 초월적인 것이 아닌, 산업사회의 질서 속에서 실현되는 우주적 사회로서 성숙한 사회의 출현을 말했다.

스미드는 이러한 진화론적인 신국 이해는 결국 인간이 윤리적인 사랑을 실현해가는 결과물에 불과하다고 보았다. 여기서 신국은 신의 창조가 아니라, 신국 창조를 위임 맡은 고귀한 인격의 인간들이 세우는 사회라는 것이다. 그러나 스미드의 신 중심의 신국은 개인의 성장 경험이나, 사회적 진전에 의해서 보장되는 어떤 세계를 말하는 것이 아니며, 오히려 인간의 세계 속에 돌입하셔서 이룩하시는 신의 의지이고 또 그의 왕국이다. 이것은 기독교교육 이해에 있어 중요한 의미와 사상성을 가지게 되며, 그것의 교육목표는 물론, 교육의 장(場)의 설정, 교육 방법에까지도 큰 변화를 가져왔다.

스미드의 사상 구조의 두 번째 측면은 자유주의 신학과 진보학파가 인간 이해를 타락과 죄인이라는 관점에서보다는 신의 형상(Imago Dei)이라는 창조성에 근거하여 해석해왔다고 본 것이다. 특히 인간과 인간, 인간과 사회 사이의 트랜스액션(transaction)을 통하여 인간은 무한히 성장하는 자아로 변한다는 존 듀이의 이해는 종교교육의 근거를 마련하였다. 이에 대하여 스미드는 인간은 신과의 관계에서만 자신을 본다고 주장하고 나섰다. 신의 형상대로 지은 바 된 인간은 신께 응답할 수 있는 원초적 능력을 가지고 있었지만, 인간은 스스로 주체가 되는 순간, 신에게 반항하는 타락한 존재가 되었으며, 타락한 인간은 신의 형상을 상실하게 되었다고 보았다. 결국 인간은 창조를 파괴하는 존재로 전락했다. 그러므로 스미드에게 인간 구원의 가능성과 근거는 인간 자신에게 있는 것이 아니었다.(이것은 자유주의, 진보학파가 내세우는 모든 교육론의 근본적인 전체를 도전하고, 부정하는 것이 된다) 인간 구원은 전적으로 신의 창조하심, 섭리하심, 그리고 은총에 있다는 것이다. 여기서 기독교교육은 하나님께 응답하는 인간의 신앙적 결단에 의해서만이 가능하며, 그것은 하나님 중심의 신학과 교육 구조로 바뀔 때만 가능하다는 것이다.

그렇다면 신앙이란 과연 무엇인가? 이 문제는 그의 사상적 구조의 세 번째 영역이 된다. 진보학파의 신앙은 아동 속에 주어진 천부의 능력과 힘을 의미하고 있었다. 이 능력과 힘은 교육적인 매개로 개발되고 또 성장한다. 이것은 곧 조지 코우의 명제인 교육에 의한 구원(Salvation by Education)이었다. 그러나 스미드는 이러한 주관주의적 이해는 종교적 신앙을 보장할 수도 없을 뿐 아니라, 어린이들의 삶 속에 생동하는 불꽃을 피우지도 못한다고 믿었으며, 오히려 예수 그리스도만이 신앙과 삶의 궁극적인 의미와 근거가 된다고 생각했다. 그리스도 안에서 말씀하신 하나님의 언약만이 온 인류에게 미치는 영원한 생명이기 때문이다. 그래서 스미드는 호레스 부쉬넬이 말한 교육에 의한 기독교인으로의 성장이라는 논리까지 반대하였다. 오히려 복음만이 인간을 죄로부터 자유케 하며, 인간이 회개하도록 촉구하는 힘이라는 것이다. 그러므로 기독교교육은 스미드의 사상구조의 네 번째 측면인 인간 능력 안에서가 아니라, 복음과의 만남에서 오는 회개의 가능성에 있다고 믿었다. 이 사상은 후대 기독교교육 사상을 형성한 여러 학자들에게 의미있게 다가갔다.

영역은 교육이 일어나는 현장이다. 자유주의 진보학파와 쉘튼 스미드는 공히 교육의 현장을 교회로 보았다. 그러나 이들 사이에는 질적 차이가 있었으며, 그것은 기독교교육을 달리 풀어나가는 이슈(issue)가 되었다. 자유주의 진보학파는 교회를 인간사회나, 인간 공동체의 지고적 표현이라고 본다. 교회는 인격과 인격들이 상호작용을 통하여 경험하는 인격 공동체이며, 그 경험은 한 사람의 성장과 사회화를 가능케 하는 요인이라는 것이다. 그러므로 진보학파에게 있어서 교회는 인간의 경험과 사회화의 매개였을 뿐이다. 그러나 스미드는 교회를 예수 그리스도 사건을 경험하고 모인 신앙인들의 공동체라고 정의한다. 예수 그리스도 안에서의 하나님 화해와 구속의 은총은 인간의 죄와 절망에 대한 해결이고, 교회는 그 구속에 참여한 사람들의 모임이었다. 그러므로 교회는 하나님의 구원 공동체이며, 기독교교육은 인간 경험의 인터액션(interaction)이 아니라 예수 그리스도의 복음과, 그 복음 안에 약속된 새로운 삶을 향해 신앙으로 결단하도록 돕는 교회의 사역이자 그것의 전 과정이라고 보았다. 켄딕 쿨리(Kendig B. Cully)는 이러한 스미드의 교육신학의 전환이 후대에 어떤 영향을 끼쳤는가에 대해 다음과 같이 말한다.

"스미드는『신앙과 교육』이외에는 다른 공식적인 출판을 하지 아니했지만,『신앙과 교육』이라는 단 하나의 저서는 그 후 20년간의 교회교육을 위한 신학적 근거를 재정비하는 데 가장 중요한 역할을 담당하였다. 기독교교육론을 수립한 수많은 후배들은 스미드가 제시한 신학적 도전에 응답하는 것으로 나타났다."[10]

---

[10] Kendig B. Cully, *The Search for a Christian Education Since 1940*, p.22.

3. 마르틴 부버의 인격주의 철학 - 제3의 영향

뉴욕 대학에서 히브리 문화를 강의하던 데이비드 루다스브스키 (David Rudasvsky)는 마르틴 부버(Martin Buber)의 사상과 그 영향을 소개하는 글에서 다음과 같이 논한 바 있다.

"종교적 삶을 대화적 관계로 풀이한 부버의 사상은 칼 바르트, 니콜라스 베르쟈예프, 에밀 브루너, 라인홀드 니버, 그리고 폴 틸리히 같은 거장의 기독교 신학자들의 지지를 받았다. 폴 틸리히는 한때 이렇게 표현한 적이 있다. 부버의 실존주의적 『나와 너』의 철학은 인격 (Thou)을 물(物, It)로 간주하고 있는 오늘의 상황을 거꾸로 뒤집어 놓는 데 강한 자극이 될 수 있다."[11]

지금은 폴란드로 알려져 있는 갈라시안 시에서 태어난 마르틴 부버는 1904년 "독일 신비주의"라는 논문으로 박사학위를 받았고, 1923년까지 프랑크푸르트 대학에서 유대주의 종교와 윤리학을 강의한 바 있었다. 나치스 하에서는 저항 운동의 정신적 기저를 마련하여 주었으며, 60세가 되던 해 그는 히브리 대학교로 전직했다. 『나와 너』(*I and Thou*), 『인간과 인간 사이』(*Between Man and Man*), 『하나님의 일식』(*Eclipse of God*), 『유토피아의 길』 등의 주저(主著)를 내놓은 부버는 '나와 너'를 주제로 하는 인격주의 철학을 가지고 종교, 윤리, 문화의 구조와 문제까지 파고 들었던 세기의 철학자였다. 특

---

[11] David Rudasvsky, "The Neo-Hassidism of Martin Buber", *Religious Education*, Vol. LXⅡ, No,. 3. May-June 1967, p.244.

별히 부버의 '나와 너'의 인격 윤리는 신학뿐 아니라 교육 분야에도 깊이 영향을 끼쳤다.

부버는 인간이 존재한다는 말은 자신이외에 어떤 대상과의 관계 속에서만 가능한 것이라고 전제한다. 그 관계에는 기본적으로 두 유형이 존재하는데, 하나는 인격적이고 대화적인 관계이며, 다른 하나는 독자적이고 객관화된 관계이다. 전자를 부버는 '나와 너'(I-Thou)의 인격적 관계라고 불렀으며, 후자를 '나'와 '그것'(I-It)의 비인격적 관계라고 불렀다. 나와 너의 인격적 관계는 신과 인간관계에서 시작하여 모든 윤리적, 사회적 관계에까지도 그 관계의 성격을 설정하고 해결하는 열쇠가 되었다.

나와 너의 관계는 대화의 관계이다. 대화란 '너'를 향하여 말하려는 '나'의 의지만이 아니라(그것뿐이라면 그것은 독백이 되고 만다), '너'가 '나'에게 말하려는 바를 듣고자 하는 의지 사이의 민감성인 것이다. 이러한 상호적 민감성이 인격적 차원에서, 또는 공동적 차원에서 이루어질 때, 그 대화의 관계는 비로소 공동체(community)를 이루게 된다고 부버는 믿었다.[12] 이러한 부버의 사상은 기독교교육자들인 루엘 하우(Ruel Howe), 랜돌프 밀러(Randolph Miller), 데이비드 헌터(David Hunter)에게 직접적인 영향을 끼쳤고, 그 외의 모든 기독교교육자들에게도 지대한 의미를 부여하였다. 이렇듯 기독교교육학파의 사상 형성 과정에는 신학 혁명, 교육신학의 혁명, 마르틴 부버의 인격주의 철학 등이 중요한 사상적 틀을 제공하였던 것이다.

---

12 이 문제에 대해서 Martin Buber의 저서 *I and Thou,* Charles Scribner's sons, N.Y. 1958, p.3ff와 *Between Man and Man*, Beacon Press, Boston, 1955, p.1ff를 보라. 그리고 Kendig B. Cully의 *The Search for a Christian Education-Since 1940,* p.22도 참고하라.

여기서부터 기독교교육론은 '말씀'에 역점을 두는 기독교교육, '관계'에 역점을 두는 기독교교육, '만남'에 역점을 두는 기독교교육 으로 세분화되기 시작한다.

II. 말씀과 기독교교육 - 제임스 스마트

'기독화'를 장(場)으로 하는 기독교교육을 '말씀'이라는 중심 주제로 풀이한 학자는 두 사람이었다. 하나는 제임스 스마트(James D. Smart)이고, 다른 하나는 디 캠벨 와이코프(D. Campbell Wyckoff)이다. 스마트 교수는 캐나다 출신으로 한때는 토론토에서 목회 경험을 한 바도 있었다. 장로교 신학자인 스마트는 1944년에서 1950년까지 미국 북장로교회의 커리큘럼 작성 책임을 맡아 공헌한 바 있었으며, 이 경험은 성서학자인 스마트로 하여금 성서와 교육 사이의 관계를 모색하도록 만든 계기가 되었다. 커리큘럼 작성 과정을 통해 기독교교육의 교육신학 문제와 씨름하게 된 그는 『교회의 교육적 사명』을 출판하게 되었으며, 이 단 한권의 저서는 스마트를 기독교교육계에 중요한 학자로 데뷔시켰다. 그는 말씀을 장으로 하는 기독교교육을 부르짖었으며, 칼 바르트와 쉘튼 스미드의 사상적 후예라고 명명되었다.

동시대에 등장한 또 다른 학자는 캠벨 와이코프 교수이다. 그의 교육신학적 관심은, 넓게는 기독화에 있지만 구체적으로는 '복음'이라는 주제로 풀이하는 데에 있다. 스마트는 커리큘럼 작성에서 출발하여 교육신학의 문제로 전이되었는가 하면, 와이코프는 교육신학적 문제에서 출발하여 커리큘럼의 문제로 집중되었다. 복음은 기독교교육의 구조와 과정 속에 중심적 명제가 되어야 한다는 것이다. 비록 스마트는 '말씀'을, 와이코프는 '복음'을 말하지만, 하나님의 '말씀'이 기독교교육의 근본적인 장(場)이 되어야 한다는 점에서는 동의하고 있다.[13] 그러나 여기서는 제임스 스마트의 사상만을 취급하고자 한다.

1. 하나님의 말씀과 신앙 - 교육신학적 구조

제임스 스마트에게 있어서 기독교교육의 궁극적 근거는 인간 경험이나 가능성이 아니라, 하나님 말씀으로서의 그리스도 사건이며, 이를 증거하는 성서가 그 궁극적인 근거이다. 이러한 그의 신학적 선언은 한편으로는 자유주의적 인본주의 사상에 대한 도전이었고, 다른 한편으로는 기독교교육을 기독교적 교육으로 환원시키기 위한 혁명적 시도였다. 스마트의 이러한 주장은 구약 히브리 시대에 있었던 부모의 교육적 사명, 가정에서의 종교 의식을 통한 자녀들의 신앙화, 초대 교회의 가정교육, 설교, 문답식 교육들이 하나님을 경

---

13 D. Campbell Wyckoff의 주 저서들로는 *The Task of Christian Education, The Gospel and Christian Education*, 그리고 *Theory and Design of Christian Education Curriculum*들을 들 수 있다.

신학적 이해와 교육신학적 구조에 있어서 와이코프는 바르트의 영향을 받았던 제임스 스마트와 거의 동일한 입장에 있는 것은 그리 우연한 일만은 아닌 것 같다. 삼위일체의 하나님과 그 하나님은 예수 그리스도를 통해서 계시하신 하나님이며, 그는 구원과 구속의 주가 되실 뿐 아니라, 모든 기독교적 경험과 교육과정 속에도 임재하시는 분이라고 두 사람은 함께 전제하고 있다.

다만 스마트의 접근 방법과 결정적으로 다른 것이 있다면 와이코프는 그의 교육신학을 커리큘럼 형성에 구체적으로 매개하는 경험적 영역에 깊은 관심을 가지고 풀이하였다는 사실이다. 그는 미국 교회 커리큘럼 형성에 지대한 영향을 끼쳤다.

험하고 또 전달하는 재현의 행위였다는 것에 역사적 근거를 둔다. 그러나 문제는 중세기에 들어와 교회가 교권주의화 되면서 성례전을 형식화 하였고, 교회 생활이 제도화되면서 생동적인 신앙도, 교**육의 역**동성도 모두 말살시**켰다는** 것이다.[14] 이러한 형식화 속에서 개신교 운동은 살아계신 하나님의 말씀의 회복을 시도하였다. 여기서 하나님의 말씀은 예배와 설교로, 부모들을 교육하는 일로, 문답식 교육으로, 심지어는 성경을 읽도록 하는 문맹 퇴치 교육까지 파고들었다. 그러나 역사적으로 하나님의 말씀이 장이 되었던(구약, 초대 교회, 개신교 운동) 교육은 근래에 이르러 두 개의 독특한 교육에 의해 형식화되었다는 것이다. 그 하나는 주일학교 운동이었다. 초기의 주일학교는 문맹퇴치, 비공식적 교육을 통한 사회개혁에 있었으나, 그 후 교회 전도의 수단으로 되었고, 또한 학교식 제도로 변화되었다. 또 다른 하나는 기독교 신앙과는 사실상 관계없는 종교교육, 인간개발 교육으로 전락해 버린 이른바 진보학파이다.[15] 그래서 스마트는 이렇게 말한다.

"진보학파는 예수 그리스도에 대해 왜곡된 교훈을 설파한 것이 아니라 오히려 모든 교육적 상황으로부터 예수를 전적으로 배제시켜버렸다. 그리고 예수에 대한 신앙보다는 만능적인 인간 이해와 그 능력 위에 신앙의 근거를 두었다."[16]

이렇듯 하나님의 말씀이 주일학교 운동의 제도화와 진보학파의

---

[14] James Smart, *The Teaching Ministry of the Church*, pp.46-47.
[15] *Ibid.*, pp.50, 61.
[16] *Ibid.*, p.60.

인본주의적 교육이념에 의해 가려지면서 기독교교육은 큰 비극에 빠졌다는 것이다. 그래서 스마트는 기독교교육의 가장 긴급한 과제는 어떻게 교육 행위의 전 과정 속에 하나님의 말씀을 되살릴 수 있는가에 있다고 믿었다. 그는 쉘튼 스미드를 인용하여 1940년대에 일어난 새로운 신학운동을 잘못된 기독교교육을 전면적으로 수정하는 참 운동이라고 평가하면서, 이 시기를 신학회복기라고 부른다.

스마트의 교육신학의 핵심은 계시 이해에 있었다. 그러나 스마트는 계시의 로커스(locus)를 예수 그리스도 안에서 자신을 계시하신 하나님의 말씀으로 해석한다.[17] 자기 자신을 알리시는 계시의 주체로서의 하나님은 인간의 응답, 교회의 존재, 심지어 신앙보다 선재하시는 하나님의 자유에 의해서 이루어지는 것으로 이해한다. 그래서 스마트는 하나님의 계시는 교회에 선행한다는 말을 거듭 되풀이한다. 다만 교회는 말씀 안에 자신을 계시하시는 하나님을 향해 응답하고 나선 하나님의 백성을 의미했다. 그러므로 교회는 계시의 인간적 매개로서(human instrument) 그 존재 이유를 가진다고 본다.[18] 즉 교회는 이 말씀의 증언자(證言者)들이고, 사귐이다. 성서는 교회의 증언에 의해 보존된 기록이지만, 하나님의 계시를 증거하고 있는 한 성경은 지금 살아 있는 하나님의 말씀이다. 이 말씀은 세계를 구원하시는 구원의 말씀인 것이다.

하나님의 말씀 위에 교육신학의 근거를 두었던 스마트의 사상 저변에 흐르는 신학적 주제는 삼위일체(三位一體)의 신학이었다. 성부(聖父), 성자(聖子), 성신(聖神)은 각각 별개로서의 신의 이름이 아니라, 하나님께서 인간 세계에 오시는 계시의 양식으로 이해하였다.[19]

---

17 *Ibid.*, p.26.
18 *Ibid.*, pp.24-25.

여기서 스마트는 성부 하나님을 기독교교육의 주체로, 성자는 기독교교육의 내용으로, 성령은 교육상황 속에서 일하시는 신의 임재라고 본다. 삼위일체론적 신앙이 기독교교육의 신학적 근거가 된다고 믿었던 것이다. 그러나 이 계시와 말씀 중심의 교육신학적 구조는 신앙에 의해서 응답하는 다른 차원을 동반하는 것으로 믿었다. 개신교 신앙의 명제였던 '믿음으로 말미암은 의인'(義認, Justifacation by Faith)사상을 받아들이면서, 스마트는 신앙이란 인간의 전 존재를 하나님께 내어 맡기는 전적 응답이며, 이는 무조건적인 것이라고 믿었다.[20] 즉, 믿음이란 하나님의 주권 앞에 인간의 전 존재를 복종시키는 응답이며, 은혜로 의롭게 여김을 받아 새로운 생활을 시작하는 전 과정이라고 보았다. 기독교교육의 의미에서의 신앙인 것이다. 이것은 기독교교육의 두 가지 오류인 주지주의(主知主義)와 도덕주의(道德主義)를 근본적으로 수정하는 것이며, 나아가서는 기독교교육을 하나님 중심, 혹은 말씀 중심으로 다시 돌려놓으려는 신앙적 헌신의 표현이었다.

2. 신의 형상이지만 타락한 존재 - 인간 이해

스마트 역시 "인간에 대한 기독교적인 이해가 기독교교육의 기본이다"[21]라고 전제한다. 그러나 또한 몇 개의 잘못된 신학적 해석에 의해 인간 이해가 왜곡되어 왔다고 풀이한다. 잘못된 인간 이해의 처음 유형은 진보적 종교교육학파가 내세운 인간 이해이다.[22] 주

---

[19] *Ibid.*, p.68.
[20] *Ibid.*, p.69.
[21] *Ibid.*, p.157.

제를 가르치는 것이 교육이 아니라, 인격을 세우는 것이 교육이라는 명제를 걸고 나왔던 이들이 아동의 요구, 아동의 발달과정, 아동의 성장에 초점을 두는 한, 결국 기독교교육의 성서 차원은 망각될 수밖에 없다는 것이다. 인격성을 중시하는 인간 이해는 그리스도인의 제자직으로 이어져야 하기 때문이다.[23] '아동의 요구'라는 인간 이해에 근거를 두고 수립한 커리큘럼은 언제나 값싼 그리고 얄팍한 커리큘럼으로 전락한다는 것이다. 잘못된 인간 이해의 둘째 형은, 인간이란 나면서부터 마음과 의지의 능력에 따라 행동(conduct)할 수 있다는 피상적인 전제에서 출발한다는 것이다. 즉 이러한 능력을 가진 인간에게 교육이 생의 목적과 고귀한 이상들을 불어넣어 주기만 하면, 그 인간은 도덕적으로 완전에 이르게 된다는 것이다. 이에 대하여 스마트는 이러한 도덕주의 인간 이해는 인간의 심층까지 파고들지 못할 뿐 아니라, 결국 '자기기만'(self deception)으로 흐를 수밖에 없다고 본다. 기독교적 이해에서 보면 인간의 도덕성은 '죄'로 인해 이미 파괴되고 왜곡되었기 때문이다. 그러므로 도덕성을 내세우는 인간 이해, 그리고 그 위에 세우는 기독교교육은 또 하나의 피상적인 프로그램으로 끝나게 된다는 것이다. 잘못된 인간 이해의 셋째 형(型)을 스마트는 보수주의라고 불렀다. 복음주의를 표방하고 나선 이들은, 인간이란 출생과 함께 전적으로 그리고 완전히 타락한 죄인으로서, 결코 기독교 진리를 이해할 수 없는 존재라고 단정한다.[24] 이렇게 죄로 인해 장님이 된 인간에게 교육이란 실상 무의미한 것이다. 다만 이 '죄'를 해결될 수 있는 유일한 길은 '회심'(conversion)뿐이

---

22 *Ibid.*, p.154.
23 *Ibid.*, pp.154-155.
24 *Ibid.*, p.162.

라는 것이다. 회심을 통해 중생으로 가는 길만이 가능하다고 본다. 교회교육이 가능하다면 그것은 오직 회심의 길 뿐이고, 회심한 사람들이 은혜 안에서 성장하도록 돕는 일이라는 것이다. 스마트는 이러한 보수주의적 해석에는 두 가지의 치명적 약점이 숨어 있다고 비판한다. 그 하나는 인간이 죄인이기는 하나 그럼에도 불구하고 인간은 계속 하나님의 자녀로 남는다는 성서의 메시지를 외면했다는 것이다.[25] 인간은 스스로를 구원할 수 없는 죄인임에는 틀림없으나, 동시에 인간은 하나님의 창조와 섭리로부터도 떠날 수 없는 존재임을 망각한 것이다.

보수주의의 두 번째 약점은 죄의 상태와 은총 사이의 지나친 분리를 선언하고 나선 데 있다고 스마트는 보았다. 성서의 증언에서 보면 회심한 사람도 계속 죄인일 뿐 아니라, 죄인의 삶 전체과정이 하나님의 은총에 계속 의지해야 하기 때문에, 죄와 은총은 물량적이고 시간적인 관계가 아니라고 스마트는 주장한다.

그렇다면 기독교교육을 가능하게 하는 기독교적 인간 이해는 어떤 것이어야 하는가? 스마트의 인간 이해는 인간의 근원이 되시는 하나님과의 관계 안에서만 인간이 존재화 된다고 보았으며, 이 존재론적 원형을 참 인간이었던 예수 그리스도에게서[26] 찾을 수 있다고 믿었다. 예수 그리스도는 인간을 향한 하나님 자신의 계시였을 뿐 아니라, 인간의 참 모습의 계시이기 때문이다. 스마트는 이렇게 말한다.

"예수 그리스도의 인간성, 그 인간성은 바로 하나님이기 때문에 계

---

25 *Ibid.*
26 *Ibid.*, p.157.

시된 인간성이다. 예수 그리스도는 인간성을 완성하신 인간성의 성숙이다. 그는 매 순간 성령으로 충만하였기 때문이다."[27]

예수 그리스도 안에서 인간은 비로소 하나님과의 종적인 관계로, 이웃과의 횡적인 관계로 들어간다. 스마트는 이 관계의 회복을 바울이 말하는 "그리스도 안에서의 피조물"이라고 이해했다. 여기서 자기중심적인 인간의 삶이 비로소 그리스도를 통하여 하나님과의 새로운 연합과 교통을 가지게 된다는 것이다. 이것이 하나님의 형상(Imago Dei)으로서의 신앙적 의미이다. 스마트의 교육신학적 위치는 낙관주의적인 인간도, 비관주의적인 인간의 타락도 아닌, 예수 그리스도의 인간성의 원형 속에서 잃어버렸던 하나님과 인간의 관계를 다시 회복하는데 근거를 두었다.

여기서 스마트는 자유주의 신학으로부터 분리되며, 또 동시에 보수주의 신학으로부터도 분리된다. 인간은 하나님의 형상대로 지은 바 되었으나 반항과 반역으로 하나님의 형상을 잃었다는 점에서 스마트는 자유주의의 무한한 가능성을 부정한다. 죄는 하나님으로부터의 이탈이며, 이는 인간을 흑암으로 몰아넣어 결국 이웃에 대한 증오로 나타난다는 것이다. 그러므로 죄는 하나님으로부터의 이탈과 자기중심성이며, 자기 이웃과의 관계의 파열을 동시에 의미하는 것이다. 인간은 라인홀드 니버의 표현대로 하나님의 형상이며 동시에 타락한 역설적 존재(paradoxical being)인 것이다. 그러나 인간이 자신을 죄인으로 아는 순간은, 바르트의 표현대로 자신을 계시하신 하나님의 말씀 안에서만 가능한 것이라고 본다. 여기에 구원과 교육

---

[27] *Ibid.*

사이의 관계 설정이 암시되고 있다.

3. 그리스도의 제자 - 교육 목적

　잘못된 인간 이해는 잘못된 교육 목적을 선정하게 된다는 것이 스마트의 논제이다. 인간을 무한한 가능적 주체로 보았던 진보학파의 교육 목적은 인간의 성장(growth)에 있었다.[28] 타락한 것이 아니라 부적절한 교육과 왜곡된 제도 때문에 인간이 악하게 된 것이므로, 교육은 환경 개선과 계몽(enlightenment)을 통하여 인간을 하나의 꽃처럼 피워갈 수 있다는 것이다. 스마트가 이 학설로부터 교육이 하나의 엄숙한 개선의 과정이라는 교훈을 배운 것은 사실이지만,[29] 그러나 인간 심층 속에 깊이 뿌리박은 인간의 죄와 타락에 대한 제도신학적 차원의 문제의 해결없이 단순한 환경 개선이나 제도 개선에 의해 정의되는 인간 성장은 피상적일 수밖에 없으며, 이는 잘못된 교육 목적이라고 비판한다. 반대로 인간을 전적 타락으로 단정했던 보수주의적 이해는 교육을 사실상 불가능한 것으로 규정하며, 오히려 회심(conversion)만이 교육의 목적이 되어야 한다고 주장한다. 스마트가 이들로부터 회심의 중요성을 배운 것은 사실이며,[30] 엄밀한 의미에서 하나님의 말씀이 교육 과정 속에서 선포되는 순간, 하나님은 인간의 삶의 회심과 변화를 가져올 수 있다는 가능성을 인정한다. 그러나 스마트는 '회심' 그 자체는 교육의 목적이 될 수 없다고 단정한다. 스마트는 예수의 씨 뿌리는 비유를 인용하여, '씨'를 뿌린다는

---

28 *Ibid.*, p.163.
29 *Ibid.*, pp.168-169.
30 *Ibid.*, p.165.

일회적 사건은 성장이라는 과정과의 뗄 수 없는 관계를 성령께서 역사하시는 자리라고 이해하였다. 교육의 목적은 성장만도 회심만도 아니며, 회심과 성장이 이루는 변증법적인 통일에 두어야 할 것이라고 보았다. 스마트에게 있어서 이 통일은 결국 하나님 안에서 가능하며, 그것을 말씀(Word of God)의 현재적인 임재라고 이해한다.[31] 그래서 스마트는 두 개의 기독교교육의 목적을 서술하고 있다.

> "기독교 목사로서의 우리의 책임은 기독교 진리의 모든 소재들을 학생들에게 개방시켜 줌으로, 학생들이 그들의 전생(全生)의 경험 속에서 지금도 일하시는 하나님의 복음을 알게 하는 것이다. 그러므로 교회와 교회학교의 참 기능은 인간의 모든 경험을 설명하는 데 있는 것이 아니고, 오히려 경험을 통틀어 그 속에서 세계 문제의 수수께끼와 만나게 하고, 또 하나님의 계시와 만나게 함으로써 문제 해결을 찾아가게 하는 것이다."[32]

교육 목적은 말씀과 계시로서 오시는 하나님과 인간이 만나도록 매개하는 교회의 교육 행위에 두어야 한다. 말씀과의 만남에서만 인간은 비로소 기독자적 존재(Christian being)가 될 수 있다는 데 교육 목적을 두는 것으로 풀이된다. 그러나 기독자적 존재는 기독자적 존재 양식으로 나타나야 했다.

> "우리의 목적은 예수와 사도들이 행하였던 목적 이하의 것이 되어서는 안 된다. 우리는 교육해야 한다. 우리의 교육을 통하여 하나님은

---

31 *Ibid.*, pp.168-169.
32 *Ibid.*

우리 인간들 가슴 속에 역사하셔서 우리들로 복음에 헌신하고 복음을 이해하고, 또 신앙으로 용기를 가지고 불신의 세계 속에서 말과 행동으로 증언할 수 있도록 힘을 주시는 것이다. 그러므로 우리는 어린이, 젊은이, 어른들 모두를 가르쳐 하나님의 은총 안에서 그들이 교회의 생활과 신앙으로 성장할 수 있으며, 선교에 참여함으로 그들의 삶을 완성할 수 있도록 해야 한다."[33]

여기서 스마트는 기독교교육의 목적을 복음의 사도, 혹은 제자직(discipleship)으로의 초대라는 사실에 두고 있다. 말씀 속에 오시는 하나님과 인간의 만남에서 크리스천의 존재, 혹은 회심이 일어난다면, 그것은 동시에 복음과 말씀의 증언자가 되는 자리(존재 양식)로 이어진다는 의미이다. 여기서 기독자는 비로소 성장한다고 보았다.

4. 만남, 관계, 참여 - 교육 방법

복음 선포를 통한 하나님의 임재와 말씀에 복종하는 제자로서 인간을 초대하는 일이 기독교교육의 목적이라면, 이를 가능케 하는 교육 방법은 어떤 것인가? 스마트는 교육 방법의 원형을 예수의 교육적 행위에서 찾는다. 모든 기독교교육의 프로그램은 예수께서 그의 제자들과 민중에게 행하셨던 교육 행위의 연속이어야 한다는 것이다. 예수님께서 복음을 제자들에게 전파할 때 예수님은 인격과 인격이 만남 속에서 그것을 선포하셨으며, 그러므로 예수의 교육 방법은 만남이고 관계였다. 예수는 신앙으로 하나님 나라를 받아들이도

---

[33] *Ibid.*, p.107.

록 촉구하셨다. 그러므로 예수의 만남과 관계의 교육 방법은 참여까지를 동반하고 있었다.

여기서 스마트는 만남을 말하는 루이스 쉐릴, 관계를 말하는 랜돌프 밀러를 넘어 제자직에로의 참여라는 세 번째 차원의 교육 방법을 구성하며, 바로 이 제자직에로의 참여는 구체적인 전략으로까지 이어졌다. 스마트는 다음과 같이 서술하고 있다.

"예수는 세계 구원을 위한 전략을 가지고 있었다. 처음 예수는 자신과 가까운 관계와 친교 속으로 열두 명을 불렀다. 새로운 윤리나 도덕률을 전파하기 위해서가 아니고, 자기 자신을 전파하시기 위해서였다. 하나님과 하나님인 자기 자신을 보여주기 위함이었다. 그리고 예수의 전략은 열두 명을 넘어서 칠십 명으로 확대되었다. 칠십 명을 훈련하기 위해서 열두 명이 사용되었다."[34]

예수의 교육 방법은 만남이고 관계이지만, 예수 그리스도의 구속적 선교에 참여하고, 또 참여시키기 위한 훈련이기도 하였다. 이러한 예수의 교육 방법은 오늘의 기독교교육 방법에 어떤 의미를 주는 것인가?

기독교교육은 근본적으로 예수께서 말씀하시고 교통하시기 위해 사용하신 통로(channels)에서 교육 방법의 원형을 찾는다.[35] 이 말은 방법이란 그 자체가 내용이나 메시지는 될 수 없다는 의미이다. 이러한 스마트의 입장은 오늘날 미래학자로 세계에 알려진 마셜 맥루한(Marshall McLuhan)이 쓴 『미디어 이해』[36]에서 미디어(media) 자체

---

34 Ibid., pp.86-87.
35 Ibid., p.108.

가 메시지라고 주장하고 나선 입장과 정면으로 충돌한다. 스마트에게 매개와 방법은 복음을 전파하기 위한 2차적인 것이기 때문이다. 이러한 복음전파의 매개로서의 교육 방법 그 첫째는 인간과 인간 사이에 맺어지는 교제요, 사귐(human fellowship)이라고 본다.[37] 다른 어떤 매개보다도 사랑과 용서, 그리고 신뢰가 가장 중요하다는 것이다. 바로 이 사귐이 곧 교회이며, 그리스도의 몸이라 부르는 신과 인간 사이의 만남의 공동체는 하나님께서 인간을 교육하고 훈련하는 매개와 현장이 된다는 것이다. 결국 기독교교육이란 이 교회 안에서의 교제를 통하여 모든 사람들이 하나님과 연합할 수 있도록 돕는 행위의 전 과정을 말하는 것이다. 두 번째의 교육 방법은 예배이다.[38] 예배는 하나님과 맺어가는 전 교회의 사귐(communion)의 행위인 것이기에, 이를 통하여 하나님은 모든 사람과의 새로운 사귐을 시작하신다는 것이다. 여기서 기도, 설교, 찬양, 헌금 모두 기독교교육의 중요한 방법이 된다. 세 번째의 교육 방법은 성서이다.[39] 성서는 하나님의 말씀의 기록이며, 구체적으로는 예수 그리스도의 사건에 대한 유일한 증언이다. 성서는 커리큘럼의 중심이며, 하나님은 성서를 통하여 말씀하시고 또 역사하시는 것이다. 그러나 성서가 기독교교육 커리큘럼의 근거가 된다는 스마트의 해석은 자유주의자들이 말하는 생활 경험의 길잡이라는 성서이해를 부정한다. 아울러 근본주의자들이 말하는 문자의 신격화도 부정한다. 성서를 커리큘럼의 근본 소재로 한다는 말은 크리스천들이 성서 속에서 오시는 하

---

36 Marshall Mcluhan, *Understanding media*, McGraw-hill Book Co., New York, London Sydney, Toronto, 1964, p.7ff.

37 James D. Smart, *The Teaching Ministry of the Church,* p.108.

38 *Ibid.*, p.119.

39 *Ibid.*, p.131.

나님과 만나고 응답할 뿐 아니라, 말씀의 종으로서 증언자가 되는 제자도로 이어지는 신앙과 삶을 포괄하기 때문이다. 그러므로 성서는 주입식 교육에 필요한 암기의 소재가 아니다. 성서는 하나님과의 만남, 관계 그리고 증언자로서의 제자로까지 요청하는 하나님의 말씀이기 때문이다.

5. 교회, 가정, 학교 - 교육 현장

말씀과의 만남에서 인간은 하나님께 응답하고, 그 응답은 말씀을 선포하는 증언자로 부름을 받게 되는 과정이 기독교교육의 목적이라면, 이 사건은 어디서 일어나는가? 이 질문 속의 '어디서'라는 말은 단순한 장소나 공간만을 의미하는 것은 아니다. 그것은 기독교교육이 일어나는 종합적인 상황을 뜻한다. 스마트에게 이 '어디서'는 적어도 세 가지의 의미가 있었다. 그 처음은 '교회'라는 신앙 공동체이고, 다른 하나는 '가정'이며, 또 다른 하나는 '공교육'(public eduaction)이다.

첫째의 교육 현장은 교회이다. 그러나 교회가 기독교교육의 현장이라는 의미는 자유주의 신학이나 진보학파들이 말하는 사회화의 장으로서의 교회가 아니었다. 교회는 처음부터 하나님의 말씀에 의해, 예수 그리스도 안에서 자기를 계시하신 하나님의 부르심에 의해 존재하기 시작했다는 성서적이고, 신학적인 의미를 담고 있다. 그러므로 교회는 하나님의 말씀이 선포되고 전달되는 인간 매개이다. 역으로 표현하면 교회는 자기를 부르신 예수 그리스도를 주(主)로, 궁극적인 권위로 하여 모이는 신앙 공동체이다.[40]

이를 스마트는 신(神)-인(人) 실재로서의 "그리스도의 몸"이라고 불렀다. 그리고 이 교회는 구성원들, 특히 어린이나 젊은이들의 '생'(生)에 심각한 의미와 영향을 주고 있는 교육적 사명을 그 안에 지니고 있다고 했다. 그러므로 예배, 성도의 교제, 선교, 봉사 모두를 포괄하는 공동체로서의 교회는, 그 전체가 교육을 수행하는 교육자인 동시에 교육이 일어나는 현장이 된다는 것을 뜻한다.

이렇듯 교회와 생활을 교육의 현장으로 보는 스마트는 설교 (preaching)와 교육(teaching)이라는 두 사역을 통해 교회는 교육을 수행한다고 믿었다. 여기서 설교와 교육은 교회의 기본적 사역이며, 동시에 이 두 사역은 교회를 교회되게 하는 가장 중요한 요인이 된다.[41] 이러한 신학적 해석은 성례전으로 교회와 그리스도의 관계를 유기적이고 신비적인 것으로 합리화했던 중세 로마교회의 교회론을 배격하며, 오히려 말씀의 선포와 성례전을 담아내는 성도의 교제라는 루터의 교회론에 근거를 두었다. 이 설교와 교육은 그 사역적 기능에 있어서 구분될 뿐이고, 이 둘은 궁극적으로 하나님의 말씀에 복종하는 동일한 교회의 응답이라고 강조한다. 설교와 교육의 궁극적인 내용은 예수 그리스도와 그의 말씀이기 때문이다. 이같은 변증법적 성격의 말씀과 설교와 교육의 관계는 '교육 없는 설교'로, 또 '설교 없는 교육'으로 전락할 위험성을 안고 있는 현대교회에 가하는 하나의 경고이기도 하다. 하나님의 말씀에 복종하는 교회의 행위로서의 설교는 불신앙적 상태 속에 있는 인간에게 회개를 촉구하는 선포의 기능을 가진다는 것이다. 마찬가지로 교육이란 설교와의 뗄 수 없는 관계 안에서, 이미 회개하고 하나님께로 향한 사람들에게 말씀을 가르침으로써 신앙적인 성장을 세우는 행위라고 이해하였

---

40 *Ibid.*, pp.24-31, pp.108-111.
41 *Ibid.*, p.11ff.

다. 이렇듯 설교와 교육, 회개와 성장의 긴장 관계 속에서 교회가 하나님의 말씀에 복종하는 동안, 그 교회는 살아 있는 교육의 현장이 된다는 것이었다.

스마트에게 있어서 두 번째의 교육 현장은 교회에 이어 가정이었다. 그는 90%에서 98%의 교회학교 어린이들이 가정에서 어떤 종류의 기독교교육도 받지 못하고 있다는 통계[42]와 접하면서 기독교교육의 위기를 절감했다. 가정의 구조적 변화와 이에 따른 기능의 변화가 결국 가정을 하나의 집단으로 붕괴시켜 버렸다는 것이다. 부모는 부모 된 사명마저 일찍 포기하고 모든 기독교교육을 교회학교에게 일임해 버리는 결과를 가져왔다. 스마트에게 있어서 이러한 현대 가정의 변질은 호레스 부쉬넬에게 있어서와 마찬가지로 극복되어야 할 상황으로 인식되었다. 가정은 기독교교육에 있어서 가장 소중한 교육 현장 중의 하나이기 때문이다. 가정을 장(場)으로 이해하였던 호레스의 교육 사상을 인용하면서 스마트는 구약에 나타난 가정의 본질, 신약에 나타난 가족의 유기성(가장의 회개와 신앙은 그 가정의 구원을 가져왔다)에서 가정의 연대성(solidarity)을 찾으려 하였다. 여기서 가정의 연대성은 부모의 신앙적, 교육적 책임은 물론 자녀들의 참여까지도 함축하고 있다. 스마트는 호레스와 마찬가지로 이 가정의 연대성[43]이 사회학자들이 말하는 자연집단이 아니라 '유아세례'라는 성례전에 근거하고 있다고 보았으며, 그 이유에 대해서 이렇게 말한다.

"유아 세례는 그리스도와의 관계를, 교회와의 관계를, 그리고 자기

---

42 *Ibid.*, p.171.
43 *Ibid.*, p.179.

자녀들을 위해서는 하나님의 종으로서의 기능을 성실하게 책임지려는 부모가 있는 곳에 비로소 그 의미가 있기 때문이다. 부모들은 자기의 자녀들을 주(主) 안에서 양육할 것을 약속하며, 기독교 진리와 사명을 자녀들에게 가르치기로 약속하기 때문이다."[44]

여기서 스마트는 가정이야말로 현대에 있어서도 기독교교육이 진정 일어나야 할 경건한 현장임을 강조한다.

스마트에게 세 번째의 교육 현장은 공교육(公教育, public education)이다. 여기서는 어떤 의미에서 공교육이 기독교교육의 현장일 수 있는가라는 질문과 대면하게 된다. 스마트는 이 문제를 신학과 문화 사이의 관계에서 풀어간다. 그러나 스마트는 문화화 된 기독교를 말하지 않는다.[45] 문화적 형식만으로는 기독교적 본질을 이해할 수 없기 때문이다. 흔히 대학에 있어서의 기독교교육이 인문과학 과목 중의 하나로 인식되고 있다는 자체가 잘못된 이해라고 본다. 스마트에게 공교육이 기독교교육의 현장이 된다는 말은, 공식 교육을 구성하고 있는 교수와 학생, 선생과 학생이 그리스도의 제자로서 학문을 대하는 신앙적 자세를 가지는 데서 시작한다고 보았으며, 자기의 학문과 교수과목을 기독교적 관점에서 해석하고 교육하는 행위가 살아 있는 현장을 뜻했다. 스마트는 여기서 리처드 니버가 주장했던 문화의 변화자로서의 그리스도(Christ, the Transformer of culture)[46]라는 신학적 문화해석을 기본적인 이해로 받아들이고, 그 위에 그의 교육론을 펴나가고 있었다. 이에 대해 스마트는 이렇게 말한다.

---

[44] *Ibid.*, p.180.
[45] *Ibid.*, p.197.
[46] H. Richard Niebuhr, *Christ and Culture*, p.190ff.

"공교육 현장에 적극적으로 참여한다는 일은 교육 과정을 직접 통제한다는 말이 아니다. 오히려 오늘의 문화적 혼돈 속에서 인간이 찾아가는 생의 모든 문제 하나하나를 가지고 씨름할 때, 그 속에 다가오는 기독교적 신앙의 빛을 찾아가는 힘과 용기를 의미한다."[47]

스마트에게 기독교교육은 말씀과 인간이 만나는 신앙이고, 제자직으로 부름받는 신앙과 삶의 사건이며, 그 사건은 교회, 가정, 공교육이라는 구체적인 현장을 통해서 일어나는 것이었다.

Ⅲ. 관계와 기독교교육 - 랜돌프 밀러

넓은 의미에서 랜돌프 밀러는 '기독화'를 장(場)으로 하는 기독교교육론 범주 안에 포함되지만, 전문적 의미에서 밀러의 기독교교육 이해는 제임스 스마트와는 큰 차이를 드러낸다. 스마트는 말씀의 전적 주도성과 이에 응답하는 신앙인의 회개와 성장 사이의 함수 관계를 주안점으로 제시하였다면, 밀러는 신-인(神-人) 사이에 맺어지는 '관계'를 주안점으로 하는 기독화를 말하고 있다. 이 '관계'(relationship)는 마르틴 부버로부터, 그리고 윌리엄 템플(William Temple)의 경험주의 신학으로부터 온 것이며, 나름대로의 중요한 흐름을 이루어 놓았다고 본다.

기독교교육을 관계론적 입장에서 풀이하는 학자는 랜돌프 밀러 이외에도 두 사람을 더 들 수 있을 것이다. 한 학자는 루엘 하우(Ruel

---

47 James Smart, *The Teaching Ministry of the Church*, p.204.

Howe)이고, 다른 한 학자는 데이비드 헌터(David R. Hunter)이다. 하우는 『인간의 요청과 하나님의 행위』(Mans Need and God's Action), 『여기에 사랑이 있다』(Here in is Love), 『창조적인 기간』(The Creative Years), 『대화의 기적』(The Miracle of Dialogue)[48]등의 주저(主著)를 통하여 자기의 사상을 체계화시켰다. 하우에게 있어서도 일관된 사상은 '관계'라는 개념이었다. 이 관계는 하나님과 인간 사이, 인간과 인간 사이에서 이루어지는 '관계'를 의미하는 것이다. 그렇다면 하우와 밀러의 차이는 무엇인가? 두 교육학자 모두 관계를 교육 목적, 교육 과정, 방법에 있어서 열쇠가 되는 개념으로 풀이하고 있으나, 두 사람이 의미하는 관계의 개념에는 상당한 차이가 있는 것으로 보인다. 밀러는 관계를 신학적 개념에서 보는가 하면, 하우는 이를 심리학적이고, 인격주의적 입장에서 풀이하고 있기 때문이다.[49] 물론 하우의 심리학적 입장은 심층 심리학적 차원이었으며, 그것을 다시 신학적 이해로 옮겨가려 했던 것은 사실이다.

하우는 폴 틸리히의 방법론을 따라 '상호연결의 방법'(method of correlation)을 사용하며, 인간 실존의 소외와 분리 의식에서 나오는 질문으로부터 출발한다. '너'로부터 끊겼다는 고독 의식, 너를 충분히 사랑할 수도, 사랑받을 수도 없는 인간 능력의 한계를 질문하는 실존의 물음은, 역설적으로 서로가 '하나'가 되고자 하는 인간 본연의 요구로 해석되어야 한다는 것이다.

이 요구를 하우는 복음에 대한 요청이라고 풀이하였으며, 예수 그리스도 안에 자기를 계시하신 하나님은 이 실존적 물음을 묻고 있

---

[48] Reuel Howe, *Man's Need and God's Action, Here in is Love, The Creative Year's*, Seabury Press, 1959, *The Miracle of Dialogue*, 1963.
[49] Kendig B. Cully, *The Search for a Christian Education-Since 1940*, pp.46, 51-52.

는 인간의 요구에 대한 인격적인 해답이라고 해석한다. 특히 오늘같이 규격화되고 또 기계화 되어가는 현대 문명 속에서 이 같은 인간화 작업은 교육에 있어서 강하게 요청된다고 보았다. 물론 이 심리학적인 관계 형성은 예수 그리스도 안에서 새로운 차원으로 승화되는 것이고, 또 그 속에서 인간은 비로소 인간을 하나의 참다운 인격으로 사랑할 수 있게 된다는 것이다. 하우에게 있어서 세례 예식은 인간을 이러한 실존적 소외와 격리로부터 "구속하고 구속되는, 또 용서하고 용서받는"[50] 관계로의 초청이었으며, 이런 관계가 경험되는 장은 곧 교회라는 화해 공동체라고 보았다. 개신교 신앙의 주제인 '믿음으로 말미암아 의로워진다'는 신학적 명제마저 하우에게 있어서는 인간을 향한 하나님의 용납(acceptance)이라고 해석하였다. 쿨리 박사에 의하면, 하우의 이러한 심리적이고도 인격적(psychological-personal)인 관계 이해가 가지는 강한 의미에도 불구하고, 하우는 그의 교육론을 심리적, 사회적(psychological-social) 차원에서 전개되지 못했다는 약점을 지니고 있다는 것이다.[51]

루엘 하우와는 다른 방법으로 접근한 관계론적 교육학자는 데이비트 헌터였다. 1963년 그가 쓴 『참여로서의 기독교교육』(*Christian Education as Engagement*)[52]은 기독교교육학계(學界)에 하나의 충격이었다. 성공회 신부로서 밀러와 함께 미국 성공회 교회교육 커리큘럼 작성에 크게 공헌하였던 헌터는 '참여'라는 주안점으로 기독교교육을 접근하였다. 참여란 루엘 하우의 심리적, 인격적 차원의 관계와 랜돌프 밀러의 신학적 관계 이해를 하나로 종합하려 했던 개념이었

---

50 Reuel Howe, *Man's Need and God's Action*, p.57.
51 Kendig B. Cully, *The Search for a Christian Education-Since 1940*, p.52.
52 David R. Hunter, *Christian Education as Engagement*.

다. '앙가주망', 즉 참여는 관계를 전제하고 있으나, 한 걸음 더 들어가 이는 직접적 행위, 만나는 행위(knowing and meeting)를 의미한다. 기독교적 의미의 참여, '앙가주망'이란 인간 개개의 삶 속에 행동하시는 하나님의 행위의 순간을 말하며, 동시에 그 개인은 계속 응답해야 할 의무 앞에 직면하게 되는 순간을 말한다. 그래서 헌터에게 있어서 앙가주망은 삶의 경험 영역 전체에서 일어나는 참여인 것이다. 그리고 앙가주망이란 참여를 준비시킨다는 '훈련'(training)의 의미도 가지며, 하나님의 행위에 응답함으로 형성되는 상황, 그리고 그 곳에서 일어나는 종교적 질문(religious issue)과 마주치는 곳에서 생겨나는 순간을 앙가주망이라고 본다. 바로 여기서 앙가주망은 기독교교육의 초점이 된다는 것이다.[53] '훈련'으로서의 기독교교육은 인간을 위로하는 현재적 프로그램이어야 하는가, 혹은 미래를 설계하는 일에 준비시키는 것인가를 결단해야 한다. 커리큘럼 설정에 있어서도 '종교적 질문'이 기본적 원칙과 원리가 될 때, 앙가주망은 비로소 가능해진다는 것이다. 물론 경험의 네 가지 단계, 즉 직접적인 인격적 만남, 그 만남의 동일화, 경험의 상징화, 경험의 진리 등을 포함하여 이러한 과정이 이루어지는 곳에 교육은 살아 있는 참여가 된다. 그러나 관계학파를 대변할 만큼 하우의 심리학적 접근은 설득력이 있지 못했으며, 반면 헌터의 작품은 단조로웠다는데 문제가 있는 듯하다. 그러나 많은 약점을 안고 있으면서도 관계학파는 랜돌프 밀러에 의해서 변호되고 있다고 볼 수 있다. 랜돌프 밀러의 관계론적 교육론은 과거 기독교교육이 지나치게 양극화시켰던 이른바 '내용 중심'의 교육(content centered teaching)과 '생활 중심'의 교육(life centered

---

53 *Ibid.*, p.4.

teaching)[54]에 대한 불만에서 역설적으로 발생한 학문적 시도라고 볼 수 있다. 기독교교육의 양극화 현상은 교육심리나, 교육사회학적인 이해 부족에서 온 결과는 아니었다. 오히려 밀러에게 그것은 '신학의 부재(不在)'로부터 오는 결과였다. 신학 안에 교육문제에 대한 해답이 있음에도 불구하고 대부분의 교육론은 그 안에 신학을 상실하고 있다고 밀러는 꼬집는다.[55] 신학 부재는 결국 교리 내용과 생활, 내용과 방법 사이의 종합 대신 그것들을 피차 적대적 관계로 몰아갔으며, 결국 지난날의 교육의 실패는 목적 상실에 기인하고 있다는 것이다.

밀러는 이러한 위기로부터의 기독교교육을 회복하는 길은 신학의 회복이라고 믿었다. 이것은 신학 자체를 가르친다는 의미는 아니었다. 신학의 회복은 신학을(교육 심리학이나 다른 학문적 공헌은 올바른 신학 형성 이후에 들어볼 수 있다) 기본적인 매개로 하여 학습자로 하여금 교회의 교제를 통하여 하나님과의 올바른 관계로 들어오도록 하는[56] 해석학의 회복을 뜻하는 것이다. 이러한 의미에서 기독교교육의 급선무는 신학의 재발견이며, 그 신학은 기독교 진리가 어떻게 매개되고 생활 속에서 의미를 찾아가는가 하는 통로를 모색하는 시도를 말한다. 이 점에서 밀러는 신학은 반드시 관계의 신학이어야 한다고 주장한다.[57] 해석학으로서의 신학은 복음과 생활, 내용과 경험 사이의 관계를 모색할 뿐 아니라, 커리큘럼의 대전제를 제공해주고 교육 목적을 설정하며, 신조들을 세우고 과학과 복음의 관계를

---

[54] Randolph C. Miller, *The Clue to Christian Education*, p.1.

[55] *Ibid.*, p.4.

[56] *Ibid.*, p.6.

[57] *Ibid.*, pp.4-7.

이어나가는 근거를 마련해 준다고 밀러는 보았다.[58] 이 관점은 밀러 자신의 일관된 사상이지만, 자유주의 신학과 진보학파로부터 탈피를 선언했던 쉘튼 스미드의 주장을 뒷받침하는 신학 회복의 선언이라는 점에서도 그 의미가 깊었다.

그러나 밀러의 학문적 가치는 한 걸음 더 나간 곳에 있었다. 즉 그의 하나님 중심 이해와 동시에 아동 중심 이해 사이의 동시성이 그것이었다. 밀러는 다음과 같이 말한다.

"교육 과정의 중심은 신학도 아니고 개개의 학습자도 아니다. 오히려 기독교교육의 목적은 하나님을 교육 과정의 중심에 두고 개개의 학습자를 그 하나님과 그의 이웃과 올바른 관계를 맺도록 이끄는 데 있다. 그 상황은 기독교적 삶의 진리를 바탕으로 한 곳에서 이루어진다."[59]

그는 교육 과정을 하나님 중심만도, 아동 중심만도 아닌 오히려 양차원적(兩次元的)인 구조에서 이루어지는 관계에 역점을 두었다. 그러나 이 관계는 자연 발생적이거나, 필연으로 보장이 되어 있는 것은 아니다. 오히려 신학과 교육 과정을 거쳐 새로이 형성해 가는 관계였다. 그러므로 밀러에게 신학은 기독교교육이라는 엄숙한 관계 형성과정에 절대 필요한 해석적 기능이고, 방향을 설정해 주는 것이며, 신조를 정리하는 통찰이었다.

---

[58] Randolph C. Miller, *Education for Christian Living,* p.39.
[59] Randolph C. Miller, *The Clue to Christian Education,* p.8.

1. 신과 인간의 관계 - 교육신학적 구조

밀러에게 신과 인간 중심의 양차원이 만들어내는 관계는 기독교교육의 교육 내용과 교육 과정, 그리고 교육 방법의 방향까지도 결정하는 중심 주제이다.[60] 그렇다면 밀러가 이해한 관계와 관계의 영역은 어떤 것인가?

성서와 성서 속에 증언된 신-인 관계, 그리고 그 관계가 가지는 구속적(redemptive) 의미에 의미를 부여한다. 기록으로서의 성서는 역사적 의미를 가진다. 성서는 엄밀한 뜻에서 계시 자체는 아니라고 본다. 이 점에서 밀러는 자유주의 신학의 한 면을 드러낸다. 그러나 성서는 역사 속에 현현하신 하나님의 전능적 행위를 증언하는 기록이라고 밀러는 해석한다.[61] 이 점에서 밀러는 자유주의를 넘어 성서를 신의 계시적 차원에서 이해하려 하였다. 이 점에서 밀러의 계시 이해는 그를 신정통주의 반열에 넣을 수 있는 근거가 된다. 이러한 성서 이해는 기독교교육의 내용 설정에 있어서나, 커리큘럼 설정에 있어서 중심적인 주제가 된다. 이 문제에 대해 누구보다도 신학적으로 민감했던 밀러가 성서신학을 교육신학의 근거로 삼았다는 점은 큰 공헌이었다.

밀러는 성서를 수직적 차원과 수평적 차원이라는 두 가지 관계 구조에서 풀이한다. 수직적 차원이란 66권을 통틀어 그 속을 꿰뚫고 흐르는 중심적 주제를 의미한다. 그것은 신과 인간 사이의 관계이고, 그 관계 속에서 펼쳐가는 하나님의 구속의 드라마(unfolding drama of redemption)[62]이다. 역사의 무대 위에서 하나님은 인간들을 부르시

---

60 *Ibid.*, p.4.
61 Randolph C. Miller, *Education for Christian Living*, pp.9-10.

고, 약속의 관계로 인도하는 이 구원의 역사가 성서의 수직적 차원인 것이다. 아울러 이 구원의 드라마는 신앙적 응답으로 결단하는 역사로 나타난다. 성서는 역사의 무대 위에서 행하는 하나님의 구원과 인간의 응답을 이야기하는 증언이며, 또 기록인 것이다.[63]

이 하나님과 인간의 관계 사이의 수직적 차원은 역사의 수평적 차원에서 구체화되었다. 밀러는 이 수평적 차원을 다섯 C로 시작되는 큰 주제(主題)로 분류하였다.

그 첫 번째 주제는 창조(創造, Creation)이다. 창조는 하나님의 창조 행위, 인간의 배반과 파괴의 관계, 인간과 자연을 향한 하나님의 주권성, 응답적 책임을 가진 인간의 본래적 모습을 포괄한다. 두 번째 주제는 언약(言約, Covenant)이다. 파괴된 관계 속에 다시 오시는 하나님, 그의 백성을 부르시고, 언약을 세우심으로 새로운 관계를 회복하시는 하나님의 구원을 증언한다. 결정적인 드라마는 세 번째 주제, 예수 그리스도(Christ)의 십자가와 부활사건이다. 깨어졌던 이스라엘과의 관계를 예수 그리스도 안에서 완성하셨을 뿐 아니라, 새로운 언약이 시작된 결정적인 드라마이다. 그리고 온 세계와 인류가 그리스도의 사건에서 하나님과의 화해를 이루는 구원의 완성인 것이다. 네 번째 주제는 교회(Church)이다. 그리스도의 몸, 성령의 공동체, 하나님의 가정 등으로 표현되는 교회는 본질에 있어서 그리스도 안에서 하나님과 인간 사이에 이루어진 구속적인 공동체이며, 이 공동체에서 하나님의 사랑과 복음을 배우고 경험하게 된다. 여기에 교회와 교육이 가지는 변증법적 관계가 내포된다. 다섯 번째 주제는

---

[62] *Ibid.*, 그리고 Randolph Miller의 *Biblical Theology and Christian Education*, p.16ff 를 보라.

[63] Randolph Miller, *Biblical Theology and Christian Education*, p.16.

완성(consummation)이다. 예수 그리스도 안에서 하나님은 인간과 역사를 완성하신다는 종말의 약속이다.[64] 기독교교육이 신과 인간 사이의 올바른 관계를 위한 매개라면, 그 근거와 그 내용은 Creation, Covenant, Christ, Church, Consummation으로 나타난 구원 이야기에 근거한다. 성서는 이 관계에 대한 기록이고 증언이며, 따라서 기독교교육의 내용과 행위를 결정짓는 가장 권위 있는 소재인 것이다. 이것은 밀러의 공헌이다.

밀러의 교육신학 구조의 두 번째 주제는 계시와 신앙이었다. 역사의 구원 드라마 속에 자신을 나타내 보이신 하나님의 행위를 계시라고 부른다. 그런데 이 계시는 관계의 양식(made of relationship)으로 나타난다. 바로 이 관계의 양식은 신학적으로 또한 교육신학적으로 쟁점이 되어 왔으며, 이 논의는 기독교교육의 핵심적 주제인 '회심'과 '성장'에 깊은 의미를 제시한다.

바르트나 스마트에게 있어서 계시는 예수 그리스도의 사건을 (totus Christus) 떠나서는 존재하지 않는다는 그리스도 중심적 이해[65]였다. 그러나 밀러는 그리스도 사건에서 하나님 계시가 완성되었다는 점을 강조하면서도(여기서 스마트와 동의하고 있으나) 오히려 그 사건을 정점으로 하여 역사와 인간의 현재적 경험 속에서도 임한다는 소위 일반계시(general revelation)를 주장하고 있다.[66] 자기의 신학을 토마스 아퀴나스의 자연신학과 구별하면서, 밀러는 실제로는 윌리

---

64 바로 이러한 토론은 Miller의 *Biblical Theology and Christian Education* 전체에서 넓고 깊게 취급하고 있으며, *Education for Christian Living*, p.10에서도 요약하여 설명하고 있다.

65 은준관, "칼 바르트의 교회론 이해", 『칼 바르트 신학 연구』, 대한기독교서회, 1970, pp.121-144.

66 Randolph C. Miller, *The Clue to Christian Education,* p.38.

엄 템플(Willam Temple)의 계시와 경험(revelation & experience) 이해에 동
의하고 있다.[67] 여기서 밀러는 스마트와 구분된다. 밀러가 그리스도
사건을 특수 계시(special revelation)로 보면서도, 계시는 일상 속에 살
아 역사하시는 그리스도라는 성령론적 차원에서 이해하고 있는 것
이 특징이었다. 계시는 역사적 사건이며 동시에 경험적이라고 보는
입장이다. 특수 계시와 일반 계시, 역사적 사건으로서의 계시와 경
험 속에 임재하는 계시는, '이 계시의 사건에서 무엇이 일어나는가?'
라는 질문을 제기한다. 밀러는 여기서 하나님과 인간이 새로운 관계
를 맺게 된다고 믿는다. 인간의 경험 속에 찾아오시는 하나님은 용
서와 사랑으로 오시며, 삶의 의미를 불어 넣어주시는 인격적 주체로
오신다는 것이다. 그는 이 계시를 성령으로 오심으로 이해한다.[68] 바
로 이것이 기독교교육의 초점을 하나님 중심에 두어야 한다는 밀러
의 명제이며, 인간은 하나님과의 인격적 관계 안에서만 의미를 찾는
다고 주장한다. 인간을 향하신 하나님의 인격적인 용서와 사랑이야
말로 기독교교육이 서야 할 자리이며, 오직 이 관계에서만 인간은
하나님께 응답할 수 있다. 밀러는 이 응답을 '신앙'(faith)이라고 부른
다. 그러므로 밀러에게 신앙이란 하나님의 용서와 사랑 앞에 인간
전 존재의 참여인 것이다.[69]

여기서 신앙은 '은혜'(grace)로 자신을 계시하시는 하나님 앞에
전 존재적 응답이며, 이는 "마음, 의지, 그리고 감정이 종합되어 전
적인 자기 헌신"[70]으로 나타난다. 이 신앙은 인간의 결단과 행위이

---

[67] Randolph C. Miller, *Education for Christian Living,* p.12. Miller는 William Temple
의 *Nature, Man and God*, pp.315, 499, 500을 인용하면서 그의 계시와 경험의 관
계 이해를 뒷받침하고 있다.

[68] Randolph C. Miller, *The Clue to Christian Education,* pp.39-42.

[69] *Ibid.*, p.105.

지만, 밀러는 이 신앙이 그리스도 안에서의 회개를 통해서 이루어지는 것이라고 믿는다. 여기서 하나님과 인간은 새로운 관계, 즉 은혜와 신앙으로 이루는 관계를 맺게 된다. 이 관계가 그 중심이 되는 한, 기독교교육은 하나님 중심인 동시에 인간 중심(경험과 신앙을 위주로 하는)이어야 하는 이유가 여기에 내재한다.

밀러의 교육신학 구조에 있어서 세 번째 요소는, 인격적인 하나님과 응답적인 인간이 맺어가는 관계가 무엇으로 표현되는가를 질문한다. 밀러에게 성서는 역사 속에서 역사(役事)하시는 하나님의 구원 드라마의 증언이었으며, 동시에 하나님의 계시에 대한 인간의 응답의 이야기였다. 그는 이것을 관계라고 불렀으며, 계시마저 이 관계의 신학에서 풀이한다. 이 관계는 밀러의 교육신학의 '핵'을 이룬다. 기독교교육이란 관계 속에 서서 이루어지는 행위이다. 그런데 이 관계는 두 가지 중요한 기능을 통하여 기독교교육 행위와 접목된다. 그 하나는 기독교교육을 위한 신학의 수립이다. 여기서 "신학이란 신(神)-인(人) 사이의 관계에 대한 진리"[71]라고 본다. 신학은 인간의 실존적 물음에 대해서 해답을 제공할 뿐 아니라, 인간을 구속적인 공동체인 교회를 장으로 하는 하나님과의 관계에로 인도하는 진리인 것이다. 이 점에서 밀러는 신학은 하나님의 행위에서 출발하며, 인간의 경험에서 나오는 진리라고 본다. 자유주의 신학이나 진보적 종교교육학파가 외쳤던 신학 불요(神學 不要)에 대해 반발하고 나선 밀러는, 오히려 지나칠 정도로 신학의 비중을 강조하고 있다. 그러나 이것은 중요한 제언이다. 밀러는 신학이 올바른 관계에 근거를 두고 있는 한, 그 신학은 모든 교육문제에 해결을 주는 실마리라

---

70 *Ibid.*, p.106.
71 Randolph C. Miller, *Education for Christian Living*, p.60.

고 믿기 때문이다. 이것을 관계의 신학이라 부른다.

이 관계신학은 신과 인간 사이의 관계에 대한 해석 뿐 아니라 교육 과정 안에 있는 교리와 경험, 진리와 삶 사이의 관계를 해석하고 안내하기 때문이다. 이러한 의미의 관계신학은 기독교교육의 기초(source)가 되며, 교육 과정과 교육 내용, 특히 커리큘럼의 제공자가 된다.[72] 이렇듯 신학은 기독교교육의 근거가 되지만, 동시에 밀러는 이 말이 오해될 위험성을 경고하고 있다. 신학은 커리큘럼보다 선행하는 것이지만, 기독교교육은 신학 그 자체를 가르쳐서는 안 된다고 본다.[73] 신학은 교회를 장으로 하는 하나님과의 올바른 관계에로 학습자들을 인도하는 안내자가 되어야 한다.[74] 그러므로 신학은 교육 내용인 하나님과 인간 사이의 관계를 어떻게 교육 과정 속에 구현하는가를 해석하는 길잡이의 기능 이상이 아니라는 것이다. 이것은 밀러의 예리한 통찰이었다. 그러므로 관계신학은 교육의 근거, 내용, 과정에 관여하나, 교육 내용의 '직역'이 아니라 오히려 '해석'되어야 한다는 것이다. 이것이 교육신학의 과제이자 또한 한계이다.

밀러는 신학이라는 기능 이외에 관계의 또 다른 기능을 '관계 언어'(language of relationships)라고 부른다. 관계는 신학에 의해 해석되는가 하면(관계신학), 동시에 그 관계는 '언어'라는 기능을 통해서 표현된다.[75] 데오돌 웨델(Theodore O. Wedel)과 루엘 하우(Ruel Howe)를 인용하면서 밀러는 관계의 언어란 인간과 인간 사이에 오고가는 신뢰와 사랑의 언어를 의미했다.[76] 이것은 느낌과 경험 속에 오가는 깊은

---

[72] *Ibid.*

[73] Randolph C. Miller, *The Clue to Christian Education*, p.6.

[74] *Ibid.*

[75] Randolph C. Miller, *Education for Christian Living*, p.11.

[76] *Ibid.*, p.71.

차원의 관계의 언어를 말한다. 결국 기독교교육이란 하나님과 인간 사이에 오가는 구속과 사랑의 관계의 언어를, 어머니와 교사와 어린이들 사이의 관계 언어로 해석하고 경험하는 행위인 것이다. 결국 사랑과 용납(계시)이 전제되지 않는 교육(인간과 인간 사이)은 교육이 아니라는 뜻이다.

2. 자녀이며 죄인이 된 역설적 존재 - 인간 이해

관계 구조 안에서 계시의 주체이신 하나님께 응답하는 다른 한 주체는 인간이다. 기독교교육은 계시와 응답 사이의 관계에서 일어나는 관계의 언어이다. 기독교교육은 신 중심(God-centered)이며 동시에 인간 중심(man-centered)이어야 한다고 밀러는 주장한다.

첫 번째 밀러의 인간 이해는 신학적 인간 이해였다. 그는 인간을 본성에 있어서 하나의 역설적 존재(paradoxical nature)[77]라고 정의하며, 인간의 선을 절대시하려는 자유주의자들과 인간의 타락을 절대시하려는 근본주의자들의 극단적 입장을 밀러는 초극(超克)하려 한다. 오히려 개신교적, 특히 '의(義)로워짐을 여김받은 죄인'(simul iustus et peccator)라는 루터의 신학적 전통을 이어받은 밀러는, 인간을 하나님의 자녀이며 동시에 죄인(sinner)으로 정의한다.[78] 즉, 이러한 인간 실존의 역설적 질(逆說的 質)이 오히려 동물과 구분되는 하나님의 피조물로서의 인간을 강조하게 되는 것이다.

그러나 동시에 창세기 비화는 인간(자녀로서의)이 하나님께 불복종하였음을 증언하고 있으며, 그 불복종은 우주적 현실이 되었다는

---

[77] Randolph C. Miller, *The Clue to Christian Education,* p.55.
[78] *Ibid.*

사실도 드러내 주고 있다. 여기서 죄란 개인적이고 동시에 사회적이다. 그리고 죄는 전(全) 삶의 과정을 파괴한다.[79] 여기서 죄는 하나님께 대한 인간의 불복종에 기인한다.

인간이 하나님의 자녀였다면 그것은 하나님과의 관계에서 이해된 것이었으며, 인간이 죄인이 되었다는 것은 하나님과 관계의 파괴를 의미한다. 밀러는 라인홀드 니버를 인용하면서, 죄란 교만과 자기기만이라고 정의한다. 밀러는 인간 이해를 교육심리학이나 발달심리학의 관점에서 보지 않고 신학적 인간학에서 보았으며, 특별히 기독교 실재주의로 알려진 라인홀드 니버의 해석에 근거하고 있다. 한마디로 인간은 하나님의 자녀이며 동시에 죄인이다. 밀러에게 있어서 이러한 인간 이해는 기독교교육의 신학적 근거를 제공한다. 죄인으로서의 인간은 회개를 통하여 그리스도의 구원에 참여하게 되며, 하나님의 은혜로 신앙의 자유와 선을 이룰 수 있다고 보았던 것이다. 기독교교육은 이 관계의 경험에로 인간을 인도하는 길잡이이다.

두 번째 밀러의 인간 이해는 관계론적이었다. 특히 그리스도인이 되는 과정은 마르틴 부버가 설정한 '나'와 '너'(I-Thou)의 관계 안에서 이루어지는 것이라고 보았다. 여기서 밀러는 이 나와 너의 관계를 두 차원에서 보려고 한다. 하나는 하나님의 계시와 인간의 응답을 통해서 이루어지는 복음의 관계로 보는 차원이다.[80] 그러나 다른 하나는 이 복음과의 관계를 사회적 상호작용(social interaction)의 관계를 동반한다고 보는 차원이다. 이 사회적 관계 속에서(존 듀이로부터 배운) 인간은 인격적으로 자라게 되며, 하나님과의 인격적 관계(신

---

[79] *Ibid.*, p.56.
[80] Randolph C. Miller, *Education for Christian Living*, p.66.

양적인 생성)도 이 사회적 관계를 통해서 이루어진다고 밀러는 생각했다. 그러므로 인간의 성장은 은총과 신앙을 중심으로 하는 하나님과의 관계와 함께 이어지는 사회적 관계를 통해서 이루어진다고 보았다.[81] 이것이 수직과 수평이 만나는 관계의 자리이다.

그러므로 기독교교육은 복음과의 관계, 사회적 관계라는 두 '축'에 초점을 두는 행위이다. 여기서 어린이를 하나의 "작은 어른"[82] (little adult)으로 보는 것은 금물이다. 어린이는 죄와 가능성을 가진 어린이로 보아야 한다. 어린이도 하나님의 사랑과 은총을 요청하고 있는 존재로 보아야 한다. 하나님 안에서 궁극적 가치를 찾는 아동이라는 뜻이다.

그렇다면 이제 '성장'이란 무엇을 의미하는 것인가라는 문제가 제기된다. 성장은 진보학파에 의해 찬양되었고, 쉘튼 스미드와 제임스 스마트에 의해 부정되었던 문제이다. 밀러는 인간 경험과 진화에서 오는 성장과 가능성을 강조하는 진보학파를 배격한다. 또한 인간을 전적으로 타락한 죄인이라고 단정함으로써 인간 성장의 가능성을 말살시키는 다른 한 극도 배격한다. 이러한 극단적 입장들을 초월하여 밀러는 하나님의 은총과 복음으로 이루어지는 화해(reconciliation)[83]안에서 인간의 성장은 가능한 것이라고 해석한다. 하나님의 구원의 드라마 속에서(은총과 신앙의 관계 속에서) 이루어진 하나님과 인간 사이의 새로운 관계는 인간이나 아동을 신앙과 참 인간으로 성장하게 한다는 것이다. 이것은 '칭의'와 '성화'의 신학적 논의와도 맥을 같이 한다. 이러한 해석은 기독교교육을 위한 인간 이

---

81 *Ibid.*
82 *Ibid.*, pp.68-69.
83 *Ibid.*, p.66.

해에 있어서 밀러의 큰 공헌인 것이다.

인간 성장이 그리스도의 화해에 있다면, 구체적으로 그 성장은 어떤 것인가? 그것은 완성에까지 성장할 수 있다는 뜻은 아니다. 제한된 삶 속에 사는 인간은 하나님이 움직여 가시는 구원의 드라마 과정 속에 자신을 참여시키며, 순간마다 하나님의 뜻을 받아들이는 (Approximate God's Will)[84] 행위 속에서 성장하는 것이다. 그것은 인간의 성취가 아니라 삶의 구체적 영역 속에서 이루어 가시는 하나님의 뜻에 접근하는 데서, 즉 자신을 하나님께 내어맡기는 행위 속에서 이루어지는 결과이다. 그러므로 인간은 신앙과 위임(하나님과 이웃과의 관계에 있어서)에 의하여, 다시 말해 죄 없는 상태가 아니라 죄를 극복하기 위해 하나님의 은총을 기다리는 신앙적 행위와 결단 속에서 성장하는 것이며, 이러한 인간 성장은 예수의 화해의 사건에서 그 정점을 찾는다.

3. 관계로의 참여와 크리스천으로서의 사명 - 교육 목적

이미 교육신학 구조에서 논의된 관계 구조와 인간 이해에서 암시된 관계 속에서의 인간 존재의 가능성과 신앙 성장의 가능성은 교육 목적을 설정하는 직접적인 근거가 되었다. 인간과 구속적, 화해적 관계를 맺으시는 하나님의 은총과 하나님께 응답하는 인간을 매개하는 것이 기독교교육이고 또 목적이다. 밀러는 장문(長文)의 표현으로 목적을 서술하지는 않는다. 그러나 그의 단편적 정의는 그의 사상을 자명한 것으로 만들고 있다. 교육 목적에 관하여 밀러는 다

---

[84] *Ibid.*, p.68.

음과 같이 말한다.

"기독교교육의 핵심은 인간이 아니라 하나님이다. 여기에서 교육의 과제는 예수 그리스도의 하나님과 이웃과의 올바른 관계 속으로 개개 크리스천들을 인도하는 것이다. 그렇게 함으로써 하나님의 은혜에 의하여 개개 크리스천들은 그들에게 부과된 부르심의 사명을 수행할 수 있도록 하는 것이다."[85]

전체적으로 보아 밀러는 교육 목적을 크게 두 가지로 본다. 그 하나는 '관계'로의 인도이고, 또 다른 하나는 크리스천으로서의 사명을 수행하게 하는 일이다. 결국 신학과 커리큘럼, 그리고 모든 현장에서 행하는 교육 프로그램은 그 목적이 자체에 있는 것도, 인간 경험 개발에 있는 것도 아니다. 기독교교육은 예수 그리스도 안에서 이룩하신 화해를 통하여 하나님과의 올바른 관계로 인도하는, 그리고 그에게 맡겨진 사명을 이 삶 속에서 수행해 나가도록 돕는 도구이자 매개인 것이다.[86] 보다 구체적으로 말하자면, 기독교교육은 예수 그리스도와 모든 학습자들이 만나는(confront) 관계에서 이루어진다. 이것이 기독교교육의 첫 번째 목적인 것이다.

그러나 동시에 학습자들이 교회의 일원(一圓)으로서, "그리스도의 제자"(Christ's Disciple)[87]로서 성령의 도움 안에 살아가도록 돕는 것이 기독교교육의 두 번째의 목적이 된다. 이 점에서 밀러의 사상도 '기독화'를 장(場)으로 하는 교육이라고 볼 수 있다.

---

85 *Ibid.*, p.54.
86 Randolph C. Miller, *The Clue to Christian Education,* pp.8-17.
87 Randolph C. Miller, *Education for Christian Living,* p.54.

이러한 기본적인 교육 목적은 목표 설정을 통해 세분화된다. 밀러는 1930년 세계 종교교육협회가 공식으로 채택했던 목표를 인용[88]하여 자기의 교육 목적을 설명하려 한다. 8개의 목표로 세분화된 교육 목적은, "심어주고"(to foster)와 "발전시키고"(to develop)라는 큰 틀 안에서 ①하나님 의식을 심어주고, ②예수의 경험을 발전시키고, ③그리스도와 같은 성품의 개발을 도모하고, ④새로운 사회 건설을 꿈꾸게 하고, ⑤교회에 참여시키며, ⑥크리스천 가정에 대한 감격을 가지게 하며, ⑦삶과 우주에 대한 해석을 하도록 하며, ⑧종교 경험의 개발을 심어 놓는 데 두었다. 그러나 이러한 목표를 무비판적으로 받아들이고, 그 위에 자기의 교육 목적인 관계 형성과 기독자적 제자됨을 구현시키려 하였던 시도는 밀러의 약점으로 평가받는다. 8개 조항의 교육목표는 분명 자유주의 신학의 산물이었던 반면, 밀러의 교육 목적은 신정통주의적 신학에 근거한 것으로, 양자 간에는 피할 수 없는 갈등이 내재하고 있었기 때문이다.

4. 관계 언어의 방법 - 교육 방법

하나님과의 올바른 관계를 맺도록 인간을 인도하는 교육 목적은 이를 뒷받침하는 교육 방법을 필요로 한다. 그러나 밀러에게 있어 그 방법은 임의로 만들어내는 매개는 아니었다. "방법은 그리스도 교회의 신학으로부터 나온다."[89] 기독교교육의 근거가 관계신학에 있었던 것처럼, 밀러는 교육 방법도 교육학보다는 관계신학에서 찾

---

[88] *Ibid.*, p.57. 밀러는 자기의 선배 동역자인 Paul H. Vieth가 초안하고 제출하여 채택되었던 것을 인용하고 있다.

[89] *Ibid.*, p.166.

아야 한다고 피력한다. 교육 방법은 기술보다는 교육신학적 해석에서 오는 것이기 때문이다.

밀러가 뜻하는 교육 방법의 범위는 무엇인가? 그에 의하면 기독교적 진리와 여기에 참여하는 인간의 경험 사이의 관계를 매개로 하는 모든 행위가 곧 교육 방법이 된다는 것이다.[90] 그러므로 교육 방법은 그 자체가 목적이 되거나 주체는 아니다. 오히려 교육 방법은 학생들 스스로 사고(思考)하게 하며 삶의 문제와 씨름하도록 하는 데 그 목적을 두어야 한다. 바로 이 교육 방법을 밀러는 "관계 언어"(the language of relationships)라고 표현한다.[91] 어떤 교육상황과 교육 현장(공동체들)에서든지, 그 속에서 인격적 관계들(personal relation)은 교육 방법 그 자체이며 또 범위가 된다.

그러나 관계 언어는 언제나 갈등하는 두 가지의 방향으로 나타난다. 하나는 '내용 중심'(content centered method)의 방법이다. 자료 중심, 성서 중심, 교리 중심, 교회 중심의 방법 등으로 구분되는 지향성은 언제나 내용 전달이라는 방법을 선택한다. 밀러는 이 내용 중심의 방법도 기독교교육 방법의 한 중요한 영역임을 인정하면서, 여기에 바르트의 5단계를 그 표본으로 설명하고 있다. ①준비 단계, ②전달 및 발표 단계, ③결합 단계, ④조직 단계, 그리고 ⑤응용 단계가 그것이다. 그러나 다른 한 가지 교육 방법의 지향성은 '경험 중심'(experience centered method)의 방법이다. "생활함으로써 학습한다"[92]라는 대전제에서 전개하는 경험 중심의 방법은 ①문제 인식, ②문제의 성격 규명, ③해결의 제언, ④최선의 가설 설정, ⑤가설을 경험 속에서

---

90 *Ibid.*, p.159. 밀러는 듀이의 *Democracy and Education*, p.194를 인용하고 있다.
91 *Ibid.*, p.169.
92 *Ibid.*, p.178.

실험하는 일 등의 일련의 단계와 과정을 거친다. 그러므로 교육 방법의 하나는 주제에서 출발하여 응용으로 오는 과정이라면, 다른 하나는 문제에서 출발하여 결정적 가설과 문제해결로 오는 방법이다. 그러나 밀러에게 이 둘은 모두 관계신학(하나님과 인간 사이의 관계 언어) 위에 그 기초를 두어야 한다는 것이다.

밀러는 구체적 프로그램까지도 나열하고 있다. 그 첫째는 이야기 방법(telling)이며, 둘째로는 보이는 방법(showing), 즉 시청각 자료, 흑판, 도식, 광고판, 포스터, 지도, 환등, 필름 등이다. 셋째로는 사상과 의견 교환의 방법(exchanging ideas), 즉 토의, 심포지움, 배심(패널) 토의, 공청회(포럼), 퀴즈, 버즈 그룹, 역할 연극(롤 플레이) 등이며, 넷째는 그룹 활동 및 계획의 방법인 드라마, 프로젝트 등이고, 마지막 다섯째는 예배의 방법이다.[93]

5. 관계가 이루어지는 곳 - 교육 현장

교육 현장에 대한 폭넓고 깊이 있는 해석을 시도한 사람은 제임스 스마트였다. 스마트는 부쉬넬의 가정 단일론, 그리고 진보학파의 사회화를 넘어서, 교회, 가정, 공교육까지를 교육 현장으로 다루었다. 그러나 밀러에게 이르러 교육 현장론은 스마트보다 더 폭 넓은 범주로 확대되었다. 그 깊이와 해석의 질과, 여기에 대한 찬반(贊反)은 뒤로 미룬다 하더라도 교육 현장에 대한 밀러의 폭 넓은 이해는 새로운 가능성을 열어 놓았다. 밀러는 현장을 가정, 학교, 사회 공동체, 그리고 교회로 명명하고 있다. 그러나 이 네 개의 공동체가 현장

---

[93] *Ibid.*, p.186.

으로 지목되는 그 뒤에는 관계신학이 기초가 되고, 또 해석의 규범이 되는 한 현장일 수 있다는 단서가 깔려 있었다.

첫 번째 현장은 가정이다. 밀러의 관계신학과 관계 언어의 눈에서 보면, 가정은 하나님의 기본적인 창조 질서이며 관계가 일어나는 가장 중요한 현장이다. 가정은 심리적 관계라는 창조적 차원이 있는가 하면, 동시에 구속적 '핵'(redemptive cell)이라는 성례전적 관계와 의미를 담고 있기 때문이다.[94] 심리적 차원은 에로스(eros)적이며, 가정은 성적 결합으로 이루어지고 있기 때문이다. 그러나 성적 결합만이 가정을 이루는 것은 아니며, 오히려 영원한 관계를 필요로 하고 있다. 이는 자기희생적인 사랑(agape)에 근거하는 헤노시스(henosis),[95] 즉 두 몸이 합하여 하나가 된다는 거룩한 관계를 말하고 있다. 전자는 바로 이 후자에 의해서 그 본래의 의미를 부여받는다.

이러한 해석은 기독교 가정이야말로 그 본질에 있어서 가장 중요한 교육 현장임을 입증한다. 이 가정은 곧 관계이고, 그것은 생리적인 관계와 구속적 관계가 상호연결되어 있는 하나의 종합예술임을 의미한다. 가정은 어린이들의 인격 형성에 결정적인 의미를 부여한다. 특히 구속적 핵에서 창출되는 가정의 분위기는 행동발달 과정을 결정짓는 중요한 요소로 나타난다. 거기에서 생의 동기가 유발되고, 이상(理想)을 심어가며, 습성이 형성된다. 그러나 밀러는 한 걸음 더 나아가 가정을 호레스 부쉬넬의 이해 차원에서 해석하고 있다. 가정은 분위기라는 것이다. 그러나 그 분위기는 깨진 관계까지도 신의 은총과 화해에 의해 다시 창조된다는 신앙적 차원에서 생겨나는 분위기이다. 부쉬넬의 "가정의 유기적 통일성"(organic unity of the fam-

---

94 *Ibid.*, pp.95-96.
95 *Ibid.*, p.95.

ily)[96]을 인용하면서, 밀러는 신의 은총과 사랑 속에서 자유로이 숨쉬며 사는 가정의 분위기가 인격의 변화에 영향을 미친다고 역설한다. 그것은 개인적 성품의 변화라기보다는 오히려 서로 서로를 하나님의 사랑 안에서 용서하는, 그리고 삶의 책임을 나누게 되는 그런 변화인 것이다. 그러므로 기독교 가정은 구속적 '핵'(redemptive cell)이며, 참 공동체와 관계의 축소상(縮小像, miniature)이다.[97] 가정은 기독교교육이 이루어지는 유일한 현장은 아니지만(여기서 호레스 부쉬넬과 구분된다), 가정은 다른 많은 현장 중에서도 가장 원초적이며 기본적인 현장이 된다. 바로 이 가정을 현장으로 하는 기독교교육은 어떤 것인가?

밀러는 어린이나 젊은이의 숨은 내적 가능성(內的 可能性)들이 개발된다거나, 좋은 교육 과정은 기독교 신앙을 자연적으로 형성시킨다는 낙관주의를 배격한다. 가정을 현장으로 하는 기독교교육은 구속적 공동체로서의 가정, 그리고 그 속에서 맺어지고, 맺어가는 공동의 관계에서 이루어진다는 것이다.[98] 그러므로 여기에서 이루어지는 변화란 개개인의 심성 발달이 아니라, 구속적 관계와 그 관계 속에서 일어나는 인간의 변화를 의미한다. 이를 위해 밀러는 결혼을 앞 둔 청년들부터 교육은 시작되어야 한다고 본다. 그리고 첫 아기를 기다리는 신혼부부를 위해서 강좌 같은 것이 필요하다고 본다. '부모 교실'(parent class), 가정에서의 예배뿐 아니라 교회 안에서의 가정 단위의 예배 참여 등을 그는 제시한다.[99]

---

[96] *Ibid.*, p.96.
[97] *Ibid.*, p.97.
[98] *Ibid.*, p.105.
[99] *Ibid.*, pp.99-104.

밀러에게 두 번째의 현장은 공교육의 학교(學校)이다. 듀이와 조지 코우는 공교육 기관으로서의 학교를 사회화 과정에 있어 필수불가결의 현장으로 이해한 바 있었다. 그러나 밀러가 학교를 교육 현장으로 이해하는 데는 난점이 있다.

밀러는 기독교교육적 측면에서 학교가 비록 인위적 공동체이기는 하나 훌륭한 현장이라고 본다. 그러나 다른 한편 학교는 국가와 사회의 제약을 받고 있는 사회 공유의 현장이라는 이유에서 쉽게 접근할 수 없다는 제약요소도 존재했다. 특히 국가와 교회의 분리(church, state separation)라는 헌법에 따라 공립학교에서의 종교교육이나 종교 행위는 법적으로 금지되어 있기 때문에, 밀러에게 교육 현장으로서 학교에 대한논의는 대단히 복잡한 절차를 요한다.

이러한 한계를 안고 밀러는 미국 안에 현존하는 몇 가지 유형들을 종교교육의 가능성으로 제시한다. 그 하나는 공교육의 보완으로서의 '휴가 교회학교'(vacation church school)이다. 여가 학교라고도 불리는 이 제도는 학교 영역 밖에서 실시하는 교육 행위를 말한다. 또 하나의 가능적 현장은 '교단 학교'(敎團 學校), 혹은 '교구 학교'(敎區 學校, parochial school)이다. 교단이나 특정한 유지들에 의해 설립된 이 학교들은 주로 교단 신학을 주입하고 교육하는데 그 목적을 두고 있다. 그러나 밀러는 이러한 형태의 학교들에 전적으로 의존하지 않고, 오히려 공립학교라는 거대한 교육의 현장을 종교교육의 가능적 현장으로 모색하는데 역점을 둔다.[100]그래서 밀러는 질문한다. 학교라는 공동체를 그 현장으로 하는 기독교교육의 가능성은 없을까?

학교를 공동체라 표현하는 것은 구성원들 사이에서 일어나는 수

---

[100] *Ibid.*, p.120.

많은 관계, 특히 교사와 학습자의 관계 속에서 일어나는 수많은 일들에 대한 공동의 경험 속에서 교육이 이루어질 수 있다고 믿기 때문이다. 여기서 교사는 종교적 해석의 가능성으로 현존한다. 교실, 그리고 그 밖의 관계에서 주어지는 종교적 영향과 지식은 다른 분야와도 연결될 수 있기 때문이며, 여기에서 학교를 현장으로 하는 기독교교육의 가능성이 살아날 수 있다는 것이다.[101]

밀러의 세 번째의 교육 현장은 넓은 의미의 사회이고, 구체적인 의미로서는 '공동체'(community)이다. 특히 건전한 '또래 그룹'(peer group)[102]은 인간 형성에 미치는 사회적 영향력의 기본이라고 본다. 또한 여름 캠프, 여행, 매스컴, 텔레비전, 라디오, 만화 등을 또 다른 사회적 영향력이라고 보면서도 밀러는 그것들을 관계 신학과 관계 언어와 연계시키지 못하는 약점을 가지고 있다.

네 번째 교육 현장은 교회이다. 교회는 역사적 공동체로서 회중을 계속 복음의 전통과 관계 속 보존하고 또 양육해야 할 책임이 있기 때문이다. 그러므로 교회를 현장으로 하는 기독교교육이란 ①복음의 선포와 인간의 응답을 촉구함으로 구원의 관계와 드라마에 참여케 하는 일과, ②이 구원을 경험하는 그리스도인들이 나누는 영(靈)적 교제(fellowship of the Spirit) 속에서 계속 참여하게 되는 때에 이루어진다고 믿는다.[103] 그러므로 교회를 현장으로 하는 기독교교육은 교회학교(church school)를 포함하여, 교회의 전 공동체적 생활 속에서 이루어지는 것으로 밀러는 이해한다. 그것은 5가지 사역 속에

---

101 *Ibid.*, p.121.
102 *Ibid.*, p.125ff.
　　동일한 목적, 신념, 정열을 함께 나누는 무리를 그룹이라고 불렀으며, 이것은 공동체를 형성한다고 밀러는 말한다.
103 *Ibid.*, p.139.

서 이루어진다. 첫째로 교육은 교회의 예배와 성례전 행위 속에서 이루어진다. 하나님과의 관계를 이루는 경험과 그 분위기에 참여하는 의미를 교육이라고 보기 때문이다. 둘째는 성도들의 교제이다. 구속받은 삶의 교제 안에서 사랑의 관계는 형성되고, 그것은 중요한 교육이라는 것이다. 셋째는 의도적인 가르침의 행위이다. 설교, 교회학교, 학습 그룹들을 통하여 가르침과 배움의 상호작용이 일어나는 그곳은 원초적인 교육의 자리이기 때문이다. 넷째로 목회적 돌봄, 즉 교도소 방문, 병든 자 돌봄, 그 밖의 봉사 행위를 통하여 교회가 섬김의 사역을 수행하는 동안, 교육은 동시에 이루어진다. 다섯째는 세계를 향한 선교를 통하여 교회는 복음의 선포와 교육 행위를 확장하는 것으로 이해했다.[104]

그러나 밀러는 여기서 한 가지를 경고하고 있다. 이 전 과정은 하나님 중심이며, 인간 중심이어야 한다는 것이다. 그것은 삶 중심 (life-centered)으로 집약된다. 즉 기독교교육의 목적은 인간의 경험 개발[105]이 아니라고 경고한다.

Ⅳ. 만남과 기독교교육 - 루이스 쉐릴

루이스 쉐릴에 관한 사상적 배경은 본서 제3장에서 이미 그 윤곽을 살펴보았다. 신정통주의 신학이 황금기를 이루고 있을 때, 그의 학문적 업적은 '기독화'를 장(場)으로 하는 교육의 중요한 한 '축'을

---

104 *Ibid.*, p.139-148. 아울러 밀러는 교회가 기독교교육의 가장 중요한 현장이라는 이론을 그의 *Christian Nurture and the Church* 속에서도 잘 드러내 주고 있다.
105 Randolph C. Miller, *Education for Christian Living*, p.148.

이루었다. 그러나 쉐릴은 그의 특유한 방법으로 기독교교육을 접근한다.

쉐릴의 교육신학의 위치는 어떤 것인가? 제임스 스마트(James Smart)는 기독교교육을 초월적이고 또 선행적으로 오시는 하나님의 말씀 위에 그 근거를 두고, 죄로 물든 인간의 타락 속에 임하시는 하나님의 주권적인 말씀은 설교와 교육을 통해 인간의 회개와 성장을 불러일으킨다고 이해하였으며, 이 말씀에 응답하는 행위를 신앙이라고 생각했다. 그래서 우리는 스마트의 교육을 '말씀의 기독교교육'이라 불렀다. 동시대의 학자인 랜돌프 밀러(Randolph C. Miller)의 교육신학은 하나님과 인간 사이의 올바른 관계 형성에 있었다. 신학이란 이 관계를 해석하는 기능을 의미했고, 언어는 이 관계를 매개하는 커뮤니케이션(communication)이었다. 기독교교육이란 이 신학(관계의 해석)과 언어(관계의 커뮤니케이션)의 매개를 통하여 인간이 하나님과 올바른 관계를 맺도록 이끄는 모든 행위의 총체를 말하며, 여기에서 루이스 쉐릴의 교육론이 등단했다. 스마트의 말씀 중심의 교육이 인간 실존을 다소 경시하는 약점을 가지고 있었다면, 이를 극복하기 위해 밀러는 신(神)-인(人) 사이의 올바른 관계 형성을 그 핵심으로 제시하고 나섰다. 그러나 밀러가 그 관계를 사랑과 용서, 거기에 응답하는 구속적 관계로 정의했으나, 피할 수 없는 학문적 모호성은 밀러를 절충주의로 몰아가는 위험성을 안고 있었다.

여기서 루이스 쉐릴은 스마트와 밀러가 남긴 공헌을 받아들이면서, 그들의 약점을 넘어서려는 새로운 시도를 보여준다. 쉐릴은 기독교교육의 핵심을 한마디로 '만남'(confrontation-encounter)이라는 주제로 집약한다. 그래서 쉐릴의 교육을 '만남의 기독교교육'이라고 명명할 수 있는 것이다.

쉐릴은 자신의 교육론을 상응의 원리(相應의 原理, principle of corre-
spondence)[106]라고 이름을 짓는다. 롤로 메이(Rollo May)와 폴 틸리히
(Paul Tillich)가 그의 사상적 대부이지만,[107] 이 상응의 원리는 틸리히
의 상호연결의 방법(method of correlation)과는 다른 것이라고 전제하
고 있다. 계시와 응답 사이의 상호성(mutuality)을 신학과 교육의 근본
소재로 하고 있다는 점에서 쉐릴은 틸리히와 동의한다. 그러나 상응
의 원리는 틸리히의 상호연결보다 더 강렬한 인격적 만남을 강조한
다는 이유에서 다르다고 보는 것이다.[108] 또한 틸리히의 상호연결의
방법은 실존적 물음과 신학적 해답 사이의 연관성에 그 초점을 두고
있을 뿐, 그 연관에서 비롯된 생성의 결과에 대해서는 무관심하다는
이유에서 비인격적이라고 본다. 이러한 쉐릴의 비판은 관계교육을
주장한 밀러에게도 해당된다. 반대로 상응의 원리를 말하는 쉐릴은,
하나님과 인간 실존 사이의 만남은 단순한 관계 형성이나 연관으로
끝나는 것이 아니라 새로운 존재화(becoming)[109]로 이어진다고 주장
한다. 이 존재화는 진화가 아닌 변증법적 과정에서의 존재와 존재화
(存在化)의 관계를 뜻한다는 것이다. 이것은 쉐릴을 이해하는 데 있어
대단히 중요한 방법론적 전제이다.

1. 불안과 가능성 사이에 있는 실존 - 자아 이해

쉐릴은 만남의 교육을 하나님과의 대면(confrontation)과 응답적

---

106 Lewis J. Sherrill, *The Gift of Power*, pp.105, 198.
107 *Ibid.*
108 *Ibid.*
109 *Ibid.*, pp.14-17.

만남(encounter)에서 찾는다. 그러나 그 출발점은 인간의 실존이다. 이것이 다른 교육신학자와 다른 점이다. 스마트는 말씀이었고, 밀러는 신(神)-인(人) 관계였다.

쉐릴은 인간 실존 분석의 규범을 집단이나 혹은 집단적 인격으로 보지 않고 오히려 자아(自我, self)라는 인간의 독자성에 근거를 둔다. 그러나 이 자아란 하나하나의 개인주의적인 인격과는 구별되며, 만인(萬人)의 보편적 표현으로서의 자아이다. 그러므로 자아는 인간 보편의 실존인 것이다. 쉐릴은 자아의 상태를 이야기하기 전에 이 보편적 실존으로서의 자아를 이루고 있는 특징을 크게 네 가지로 설명하고 있다.

첫째로 자아란 육과 영(body & soul)이 종합된 통일된 삶이다.[110] 이것은 희랍적인 이원론적 이해를 배격하고 구약과 신약에서 인간을 보는 통일체로서의 자아를 뜻한다.

둘째로 자아란 의지이다. 응답적 관계에 있을 때, 자아는 긍정과 부정의 결단을 하는 의지적 존재로서 이해한다.

셋째로 자아는 타자(他者)의 현존에서 자기를 의식할 수 있는 주체라고 이해한다. 이는 내면화(內面化)의 원리이기도 하다.

넷째로 자아는 자기(I-ness)가 자기 자신을 객관화(客觀化, me-ness)할 수 있는 능력을 가지고 있다.[111] 즉 자기 초월의 가능성을 말한다.

이상의 자아 분석은 인간 누구에게나 주어져 있는 보편타당한 특징들이다. 그러나 이러한 능력과 특징들을 가지고 있는 자아는 자아의 내면과 외적 상황으로부터 오는 위협(threat)을 받고 있는 존재이며, 바로 그 때문에 인간은 불안한 실존이 되어 버렸다. 그러나 이

---

110 *Ibid.*, p.4.
111 *Ibid.*, p.9.

불안한 실존으로서 자아를 냉혹하게, 그리고 예리하게 이해하면 할수록 그것은 만남의 가능성을 열어놓는 길이 된다. 쉐릴의 교육론은 바로 이 실존과 가능성 사이에서 어떻게 자아가 생성화(生成化, becoming)되는가 하는 문제와 관계한다. 여기서 쉐릴은 자아의 상태를 크게 두 가지로 분석하고 있다. 그 첫째는 '실존하는 자아' 혹은 위협 속에 있는 자아이다.112 실존적인 자아로서 인간은 불안(不安, anxiety)으로 채색된 존재이다. 이 불안이란 위협 속에 떨고 있는 인간의 상태를 말한다. 인간의 초기 고민은 자기의식에서 시작된 것이었으나, 일단 불안 속에 빠진 이후로는 불안을 객관화할 수 없는 상태에까지 온다. 이토록 자아를 무능(無能)하게 만든 불안이란 무엇일까? 그 근원은 하나님으로부터의 분리(separation)이다.113 이 분리는 인간 속에 적대성(hostility)을 심어 놓았고, 그 적대성은 결과적으로 불안을 유출시킨다는 것이다.114 때문에 불안한 존재로서의 인간은 실존하는 자아이며, 이 자아는 고향의 상실 속에 존재한다. 인간 자아를 위협하는 불안을 쉐릴은 크게 세 가지의 종류로 구분한다.

불안의 한 가지는 "정상적 불안"(正常的 不安, normal anxiety)이다.115 정상적 불안이란 인간이 존재하기 때문에 오는 불안인 것이다. 틸리히 교수의 "실존적 불안"을 인용하면서, 쉐릴은 인간이 가지는 불안은 어쩔 수 없는 피조성(creatureliness), 혹은 한계성에서 오는 불안이라고 말한다. 불안의 다른 종류는 '신경성 불안'(neurotic anxiety)이다. 이것은 무의식의 영역에서 일어나는 갈등 때문에 오는

---

112 *Ibid.*, p.25.
113 *Ibid.*, p.24.
114 Lewis J. Sherrill, *The Guilt and Redemption*, pp.165-176.
115 Sherrill, *The Gift of Power*, p.28.

불안이다. 불안의 또 다른 종류를 쉐릴은 '상황적 불안'(situational anxiety)이라고 부른다. 이것은 자아로부터 오는 불안이기보다는 오히려 사회와 집단생활에서 오는 외적 요인이 만들어내는 불안이다. 인간 자아는 언제나 이러한 불안들 속에서 실존하며, 이것은 교육이라는 행위가 대면해야 할 인간 실존의 영역이며 자리인 것이다.

이렇게 실존하는 자아는 두 번째 자아의 상태, 즉 '가능적 자아'(potential self)와의 관계 속에 이해되어져야 한다는 것이다. 이 가능적 자아는 성취되었다는 말도, 또 무엇인가 이룰 수 있다는 보장의 자아도 아니다. 오히려 이 가능적 자아는 실현 가능의 약속일뿐이다. 이 말은 실존적 자아는 자기 초월의 가능성을 가지고 있을 뿐이라는 뜻이 된다. 이 자아는 생성의 가능성이며, 자유로울 수 있는 가능성이며, 공동체(참여)의 가능성이며, 자기 운명에 대해 책임질 수 있는 가능성이며, 분열된 인격에서부터 하나의 전인(全人)이 되는 가능성이며, 창조의 가능성이며(문화와 과학), 성장의 가능성이다.[116] 이것은 인간이 하나님의 형상이며 동시에 죄인이라는 신학 해석의 인간 이해와도 상통하는 사상이다. 한마디로 인간은 이렇듯 역설적 존재(paradoxical being)인 것이다. 가능성을 안고 있으면서도 이를 실현할 수 없는 인간의 무능력, 그것 때문에 오는 좌절과 불안, 여기서 인간은 가능과 불안 사이에 존재하는 실존이라고 정의된다.

이러한 전제로부터 쉐릴은 자기의 핵심적인 인간 이해에 접근한다. 불안과 가능 사이, 혹은 가능과 불안 사이의 역설 가운데 있는 인간은 존재와 존재화(being and becoming)라는 새로운 도약으로 이를 수 있다는 것이다.

---

116 *Ibid.*, pp.19-23.

기독교교육의 핵심은 바로 실존하는 자아가 가능적 자아로 변화되는 일에 어떻게 도움을 줄 수 있는가에 있다. 환언하면, 실존적 자아가 가능적 자아로 존재화(becoming)한다는 것은 기독교교육의 근본적인 구조가 된다. 어떻게 존재(being)가 존재화되는 것인가? 쉐릴은 이렇게 말한다.

> "인간이 진정 자기 자신을 아는 한 그는 진정 하나님을 알게 된다. …
> 나로서 인간이 자기 자신을 알 때, 그는 영원한 인격적 존재인 하나
> 님과의 관계로 의식적으로 들어갈 수 있게 된다. 동시에 그 순간 나
> 를 진정 알게 된다. …"117

진정한 자기의식은 유비적(類比的)으로 하나님 의식의 관계로까지 확장된다는 것이다. 아울러 의식하는 주체로서의 자아는 하나님을 의식하는 한, 그 관계 속에서 자아는 비로소 존재화 된다.

그러므로 자아의 존재화란 하나님과의, 너와의, 그리고 나 자신과의 관계 속에서 응답하는 과정을 의미한다. 이 과정이 곧 자아(being)의 존재화인 것이다. 쉐릴은 이 자아의 존재화가 '너'라는 타자(他者)와의 상호적 인간관계(interpersonal relation) 속에서도 일어나고, 또한 '자신'과의 내면적 심리관계(intrapsychic) 속에서도 이루어진다고 본다.118 이러한 자아 이해를 쉐릴은 자아의 다이나믹스(dynamics)라고 한다.

이러한 실존의 심층적인 이해는 그의 만남의 신학과 교육을 결정하는 핵심적 사상이다.

---

117 *Ibid.*, p.16.
118 *Ibid.*, p.17.

2. 만남-응답 - 교육신학적 구조

이러한 실존적 자아가 어떻게 가능적 자아로서 존재화될 수 있는가? 그 매개는 무엇이며 이를 가능케 하는 '힘'(力)은 무엇인가? 이물음은 쉐릴의 교육신학 구조와 관계된 핵심적인 질문이다. 이 물음에 대해 쉐릴은 단적으로 만남-응답이라고 대답한다. 이 '만남'에는 쉐릴 나름대로의 신학적 해석이 뒤따르고 있다.

만남에는 두 가지 차원이 존재하며, 이는 한 사건(event)의 양면이라고 볼 수 있다. 그 하나는 대면(Confrontation)이고, 또 다른 하나는 응답(Encounter)이다. 대면(Confrontation)은 하나님께서 인간의 실존 속에 들어와 만난다는 대면의 의미를 가진다. 그런 의미에서 대면(Confrontation)은 계시적이다. 계시적 대면 속에서 하나님은 위기와 절망에 빠져 있는 실존적 자아와 만나 주시는 것이다. 바로 이 만남의 구현은 예수의 선교(ministry)에서 나타났다.[119] 특히 설교와 가르침과 병 고치는 사역 속에서 예수는 하나님과 그의 나라의 도래를 선포하셨다. 하나님께서 인간 실존 속에 오셔서 대면(confront)하시는 때, 그 하나님은 한편으로는 심판자로 오셔서 인간의 위기, 죄, 분리(分離)를 심판하시지만, 또 한편으로는 인격적 주체(personal being)로 오셔서 사랑과 용서를 행하신다는 것이다. 여기서 하나님의 대면하심(Confrontation)은 하나님의 계시이며, 대면에서 하나님은 심판과 은혜로 다가오시는 분이다. 이 하나님의 대면은 예수 그리스도의 십자가 사건에서 인간의 심판으로 나타났고, 동시에 그 죽음은 인간을 사랑하고 용납하는 하나님의 희생으로 계시되었던 것이다. 대면은

---

[119] L. J. Sherrill, *Guilt and Redemption*, pp.165-176.

구원하심이었으며, 교제와 동일화였다.[120]

그러나 만남의 다른 차원은 응답(Encounter)이다. 즉, 응답적 대면인 것이다. 용서와 사랑으로 인간의 실존 속에 '너'(thou)로서 오시는 인격적 주체로서의 하나님은 인간에 의해 부정될 수도 있으나, 인간 'I'가 적극적인 응답을 하게 되는 때, 쉐릴은 이것을 응답(Encounter)이라고 불렀다.[121] 그러나 만남이라는 사건은 응답(Encounter)에 의해서 선취되는 것은 결코 아니라고 쉐릴은 주장한다. 대면(Confrontation) 속에 오시는 하나님의 선행적 행위(계시)에 의해서 인간의 응답(Encounter)는 비로소 이루어진다는 것이다.

그러므로 쉐릴에게 있어서 대면(Confrontation)은 하나님의 대면이고, 응답(Encounter)는 인간의 응답이다. 전자는 계시이고, 후자는 신앙이다. 쉐릴은 이 만남 속에서, 즉 하나님의 대면(Confrontation)과 인간의 응답(Encounter) 사이의 만남 가운데서 인간 존재(being)는 비로소 존재화(becoming)되는 것이라고 믿었다.

이것은 신앙과 실존적 생성 사이의 만남이다. 인간은 하나의 주체로서(I) 참 주체이신 인격적 하나님의 대면 앞에서 응답하게 되며, 그 응답(Encounter)의 행위 속에서 비로소 인간은 존재화(becoming)되는 것이다. 그래서 갓난아기가 부모의 사랑과의 만남 안에 있을 때, 하나님과의 만남 속에 있게 되며, 여기서 존재화(becoming)는 이루어진다는 것이다.[122] 대면(Confrontation)은 칭의(justifjcation)에 상응하며, 응답(Encounter)는 성화(聖化, sanctification)와 상통한다고 해석할 수 있다.

대면이 은총이라면 응답은 회개와 신앙의 결단이다. 기독교교육

---

120 L. J. Sherrill, *The Gift of Power*, pp.74-78, 그리고 *The Struggle of the Soul*, p.15.
121 L. J. Sherrill, *The Gift of Power*, p.86.
122 L. J. Sherrill, *The Struggle of the Soul*, p.41.

은 바로 모든 인간들이 이 만남에 참여하도록 인도하는 모든 행위를 의미한다.

3. 만남의 장으로서 구속적 공동체 - 교육 현장

인간을 향하신 하나님의 대면의 행위(confrontation)는 인간의 응답 행위(encounter)를 불러일으켜 하나님과 인간은 비로소 만나게 된다. 그러나 그 만남은 공허 속에 이루어지지 않는다. 그 만남은 구체적으로 인간들이 관계를 이루는 공동체 속에서 이루어진다. 쉐릴은 이 공동체를 기독교 공동체(the Christian community)라고 부른다.

기독교 공동체는 만남의 장(場)이며, 또한 기독교교육은 바로 대면-응답의 만남에서 이루어진다. 쉐릴에게 있어서 기독교 공동체란 교회를 의미하지만, 교회에만 국한되지 않는 포괄적인 것이기도 하다. 예를 들면 그것은 가정일 수도 있다. 그러나 쉐릴은 교육의 현장을 랜돌프 밀러처럼 폭넓게 논의하지는 않는다. 다만 만남이 이루어지는 관계는 곧 공동체이며, 이는 곧 교육이 이루어지는 현장이라고 정의하였을 뿐이다. 즉 기독교 공동체를 장으로 하는 곳에서 하나님의 대면과 인간의 응답, 그리고 인간들 사이의 만남이 이루어진다는 것이다.

그러나 쉐릴은 한걸음 더 나아가 만남의 장인 기독교의 공동체는 구성원들의 상호작용(interaction) 속에서 계속 이루어지는 것이라고 주장한다.[123] 그리고 이 공동체는 인격 형성에 있어 중요한 두 가지의 기능을 가진다. 그 하나는 인간 자아(self)의 성격 구조의 형성이

---

[123] L. J. Sherrill, *The Gift of Power*, p.44.

며, 다른 하나는 자아가 계속 존재화 되어가는 터전이 된다는 것이다. 다시 말하면 만남이 일어나는 기독교 공동체에서 자아는 비로소 존재로서, 그리고 존재화가 가능하게 된다.

이 만남의 장으로서의 기독교 공동체는 그것이 기독교적이기 때문에(계시적 차원) 대면과 응답이 일어나며, 동시에 공동체적이기 때문에(인간의 관계적인 차원) 사귐과 관계 회복의 터전이 된다. 그래서 기독교 공동체는 교육의 산 현장이 된다는 것이다 . 기독교교육은 기독교 공동체를 떠나서는 불가능한 것이라는 결론이다.

그렇다면 과연 기독교 공동체는 무엇이며, 그 성격은 어떤 것인가? 그 첫째로 기독교 공동체는 자기 초월의 공동체이다.[124] 예배 행위, 성례전, 말씀을 읽고 선포하는 모든 행위 속에서 기독교 공동체는 그리스도와 동일화 된 "그리스도의 몸"(the body of Christ)[125]이다. 그러므로 기독교 공동체는 인간 공동체이기는 하나, 하나님과 그리스도와의 관계를 그 본질로 하고 있다는 이유에서 유기체이다. 이것은 하나님의 대면과 그에게 응답하는 차원에서 오는 성격의 사회성을 의미한다. 실존적 자아가 기독교의 공동체를 장으로 하는 한 그는 하나님을 만나게 되며, 하나님 앞에 응답하는 행위 속에서 비로소 그 실존적 자아는 가능적 자아로 존재화 된다는 것이다.

둘째로 기독교 공동체는 코이노니아(koinonia)이다.[126] 이는 하나님의 대면에 응답한 신앙의 사람들 사이에 이루어지는 사랑과 격려의 공동체라는 의미이다. 더욱이 이 교제 속에 하나님의 아가페적 사랑은 현존하며 동시에 하나님의 영이 내재하신다. 여기서 실존적

---

[124] *Ibid.*, p.49.
[125] L. J. Sherrill, *Guilt and Redemption,* p.215.
[126] *Ibid.*, p.216. 그리고 그의 *The Gift of Power,* p.49.

자아는 과거에 경험하지 못했던 관계를 배우고 경험하며, 교제하는 일에 참여함으로써 비로소 가능적 자아로 존재화 된다. 하나님의 희생적 사랑이 그 곳에 현존하기 때문이다. 그러므로 기독교 공동체는 인간 형성의 구체적인 현장인 것이다. 셋째로 기독교 공동체는 치유적이며 동시에 구속적이다.[127] 기독교 공동체는 그리스도와 성령의 현존을 통하여 인간의 실존적 불안과 적대 감정을 극복하게 된다는 것이다. 인간의 회개를 불러일으키는 하나님의 사랑이 경험되는 그 공동체는 인간의 불안을 치유하는 구속적 공동체가 된다. 여기서 실존적 자아는 가능적 자아로 존재화 된다.(being in becoming) 하나님의 아가페에 의해 이루어지는 전 존재의 변화인 것이다. 이것은 심리학적 차원이 아니라 신학적 차원이다. 그러므로 기독교 공동체는 실존적 자아들이 치유되고 재창조되어짐으로써 가능적 자아들로 변화되는 구속적 차원을 가진다. 기독교 공동체는 하나님께서 참여하시는 대면의 현장이며 동시에 인간이 응답하는 현장이기 때문이다. 기독교교육은 이 기독교 공동체를 장으로 하는 모든 시도를 포괄한다.[128]

4. 만남의 기독교교육

기독교 공동체를 장(場)으로 하는 하나님의 대면과 인간의 응답 사이의 만남은 실존적 자아의 변화를 가져오는 자리였다. 그 만남은 폴 틸리히의 실존과 복음 사이의 상호연관성(method of correlation)의 원리보다 깊은 것이었다. 그것은 존재의 존재화(becoming)를 가져오

---

[127] L. J. Sherrill, *Guilt and Redemption*, p.65.
[128] *Ibid.*, p.82.

는 하나의 메타노이아이기 때문이다. 그것을 쉐릴은 상응의 원리
(principle of correspondence)라고 했다. 이 상응의 원리는 만남, 대면과
응답에서 이루어지는 인간 실존의 변화를 의미한다는 뜻에서 3차원
적인 것이라 할 수 있다. 엄밀히 말하면 쉐릴의 교육론은 신 중심만
도, 인간 중심만도 아닌 오히려 하나님과 인간 사이의 양극(bi-polar)
과 그 만남이 가지는 긴장 속에서 이루어지는 인간 변화의 사건을
의미하는 것이기 때문이다.[129]

그리하여 쉐릴은 기독교교육을 다음과 같이 정의한다.

"기독교교육은 실존적 인간들이 하나님과의 관계에서, 교회와의 관
계에서, 다른 사람들과의 관계에서, 세계와의 관계에서, 자기 자신과
의 관계에서 심각한 변화가 일어나도록 지도하고 또 직접 참여하게
하는 기독교 공동체 회원들의 시도이다."[130]

그러므로 만남은 변화로 이어지는 사건이며, 또 교육 행위이어
야 한다. 그러므로 교육의 목적은 만남을 통한 인간 실존의 변화
(change)에 있다고 말할 수 있다. 이것이 존재의 존재화이다. 그러나
문제는 무엇을 위한 변화인가라는 질문으로 이어진다. 쉐릴에게 교
육의 목적은 변화이다. 그러나 그 변화는 인격과 인격 사이의 상호
작용 속에서 일어난다고 봄으로써 일반 교육론과 동일한 관점을 취
한다.

기독교교육이라 해서 변화가 일어나는 영역이 인격들 사이의 상
호작용을 떠난 것은 아니라는 점을 쉐릴은 분명히 한다. 그러나 변

---

129 *Ibid.*, p.89ff.
130 *Ibid.*, p.82. 필자의 번역.

화의 내용이 무엇인가라는 문제에 와서 쉐릴은 일반 교육과의 분리를 선언한다. 일반 교육은 변화의 궁극적 주체를 국가에 두고, 개개의 복지는 교육의 목적이 되며, 나아가서는 좋은 시민으로서의 변화를 목적으로 하고 있다고 이해한다.[131] 그러므로 일반 교육이 목적하는 변화는 좋은 사회적 시민 양성에 있다. 그러나 쉐릴에 의하면 기독교교육은 하나님 자신이 변화의 궁극적 주체가 되시며, 인간 변화는 하나님 나라의 한 일원(一圓)으로서 그리고 사회의 일원으로서 변화됨을 목적으로 한다는 것이다. 일반 교육은 인간 사이의 심리적 상호작용에서 인격 변화가 이루어진다고 믿고 있다. 그러나 기독교교육은 구속적이고도 사랑의 공동체 안에 오시는 하나님의 대면과 하나님 앞에 응답하는 인간 사이에서, 그리고 그 곳에서 형성되는 깊은 관계 속에서 변화가 이루어진다고 본다.[132] 이것이 기독교교육의 목적이다. 그렇다면 쉐릴에게 있어 이 교육 목적을 성취하는 교육 방법은 어떤 것인가?

쉐릴의 교육 방법은 "만남의 철학"(philosophy of encounter)[133]에 근거하고 있다. 이 만남의 원리는 두 가지 방법으로 구현된다. 그 하나는 성서의 사용 방법이다.[134] 성서는 기독교 공동체가 선언하는 하나님 계시의 증거이다. 그 계시는 하나님께서 실존적 자아에게 찾아오셔서 대면하시며, 인간의 응답을 촉구하시는 은총과 사랑(agape)의 행위이다. 성서는 하나님과 인간과의 만남의 기록이며, 아울러 그 만남에서 이루어지는 새로운 존재 변화에 대한 증언이다. 그러므로

---

[131] *Ibid.*, pp.80-81.
[132] *Ibid.*, p.82.
[133] *Ibid.*, p.175.
[134] *Ibid.*, p.178.

기독교교육 방법에 있어서 성서는 가장 중요한 수단이며, 하나님과 인간 사이의 계속되는 만남을 증언하고 또 매개하는 계시의 증거이다. 성서는 실존적 자아 속에 찾아오셔서 대면하신, 그리고 인간의 응답을 촉구하는 은총과 사랑의 기록이기 때문이다. 쉐릴은 다음과 같이 말한다.

> "성서 사용은 신앙생활 속에서, 생리과정에서, 재창조에서, 구속에서, 심판에서, 부르심에서, 창조 행위에서 우리 인간들을 대면하시는 하나님께 인간이 응답할 수 있는 매개로서 쓰인다."[135]

만남의 원리에서 나온 쉐릴의 두 번째 방법은 성서 속에 증거 된 하나님의 교제와 교통의 방법에 근거한다. 그는 하나님께서 자신을 인간에게 계시하실 때 비언어적(非言語的) 방법을 사용하셨다는데 주목한다. 성서는 하나님의 이 비언어적 계시를 언어적으로 증언하고 있을 뿐이라는 것이다. 하나님의 자기희생적 사랑, 아가페는 언어 이전에 만남 속에서 경험하는 비언어적 사건이었으며, 성서는 바로 이러한 비언어적 사랑의 언어적 증언이었다. 여기서 성서와 비언어적 방법은 쉐릴의 방법 원리를 설정하는 근거가 되었다.

쉐릴의 방법 원리란(특히 기독교교육 방법 설정에 있어서) 두 가지로 집약될 수 있다. 그 하나는 비언어적, 혹은 상징적 교통의 방법이다. 성서가 사용한 모든 상징들, 즉 물건들, 자연, 인격적인 대상(person), 사랑과 슬픔, 행위, 새 이름들, 구체적인 이름들, 꿈, 비유 등은 다른 무엇을 대변하는 표징들로 사용되어지는 것들이다. 여기서 상징들

---

[135] *Ibid.*

은 언어들이며, 하나님은 그것들을 통하여 인간의 실존 속에 새롭게 대면하시는 것이다.

그러나 이 상징적 방법은 궁극적으로 하나님과 인간 사이의 만남을 인도하는 도구이며, 그 만남에서 일어나는 변화의 안내자일 뿐이다. 여기서 쉐릴은 틸리히처럼 상징주의를 피력하고 있다. 상징의 방법 이외에 또 다른 방법은 "참여의 원리"(principle of participation)라고 부른다.[136] 성서에 나타난 상징을 통하여 하나님과 인간의 만남을 증언하는 방법을 상징주의 방법이라 했다면, "참여의 방법"은 하나님의 대면에 응답하도록 참여를 촉구하는 방법이다. 쉐릴은 이것을 일명 "동일화(同一化)의 방법"이라고 부른다. 성서에 기록된 만남에 대해 인간 실존들이 직접 참여하고 또한 경험하도록 돕는 방법을 뜻한다. 다시 말하면 교육은 '참여'를 통해서 불안한 실존들이 하나님을 직접 만나도록 촉구하는 행위이며, 교육 방법은 참여의 원리가 되어야 한다는 것이다. 그러나 쉐릴은 상징주의 방법과 참여의 원리를 구체적인 방법으로 풀어가지 못한 아쉬움을 남겼다.

---

136 *Ibid.*, p.187.

7장.
인간화를
장으로 하는 교육
- 세속신학 이후

서론

앞서 우리는 호레스 부쉬넬이 교육의 장(場)을 성례전적 의미를 가진 가정과 '부모화'(父母化)에 두었음을 보았다. 그리고 우리는 교육의 장을 개인과 집단 사이의 상호작용 내지는 '사회화'(社會化)에 두었던 진보적 종교교육학파의 주장도 논의하였다. 그 후에 등장한 기독교교육학파는 해석의 차이는 있었지만, 공통적인 교육의 장을 하나님의 계시와 인간이 응답함으로 이루어지는 '기독화'(基督化)에 두었음도 살펴보았다.

1960년 이후 세계 기독교교육은 한마디로 '정체성의 위기'(identity crisis)와 '타당성의 위기'(crisis of relevance)를 동시에 겪고 있다. 로즈매리 류터(Rosemary R, Ruether)는 "미국사회 상황 속에서의 교육"[1] 이라는 논문에서 새로운 역사적 상황의 등장과 기독교교육 사이의 문제를 다음과 같이 제기하고 있다.

"낡은 교파주의는 무너지고, 기독교라는 대명사가 가지는 의미는 편협주의가 되어버린 오늘의 세계 속에서 기독교교육이란 가능한가? 특히 오늘날과 같은 젊은이의 세대, 혁명의 세대, 흑인 혁명, 그리고 미국 제국주의에 대한 세계의 도전 앞에서 기독교교육이 설 땅은 어디인가?"[2]

자기 비판적인 전제에서 예리한 물음을 던지는 류터는, 기독교교육이 전례 없는 이 시대의 도전에 직면해야 할 것을 다음에서 피력한다.

"이러한 역사의 현실은, 기독교교육을 얘기하는 나로서 그 타당성과 가능성을 위해서 솔직하게, 그리고 진지하게 직면해야 할 숙연한 상황인 것이다. 그 이유는 역사의 상황은 곧 나의 삶의 상황 그 자체이며, 기독교 공동체를 압도하는 현실이기 때문이다."[3]

여기서 류터는 두 가지 점을 분명히 하고 있다. 그 하나는 1960

---

[1] Rosemary R. Ruether, Education in the Sociological Situation, U.S.A. *Does the Church Know How to Teach?* ed. by Kening B. Cully, The MacMillan Co., 1970, p.79ff.

[2] *Ibid.*

[3] *Ibid.*

년 이후 출현한 인간 역사의 장(場)은 한마디로 혁명과 변화로 물든 강력한 물줄기이며, 현대인의 삶의 마당이라는 점이다. 즉, 이 시대는 정치, 경제, 사회 구조, 그리고 생활양식 전체가 이 새로운 혁명과 변화의 물줄기 속에서 새로운 가능성을 찾아야 하는 진통의 마당인 것이다. 둘째로, 류터는 기독교교육이 필연적으로 인간의 생활 속에서 일어나야 하는 행위라면, 이 역사의 장은 싫거나, 좋거나 교육의 장이 되어야 한다는 점을 강하게 지적하고 있다. 즉 기독교교육은 역사적 현실과 상황을 떠나서는 이루어질 수 없다는 것이다. 앞으로의 기독교교육은 이 혁명적인 상황과의 대결에서 나오는 인간과 인류의 공동의 문제와 씨름하면서, 그것들을 그리스도의 뜻으로 변화시켜 나가야 하는 새로운 교육 목적, 새로운 교육 과정, 새로운 방법들을 과감히 모색해야 할 것이라고 피력한다. 이것은 세계의 문제이며 동시에 한국의 문제일 것이다.

새로운 역사적 현실의 출현과 그것에 따르는 생의 구조의 변화에 대한 개론적 토론은 본서 제3장에서 이미 다루었다.[4] 또한 이 문제들을 부둥켜안고 씨름하는 여러 교육학자들도 있다. 그러나 여기에서는 대표적인 위치에 서 있는 두 사람만을 다루고자 한다. 한 사람은 미국 뉴욕시 개신교 연합 교구의 교육 교사로 있다가 예일대학 교수가 된 레티 러셀(Letty M. Russel)이고, 다른 사람은 기독교교육 학자는 아니지만, 세계 기독교교육의 흐름에 지대한 영향을 끼쳤던 파울로 프레이리(Paulo Freire)이다. 이 두 사람 사이의 철학적 전제는 큰 차이를 보이고 있지만, 한 가지 공동 목표는 교육은 인간을 참인간

---

4 새로이 등장한 세속 정신, 그리고 가져온 새로운 시대적 상황, 그리고 이 문제와 씨름하는 새로운 신학의 몸부림, 또한 새로운 기독교교육적인 시도에 관해 저자는 제3장 후반에서 기술하였다. 배경 연구를 위해 제3장을 참고하기 바란다.

화 시키기 위한 것이라는 사실에 있다.

Ⅰ. 선교와 교육 - 레티 러셀

레티 러셀 교수는 뉴욕의 할렘가 개신교구 교육 목사로 일했던 자신의 경험을 바탕으로『선교 속의 기독교교육』(*Christian Education in Mission*)[5]을 저술하였다. 그 책에서 러셀은 다음과 같이 기독교교육을 정의한다.

> "기독교교육은 사람들을 참 인간성으로 회복하시려는 하나님의 선교에 참가하도록 모든 사람에게 주어진 그리스도의 초청이며, 이에 자발적으로 기쁘게 참여케 하는 일이다."[6]

이 정의는 러셀의 사상을 집약하고 있다. 러셀 사상의 첫 번째 차원은, 기독교교육이 선교와 유기적 관계에 있으며, 그것은 '참 인간성' 회복을 목적으로 한다는 것이다. '참 인간성'이란 이미 완성된 상태(status quo)도, 인간 스스로 성취해 갈 수 있는 가능성도 아니다. 참 인간이란, 인간과 인류를 향하신 그리스도 안에서의 하나님의 약속이다. 이 약속 안에서 참 인간이 된다는 첫 번째 의미는, 먼저 '자유로운 인간'[7]이 되는 일이다. 자유로운 인간은 미래를 향해 개방된

---

5 Letty M. Russell, *Christian Education in Mission*, 정웅섭 교수는 이를『기독교교육의 새 전망』으로 번역하였다.
6 *Ibid.*, p.25.
7 *Ibid.*, p.32.

인간이며, 용기를 가지고 질문을 제기하면서 열려진 세계와 역사에 참여하는 사람을 뜻한다. 다음으로 참 인간이 된다는 두 번째 의미는, 신앙의 눈으로 세계를 직시하는 인간이 되는 것이다.[8] 하나님의 역사(役事)라는 관점에서 세계는 인간 도피의 자리가 아니라 새로운 결단을 끊임없이 살아가는 삶의 터전으로 받아들인다. 참 인간이 된다는 세 번째의 의미는 하나님과의 관계에서, 세계와의 관계에서, 그리고 이웃과의 관계에서 주어지는 삶을 축하(celebration)하는[9] 인간이 되는 것이다. 삶은 창조의 즐거움이기 때문이다.

그러나 러셀 사상의 두 번째 차원은 '하나님의 선교'(Missio Dei) 신학이다. 하나님 선교신학은 경험주의 신학에 의해, 그리고 초월주의 신학으로부터 외면되었던 이 세계와 '삶'을 하나님의 선교의 터전으로 재규정하고 또 수용한다. 그리고 그 위에 신학과 교회의 존재 이유를 설정한다. 러셀 사상의 세 번째 차원은 참 인간을 회복하는 하나님의 선교가 대화와 참여라는 기독교교육을 동반한다는 점이다.[10] 왜냐하면 교육은 선교라는 관점에서 재해석되어야 하기 때문이다. 기독교교육은 교회학교 교육에 한정되지 않는다. 그것은 모든 인간을 참 인간으로 회복한다는 근본적인 명제에서 다시 정의된다. 여기서부터 방향과 사명을 다시 찾아야 한다는 것이다.[11] 일반교육이나 기독교교육은 다같이 궁극적으로 인간과 인류를 대상으로 하기 때문이다. 여기서 교회는 기독교교육을 강요할 것이 아니라 세속적인 교육 과정 속에 들어가 그리스도를 증언하는 썩는 누룩이

---

8 *Ibid.*
9 *Ibid.*
10 *Ibid.*, p.31.
11 *Ibid.*, p.28.

되어야 할 것이다. 교회는 일반 교육과 경쟁 관계가 아닌, 오히려 공교육을 도와줌으로써 공교육 구조를 인간화의 채널이 되도록 하는 선교의 책임이 있다. 공교육은 과학과 기술의 우월성이 고조되고, 역사와 사회의 급격한 변화 속에 방황하고 있는 인간과 인류를 참 인간으로 다시 되돌려 놓는 교육으로 변해야 한다는 것이다. 그는 사회적 변화에 맞서가는 현대인을 돕는 일이 공교육의 과제라고 이해한다. 러셀에게 모든 교육의 행위는 참 인간성 회복을 위해 중요한 영역이며, 기독교교육적인 측면에서 이것은 소중한 선교의 장인 것이다.

아울러 러셀은 기독교교육을, 신의 선교를 그 영역으로 하는 교회를 현장(現場)으로 하여 일어나는 선교의 사건이라고 강조한다. 변화하고 있는 세계 속에서 현대 기독교교육이 '신의 죽음'의 신학 등의 부정적인 요인들로 그 의미를 잃고 있는 것은 사실이지만, 그러나 모든 '인간을 참 인간으로 회복하시는 하나님의 선교는'[12] 지금도 살아 있는 신학적 명제이며, 기독교교육은 이 요청에 응답하는 교회의 사명이라 할 수 있다. 러셀은 이 선교교육의 주체가 기독교교육이나 일반교육이 아니라, 예수 그리스도이고 성령이라고 본다.[13] 모든 교육 행위는 그것이 일반교육이든 기독교교육이든, 성령의 '협동적인 파트너'의 기능을 수행하는 것이라고 믿는다. 여기서 러셀은 선교와 교육의 절묘한 유기적 관계 안에 있으며, 기독교교육을 하나님, 선교, 인간화, 참여라는 넓은 장을 재구성해야 하는 교회의 사명으로 이해하고 있다.

---

12 *Ibid.*, p.31.
13 *Ibid.*, p.28.

1. 하나님의 선교 - 교육신학적 구조

호레스 부쉬넬이나 앨버트 코우의 교육신학적 구조는 가능적 자아가 사회나 가정과의 관계 안에서 사회화 해가는 성장 과정에 그 근거를 두었으며, 신정통주의 신학의 교육신학적 구조는 신의 계시의 로커스(locus)였던 교회가 그 근거였다. 그러나 러셀의 교육신학의 구조는 한마디로 하나님 선교의 신학[14]에 그 근거를 두고 있다. 이것은 하나님 죽음의 신학과 세속 신학 이후에 나온 하나의 거대한 신학적 각성 운동이다. 교회를 장으로 하는 만남과 기독화의 교육신학이 가지는 장점들은 여전히 유효하지만, 그것들은 그 시대의 산물이었다는 점에서 많은 한계를 가지기 시작했다. 그러나 세계는 산업혁명 이후로 점차 세속적인 장으로 변했고 또한 그것이 인간과 인류에게 지대한 영향을 주고 있다는 이유에서, 러셀은 이제 교육신학의 구조가 하나님과 세계와 인류를 포괄하는 새로운 장을 근거로 세워져야 한다고 믿었다.[15]

그렇다면 하나님의 선교(Missio Dei)는 무엇을 의미하는가? 불행히도 러셀 자신은 하나님의 선교 신학에 대한 학문적인 논의는 하지 않는다. 다만 하나님의 선교라는 용어를 사용하고, 몇 가지 암시를 하고 있을 뿐이다. 하나님의 선교 신학은 구원의 주체가 하나님 자

---

[14] "Missio Dei"란 1952년 독일 Willingen에서 열렸던 제5차 국제 선교협의회(The Fifth International Missionary Council)에서 논의되고 수락한 데서부터 시작하여 신학계에서 사용된 개념이다. 이 사상을 구체화하게 한 사람은 George E. Vicedom 교수이다(Bavaria에 있는 Nevendettelsau 선교협회 회장이다). 그가 1957년에 *The Mission of God*, tran. by Gilbert A. Thiele & Dennis Hilgendorf, Concordia Publishing House, St. Lowis, 1965를 내놓음으로써 Missio Dei 신학은 새로운 국면을 개척하게 된 것이다.

[15] 「기독교 사상」, 1972년 12월호, pp.124-126.

신임을 선언한다. 어떤 의미에서는 '그리스도 중심의 신학'이었던 바르트나 신정통주의 신학보다는 정치 신학에 가까운 '하나님 중심의 신학'의 외침이라고 볼 수 있다. 역사 안에서 일하셨고 지금도 일하고 계시는 하나님의 구원은, 인간들을 속박과 압박으로부터 자유케 하며 신과 이웃과 세계와의 관계에서 복종과 사랑의 삶을 살아가는 참 인간성의 회복에 그 초점을 둔다.[16] 하나님의 구원은 개인, 사회, 교회를 포함하는 전 역사와 세계, 그리고 전 인류를 대상으로 삼는다. 러셀은 로마서 8장 28절, 5장 15-17절을 인용하면서, 이 하나님만이 예수 그리스도 안에서 모든 일을 선(善)으로 인도하시는 분이시며, 하나님만이 절망의 순간에서도 감사와 기쁨을 선물로 주시는 분으로 풀이한다.[17] 그러므로 세계와 역사, 그리고 인류의 운명은 이 역사 속에 친히 관여하신 하나님 안에 있는 것이다. 그리고 하나님의 능력과 은총은 신앙과 선교의 근거가 된다. 예수 그리스도 사건은 하나님 선교의 궁극적인 사건이며, 참 인간상의 계시였다. 기독교교육은 하나님께서 베푸는 참 인간 회복이란 축제에 인간을 초청하는 행위이다.

둘째로 하나님의 선교신학은 세계를 비관적인 실재(實在)도, 낙관적 유토피아의 서곡도 아닌, 오히려 절망과 소망이 엇갈려 있으면서 하나님의 일터가 되는 자리로 이해한다. 선교의 주체는 하나님이시지만, 하나님은 전 인간과 인류를 그리스도 안에서 자기에게로 화해(和解)하시는 것이다. 그러므로 세계는 하나님의 일 '터'가 되며, 그 이유 때문에 세계는 구원을 경험할 수 있는 삶의 현장이 되는 것이다.[18] 세계는 진화도 아니며 죽음에 이르는 병든 과정도 아닌, 약

---

16 Letty Russell, *Christian Education in Mission*, p.11.
17 *Ibid.*, pp.9-10.

속과 배반, 구원과 절망의 변증법적 과정이고, 지평(地平)인 것이다.

여기서 러셀은 새로운 세계관을 제시한다. 현대의 과학 기술이 세계를 하나의 운명체로 바꾸어 놓고 있기 때문이다. 그래서 세계는 지리적 구조성이라기보다는 인류 공동의 운명체로 바뀌고 있으며, 그것은 인류 미래를 결정하고 새로 설계해야 하는 역사의 에너지로 다가오고 있다.[19] 그러므로 변화의 세계는 자연이나 숙명에 의해서가 아니라 인류 공동의 운명을 만들어가는 역사적 사건들(events)에 의해 창조된다. 세계가 하나님의 선교의 장이라 하는 말은 무엇을 의미하는가? 그것은 이 세계가 터전이 되어 개개의 인간들과 제 민족들이 하나님과의 관계 속에서 공동의 미래를 창조해 나간다는 뜻이다. 그러므로 세계는 변화되고 또 창조되어지는 것이다. 이 점에서 러셀은 밴 류벤(van Leeuwen)이 『세계사 속의 기독교』[20]에서 '세계는 역사화 되거나 아니면 세속화되어왔다'[21]고 정의한 역사 이해를 받아들인다. 류벤은 세속화로서의 역사, 혹은 역사화된 역사(historized)는, 절대화되었던 미래를 향해 개방된 인간과 인류의 참 자유와 창조를 이루어 나가는 가능적 지평으로 이해했다. 이 세계는 인간과 인류의 공동적 드라마가 이루어지는 생동하는 삶의 현장이며, 여기서 세계는 크리스천의 선교적 장이 된다는 것이다. 그러므로 세계는 하나님의 선교의 장인 동시에 인간과 교회의 응답적인 장이 된다.

셋째로 하나님의 선교 신학은 하나님의 선교에 참여하는 인간과 교회에게 "신앙의 눈"(eyes of faith)[22]을 요구한다. 신앙의 눈이란 세계

---

18 *Ibid.*, p.11.

19 *Ibid.*, p.26.

20 *Ibid.*, p.26에서 러셀은 van Leeuwen, *Christianity in World History*를 인용, 세계를 과학과 기술로 인해 변화되어지고 있는 세속화라는 이해로 받아들인다.

21 *Ibid.*, p.27.

와 역사의 사건들 속에서 지금도 구원을 진행하고 계시는 하나님의 현존과 선교의 부름을 분별하는 '눈'을 뜻한다. 즉, 신앙의 눈은 절망과 좌절 가운데 임하는 신의 심판과 용서를 보는 눈인 것이다. 신앙의 눈은 하나님의 계시를 인식하고 분별하는 눈이며, 동시에 세계를 새로운 눈으로 보고 참여하는 세계관을 말한다. 이 '신앙의 눈'은 세계와 역사를 하나님의 '구원'의 빛에서 바라본다. 바로 이 신앙의 눈은 교회가 선교 공동체로서 존재하게 되는 이유가 된다.

러셀은 처음부터 교회는 그 안에 궁극적인 목적이나 구원의 힘이 있다고 보지 않는다. 교회는 세계 속에서 일하시는 하나님 선교의 후속 사건(後期 事件, postscript)[23]으로서의 의미를 가지고 있을 뿐이라고 보기 때문이다. 그러므로 교회는 '신앙의 눈'으로 하나님의 역사와 구원을 올바로 분별하는 행위에서 비로소 존재 양식을 찾아가는 공동체로 보았다. 여기서 신앙의 눈은 하나님의 선교를 위해 부르시는 하나님의 음성을 듣게 되며, 하나님 선교의 증언자로 참여하게 된다.[24] 하나님의 선교에 참여한다는 말은 교회가 신앙의 눈으로 이 세계를 새로운 관점에서 해석한다는 의미이며, 동시에 하나님을 증언하기 위해 세계 속에 참여함을 의미한다. 그러므로 신앙의 눈은 하나님 현존(現存)의 인식, 즉 신앙적 인식에서 세계 인식으로 연결된다. 또한 이 신앙의 눈은 세계 인식으로부터 자기 인식이라는 교회론적 과제로 내면화 된다. 교회의 존재 양식은 세계를 향한 하나님의 구원의 계획에 따라 새롭게 바뀔 수 있어야 한다는 것이다.[25]

---

22 *Ibid.*, p.11.
23 *Ibid.*, p.14.
24 *Ibid.*
25 *Ibid.*

한편으로는 하나님의 선교에 복종하는 행위에서, 그리고 다른 한편으로는 현대 사회라는 인간의 현장 속에서, 교회는 보다 타당성 있고 폭 넓은 구조로 변할 수 있어야 한다.

교회는 하나님의 선교에 참여하는 신앙 공동체이며, 동시에 하나님의 일터인 세계와 역사 속에 참여하는 선교공동체이다. 여기서 기독교교육은 이 하나님의 선교(모든 사람을 참 인간성으로 회복하는)에 참여하도록 부르시는 그리스도의 초대에 참여하는 과정인 것이다. 그러므로 교육은 그리스도에 의해 수행되는 사건이며, 그리스도는 곧 교사이다. 러셀은 교육의 구조와 근거를 인간이나 교회에 두었던 과거와는 달리, 하나님과 세계를 신앙의 눈으로 보고 직접 참여하는 선교에다 두는 신학으로의 전환을 가져왔다는 평가를 받는다.

2. 하나님과 세계를 위한 자유의 축하 행위 - 교육 목적

하나님 선교(Missio Dei) 신학의 핵심은 세례를 행하신 하나님의 구원의 역사(役事)와 이 구원을 분별하는 "신앙의 눈"에 있었다. 여기서 선교와 교육은 무엇을 의미하는가? 러셀은 여기서 교육은 바로 하나님의 선교를 축하하는 것이라고 보았다.[26] 하나님의 선교는 인간을 자유케 하며, 그로써 인간과 세계를 다시 회복시키는 구원을 축하하는 것이 교육의 목적이라고 정의한다.

러셀은 이 축하 행위가 크게 두 가지 영역에서 이루어진다고 본다. 그 하나를 러셀은 하나님을 위한 자유의 축하 행위라고 부른다.[27] 그것은 인간을 죄와 타락에서 구원하셨을 뿐 아니라, 그들을

---

[26] *Ibid.*, p.146.
[27] *Ibid.*, p.136.

자유케 하시는 하나님의 전능하신 행위에 대한 축하인 것이다. 세계 그리고 인간과 하나님의 화해, 인간과 인간 사이의 화해를 맺어 가시는 이 구원은 인간을 참 인간으로 회복하시며, 러셀은 이 하나님의 선교를 축하하는 행위를 교육으로 정의한다.[28] 그리고 이 축하 행위는 자유와 구원에 참여하도록 초청하시는 신의 구원에 대한 축하까지도 의미한다. 러셀에게 축하는 전 삶의 감사와 응답의 행위이다. 그러기에 축하는 신앙, 헌신, 감사의 총체를 뜻하며, 하나님께 드리는 지고(至高)의 표현이다. 기독교교육이란 몇 줄의 교리 암송이나, '재미 있는' 경험(그것은 인간의 삶의 구조와 축하 행위를 촉발하지는 못하는 약점을 가진다)이 아니다. 오히려 전 존재의 변화를 가져올 수 있는 전인적인 응답이며, 이 축하 행위가 기독교교육의 목적이다.

이러한 축하 행위는 어떻게 일어날 수 있는가? 러셀은 크게 세 가지의 행위를 열거한다. 처음은 증인 공동체인 교회와 하나님의 백성들이 공동으로 행하는 예배 행위이다.[29] 예배는 인간과 세계를 향해 베푸신 하나님의 구원과 자유에 대한 하나님 백성들의 감사와 찬양이기 때문이다. 예배에서는 하나님의 이름이 찬양되고, 두려움과 억눌림으로부터 자유함을 주시는 삶의 주(主)이신 하나님께 영광을 돌린다. 이 축하에서 하나님과의 대화가 이루어지며, 동시에 교회는 증인 공동체로서 부름을 받게 되는 것이다. 두 번째를 러셀은 고백 (告白)의 축하(celebration of confession)[30]라고 부른다. 고백의 축하란 하나님 앞에서의 죄와 무책임성에 대한 회개와 통회의 행위를 말한다. 인간이 한계를 인정하는 고백의 순간, 그것은 곧 하나님께서 주시는

---

28 *Ibid.*, p.135.
29 *Ibid.*, p.136.
30 *Ibid.*, pp.137, 142.

자유의 축하 행위로 이어지기 때문이다. 세 번째는 성만찬 행위에서 드러나는 공동적 축하(celebration of communion)[31]이다. 예수 그리스도의 죽음과 부활을 축하하는 성례전 행위에서 우리는 참 인간의 승리를 맛보게 되며, 이에 참여하는 행위는 곧 하나님을 위한 자유의 축하 행위가 되는 것이다. 이렇게 하나님의 자유를 위한 축하를 그 목적으로 삼는 기독교교육은 예배, 고백, 성찬식의 행위 속에서 구현되는 것이다.

축하 행위의 두 번째 영역은 "세계를 위한 자유의 축하"(celebration of freedom for the world)[32]이다. 교육신학적 구조에서 이미 논의되었지만 '세계'는 하나님의 선교 때문에, 또 인류 공동체의 장(場)이라는 이유에서, 또한 하나님과 세계 사이의 대화 바로 그것 때문에 의미 있는 실재인 것이다. 이것을 러셀은 "문화의 축하"(celebration of culture)라고 부른다.[33] 이 세계와 문화는 부정되고 심판될 영역이 아니라 아름다운 삶의 터전이며, 동시에 축하의 영역이 되는 것이다. 그러므로 기독교교육은 하나님을 위한 자유의 축하 잔치와 함께 자유가 약속된 이 세계를 축하하는 행위를 그 목적으로 삼는다. 세계의 자유를 어떻게 축하하는가? 러셀에 있어서 그것은 "봉사의 생활"(life of service)[34]로 표현된다. 하나님의 백성은 세계 속에서 일하시는 하나님의 구원을 축하하는 행위를, 세계를 위해 봉사하는데서 찾는다. 여기에서 하나님의 선교와 세계 사이의 변증법적 관계가 성립된다면, 참여와 축하는 예배와 봉사로 나타난다.

---

[31] *Ibid.*, p.137.
[32] *Ibid.*, p.143.
[33] *Ibid.*, p.137.
[34] *Ibid.*, p.136.

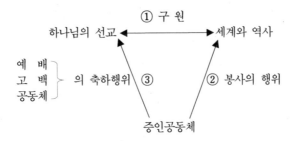

① 구 원
하나님의 선교 ◄─────► 세계와 역사

예 배
고 백 ┐ 의 축하행위 ③   ② 봉사의 행위
공동체 ┘

증인공동체

그러므로 러셀은 기독교교육이란 예배를 통하여 하나님의 백성이 하나님의 자유를 축하하는 행위이며, 동시에 봉사를 통하여 세계에 약속된 자유를 축하하는 행위를 포괄한다. 이것이 기독교교육의 목적이다.

3. 대화와 참여 - 교육 방법

교육 방법은 하나님의 선교를 신앙의 눈으로 분별하고 하나님과 세계 사이의 대화에 참여하는 모든 것을 그 영역으로 삼는다. 러셀은 하나님과 세계 사이의 대화는 구원과 자유의 약속이며, 교육 방법은 바로 이 대화에 참여케 하는 것이라고 이해한다.[35] 하나님과 세계 사이의 대화는 결국 교사와 학생 사이의 대화의[36] 궁극적인 소재이며, 그 내용이 된다. 그러므로 기독교교육은 하나님과 세계의 대화에 참여하는 과정으로 정의된다.

그렇다면 대화(Dialogue)는 무엇인가? 러셀은 대화의 원형을 예수의 한 사건에서 찾는다. 엠마오로 가던 길에 두 사람과 얘기를 나누셨던 예수의 대화가 곧 기독교교육의 구조가 된다고 본 것이다. "그

---

[35] *Ibid.*
[36] *Ibid.*, p.80.

때에 그들의 눈이 열려 …"(눅 24:31)는 대화의 기적을 말한다. "눈이 열려"짐으로 모든 사람은 자유와 참 인간성으로 초대된다. 예수 그리스도의 사건에서 세계를 구원하시는 하나님의 선교를 보는 것이다. 여기서 대화는 하나님 선교와 세계를 보는 관문이며, 하나님 선교는 대화의 콘텐츠가 된다. 그리고 그 대화는 사람과 사람 사이에서 일어나는 것이라고 본다. 그러므로 인간 공동체(대화가 이루어지는)는 하나님과 세계 사이의 대화의 장이 된다. 하나님과 세계 사이의 대화를 신학적 차원이라 한다면, 인간과 인간 사이, 또는 교사와 학생 사이의 대화는 theo-praxis 차원이라고 볼 수 있다. 러셀에게 있어서 이 신학적인 차원의 대화와 theo-praxis적인 대화는 하나의 사건이며, 동시적인 것이라고 볼 수 있다. 이 대화 속에서 인간은 하나님의 음성을 듣고 응답하게 된다. 듣고 응답하는 행위 자체가 곧 교육의 방법인 것이다. 이것은 증인 공동체가 가지는 성서 연구와 깊이 관계된다. 성서 연구는 신앙적 차원의 대화이고 또 참여하는 방법이다. 아울러 이 대화에 참여한다는 것은 "세계를 향해 말씀하시는 하나님의 역사(役事)에 대해 이야기하는 교사와 학생"[37] 사이의 경험적 차원의 대화 속에서 비로소 구체화된다. 언어를 매개로 하는 교사와 학생은 하나님과의 대화, 질문을 던지고 응답하는 대화를 동시적으로 이어간다. 그것을 러셀은 성령의 역사라고 해석한다.[38]

증인 공동체에서의 이 대화는 교회 안에서 일어나는 "성서 연구"에서 찾아진다.[39] 여기서 성서 연구는 '대화'를 장(場)으로 한다.

---

[37] Ibid.

[38] Letty M. Russell은 이러한 교육의 구조와 대화와 이해를 제롬 브루너(Jerom Brunner)의 구조와 자기 발전 학습(Structure와 Discovery Learning)으로부터 배워 응용하고 있다. 러셀의 『기독교교육의 새 전망』(정웅섭 역), p.105를 참조하라.

성서는 하나님 계시의 기록이지만, 이 기록과 접하는 순간 우리는 하나님과 세계 사이의 대화에 우리를 초청하시고 인도하시는 하나님의 은총을 발견한다. 그러므로 성서 연구는 하나님과 세계, 인간과 인간 사이의 대화를 '장'으로 해야 하며, 여기서 성령은 하나님 세계를 새롭게 보는 신앙의 눈과 통찰력을 주시는 것이다.[40] 이 대화 속에서(하나님과 세계, 인간 사이에) 인간들은 함께 연구하고, 사고하고, 기도하게 되는 것이다. 이러한 성서 연구 과정 속에 그리스도는 현존하신다. 그러므로 대화가 '장'이 되어 진행되는 성서 연구는 '길 가는 곳에서의 대화'이고, '함께' 생활하는 공동체의 대화이고, 또한 신앙의 대화 사건이고, 증언의 행위가 이루어지는 전 대화적(對話的)인 장에서 이루어지는 것이어야 한다.

대화와 함께 중요한 두 번째 방법을 러셀은 참여(participation)라고 한다. 대화가 대화의 구조(하나님과 세계와 인간)에 깊이 관계 되었던 것이었다면, 그것은 참 인간성으로 모든 인간을 회복하시려는 하나님 선교의 부르심에의 참여를 뜻한다. 그러나 러셀은 사실상 대화가 가능한 매개는 참여에 있다고 봄으로써[41], 대화는 '참여'된 사람들 사이에서만 이루어지는 사건임을 암시하고 있다. 대화와 참여는 밀접한 관계 안에 놓이게 된다.

그런데 이 참여의 방법은 어떤 것인가? 참여는 궁극적으로는 하나님의 선교에 참여하는 것이다. 그러나 그 참여는 하나님의 선교를 증언하기 위하여 부름을 받은 증인 공동체(witnessing-community)의 참여를 통하여 구현된다. 이 증인 공동체의 참여는 또다시 세 가지 영

---

39 *Ibid.*, p.83.
40 *Ibid.*
41 *Ibid.*, pp.114-116.

역으로 구분된다.

그 처음 영역을 '그리스도인의 생의 스타일'이라고 부른다. 이는 사도행전의 처음 교회를 살았던 그리스도인들의 모습을 뜻한다. 이 그리스도인들의 삶은 사도들의 가르침을 통해서 하나님의 말씀과 만났던 일, 가난한 자들을 위해 가진 것을 나누어 주었던 섬김, 떡을 떼는 행위를 통해 그리스도의 죽음과 부활에 참여했던 삶이었으며, 또한 찬양과 기도로 '기쁨'을 '주'(主) 앞에서 표현한 예배 행위에의 참여였다. ①말씀을 듣는 행위, ②봉사하는 행위, ③떡을 떼는 행위, ④기도하는 행위에 참여하는 데서 그들의 삶은 그리스도에 의해서 형성되었던 것이다.[42] 그리고 하나님의 선교에 부름을 받은 증인 공동체 속에 참여함으로써 그리스도인은 교회를 넘어 세계를 향한, 세계 속에서 일하시는 하나님의 선교에의 참여로 이어졌다.[43] 러셀은 여기서 증인 공동체, 곧 하나님의 선교에의 참여라는 구조적 연계성을 강조한다.[44] 그러므로 증인 공동체 안에서의 그리스도인으로서의 삶과 훈련(가르침을 포함하여)은 그 자체에 목적이 있는 것이 아니라, 궁극적으로 인간을 회복하시는 하나님 선교에 증언자로서 참여하는 데 있었다. 그러므로 그리스도인의 삶의 스타일은 결국 하나님의 선교에 참여하는 삶의 스타일인 것이다. 바로 이를 가능케 하는 방법이 참여의 방법이다.

참여의 둘째 영역은 성서 연구를 포함하는 하나님의 선교에 참여하기 위한 여러 가지 연구(study) 활동을 말한다.[45] 이것은 평신도

---

[42] *Ibid.*, pp.114-116.
[43] *Ibid.*, p.117.
[44] *Ibid.*
[45] *Ibid.*, p.102ff.

전원의 신앙 훈련과 관계된다. 러셀은 여기에 팀 교수법(team teach-ing)을 소개한다. 그것은 교육과 연구의 주체를(교육하는 분은) 그리스도와 그의 성령에 두고, 교사와 학생들은 이 과정에 공동으로 참여하는 자들로 규정한다. 그러므로 팀 교수법이란, 모든 연구와 훈련 과정에서 구성원 전체에게 지도자 역할을 분담시킴으로써 그룹 전체가 연구와 학습 과정에 참여하게 되는 것을 뜻하는 것이다. 이 팀 교수법은 현장 교육[46]과도 깊이 관계되는 교수법이기도 하다. 특정하게 계획된 교육안을 미리 설정하기보다는, 큰 윤곽을 세워 놓고 그룹 전원이 현장에 뛰어들어 그 속에 함께 참여하고 또 학습하는 방법을 말한다. 팀 교수법의 또 하나의 중요한 학습방법은 "그룹 계획"(group planning)[47]이다.

러셀은 증인 공동체에의 참여 방법(그것은 결국 하나님의 선교에 참여하기 위한)의 셋째 영역을 세계를 향한 봉사 행위라고 부른다. 봉사는 하나님과 세계와의 대화를 '장'으로 하는 봉사이다. 바로 이 세계와의 대화를 러셀은 동체 의식(同體 意識, quality of solidarity)[48]이라고 부른다. 세계와의 동체 의식은 크리스천의 우월 의식도 도피 의식도 아니다. 그것은 세계와 인류를 창조하신 때로부터 지금의 분열된 인간과 세계까지도 변함없이 사랑하시는 하나님의 의지로부터 오는 동체 의식이며, 이러한 세계와의 동체 의식은 하나님의 선교인 구원 계획과 사랑에 근거해 있다. 결국 세계를 향한 봉사란 하나님의 선교의 증언 행위이며, 동시에 세계와 화해하시는 하나님의 뜻에 참여하기 위한 구체적인 행위여야 한다는 것이다. 그러므로 봉사는 파괴

---

[46] *Ibid.*, p.104. 러셀은 이것을 "In service Training"이라고 부른다.
[47] *Ibid.*, p.105.
[48] *Ibid.*, p.127.

되고 소외된 인류의 깊은 상처와 세계의 문제 속에 화해와 치유를 계속하시는 하나님의 능력으로만 이루어질 수 있다. 러셀은 그런 의미에서 봉사의 행위는 어느 하나가 다른 '너'에게 무엇을 주는 것이 아니라, 인류와 세계 위에 주신 하나님의 참다운 평화(샬롬, Shalom)[49]를 공동으로 축하하는 행위이어야 한다고 말한다. 여기서 기독교교육은 사람들로 하여금 하나님과의 대화에 참여하는 데서 출발하여 진정한 그리스도인의 삶의 스타일에 참여케 하며, 나아가서는 공동의 연구를 거쳐 세계와의 동체 의식 속에서 이 땅 위에 하나님의 샬롬을 증언하는 '봉사'에 참여케 하는 것으로 된다. 이것은 대화의 방법과 참여의 방법을 통해서 이루어진다. 대화가 구조의 관계를 '장'으로 하는 방법이라면, 참여는 그 대화가 하나의 사건으로 나타나도록 매개하는 방법인 것이다. 그러므로 대화와 참여는 분리될 수 없는 하나님의 선교의 중요한 매개이고 방법이다.

4. 하나님의 선교와 다원화된 공동체들 - 교육 현장

인간과 전 인류의 인간성 회복을 위한 하나님의 구원과 선교가 구체적으로 증언되고, 축하되고, 대화되고, 또 참여되는 교육 현장

---

[49] *Ibid.*, pp.131-132. 그리고 Letty M. Russell은 그의 논문 "Shalom in Postmodern Society", *A Colloquy on Christian Education*, ed. by John H. Westerhoff, Ⅲ, A Pilgrim Press, Philadelphia, 1971에서 "샬롬"이라는 성서 용어를 다음과 같이 설명한다. "시편 85편에 나타난대로 샬롬은 사랑과 충실을 말하는 히브리 용어이다. … 그리고 의(義)와 평화과 의미되는 …" (p.100), "그의 백성에게 주어진 하나님의 약속과 축복이고 … 인간들 사이에 이루어지는 참다운 조화(harmony)이고 … 그것은 소망의 선물이고 … 그것은 축하될 뿐 그 누구에 의해서 소유될 수 없는 … 그러므로 하나님의 사랑이 경험되어지는 곳에 일어나는 사건(happening) … "(p.100)이라고 서술한다.

은 어디인가?

하나님의 선교와 증인 공동체 자체가 넓은 의미의 교육의 장이라고 한다면, 증인 공동체 내에 존재하는 다양한 공동체들은 그 각각이 교육 현장으로 된다.[50] 그 처음 현장은 '가족'형(family of God)의 증인 공동체이다.

신구약에 나타난 "집"(oikos)을[51] 근거로, 러셀은 "약속된 백성", "모여진 백성", "그리스도의 재림을 기다리는 백성들"이라는 용어로 고전적인 교회상을 제시하고 있다. 바로 이 가족형의 증인 공동체는 예배와 성도의 교제를 통하여 상호간의 뜨거운 사랑과 돌봄을 보여주는 것을 특징으로 한다. 사랑과 신뢰의 관계, 심층적인 성서 연구와 성례전적인 축하 행위가 창출하는 분위기가 중요한 교육 현장을 만들어 낸다. 여기서 목사와 교사는 모성적이 되어 가족 안의 모든 자녀들을 말씀으로 양육하고 지도하게 된다. 오늘 같은 가정 부재의 시대 속에서 이러한 '가족' 형의 공동체는 그것 자체가 중요한 교육 현장이라는 점을 분명히 한다.

선교교육의 두 번째 현장을 러셀은 "대응적 상설 봉사 구조"(structure of permanent availability)[52]라고 부른다. 특히 고도로 개인화 되고, 기동화 된 대도시 속에서 제기되는 생의 요구에 응답하기 위한 '상설 봉사의 구조'는 하나님 선교의 교두보와 같은 것이다. 여기에서 이루어지는 전화 상담, 평신도 훈련원, 커피 하우스, 퇴수회 등은 세계와 인간의 요구에 대응하는 선교의 현장이며, 동시에 봉사에 참여

---

50 John H. Westerhoff, Ⅲ. ed, *A Colloquy on Christian Education*, pp.97-100.

51 *Ibid.*, pp.44-56. 특히 44페이지에서는 러셀은 에베소 2:19, 베드로 전서 4:17 등을 인용하면서 교회는 '가정' 형태를 가지고 나타났음을 이야기하고 있다.

52 *Ibid.*, p.60.

하는 선교 교육의 현장인 것이다.

선교교육의 세 번째 교육 현장을 러셀은 "기동부대적 구조"(task force structures)[53]라고 불렀다. 이것은 선교와 봉사에 참여하기 위해 문제와 과제를 중심으로 잠정적으로 구성되는 팀 구조를 말하며, 문제 속에 직접 뛰어들어 하나님의 선교를 성취해 가는 선교와 봉사의 현장을 말한다.

네 번째 현장을 러셀은 교회의 영속적인 기구라고 정의한다.[54] 이것은 선교를 목적으로 봉사와 연구, 참여를 모색하는 영속적 조직과 제도이다. 대도시 속의 대교회는 카운슬링, 교회 건물 안에서의 다양한 그룹 활동, 지도자 훈련, 예배 등의 선교와 교육을 수행한다. 이를 러셀은 "본당" 중심의 현장이라고 부른다. 아울러 '수도원' 중심의 규칙 생활과 연구의 방법도 여기에 속한다. 또한 '대화의 장'(場)으로서의 회의, 만남의 그룹, 퇴수회 등도 여기에 포함된다. 이외에 교회가 주목해야 할 교육 현장은 "사회 집단들"(social groups)[55]이며, 특히 또래 그룹(peer group)은 선교와 교육의 중요한 현장이 된다. 점차 조직화되는 현대 사회 속에서 또래 그룹은 소속 의식과 대화, 심지어 성서 연구까지도 가능한 인간화의 현장일 수 있기 때문이다.

이 모든 현장들은 하나님의 구원과 이를 증언하는 선교의 장이며, 신앙의 눈이 형성되는 현장이며, 또한 대화와 참여를 통한 축하의 자리이다. 러셀은 바로 여기서 성령이 인간들을 참 인간성으로 회복하시는 새로운 사건으로 역사하신다고 믿었다.

---

[53] *Ibid.*, p.65.
[54] *Ibid.*, pp.69-71.
[55] *Ibid.*, p.93.

Ⅱ. 해방과 교육 - 파울로 프레이리

1970년대에 들어오면서 각광을 받기 시작한 교육철학자는 비정통적인 계열에서 나온 파울로 프레이리(Paulo Freire)이었다. 1920년 브라질 리치페(Ricife)에서 태어난 그는 어렸을 때부터 처절하게 경험한 경제적 빈곤과 배고픔 때문에, 11세 때 이미 '배고픔'에 대항하여 투쟁할 것을 결심하였다.[56] 1947년 브라질 동북 지역에서 성인 문맹퇴치 교육을 시작한 데서부터 그의 "의식화"[57] 교육 방법은 움트기 시작했다. 그는 1964년 리치페 대학교에서 교육사와 교육철학 교수로 강의하면서 문맹자들과 함께 의식화 교육을 계속 실험하여, 1962년에는 정부의 지원을 받기도 하였다. 그러나 1964년의 군사혁명은 그를 투옥과 망명의 길로 몰아넣었으며, 한때는 칠레(Chile)로 망명하여 그 곳에서도 문맹자들의 의식화 교육을 계속하였다. 그러나 1969-70년 사이에 프레이리는 미국 하버드 대학교 교환 교수의 자격으로 세계무대에 등단하였으며, 1970년 이후에는 제네바에 있는 세계교회협의회(World Council of Churches)의 교육부 특별 자문으로 일하였다.[58]

리처드 쇼울(Richard Shaull)은 프레이리가 쓴 『억눌린 자의 교육』(*The Pedagogy of the Oppressed*)[59] 서문에서, 프레이리의 교육 사상은 사회 제도의 보존이 아니라, 고난과 비극으로부터 억눌린 자들을 풀어주는 자유와 해방에 그 목표가 있었다고 보았으며, 그 해방은 의식

---

[56] Paulo Freire, *Pedagogy of the Oppressed*.
[57] 의식화(Conscientização)라는 말은 프레이리가 쓰는 가장 중요한 교육 방법론으로 그것에 대한 설명은 본문 중에서 이루어진다.
[58] "School or Scandal", *Risk*, Vol. 6. No. 4. 1970, p.6.
[59] Paulo Freire, *Pedagogy of the Oppressed*.

화 과정을 통해서 이루어지는 것이라고 하였다.[60] 프레이리가 어렸을 때 목격한 억눌린 자들의 무지(ignorance)와 무기력(lethargy)은, 결국 그들을 "침묵의 문화"(culture of silence)[61]속으로 매몰시켰다는 것이다. 이 침묵의 문화는 정치·경제·사회적 소수의 엘리트들에 의해 조작된 소산이라고 보았다. 여기서 억눌린 사람들은 비판 의식도, 아무런 응답도 가능하지 않도록 조작된 상태를 말한다. 바로 이 침묵의 문화 속에서의 교육은 인간 해방을 위한 교육이 아니라, 이 침묵의 문화를 보존하기 위한 도구로 변신되어 왔다는 것이다. 프레이리는 바로 여기에서 교육의 출발점을 찾았으며, 그것은 삶의 근원에서 출발하는 교육이었다. 프레이리에게 있어 교육이란 바로 이 침묵의 문화를 깨고 사람이 사람다워지는 주체가 되는 데 그 목적을 둔다. 또한 인간은 바로 이 세계 속에서 행동하며 이를 변화시키는 주체(Subject)라고 정의하였으며, 그는 이를 "존재론적 사명"(ontological vocation)[62]이라고 불렀다. 이러한 인간 이해는 교육의 초점이 되었고, 문화 변혁이라는 문화적 행위로까지 확장되었으며, 프레이리 교육 사상의 중심적인 명제가 되었다.

이렇듯 근원적인 인간의 문제로부터 시작하여 전 문화의 변혁까지를 명제로 삼았던 프레이리의 교육 사상은, 교육철학의 영역을 넘어 정치, 종교를 포함하는 모든 문화 영역에까지 영향을 미쳤다. 그의 궁극적인 관심은 인간에게 있었으며, 그것은 죽은 인간이 아니라, 세계 속에서 행동하며 그 세계를 변혁해 나가는 주체(subject)로서의 인간이었다. 세계를 변혁해 가는 과정 속에서 인간은 비로소 새

---

60 *Ibid.*, p.11.
61 *Ibid.*, p.10.
62 *Ibid.*, p.13.

로운, 그리고 보다 풍요로운 삶의 가능성을 열어 가는 것이기 때문이다. 이것이 해방이며, 인간과 세계의 인간화이다. 프레이리는 이러한 해방과 인간화가 바로 교육에 의해서 가능하다는 사실을 증언하려했으며, 이것이 의식화 과정에서 오는 인간화이다. 프레이리가 이러한 교육론에 이르기까지는 사르트르, 에릭 프롬, 마틴 루터 킹, 마르쿠제 같은 사람들의 사상[63]이 크게 작용하였던 것은 사실이다. 그러나 사상을 넘어 프레이리에게 가장 중요했던 것은 삶의 현장에서 오는 물음이었다. 그 현장은 행동에 대한 성찰(reflection)에 의해 형성되는 삶의 현장이다. 인간이 제도나 권력, 기술 문명의 주체가 되려는 진통과 행동이 곧 생동하는 현장인 것이다. 바로 이러한 '장' 이해는 프레이리의 역사이해, 교육 목적, 교육 현장, 그리고 교육 방법을 설정하는 데 있어 가장 중요한 기초가 되었다.

데니스 구울레(Denis Goulet)는 프레이리가 쓴 『비판 의식을 위한 교육』(*Education for Critical Consciousness*)[64] 서문에서, 프레이리야말로 진정한 변증자(true dialectician)라 부른다. 변증자로서 그는 현재에 대한 비판의식을 강조하면서도 과거를 잃지 않으며, 과거를 초극하면서도 현재와 미래와의 관계를 찾아나가는 능력을 가지고 있다. 과거로부터 전해온 지식이 가치 있는 것이기는 하나, 지식 전달만으로 교육이 끝날 수는 없으며, '현재'라는 인간의 역사적 상황, 인간과 세계 사이의 상호작용 속에서 교육은 살아 있는 문화행위로 되기 때문이다. 과거와 현재 사이의 만남이 인간의 인간화, 세계의 역사화로 이어지며, 미래를 향해 열려 있는 지평이 된다는 것이다. 이것이

---

63 *Ibid.*, p.11.

64 Paulo Freire, *Education for Critical Consciousness*, The Seabury Press, New York, 1973.

'변증'이라는 말로 설명할 수 있는 삶과 역사의 비밀이다.

교육을 전수(傳受) 과정으로만 보고, 역사의식이 없는 방법론 개발에만 집중하여 온 현대 교육에 대하여 프레이리는, 교육은 근본적으로 인간과 세계의 문제이며, 그 세계와 관계하는 문화적 행위임을 선언하고 있는 것이다. 여기서 프레이리는 브라질이라는 특수한 현장에서 교육의 문제와 씨름하면서도, 동시에 전 세계가 곧 그의 학습장(classroom)이라는 신념을 보여주었다. 더욱이 횡포에 가까운 고도의 기술 만능주의 때문에 인간이 점차 프로그램화되고 객체화되고 있는 역설적 상황 속에서, 프레이리가 인간의 주체화와 세계의 역사화(歷史化)를 들고 나온 것은 가히 혁명적이었다.

1. 주체인 인간, 객체인 세계, 변혁된 역사 - 교육철학적 구조

프레이리는 기독교 신자이기는 하나 교육신학자는 아니다. 그의 교육철학 구조 속에 신(神) 개념이나 계시 개념, 그리고 교회 개념이 있는 것은 아니다. 그러나 프레이리에게는 실재(reality)라는 용어로 표현되는 형이상학이 있다. 즉 역사라는 실재인 것이다. 그러나 문제는 프레이리가 말하는 실재로서의 역사란 어떤 것인가에 있다. 프레이리의 중요한 방법론인 의식화(意識化)[65]를 이해하는 실마리도, 실재로서의 역사에서 찾을 수 있다.

프레이리에게 있어 역사는 객관만도(세계사만이 강조되는), 또한 주관만도(개인사만이 강조되는) 아닌, 주관과 객관 사이의 대화와 참여의 관계를 뜻한다. 세계 속에 참여하여 행동하며, 그 세계를 변혁

---

[65] "School or Scandal", *Risk*, Vol. 6. No. 4. 1970, p.16.

시켜 나가는 문화적 행위로서의 변혁의 과정이 역사라는 것이다.

1) 실재로서의 역사

프레이리의 교육론은 인간의 경험만도, 사회화만도 아닌, 실재로서의 역사에 근거한다. 역사만이 인간이 인간화되고, 또 세계가 역사화 되어 가는 '장'이며, 또한 주체(subject)로서의 인간이 객체인 세계 속에 참여하고 대화함으로써 그 세계를 계속하여 창조해 나가는 과정이기 때문이다. 다시 말해, 이 과정(인간이 세계 속에 참여함으로 변혁을 촉구하는)에서 생성되는 실재의 총체를 프레이리는 역사라고 부르는 것이다. 그러므로 프레이리가 말하는 역사란, 인간과 세계 사이의 변증 관계를 말한다.

그렇다면 이 역사가 프레이리에게 그토록 중요한 이유는 무엇인가? 그것은 인간이 바로 이 역사라는 장(場)에서만 비로소 인간이 될 수 있기 때문이며(비록 그 장은 상처투성이고, 양극화로 이루어지는 압박의 장이기는 하지만), 또한 세계는 인간의 개입에 의해서만 비로소 역사화 될 수 있기 때문이다. 여기서 인간은 역사적이며, 역사는 인간적이어야 한다. 이러한 이유에서 역사는 교육의 장으로 되는 것이다.

프레이리의 역사이해는 다음과 같이 3가지로 정리해 볼 수 있다.

첫째, 프레이리는 역사를 인간과 세계 사이의 영속적인 변증[66]이라고 이해한다. 인간이 세계 속에서 행동하고 변혁하여 가는 과정에서 생겨나는 것을 역사라고 부르며, 그것은 인간과 세계 사이의 의식 작용의 결과로 나타나는 후험적(後驗的) 사건이다. 그런데 이러한 역사는 구조(structure)를 가지고 있으며, 그 구조는 역사적 과정(historical

---

[66] Paulo Freire, *Pedagogy of the Oppressed*. p.35.

process)에 연결되어 있고, 그 구조와 과정 사이를 이어놓는 사회적 매개(social link)라는 것이 존재한다.

이 역사의 구조는 무엇인가? 구조를 이루는 최초의 요인은 세계 속에서 행동하고, 세계를 변화시키는 주체로서의 인간이다. 인간이 주체가 된다는 명제는 인간이 인간되는 존재론적인 소명(ontological vocation)이다. 다시 말하면 인간은 이 역사를 창조하고 또 변혁해 가는 주역이라는 것이다. 이 점에서 프레이리는 신학적 인간학이 말하는 '하나님의 형상'으로서의 인간과 같은 이해를 가지고 있다. 그러나 인간의 주역화를 강조하는 프레이리는 인간 이해의 그릇된 두 가지 위험을 지적한다. 그중 하나는 심리주의(psychologism)이고, 다른 하나는 주관주의이다.[67] 이 둘은 역사 변증의 신비를 포착하는데 실패한 주관주의의 위험을 가진다는 것이다. 이 점에서 프레이리는 프로이트적 이해[68]를 넘어서려고 한다. 주체로서의 인간을 주장하면서도 프레이리가 주관주의를 배격하는 이유는, 인간은 객체로서의 세계와의 관계 안에 있기 때문이다. 그렇지만 이 세계는 폐쇄된 정적(靜的)인 질서가 아니며, 인간이 숙명적으로 받아들여야 할 실재도 아니다. 오히려 세계는 계속 창조되어야 할 열려 있는 실재이며, 인간에 의해 창조되는 역사재(歷史材, material)[69]라고 프레이리는 이해한다. 그러므로 역사의 구조에는 인간이라는 주체와 세계라는 역사의 재(材)가 공존한다.

그러나 인간과 세계만 있으면 자동적으로 '역사'가 창조되는 것은 아니다. 오히려 인간과 세계가 서로 참여되고 대화할 때에만 비

---

[67] *Ibid.*

[68] "School or Scandal", *Risk*, Vol. 6. No. 4. 1970, p.8.

[69] Paulo Freire, *Pedagogy of the Oppressed.* p.13.

로소 역사는 가능해진다. 그러므로 역사는 변증법적 관계 속에 있다. 이 인간과 세계가 관계하는 매개의 터가 역사인 것이다. 그러므로 역사란 주체로서의 인간과 객체로서의 세계가 변증법적 관계(Dialectical relationship) 안에서[70] 상호작용(interaction)하는 때에 생겨나는 새로운 실재이다. 그러나 제3의 실재로서 이것은 진화론적인 것도, 헤겔적인 논리의 변증도 아닌 역사의 변증을 의미한다.

제3의 실재로서의 역사, 그리고 이 역사적 과정을 프레이리는 역사의 수평적 대단원이라고 말한다.[71] 수평적 단원이란 인간이 세계(세계 속에서 형성되는 상황)를 인지(認知, awareness)하는 행위를 말하며, 비판적으로 의심하고, 그 세계를 변혁하려는 행위를 말하는 것이다. 여기에서 인지-의식-반사(反射)-변혁은 역사적인 과정이 된다. 그런데 이 수평적 과정이 이루어지는 그 역사 속에는 수시로 한계상황(limiting situation)[72]이라는 변수가 등장하며, 이 한계상황은 인간의 결단을 요청한다. 그러나 그 결단은 존재(be)냐 비존재(not to be)냐의 결단이 아니다. 오히려 한계상황은 인간이 존재하는 현재와, 보다 더 인간적일 수 있는 존재 가능성 사이의 결단을 요청한다는 것이다. 그러므로 인간이 세계(구조)를 인지하고, 의식하고, 반사하고, 변혁하는 일에 참여할 때, 현재의 보존이냐 아니면 보다 더 인간적일 수 있는 존재 가능성의 추구이냐의 사이에서 결단해야 하는 것이다. 한계상황이란 현재와 긍정적인 미래 사이를 말하며, 이 사이에서의 결단을 뜻한다. 인간이 보다 더 인간적인 존재 가능성을 결단할 때, 그

---

[70] *Ibid.*, p.35.

[71] Paulo Freire, "Cultural Action for Freedom", *Harvard Educational Review*, 1970, p.2.

[72] Paulo Freire, *Pedagogy of the Oppressed.* p.92.

한계상황은 인간을 자유케 하는 역사적 순간이 된다는 것이다. 달리 표현하면 한계상황이란, 역사의 연속과 비연속 사이의 변증 속에서 이루어지는 역사의 전초(frontier)이다. 이 과정 속에서 인간은 주체로서 객체인 세계에 참여하게 되지만, 그러나 인간과 세계는 미완의 존재들로 만난다. 인간은 여기서 세계를 느끼게 되고, 인지하게 되고, 또 변혁하여 나가는 영속적인 관계를 이루게 된다. 이것을 역사라고 부른다. 그러나 한계상황에는 인간적인 존재 가능성, 혹은 역사적 연속성이라는 하나의 흐름이 관통한다. 이 연속성을 프레이리는 현재와 미래를 이어 놓는 "단단한 줄"(solid link)이라고 부른다.[73] 바로 이 단단한 줄 속에서 현재는 미래를 투사한다는 것이다. 그리고 단단한 줄은 신기원의 단원들(epochal units)[74], 문화의 질적 변혁, 때로는 혁명, 해방, 자유들로 구체화된다는 것이다.

이 단원과 주체와의 관계 속에서 교육은 어디에 있는가? 프레이리에게 있어서 교육은, 이 역사의 장(場) 속에서 인간이 세계 속에서 행동하고 변혁하여 가도록 돕는, 즉 인간의 주체화를 돕는 행위를 말한다. 좀 더 구체적으로는 인지 작용, 의식 작용, 반사 작용, 그리고 변혁 작용의 행위를 묶어서 교육이라고 부르는 것이다.[75] 이 과정에서 인간은 비로소 역사화를 경험하게 된다.

둘째로, 프레이리는 실재로서의 역사가 그 주어진 소명(召命)에도 불구하고 타락하였으며, 그 타락은 지금도 계속되고 있다고 이해한다. 또한 그는 이 타락을 억압(oppression)이라 부른다. 억압이란 역사의 필연이나 우연에 의해서 생겨진 것이 아니다. 그것은 억압자

---

[73] Paulo Freire, *Education for Critical Consciousness*, p.132.
[74] *Ibid.*, p.133.
[75] *Ibid.*, p.147.

(oppressor)에 의하여 강요된 결과인 것이다. 그러므로 억압자는 모든 억압의 원인이 된다. 그리고 그 곳에는 억압자들에 의하여 압박 당하는 피압박자(the oppressed)가 존재한다. 프레이리는 이 억압을 "통제하는 문화"(dominant culture)[76]라고 부른다. 이익이 보장된 사회의 현실을 유지하기 위하여 어떤 근본적 변화나, 기득권에 해가 될 수 있는 아무런 변화도 용납지 않고, 가장 피상적인 변화만을 허락하는 '힘'은 곧 통제하는 문화가 되는 것이다. 이것은 정치, 국제관계, 경제관계, 사회관계, 그리고 교육자와 피교육자 사이에서 일어나는 현상이다. 프레이리는 통제자들의 이름을 "엘리트"라고 부른다. 그리고 심지어 압박과 피압박의 관계는 대도시 문화(metropolitan culture)와 의존사회(dependent society, 대도시에 의존되었거나 대도시에 의하여 공급을 받고 또 영향력을 받고 있는 부차적인 사회) 사이에도 일어난다. 대도시 문화는 억압하는 자가 된다.[77] 이 억압은 역사의 모든 가능성을 파괴한다.

바로 이 '통제의 문화'에 대한 반대 현상으로 '의존문화'(dependent culture), 혹은 '소외문화'로 나타난다. 소외문화란 힘을 가진 엘리트(power elite)가 대중에게 강요한 통제와 억압의 결과로 나타난다. 의존문화, 혹은 소외문화는 자립이나 자존할 수 없도록 만들어졌으며, 오직 엘리트와 통제문화에 의존하도록 운명 지워진 사회를 뜻한다.[78] 이 의존사회는 계급사회 구조에 의해서 조작된 폐쇄사회(closed society)가 된다. 여기서 원자재와 노동력은 권력 엘리트에 의해 착취당하게 되며, 교육제도는 권력층의 이익 보존을 위한 도구로 변신

---

[76] Paulo Freire, "Cultural Action for Freedom", p.33.
[77] Ibid., p.33.
[78] Ibid., p.3.

한다. 폐쇄된 사회에는 병과 어린이들의 영양실조, 조기 사망 등의 비인간화가 상존한다. 의존사회는 강대국, 혹은 소위 문명사회에 의해 발견되고, 침략되고, 통치되기 마련이다. 그러나 의존사회는 가치나 삶의 스타일을 설정할 때 자기들을 통치하는 엘리트를 모방하게 한다. 의존사회는 자율적이기를 희구하면서도(그래서 통제사회를 배격하면서도) 통제사회를 모방할 수밖에 없는 갈등 속에 놓여 있다. 여기에는 압박하는 자와 압박당하는 자 사이의 구조적 관계에 의하여 형성되는 새로운 문화가 생겨난다. 프레이리는 이 문화를 "침묵의 문화"(culture of silence)[79]라고 부른다. 침묵의 문화는 역사의 타락이 가져온 결과이며, 비인간적이고 비역사적인 소산인 것이다. 침묵의 문화는 피압박자를 의존적으로 만들고 있으며, 그 속에서 인간들은 사고, 표현, 그리고 행동까지도 의존적으로 된다. 이것을 프레이리는 인간의 비판능력의 상실이라고 표현한다. "침묵의 문화"는 거부할 능력은 물론 의지조차 없는 숙명주의를 말한다. 오늘날의 문제는, 이 침묵의 문화가 전 세계적 현실로 나타나고 있음에도 불구하고 그것을 교육의 문제로 보는 시각이 아무데도 존재하지 않는다는 데 있다.

셋째로, 위와 같은 현실에도 불구하고 프레이리는 이 역사가 계속 변화되고 창조되어지는 작품이라고 본다. 계속되는 착취와 타락에도 불구하고 이 역사 이외의 역사는 없으며, 그러기에 이 역사는 인간이 인간으로 되고 또한 세계가 역사로 변화될 수 있는 유일한 장(場)인 것이다. 그렇다면 이 역사는 어떻게 변화될 수 있겠는가?

프레이리는 역사의 변화에 대한 기존의 두 가지 시각을 비판적

---

[79] *Ibid.*, p.33.

으로 검토하고 새로운 대안을 제시한다. 그 처음은 "기계주의적 객관주의"(mechanistic objectivism)[80]이다. 그러나 객관주의는 세계를 변덕스러운 창조(capricious creation)로 전락시키며, 인간은 실재를 변혁시키는 일에 참여하지 않는다. 두 번째 방법을 프레이리는 "행동주의"(behaviorism)[81]라고 부른다. 행동주의 역시 인간과 세계 사이의 변증을 이해하는 데는 실패한 방법이라고 본다. 행동주의는 인간을 행동하는 기계로 취급하든가, 아니면 인간의 의식을 추상화하기 때문에 역사를 변혁시킬 수 없다는 것이다. 객관주의는 세계를 격하시켰고, 행동주의는 인간을 격하시켜, 결국 이 두 변화의 방법은 인간과 세계 사이의 변증이라는 역학을 포착하는 데 실패하였다고 본다.

여기서 프레이리는 세 번째 방법을 제시하면서 그것을 해방의 방법이라고 부른다.[82] 그것은 인간과 세계가 참여된 변증법적 과정에서 오는 해방으로서, 인간만의 해방도 세계만의 해방도 아닌 것이라고 프레이리는 이해한다. 오히려 해방의 방법은 사람들과의 동일의식(communion with the people)에서 시작된다. 인간은 막연한 인간이 아니라 "순수한 이행성"(naive transitivity)[83]에서 오는 비판적인 의식을 가진 사람을 말한다. 이러한 비판적인 의식을 가진 사람과의 동일감(同一感)은 "혁명적 유토피아"(revolutionary utopia)[84]로 향하게 되는 힘이 된다고 보았다. 그것은 민중과 함께 창조하는 해방의 과정

---

[80] Ibid., p.29.

[81] Ibid.

[82] Ibid., p.41. 여기서 "해방"이라는 용어는 함축적인 개념이다. 프레이리는 이 "해방"(liberation)이라는 용어 속에 자유, 혁명, 극단화(radicalization) 등의 용어들을 동의어로 쓰고 있다.

[83] Ibid.

[84] Ibid., p.43.

으로서의 유토피아이다. 여기서 프레이리는 계급 없는 사회의 꿈을 실현하기 위해 방법의 비연속성(그것은 결국 또 하나의 억압을 가져오는)까지도 개의치 않는 공산주의로부터 자신을 분리한다. 다시 말하면 프레이리의 해방의 과정은, 죽음보다는 삶을, 통제보다는 해방과 사랑을, 독백보다는 대화를, 법과 질서보다는 프락시스(praxis)에서 성취되는 혁명적 유토피아를 의미한다. 프레이리는 이 방법을 '래디컬리제이션'(radicalization)[85]이라고 명명한다. 이것은 당파주의(sectraianism)를 거부한다. 인간과 세계가 함께 참여하는 역사의 개혁을 의미한다. 당파주의는[86] 열광주의의 옷을 입고 이념(ideology)을 신화화(mythicize)하거나 절대자의 권력을 신격화시킨다. 그리고 그것을 혁명이라 부른다. 그러나 권력을 장악한 혁명은 최초의 목적을 잃기 쉽다. 또한 역사의 과정을 외면하고 인간과 세계의 참여를 외면한 혁명은 당파주의 운동에 떨어지게 된다. 그러한 혁명은 역사와 인간을 해방시키는 것이 아니라, 오히려 인간과 역사의 질적 변화를 교묘하게 저해한다. 결국 인간과 역사는 다시 소외되게 된다. 그러나 근본적 개혁주의자들은(결국은 주관주의도 객관주의도 아닌) 인류의 자유를 위해 헌신한 자이며, 그 역사의 실재 속에 참여하여 역사를 변혁하여 가는 사람을 말한다. 개혁자는 세계와의 대면을 두려워하지 아니하며,

---

[85] Paulo Freire, *Pedagogy of the Oppressed.* p.21.

[86] *Ibid.*, p.22. 그리고 프레이리의 *Education for Critical Consciousness*, p.10 이하도 보라. 프레이리는 당파주의(secrianism) 중에도 우익 당파와 좌익 당파가 있다고 본다. 우익은 나면서부터 결정된 당파들로 이들은 역사 과정이나 변화를 지연시킴으로 자기들의 이권을 영존하려 한다. 즉 현재를 영원화화여 미래를 외면한다. 반대로 좌익 당파는 역사를 숙명적으로만 해석하고 현재의 변화도 모색하지 않은 채 미래를 실현시키려 한다. 이 미래는 미리 결정된(그러므로 인간의 투쟁과 창조에 의한 것이 아니라) 숙명으로 역사를 봄으로 인간과 세계와 현재를 외면한다.

다른 인간들과의 만남을 두려워하지 않는다. 오히려 인간과 세계 속에 참여하여 그들과의 대화(dialogue)에 과감히 참여한다. 프레이리는 바로 이 주-객 사이의 만남과 참여에 의해서 창조되는 변증의 역사만이, 그리고 여기에 참여하고 대화하는 과정에서만이 역사는 변혁되어지고 인간은 해방된다고 한다. 그러므로 인간의 해방과 역사의 변혁은, 역사의 창조를 가로막는 압제와 그 압제로부터 역출된 침묵의 문화를 깨뜨리고 인간이 주체가 되어 세계 속에서 상호작용(interplay)하는데서 일어난다. 그때 그 곳에서 인간화와 세계의 역사화는 하나의 사건이 된다.

이 인간화와 역사화의 시동은 누가 거는가? 그것은 압제자나 권력 엘리트가 아니라 오히려 압박받는 자(the oppressed)라고 프레이리는 답한다.[87] 압박받는 사람만이 압제의 실체를 알고 있기 때문이며, 그것을 한계상황으로서 받아들일 수 있기 때문이다. 이 압제에 대한 인지(認知, perception)는 해방을 위한 행동의 동력(motivating force)이다. 프레이리에게 교육은 인간화와 세계의 역사화를 장(場)으로 하는 교육이어야 했다.[88] 인간화와 해방을 위한 교육은 압제받는 사람들의 비판적 인지를 회복하고 부여하기 위한 것이 되어야 했다. 교육에는 중립이란 없기 때문이다.[89]

2) 역사 창조의 주체로서의 인간

이 세계 속에 참여하고 행동하고 또 변혁해야 하는 존재론적 소명을 가진 주체로서의 인간은 어떤 인간인가? 프레이리는 이 물음

---

[87] Paulo Freire, *Pedagogy of the Oppressed.* p.34.
[88] *Ibid.*, p.147.
[89] "School or Scandal", *Risk*, Vol. 6. No. 4. 1970, p.17.

과 씨름하기 위해 먼저 인간이 동물과 다르다는 데서 출발한다.

생명체라는 점에서 인간과 동물은 동류의 성격을 가지지만, 동물은 인간의 차원을 가지지 못한다. 그것은 자기 초월과 자기 객관화의 능력이다. 동물은 행동으로부터 자기를 구별하지 못하며, 살고 있는 자기 세계에 대해 의미도 부여하지 못한다. 동물세계에는 시간의식이 존재하지 않는다. 그래서 동물은 무시간적이며 무역사적(a-historical)이다. 동물은 생존할 뿐이며, 실존하지는 않는다. 다만 세계에 적응하는 것만을 배울 수 있지, 그 세계를 변혁하지는 못한다는 것이다. 그러므로 동물은 일차원적(one-dimensional)이다.[90]

그러나 인간은 동물과 근본적으로 구별된다. 인간은 자기 초월의 능력을 가진다는 점에서 질적으로 다르다는 것이다. 비록 미완성의 존재이기는 하나 인간만이 자기 행동을 비판할 수 있으며, 자기 자신을 성찰의 대상으로 삼는다. 그러므로 인간은 자기가 위치한 세계 속에서 자기의 행동을 인지할 수 있는 존재이다. 아울러 인간은 결단할 수 있는 존재이며, 그 결단의 자리는 자기 자신과 세계와 이웃과의 관계 속에 놓인다. 여기서 인간은 동물처럼 생존할 뿐 아니라, 더 나아가 실존하는 것이다. 그러나 그 실존은 역사적 상황 속에서의 실존이다. 인간은 역사 속에서 시간을 의식하고 상황을 창조하고, 또 변혁하여 가는 역사적 실존으로서의 인간이다. 그러므로 '여기'라는 현재는 물리적 공간만을 의미하는 것이 아닌, 역사적 공간(과거와 미래가 변증적으로 이어지는)을 의미한다. 바로 이 역사적 공간 속에서 인간은 자유와 상황의 한계 사이에 이루어지는 변증 속에서 실존하게 된다. 인간은 역사의 한계상황(limiting situation)을 변혁시켜

---

[90] Paulo Freire, *Pedagogy of the Oppressed.* p.87ff.

보다 더 인간적인 역사와 가능성으로 초월해 가는 실존적 소명을 가진다.[91] 그러므로 동물과 인간 사이의 결정적인 차이는, 동물은 창조할 수 있는 능력을 가지지 못하는 데 반하여, 인간은 세계 속에서 행동함으로써 문화와 역사를 창조할 수 있다는 데 있다. 인간이 세계 속에 참여하는 주체라는 의미는 세계가 역사로 변혁되어가는 한계 상황을 인지하고, 의식하고, 행동하고, 또 결단하는 주체가 되는 것이다. 그러므로 인간은 역사적 실존인 것이다. "실존한다는 것은 곧 변혁하고, 창조하고, 결단하고, 의사소통하는 존재가 된다"는 의미이다.[92] 그러므로 인간은 세계 속에 개입하고, 그것을 변혁시키는 한, 즉 역사와 문화의 영역을 창조하는 한, 인간일 수 있다는 것이다. 실존한다는 것은 한마디로 인간이 창조주와 대화하고, 인간과 인간 사이에 대화를 이어가는 것을 뜻한다. 이 대화 속에서 인간은 진리와 지식을 추구해 가는 영원한 행위에 참여하게 되며, 여기서 지식(knowledge)은 비로소 살아 있는 지식이 되는 것이다. 이 지식 속에서 주체적인 인간(그가 교사이든, 정치 지도자이든)은 다른 주체, 혹은 주체들로서의 인간(학생이든 국민이든)과의 공동적 참여(co-participation)를 통하여 사고와 행위를 지속해 간다. '내가 사고하는 것이 아니라', '우리가 사고하는 것이' 된다.

그러나 문제는 이 존재론적 소명이 '침묵의 문화'(그것은 본래 엘리트의 압제에 의해 역현상으로 일어난 피압제자의 의식 구조)에 의해 계속 왜곡되고 외면되어, 인간이 비인간화(dehumanization)되고 있는 현실이다. 비인간화의 역사를 어떻게 해야 하는가? 프레이리는 그것을 영속화시켜서는 안 되는 소명이 인간에게 있다고 본다. 그것이 인간

---

91 Paulo Freire, *Pedagogy of the Oppressed*. pp.87-89.
92 Paulo Freire, "Cultural Action for Freedom". p.28.

성의 회복에 대한 인간의 역사적 소명이며, 프레이리는 이를 인간화 작업이라고 말한다.[93] 교육은 인간화 작업이다. 교육이 인간화 작업이라는 말은 인간이 세계를 인지하고(비판적으로), 의식하며, 그 공간을 역사화 내지는 시간의 3차원화(tri-dimensional time, 즉 과거, 현재, 미래)로 바꾸어 가는 모든 교육 행위라는 것을 의미한다.

3) 문화적 혁명

이렇듯 인간이 주체화되고, 세계를 인지하고, 행동하고, 반사하고, 또 변혁(transformation)하는 역사화 과정을 프레이리는 묶어서 문화적 혁명(cultural revolution),[94] 혹은 해방(liberation)[95]이라고 부른다. 이 문화적 혁명과 해방은 인간과 세계 사이의 대화에서 생겨나는 제3의 역사적 사건으로 해석한다. 그러나 이 사건은 인간만으로도(주관주의만으로도) 세계만으로도(객관주의만으로도) 형성되지 않는다. 주관주의는 행동주의로 전락하며, 객관주의는 탄압과 통제를 가져온다. 오히려 이 사건은 인간과 세계가 함께 참여하고 대화하는데서, 그리고 주체와 객체가 참여하여 공동으로 창조하는데서 이루어지는 사건이다.[96]

이 문화 혁명의 사건 속에서 비로소 인간은 보다 더 인간적인 역사를 창조하며, 동시에 그 창조는 타자를 위한 보다 더 인간적인 역사 창조로 이어진다. 문화 혁명으로서의 사건은 교사와 학생, 지도자와 국민, 압제자와 피압제자를 하나로 묶어가는 공동의 사건이 된

---

[93] Paulo Freire, *Pedagogy of the Oppressed*. p.28.

[94] Paulo Freire, "Cultural Action for Freedom". p.52.

[95] Paulo Freire, *Pedagogy of the Oppressed*. p.28.

[96] Paulo Freire, "Cultural Action for Freedom". p.6.

다. 이것을 프레이리는 자유를 위한 문화적 행위라고 말한다.[97]

이 사건은 어떻게 일어나는가? 이 사건은 민중과의 동일 의식 (communion with the people)에서만 가능하다고 프레이리는 피력한다. 인간에 대한 사랑(인본주의적인 동기가 아니라)에서 동일 의식은 시작 되며, 민중과 인간을 사랑하는 지도자 사이의 대화에서 이 사건은 구체화된다. 그러므로 참 혁명과 해방은 사람과 사람 사이의, 민중 과 지도자 사이의, 더욱이 가진 자와 못 가진 자 사이의 커뮤니온 (communion)에서 이루어지는 것이다.[98] 프레이리는 이 커뮤니온을 연 대감(solidarity)[99]이라고 말한다. 잠정적인 구제를 약속하는 압박자들 의 달콤한 행위는 연대감이 아니다. 오히려 참다운 연대감이란 피압 제자의 편에 서서 그들을 비인간화하고 있는 객관적인 상황을 변혁 해 나가는 행위를 말한다. 이것은 피압제자들을 존엄한 주체로 받아 들이고, 그들의 자유와 해방을 돕는 사랑의 행위에서 비로소 생겨나 는 연대감이다. 그러므로 프레이리는 압제자(oppressor)와 피압제자 (the oppressed) 사이의 갈등은 오직 압제자와 피압제자 사이의 동일 의 식(communion)과 연대감(solidarity-이것을 프레이리는 주객(主客)이 만나는 변증, 상호 의존성, interdependence 라고 부른다)에서만 극복될 수 있다고 믿었다. 자유는 여기서 하나의 해방의 사건이 된다. 놀랍게도 그는 바로 이 연대의식이 피압제자들을 현실과 대면하게 하는 능력이며, 침묵의 문화로부터 벗어나 비판 의식의 단계로 올려놓는 동기가 된 다고 믿었다. 프레이리는 기자와의 면담에서 다음과 같이 말한다.

---

[97] *Ibid.*, p.51.

[98] *Ibid.*, p.52.

[99] Paulo Freire, *Pedagogy of the Oppressed.* p.34.

"우리는 타자들을 해방시킬 수 없습니다. 인간들은 그들 스스로를 해방시킬 수도 없습니다. 인간들은 연대감에서만 그들 스스로를 해방할 수 있습니다. 그러므로 해방은 내가 당신에게 주는 선물이 아닙니다."[100]

동일 의식과 연대감만이 인간과 타자, 압제자와 피압제자를 함께 해방할 수 있다는 것이다.

이때 인간은 해방의 과정에 있는 존재(man with the process of liberation)가 된다.[101] 이것은 새로운 인간(new man)의 출현이며, 바로 이 것이 문화 혁명의 목적이 된다. 새로 출현하는 이 인간의 이름은 압제자도 피압제자도 아니다. 이 인간은 압박자와 피압박자 사이의 연대감 속에서 태어난 자율적 인간이다. 이 자율적 인간은 공산주의가 말하는 계급의 평등화도 아니고(유고슬라비아의 전 부통령이었던 밀로반 지라스(Milovan Djilas)는 그의 저서 『새 계급』(*The New Class*)[102]에서 공산주의는 새로운 인간 출현에는 실패하였고, 오히려 무산 계급을 자본 계급으로 교체하여 새로운 인간이라고 기만한다고 비판한다), 계급의 교체도 아니다. 또한 새로운 자율적 인간은 자본주의가 찬양하는 경쟁적인 인간도 아니며, 오히려 연대성의 관계에서 태어나는 새로운 인간인 것이다. 그래서 프레이리는 이 새로운 인간이 압제자에 의해서 태어날 수 없다고 본다.[103] 성격상 압제자는 가진 것 때문에(권력이든 지식이든) 자신을 해방할 수 없는 것이다. 그들은 '더 가지기'를 원하는

---

[100] "School or Scandal", *Risk*, p.12.

[101] Paulo Freire, *Pedagogy of the Oppressed*. p.42.

[102] Milovan Djilas, *The New Class*, Frederick A. Praeger, New York, 1958, p.42ff.

[103] Paulo Freire, *Pedagogy of the Oppressed*. p.28.

마음 때문에 계급을 고착화하고 자신과 타자를 비인간화시키고 있으며, 그것이 압제의 분위기인지조차 인지할 수 있는 능력을 가지고 있지 못하기 때문이다. 따라서 새로운 인간의 출현은 가지지 못한 자들의 의식 하에서만 가능하다는 것이다. 이것을 프레이리는 가지지 못한 자들의 역사적인 소명이라고 불렀다.[104] 그러나 그것은 그들이 자유와 해방을 위해 싸울 수 있는 주체로서의 의식화가 가능할 때에만 이루어진다.[105] 이것은 쉬운 논제가 아니다. 더욱이 피압박자들의 의식구조는 침묵의 문화, 압제의 상황에 파묻혀 무의식이 되어버렸으며, 그들 스스로가 압박자를 모방하며, 압박자에게 의존하는 숙명을 운명으로 쉽게 받아들인다. 그래서 피압제자들에게 자유와 해방을 위한 투쟁이란 곧 위협이요, 불안이 된다. 그러므로 이것은 결코 쉬운 일은 아니다. 그러나 프레이리에게 있어서 열쇠는 여전히 가지지 못한 자, 피압박자들의 의식화에 있다. 가지지 못한 자만이 자신과 가진 자들까지도 자유케 할 수 있다고 보기 때문이다. 프레이리는 이러한 공동의 해방을 위한 수단은 피압박자들이 비인간적 현실을 비판적으로 인지하고, 행동하고, 반사하는 근본적인 대화에 참여하는 길뿐이라고 믿었다. 그러면서 프레이리는 항거의 행위마저도 사람의 행위이어야 한다고 말한다. 이 과정에서 가지지 못한 자들이 먼저 자신을 자유케 하여야 가진 자들을 자유케 할 수 있다고 보기 때문이다.

"혁명은 민중을 위한 지도자(leaders for the people)에 의해서도, 지도
    자들을 위한 민중(people for the leaders)에 의해서도 이루어지지 않는

---

104 *Ibid.*
105 *Ibid.*, pp.31-33.

다. 오히려 혁명은 민중과 지도자가 깨뜨릴 수 없는 연대감(unshakable solidarity) 속에서 함께 행동할 수 있을 때 이루어진다."[106]

지도자와 민중이 동등한 주제들로 만나 이 세계와 역사에게 '이름'을 주고 그것을 변혁하려는 대화와 협동에 참여함으로서만 혁명은 가능하다고 보았다. 이 혁명은 사랑을 낳는, 그러므로 역사와 삶을 창조하는, 그리고 과거가 극복되면서도 미래가 열려지는 역사의 사건이 되는 것이다. 이것은 문화적 행위이고, 여기서 새로운 인간이 출현한다. 교육은 바로 이 역사의 사건을 가능하게 하는, 그래서 가진 자와 가지지 못한 자 모두가 문화적 혁명(그래서 해방과 자유를 회복하는)을 유발하는 행위이어야 한다는 것이다. 그러므로 교육은 자유의 실천을 위한 것이다.[107]

2. 프락시스를 현장으로 하는 인간의 주체화와 세계의 역사화 - 교육목적과 현장

프레이리에게 있어서 교육이란 넓은 의미에서 역사적 행위이고 정치적 행위이다. 역사적 행위와 정치적 행위로서의 교육은 지식 전달, 통치와 압제의 수단, 심지어는 혁명을 책동하는 선동 모두를 초극한다. 교육은 전 삶의 영역에서 인간을 주체화하는 작업이고(인간화 혹은 해방이라고 부른다), 세계를 역사화(역사의 현실 그것은 보다 더 인간적일 수 있다는 한계상황(limiting situation)에서의 인간의 공동적인 창조를 뜻한다)하는 소명이라고 보기 때문이다. 여기서 교육 현장은 공식적

---

[106] *Ibid.*, p.124.
[107] "School or Scandal", *Risk*, Vol. 6. No. 4. 1970. p.7.

인 현장을 넘어 인간화와 역사화가 일어나는 곳으로 확대된다.

그렇다면 프레이리가 말하는 교육의 목적은 무엇인가? 이미 서술하였지만, 프레이리에게 교육이란 인간과 역사의 자유(창조라는 뜻에서)를 위한 교육자와 피교육자 사이의 만남이었다.[108] 이 만남은 그들 모두가 자유를 향한 인지(認知)의 주체들로서 대화하는 것을 뜻한다. 그러므로 교육은 자유의 행위(practice of freedom)이고[109] 인지의 영속적인 행위이며, 그것은 인간의 자유와 역사의 변화를 위한 것이어야 한다. 이것이 바로 교육의 목적이 된다.

그러므로 프레이리는 첫 번째의 교육 목적을 "생성과정(역사의식 속에서) 속에 있는 새 인간"의 출현에 둔다.[110] 이것은 압제자(oppressor)에 의한 인간 창조가 아니며, 압제자와 피압제자 사이(교사와 학생 사이)의 만남에서 피압제자들이 현실을 인식하고 그것을 변혁(transformation-자유와 정의를 위하여)하고자 하는 과정에서 창조되는 새 인간의 출현이다. 그러기에 이 과정은 필연적으로 기존 질서나 제도에 긴장과 갈등을 초래한다고 프레이리는 확신한다. 그는 압제적인 상황이 변혁을 시작하면, 교육은 버림받은 자만의 교육이 아니라 모든 사람(압제자와 피압제자)을 해방시키고 자유케 하는 역사적 사건으로 변한다고 믿었다. 여기서 교육은 모든 사람의 해방의 교육으로 된다.

교육 목적의 두 번째는 "문화적 종합"(cultural synthesis),[111] 혹은 "문화적 혁명"(cultural revolution)[112]에 있었다. 그러나 문화적 종합은 보존과 변혁 사이, 그리고 인간의 미완전성과 역사의 미확실성 사이

---

[108] Paulo Freire, *Education for Critical Consciousness*, p.149.
[109] Paulo Freire, *Pedagogy of the Oppressed*. p.15.
[110] *Ibid.*, p.72.
[111] *Ibid.*, p.180.
[112] *Ibid.*, p.132.

의 긴장을 대화적인 문화행위를 거쳐 영속적으로 새로운 문화를 창조해 나가는 것을 뜻한다. 이것은 세속적인 용어로 표현된 역사의 종말론적 이해이며, 리처드 니버(H. Richard Niebuhr)의 영속적 회심(permanent metanoia)과 같은 내용으로 풀이된다.

그렇다면 '새인간의 출현'과 '문화 혁명 또는 문화 창조'는 어디서 일어나는가? 그곳은 특정한 공간이 아니다. 어디든 압제자와 피압제자가 함께 창조하는 자리를 현장으로 정의한다. 이것을 프레이리는 프락시스(praxis)[113]라고 부른다. 일반적으로는 가정과 학교를 교육의 현장으로 보지만, 엄밀한 의미에서 가정과 학교 그 자체가 교육 현장은 아닐 수도 있다. 그 이유는 가정이나 학교가 억압적인 사회 구조의 반영일 수도 있고, 또 권위주의적일 수도 있기 때문이다.[114] 따라서 프레이리는 '행동'이 있는 프락시스만이 엄밀한 의미에서 교육의 현장이 된다고 본다. 그렇다면 무엇이 '프락시스'인가? 프레이리는 프락시스란 "비판적인 분석을 위해 편찬된 구체적인 상황들"[115]이라고 정의한다. 다시 말하면 사건들이 현실적으로 일어나는 "구체적인 상황"(concrete context)과, 일어난 사건들과 사실들을 분석하기 위해 "편찬된 이론적 상황"(theoretical context)[116] 사이의 관계를 프락시스라고 부른다. 그러므로 프락시스는 이론만도, 구체적 현실과 사실만도 아니다. 구체적인 상황(인간 경험의 총체와 역사적 상황)과 그 상황을 분석하고 해석하는 이론적인 상황 사이의 관계이고, 움직임이다. 이 움직임이란,

---

[113] *Ibid.*, p.53. 그리고 프레이리의 "Cultural Action for Freedom", p.17.
[114] Paulo Freire, *Pedagogy of the Oppressed*. pp.152-153.
[115] Paulo Freire, "Cultural Action for Freedom". p.17.
[116] *Ibid.*

"객관적 사실들을 제공하는 구체적인 상황으로부터 시작하여 이 사실들을 분석하는 이론적 상황으로의 움직임인 것이다. 그리고는 다시 이론적 상황으로부터 구체적 상황으로 향하는 움직임인 것이다. 이 움직임에서 인간은 새로운 형식을 실험할 수 있어야 한다."[117]

그러므로 교육 현장이란 구체적 상황→이론적 상황→구체적 상황으로 움직이는 과정에서 형성되는 프락시스이다. 따라서 프락시스 교육은 '구체적 상황'에서 나온 사실들을 학습자들로 하여금 비판적으로 볼 수 있도록 '이론적 상황'을 만들어 주는 행위이다. 이것을 프레이리는 편찬교육(codification education)[118]이라고 부른다. 편찬교육은 구체적 상황과 이론적인 상황 사이를 이어주는 행위이다. 그러나 '구체적 상황'에서 '이론적 상황'으로의 움직임을 매개한 편찬교육(coding education)은 'decoding education'이라는 해독교육에 의하여 '이론적 상황'에서 다시 구체적 상황(새로운 실험이 시도되는)으로 움직여 가야 했다.[119] 바로 이 coding과 decoding이 살아 있는 프락시스를 형성하며, 이러한 프락시스가 이루어지는 곳이 곧 교육의 현장이었다.

이러한 관점에서 볼 때, 만약 가정(부모와 자식 사이의 관계는)이 권위주의에 젖어있다면, 그 가정의 분위기는 억압적일 수밖에 없다. 여기서 어린이들은 그 권위주의를 내면화하게 되며, 아울러 무관심과 소외 속으로 도피하여(침묵의 문화) 결국은 파괴적인 행위에 빠지게 되는 것이다.[120] 그러나 가정이 프락시스의 장(場)이 되려면, 부모

---

117 *Ibid.*
118 *Ibid.*, p.14.
119 Paulo Freire, *Pedagogy of the Oppressed.* p.96.

와 자식은 공동적인 주체들이 되어 삶을 비판적으로 인지(認知)하고 그 실재를 변혁시켜 나가는 coding – decoding 작업에 참여하는 변화가 일어나야 한다. 학교도 원리상 교육 현장일 수는 있으나, 그 학교가 권위주의적인 구조로 내면화되고 있는 한, 학생들은 권위주의의 후예가 되어 비 대화적이고 도피적인 인간으로 된다고 프레이리는 본다(침묵의 문화). 이들 자신이 교육을 강요당했으니, 그들도 남에게 그것을 강요하게 된다. 이것이 계속되는 세계 역사의 악순환이다. 만일 학교가 프락시스의 장이 되려면, 교사와 학생은 공히 학습과 행동의 주체가 되어 인지하고, 대화하고, 변화를 향하여 행동할 수 있어야 하며, 그 때 학교는 비로소 교육의 현장이 되는 것이다.

그러나 프레이리에게 있어서 가장 중요한 교육 현장은 민중이 처해 있는 문화현장이었다. 그는 자신이 조직한 "소문화(小文化) 서클"(smaller circle)과 "거주민(居住民)과의 비공식적인 대화"[121]등을 실험적 프락시스로 하였다. 프레이리는 자기가 실험하였던 방법을 다음과 같이 제시한다. 현장 조사 방법에서 시작한 그는 ①조사 영역을 결정하고, ②현장에 사는 사람들과 연구의 목적에 대해 동의(同意)을 얻고, ③조사 방법과 사용 목적을 분명히 하고, ④상호의 신뢰를 이루며, ⑤조사자는 지원자 몇명을 보조원으로 선정하고, ⑥지원자들은 그 지역의 삶에 대한 필요한 정보와 소재를 수집하고, ⑦지역 방문 및 그 지역을 참관하고, ⑧비판적인 의식을 가지고 그 지역을 조사했다. 이것은 앞에서 전술한 바 있는 '구체적 상황'과 '이론적 상황'이 만나는 편찬과정(coding)이 된다. 그러나 이 편찬과정은 해독과정(decoding)을 거쳐야 했다. 이 해독과정은 ①조사자들은 거

---

120 *Ibid.*, pp.152-153.
121 *Ibid.*, p.103.

주민과의 비공식적인 대화를 나누며, 그 지역의 삶의 중요 문제를 관찰하여, ②그 거주민들의 언어, 삶의 스타일, 행동 패턴, 은어, 특수한 용어, 회합, 여가 선용, 운동, 놀이 등 모든 것을 기록하며, ③조사팀 전체가 토의될 예비 보고서를 만든다. 예비 보고서에서는 문제들에 대한 예비적인 해독을 준비한다.[122] 바로 문화현장에서의 이러한 방법들이 문화적 혁명을 위한 문화적 행위가 이루어지는 교육의 현장이었다.

3. 자유화 교육(의식화, 행동-반사, 대화, 편찬, 해석 방법) - 교육 방법

세계와 역사 속에서 인간과 인간 사이의 관계 구조는 억압적이냐, 혹은 대화적이냐가 있을 뿐 중립적 관계란 존재하지 않는다. 아울러 교육도 억압과 통제의 수단이냐, 혹은 자유 실천(practice of free-dom)의 매개냐 하는 두 가지의 선택이 있을 뿐이다.[123] 억압의 수단으로서의 교육은 인간을 비인간화하여 결국에는 역사를 타락으로 이끌어간다. 자유 실천으로서의 교육은 인간을 보다 더 인간적인(인간화) 주체로 만들며, 이 인간에 의해 세계는 인간화 되고 역사화 된다. 프레이리의 궁극적인 관심은 바로 이 자유를 위한 교육에로 집약되고 있었다. 그렇다면 그것을 위한 교육 방법은 어떤 것인가?

교육 방법을 설명하기 위해 프레이리는 두 가지 유형의 교육을 들고 나온다. 즉, 그는 억압의 수단으로 사용하는 교육을 ①"은행저축식 교육"(banking education)이라 불렀고, 자유를 실천하는 교육을 ② "자유교육"(libaration education), 혹은 "문제 노출의 교육"(problem pos-

---

122 *Ibid.*, pp.103-104.
123 "School or Scandal", *Risk*, Vol. 6. No. 4. 1970. p.7.

ing education)[124]이라고 불렀다. 여기서 은행저축식 교육이란 주체로서의 학생의 권리와 위치를 무시한 채, 교사만이 주체가 되어 학생을 지식의 빈 창고 정도로 취급한다. 인간의 실존적 상황과는 관계없는 과목들을 열심히 설명하는 교사의 말은 독백으로 되며, 학생은 듣고 외우는 기계로서 전락한다.[125] 이런 교육에서 인간은 세계와 더불어 씨름하고 세계를 변화시키는 주체로서의 인간으로 세워지지 못한다. 여기서 인간은 창조자가 아닌 관망자일 뿐이기에, 교육은 힘을 가진 지도자에 의하여 일방적으로 형성되는 독재주의 방법에 근거를 둔다. 이러한 권위주의에 물든 다음세대의 엘리트는 또다시 학생과 민중을 통제하고 억압하는 악순환을 계속한다. 프레이리는 이것을 억압의 신화화(神話化)라 불렀다. 억압의 신화는 언제나 주입식(注入式, transmission) 방법을 즐겨 사용한다. 이것은 명백히 잘못된 교육이다. 왜냐하면 그 교육의 결과로 인간은 영속적으로 비인간화되고 대화는 끊어지기 때문이다. 이것을 프레이리는 은행저축식 교육이라고 불렀다. 그러나 이러한 은행저축식 교육과는 달리 "자유교육"은 버림받은 인간들을 신뢰하고, 그들의 사고의 능력을 믿는 데서부터 시작한다. 버림받은 자의 편에 서서 이루어지는 정치

---

[124] Paulo Freire, *Pedagogy of the Oppressed.* p.59.

[125] *Ibid.* 프레이리는 이 저축식 방법에서 일어나는 교사와 학생과의 관계를 다음과 같이 설명하고 있다.

교사 :	학생
모든 것을 알고	아무것도 모르고
사고하는 주체이고	사고되어진 것을 받아들이고
얘기하고	듣기만 하고
훈련자이고	훈련을 받는 기계이고
선택하고	받아들이고
학습의 주체이고	학습의 대상이다.

적 행위는 그 자체가 교육적 행위인 것처럼, 자유를 위한 교육은 인간을 주체로서, 능력의 소유자로서 대하면서 학생 편에 서서 이루어가는 교육적 행위이다. 이 교육은 교사와 학생이 함께 만들어가는 대화와 화해의 방법으로 이루어진다.[126] 이 진정한 화해는 교사와 학생 사이에, 지도자와 민중 사이에 살아 있는 연대감(連帶感)에서 출발한다. 이는 교사의 사고와 가르치는 행위들이 학생의 사고와 대화에 의해 발전적으로 상호작용 하는 것을 뜻한다. 여기서 화해-연대감-대화는 한마디로 교사와 학생을 비판적으로 사고하는 주체로서 묶어주며, 인간화와 세계의 역사화를 모색하게 만드는 동력으로 작용한다. 그래서 자유교육 방법은 처음부터 교사와 학생을 사고하는 주체로 만나게 하는 것을 의미하며, 그들 모두 대화적 관계에 참여함을 뜻한다. 여기서 학생은 방관자가 아니라 교사와의 대화에 참여하는 공동의 연구자가 된다. 교사는 학생들의 연구를 위해 소재를 제공하는 자이며, 학생과의 대화에서 과거의 유산까지도 수정하여가는(그러므로 지식이나 억압을 신화화하지 않는다.) 대화자의 역할을 담당한다. 여기서 교사는 지식의 일방적인 주입자가 아닌, 학생들과 함께 '여건'을 창조함으로써 파편화된 지식이 산 지식으로 승화되어가도록 돕는 협조자인 것이다. 결국 자유교육이란 교사와 학생이 대화와 공동적인 참여를 통해 참 지식을 창조하는, 그리하여 모두가 인간화되어가는 사건을 말한다. 이것은 문제를 은폐함으로써가 아니라, 문제를 노출시킴으로써 학생들의 응답을 불러일으키며, 그 응답은 또 다른 이해의 단계로 학생들을 끌어올리는 것이다. 그러므로 자유교육은 신화화된 지식, 억압의 현실에 대하여 계속적으로 도전

---

[126] *Ibid.*

하는 비신화화 과정이다.[127] 아울러 자유교육은 교사와 학생 사이의 프락시스의 교육인 것이다. 또한 이 교육은 세계를 변혁하는 개혁의 프로그램이 된다. 그러므로 자유교육은 교사, 학생, 세계의 변화를 가져오며 과거, 현재, 미래가 역사화(歷史化)되는(변증법적으로 변혁되는) 과정으로 나타난다. 프레이리의 이러한 자유교육은 구체적으로 ①의식화(conscientization) 과정, ②행동 - 성찰(action - reflection), ③대화(dialogue)의 방법, ④편찬 - 해독(coding and decoding) 방법을 통해 실현되었다. 이 네 가지, 또는 네 단계의 교육 방법은 '인간화'를 장으로 하는 프레이리 교육 방법의 핵심을 이루었다.

자유교육의 기본은 '의식화' 과정이다. 의식화란 인위적으로 조작되는 것이 아니며, 인간(주체)과 세계(실재) 사이의 문제를 비판적으로 문제화(problematization)[128]하는 것을 뜻한다. 이를 통해 인간은 비로소 세계라는 실재에 대하여 새로운 의식을 가지며, 그것을 재창조하게 되는 것이다. 이 '문제화'와 '창조' 사이에는 '의식'(consciousness)이 있어야 한다. 이 의식은 "세계를 향한 의도성"(intentionality)[129]이며, '의식화'(Conscientization)란 바로 이 의식의 실천을 의미한다.

그러므로 '의식화'(conscientizacāo)란 "사회적, 정치적, 경제적 모순을 인지하는 학습 사건"이다.[130] 아울러 이것은 "실재 속에 깃들어 있는 억압적 요소에 대하여 행동"[131]하는 동력이기도 하다. 의식

---

127 *Ibid.*, 71.

128 "School or Scandal", *Risk*, Vol. 6. No. 4. 1970. p.8, Paulo Freire, "Cultural Action for Freedom". p.21.

129 "School or Scandal", *Risk*, Vol. 6. No. 4. 1970. p.8. 여기서 프레이리는 "의식"을 인간의 심층 심리의 내면 구조에서 이해한 프로이트(Frued)의 입장으로부터 구분된다.

130 Paulo Freire, *Pedagogy of the Oppressed*. p.19.

131 *Ibid.*

화란 인간으로 하여금 책임적인 주체로서 역사적 과정에 참여하도록 촉진하는 과정인 것이다. 역사적 과정에 참여한다는 말은 실재 속에 숨어 있는 문제를 노출시키고, 그 문제의 핵심으로 파고드는 행위를 말한다. 이러한 의식화 과정에서는 통치이든, 권위이든, 권력이든 그 모든 것들이 일단 도전을 받게 된다. 그러나 '의식화'는 혁명이나 파괴를 의미하지 않으며, 주어진 상황을 문제화하는 것이다. 의식화는 문제를 변혁하려는 의도성[132]이고, 자유교육은 바로 이 비판적인 의도성을 형성하는 행위이다. 그러므로 의식화란 실재를 향한 인간의 의도성이며, 영속적인 변화의 과정(인간이 주체로서 참여하는)을 의미한다. 침묵의 문화를 깨고 새로운 창조의 문화가 동트게 하는 것이다. 또한 그것은 과거의 문제를 은폐하고 단순화시켜 온 감상주의(感傷主義) 사회를, 숨어 있는 문제들을 노출(unveil)시키고 문제의 심층을 해독하기 시작하는 비판적 의식사회로 변하게 한다.[133] 이것은 인간화의 창조를 위해 참여하는 공동 구원의 과정을 말한다. 실존적 상황과의 대화에서만(추상적인 의식화는 현실과는 관계없는) 의식화는 이어져 갈 수 있는 것이다.

의식화는 행동 – 성찰 – 행동(action – reflection – action)에 의해 진행된다. 이미 전술한 '구체적 상황'(concrete context)으로부터 문제를 인지하며, 성찰작용(reflective action, 문제에 대한 이론적 상황, theoretical context)을 거친 후 다시 구체적 현장으로 돌아가는(해독, decoding) 과정으로 이어진다. 여기서 새로운 프락시스의 실험을 시도하게 된다. 이것이 'action – reflection – action'의 의식화 과정이다.

특히 '성찰'(reflection)은 대단히 중요한 방법이 된다. '성찰'이란

---

132 Paulo Freire, *Education for Critical Consciousness*, p.146.
133 *Ibid.*, p.18.

행동의 결과를 분석할 뿐 아니라 새로운 행동을 예시하는 것이기 때문이다. 여기서 성찰이란 상황을 의식적으로 활력화하는 행위이다.[134] 그러기에 '성찰'은 행동(action)과 함수관계를 이룬다. 성찰은 행동으로부터 소재를, 행동은 성찰로부터 새로운 방향과 비전을 얻는다. 결국 교육이란 '성찰'과 '행동'에 참여하게 하는 길잡이다. 특히 행동은 성찰에 뒤따르는 변혁적 행동이기 때문이다.[135]

그러나 프레이리는 '성찰' - '행동'의 교육 방법은 그 자체만으로는 위험에 빠지기 쉽다고 말한다. '성찰'과 '행동'을 이어주는 창조성의 변수가 개입되어야 하기 때문이다. 이것을 프레이리는 "대화"(dialogue)[136]라고 부른다. 이것은 마치 성서에서 믿음, 소망, 사랑 중에 제일은 사랑이라고 말하는 상관관계와 비슷하다. 대화와 만남이 없는 의식화와 성찰 - 행동은 또 다른 독선주의가 만들어내는 억압의 수단으로 전락하기 때문이다.

그렇다면 프레이리가 말하는 대화란 무엇인가? 그에게 있어서 대화란 루엘 하우(Ruel Howe)나 마르틴 부버(Martin Buber)가 말하는 인격적 관계(interpersonal relationship)에 국한되지 않는다. 그것은 주체와 주체 사이의 관계를 인식하고(acton), 성찰(reflection)하며, 변혁(action)해가는 관계로까지 이어지는 과정을 뜻하며,[137]나와 너와 세계 사이의 만남이고, 언어의 교환이며, 세계를 변화시키는 행동으로의 대화인 것이다. 그러므로 '대화'란 세계와 실재(문제화된 실존적 상황)가 매개하는 인간과 인간 사이의 만남(encounter)이다.[138] 그러나

---

[134] Paulo Freire, *Pedagogy of the Oppressed.* p.38.

[135] *Ibid.*, p.53.

[136] Paulo Freire, "Cultural Action for Freedom", p.5. 같은 저자 *Pedagogy of the Oppressed.* p.77.과 *Education for Critical Consciousness*, p.25.

[137] Paulo Freire, "Cultural Action for Freedom", p.vii.

만남은 그것에서 끝나지 않는다. 새로운 창조에 참여하는 대화이고, 만남이다. 누구도 소외되지 않고, 또 소외되어서도 안 된다. 대화는 만남을 낳고, 만남은 주체들의 성찰과 행동을 낳고, 성찰과 행동은 세계를 인간화하는 변혁을 낳는다.

한걸음 더 들어가 프레이리에게 있어서 대화의 본질은 "말"(the word)이다.[139] 그러나 이 "말"은 단순한 믿음이라는 "독사"[140]가 아니라 "잃어버린 로고스"(forgotten logos)를 재발견하려는 노력에서 오는 "말"인 것이다.[141] 그러므로 대화에서 사용하는 "말"은 참 진리로서의 로고스이며 진리의 근원이 되는 말씀의 변증법적 표현이라는 점에서, 대화는 참 지식을 대화하는 것이어야 한다. 이때 이 대화는 로고스의 사건(事件)이 되며, 로고스를 찾아가는 대화 속에서 인간은 '성찰'과 '행동'을 동시에 수행해 나가게 된다. 여기 '참 말'은 모든 사람의 권리이며, 인간과 인간 사이의 만남 속에서 이 말은 이 세계에 새로운 이름을 부여한다. 이것은 "말씀이 육신이 되어"라는 요한복음 기자의 신학을 다시 표현한 것이라고 볼 수 있다. 이러한 프레이리의 철학적인 이해는 그의 유명한 편찬(codification) 및 해석(decoding) 교육 방법의 근거가 되었다. 여기에는 두 가지 유형이 등장한다. 하나는 대중(주체 A)과 카리스마적 지도자(주체 B) 사이에 오고 가는 말의 교환이다. 그러나 이 말의 교환은 주로 "감정적 단계"(emotive level)에서만 이루어지게 된다. 이 대화는 무비판적(a-critical)이며,

---

138 Paulo Freire, *Pedagogy of the Oppressed.* p.76.

139 *Ibid.*, p.75.

140 Dagobert D. Runes & 72 Authors, *Dictionary of Philosophy*, p.84. 여기서 "doxa"란 철학의 개념으로 신앙하는 모든 양식 속에 존재하는 공통적 위치라고 설명한다.

141 Paulo Freire, "Cultural Action for Freedom", p.18.

역사에의 참여는 일어나지 않는다. 엄밀한 의미에서 여기에서는 대화도, 만남도, 세계 변혁도 일어나지 않는다. 다만 지도자가 대중에게 일방적으로 말을 외칠 뿐이다. 그러나 반대로 "언어적 사인들"(linguistic signs)을 통해서 시작하는 대화가 있다. 이 대화는 누가 누구를 강요하는 것이 아니라 주체들이 '로고스'의 세계에 참여하는 대화이다. '언어'를 통한 대화는 주체들 사이의 대화에로 이어지며, 그 대화는 언어가 증언하는 내용에 대한 대화로 승화되는 것이다.[142] 이렇게 프레이리의 대화는 세 번째 단계인 주체들과 세계 사이의 커뮤니케이션(의사 소통)으로 승화된다. 주체와 주체 사이의 상호주체성(inter-subjectivity)과, 주체들과 세계 사이의 상호통행성(intercommunication)이 서로 마주칠 때 비로소 진정한 커뮤니케이션은 일어난다. 이 커뮤니케이션은 함께 사고하고, 잃어버린 로고스의 의미를 함께 찾아가는 대화에서 각 주체들이 서로 만나는 행위이기 때문이다.[143] 그러므로 교실(class)은 전수의 자리가 아니라 언어의 매개를 통해 참 로고스가 교사와 학생을 공동의 만남의 장(場)으로 인도하는 자리여야 한다. 또한 커리큘럼이란 민중이라는 주체들의 실존적 현장과 그들이 세계 속에서 행동하고 성찰함으로 발견하는 모든 문제들을 주제로 묶어놓는 것이다. 여기서 교육하는 자와 교육을 받는 자들은, 주체들로서 공동의 교실에서 커리큘럼을 매개로 '참 말'을 모색하는 대화에 참여하게 된다. 이것을 통틀어 프레이리는 의사소통(커뮤니케이션)이라고 불렀으며, 이는 인간과 세계를 '사랑'하는 주체들에 의해서 이루어진다고 보았다.[144] 사랑은 대화의 원동력(原動力)이며

[142] Paulo Freire, *Education for Critical Consciousness*, pp.140-141.
[143] *Ibid.*, p.140.
[144] Paulo Freire, *Pedagogy of the Oppressed*. pp.77-78.

사랑은 창조력에 대한 신뢰이다. 사랑하기 때문에 대화할 수 있으며, 그러기에 사랑은 대화보다 선행한다.

이 모든 프레이리의 교육 방법론은 그가 직접 실험하고 편찬 - 해석(coding education - decoding education)방법에서 집약되고 있다. 여기서 편찬교육이란 학습자의 실존적 현실과 상황을 문제화하고, 그것을 이미지(image)로 편집한 모든 재료를[145] 말한다. 언어의 영상화로서의 편찬(codification)은 교사-학생 간의 대화(만남)의 내용이 되며, 이것은 특히 문맹퇴치운동에서 가장 중요한 "발생적 언어"(generative word)가 된다.[146]반면에 해독은 실존적 상황을 이미지화 한 자료와 상징들을 다시 평범한 용어와 의미로 해독하는 행위를 말한다. 이러한 편찬 - 해독과정이 일어나는 데는 두 개의 장이 있다. 그 하나를 파울로는 대화의 이론적 장(theoretical context)이라고 부르며, 그것은 바로 교사와 학생 사이의 대화의 장이다. 그러나 두 번째의 장은 사회적 현실로부터 온 사실들을 비판적으로 분석하는 장이다. 이 분석과정에서 얻은 편찬의 상징들을 통해 우리는 실재에 대한 지식을 추구하게 되는 것이다. 바로 이 분석활동을 위한 도구를 "편찬"[147]이라고 한다. 여기서 학교는 편찬의 장[148]이 된다. 그리고 한편으로 인간이 살고 있는 구체적인 실존의 장이 있다. 의식화, 반사 - 행동 사이의 함수, 대화의 방법은 실존의 소재를 문제화하여 언어와 상징으로 편찬하게 되며, 편찬된 상징과 언어는 다시 해독의 과정을 거쳐 실존적 상황 속으로 돌아가 그 곳에서 새로운 변혁을 실험하게 된다.

---

[145] "Cultural Action for Freedom", p.14.
[146] *Ibid.*
[147] *Ibid.*
[148] *Ibid.*

이 전 과정을 편찬 - 해석의 교육이라고 부른다.

이렇게 두 장과의 사이를(실존적인 장과 이론적인 장 사이에) 오고가는 편찬과 해석에는 어떤 과정과 방법이 있는가? 여기서 프레이리는 편찬과 해석이 상호작용 하는 데 필요한 두 단계가 있다고 본다. 처음 단계는 인간의 실존적인 상황(concrete context of existential situation)을 "피상적 구조"(surface structure)에서 사실들을 객관적인 도식이나 서술 형식으로 구분하는 편찬을 말한다. 이 단계에서는 실존의 문제까지 들어가는 것이 아니라 상황에 대한 서술 형식으로 편찬하며, 외적으로 나타난 상황을 공통된 범주 속에 넣어 객관적으로 편찬된 그 내용을 가지고, 그 속에 나타난 상징과 언어들 사이의 공통점, 차이점, 문제의 일반적 성격 등을 해석하는 것이다. 이것으로 첫 단계는 끝이 난다. 그러나 편찬과 해석의 둘째 단계는 인간의 실존적인 상황을 "심층 구조"(deep structure)에서 분석하여 그 상황을 문제화(problematization)하는 단계이다. 예를 들어 "빈민굴"이라는 용어는 피상적 구조에서 편찬된 언어이다. 그러나 "배고프고 춥다"라는 용어는 "심층 구조"에서 편찬된 문제화의 언어인 것이다. 제2단계에서의 해석자는 피상적인 편찬과 심층 구조적인 편찬 사이에 놓여 있는, 즉 언어와 로고스 사이에 놓여 있는("빈민굴"과 "배고프다"라는 편찬 사이의) 변증관계와 통일성을 찾아야 하고 또 보아야 한다.[149]

이것은 어떻게 교육 방법에 연결되는 것인가? 위에서 서술한 방법론적 전제는 프레이리의 직접적인 실험 이후에 나온 후험적인 것이기도 하다. 그러므로 이제 끝으로 프레이리 방법론의 논리적 타당성을 연역적으로 추론하기 위해, 그가 현장에서 구체적으로 실천했

---

[149] *Ibid.*

던 교육 사례를 소개해 본다. 이것은 언어적 편찬 - 해석에 의한 교육 방법으로서, 리오(Rio) 주에서 사용된 17개의 "발생적 언어"(generative words) 방법이다. 이는 다섯 단계로 나뉜다.

첫 단계에서는 구체적인 실존적 상황 속에서 살고 있는 사람들의 언어 자체에 대한 조사를 실시했다. 이것은 주로 비공식적인 만남을 통해서 실시된다. 선택된 언어들은 그들의 가장 심각한 감정이 실려 있는 언어와 아울러 그 사람들의 생활과 깊이 관계된 전형적인 용어들이었다. 그 언어들 속에는 실망, 불신, 소망이 깃들어 있으며, 교육자들은 이 언어들 속에서 그들의 아름답고 소박한 관계를 발견했다.

둘째 단계는 수집된 언어들 중에서 "발생적 언어"를 선택하는 일이었다. 이것은 이론적인 장에 속하는 작업이다. 그 분석의 원리는 언어들을 ①음운(音韻, phonemic)의 풍부성(같은 음으로 간주되는 음군(音群)으로서의 풍부성), ②음성을 나타내는 데 어려운 것(phonetic difficulty), ③사회, 문화, 생활에서 실제로 많이 쓰이는 실용적인 용어들을 기준으로 선정하는 것이었다.

셋째 단계는 그 사람들이 살고 있는 실존 상황들을 대표할 수 있는 '편찬'의 창조였다. 이 편찬을 소재로 지도자와의 토론은 새로운 비판 의식으로(의식화 과정) 발전되었다. 여기에서 "발생적인 언어"[150]들은 음성을 내기 어려운 음군으로 편찬되었으며, 17번째의

---

[150] Paulo Freire, *Education for Critical Consciousness*, p.82ff. "17개의 발생적 언어"는 다음과 같은 것들이다.
①Slum(fevela, 빈민굴)-집, 음식, 옷, 건강, 교육.
여기서 예를 들면 빈민굴에서 된 녹음을 틀어준 후, 그 곳 사람들과 함께 그 빈민굴 속에서의 집, 음식, 옷, 건강, 교육 문제들을 토의한다(피상적 구조). 그리고는 그 사람들로 하여금 빈민굴을 하나의 문제로(심층 구조) 인지하게 한다.

발생적 언어였던 "부"(富)라는 언어는 브라질 뿐 아니라 세계의 문제로까지 그 의미의 범위는 확대되어진다.

넷째 단계는 교육 진행을 위한 순서 선정이었다. 그러나 그것은 공식 교육처럼 꼭 따라야 하는 엄격한 것이었기보다는, 교육하는 조정자(coordinator)를 위한 도구로서 설정되었다.

다섯째 단계는 위에서 이야기한 17개의 '발생적 언어들'을 같은

이 때 교육자는 "fevela"라는 빈민굴이라는 말을 슬라이드로 찍어 두었던 것을 보여준다. 그리고는 fe-ve-la 라고 나누인 글씨를 찍어 슬라이드로 보인다.

②Rain(Chuva, 비)-삶, 경제, 필요한 일기.

③Plow(aredo, 쟁기)-노동, 인간과 기술, 농촌의 개혁.

④Land(terreno, 땅)-경제적 착취, 자연의 소재.

⑤Food(comida, 음식)-영양 실조, 배고픔, 유아 사망.

⑥ Afro-Brazilian Dancing(batuque, 아프로-브라질 춤)-유행 문화, 전통 문화, 소외 문화.

⑦ Well(poco, 우물)-물 공급, 위생 교육, 건강과 병.

⑧ Bicycle(biciclet, 자전거)-교통난, 대중 교통.

⑨ Work(trabalho, 노동)-실재를 변화하는 과정, 일을 통한 인간의 가치, 손 일과 기계 일.

⑩ Salary(sal'ário, 봉급)-돈 받는 일과 무상의 일, 저임금.

⑪ Profession(Profissao, 직업)-직업, 사회 계급과 사회 기동성, 스트라이크.

⑫ Government(govêrno, 정부)-정치적 힘, 조직적 힘의 필요성, 백성의 정치 참여.

⑬ Swampland(mengue, 습지)-습지에 사는 사람들, 대책 없는 사랑주의.

⑭ sugarmill(engenho, 설탕 공장)-브라질의 경제 상황, 독점문화, 농촌 개혁.

⑮ Hoe(enxada, 호미)-농촌 개혁과 은행 개혁, 기술과 개혁.

⑯ Brick(tijolo, 벽돌)-도시 개혁, 계획.

⑰ wealth(requeza, 부)-빈부의 차이, 강한 나라와 약한 나라, 개발국, 경제와 세계 평화.

언어 방법 이외에도 프레이리는 도표, 그림, 녹음, 시청각 재료, 환등, 포스터, 읽을 거리 등 다양한 매개를 사용한다.

이에 대한 더 자세한 연구를 위해서는 프레이리의 *Pedagogy of the Oppressed.* p.96 이하와 "Cultural Action for Freedom", p.15 이하, 그리고 *Education for Critical Consciousness*, p.41로부터 ("Education & Conscientizacão") p.84까지를 포함하고 참고하라.

음으로 간주되는 음군으로 나누어서 그것에 맞도록 카드들을 준비하였다. 이 과정에서 가장 중요했던 사실은 교육하는 사람들을 훈련시키는 일이었으며, 대화를 이끄는 새로운 자세의 창조였다. 또 하나의 억압이 되지 않기 위해서도 대화는 교육자들에게 방법의 가장 중요한 열쇠였다고 프레이리는 실토한다. 언어학적인 진행은 여기서 설명하기 어려우나(브라질 용어로 사용하였기 때문에), 그의 방법은 ①교육하는 사람과 학습하는 사람들이 그들의 실존적인 상황을 해석(decoding)하면서 진행하다가, 지루해지면 ②교육자는 곧 "발생적 언어"를 환등으로 보여줌으로써 참여자들과의 새로운 대화로 들어가며, ③언어가 주어지면, 그 언어와 그 언어가 의미하려는 대상(심층 구조에서 본) 사이의 연결을 지으며, ④그 다음 그 언어들은 단어별로 분석되어 설명된다(준비한 카드는 여기에서 사용된다).

이렇게 함으로 문맹들은 글을 배울 뿐 아니라 그 글과 실존적 상황과의 관계를 배우게 되며(의식화는 시작되었으며, 그것은 심층 구조에까지 파고 든다). 그것은 대화(반사와 행동을 동반하는)의 매개를 통해서만이 이루어진다.

그러므로 프레이리에게 있어서 교육이란, 인간을 주역화하고 세계에(언어와 다른 상징과 편찬을 통해서) 참여케 함으로써(의식화-프락시스), 그 세계를 역사화(변혁시켜 나가는)시켜 인간과 세계를 보다 더 인간적인 세계로 창조해 나가는 공동 작업(피압박자에게서부터 시작되기는 하나 압박자의 해방까지도 포함하는)이라고 풀이된다. 리스크(Risc) 기자와의 면담에서도 프레이리는, 교회와 신학은 추상적인 이념이나 교리의 노예로부터 탈피하여 '하나님'의 말씀으로 모든 인간을 자유케 하고 인간화하는 책임과 역할이 있다는 그의 신념을 고백하고 있다.[151] 하나님의 말씀은 인간으로 하여금 그의 존재의 물음을 모든 차원에서 토의하게 하고, 행동하게 하며, 변혁시키고 창조하도록 힘을 주시는 구원과 참 자유의 약속이라고 믿기 때문이다.

---

151 "School or Scandal", *Risk*, Vol. 6. No. 4. 1970. pp.16-17.

8장.
과정화를 장으로 하는
기독교교육

기독교교육 운동을 주도해 온 미국은 1950년대에 기독교교육의 황금기를 경험하였으나, 1960년대에 들어서면서 혼돈과 위기를 맞이하였다.[1] 사상적 근거가 흔들리고 신자들이 급속히 교회에서 떨어져 나갔지만, 교회는 이에 대한 대응책 마련에 무기력하였다. 거기에 '세속신학', '죽음의 신학'까지 등장하면서 기독교교육 운동을 뒷받침해왔던 모든 신정통주의 신학은 영향력을 상실하기 시작하였으며, 이것은 신학의 공백으로까지 이어졌다. 그러나 다행히도 60년대의 위기를 헤치고 기독교교육의 미래를 강하게 암시해 주었던 러

---

[1] Howard Grimes, "Changing Patterns of Religious Education Practice in Protestant Churches Since World War Ⅱ", *Changing Patterns of Religious Education*, ed. by Marvin Taylor, Abingdon Press, Nashville, 1984 p.122.

셀(Letty M. Russell)과 프레이리(Paulo Freire)의 등장은 한 가닥 희망으로 다가왔다. 그러나 두 사람의 사상은 교회의 구체적인 현장에서 수용되기에는 지나치게 급진적이었기 때문에, 무너져가는 교회교육 현장을 회복하기에는 역부족이었다. 러셀과 프레이리의 교육론은 신학교 교실과 학생운동의 지침서는 되었으나, 교육 현장을 바꾸기에는 너무도 큰 거리가 있었던 것이다. 그러나 1970년대에 들어서면서 기독교교육은 급격한 상황변화에 직면하였다. 그것은 '다원주의적 상황'(pluralistics situation)의 출현이다. 이 다원주의적 상황은 기독교교육의 다양한 관점과 해석을 동반하였다. 그 결과 다원주의를 소재로 접근하는 책자들이 쏟아져 나오기 시작하였다. 버쥐스(Harold William Burgess)의 『종교교육에로의 초대』(*An Invitation to Religious Education*)[2]을 시작으로, 마이클 리(James Michael Lee)가 편집한 『우리가 필요로 하는 종교교육』(*The Religious Education We Need*)[3], 노마 톰슨이 편집한 『종교교육과 신학』(*Religious Education and Theory*), 잭 세이모와 도널드 밀러가 공저한 『기독교교육의 현대적 접근』(*Contemporary Approaches to Christian Education*)[4], 마빈 테일러(Marvin J. Taylor)가 편집한 『종교교육의 변천』(*Changing Patterns of Religious Education*)[5], 그리고 『기독교교육의 신학적 접근』(*Theological Approaches to Christian Education*)[6] 등의 역작들이 쏟아져 나왔다.

---

[2] Harold William Burgess, *An Invitation to Religious Education*, Religious Education Press, Birmingham, Alabama, 1975.

[3] James Michael Lee, ed,. *The Religious Education We need*, Religious Education Press, Mishawaka, Ind. 1977.

[4] Jack L. Seymour & Donald E. Miller, *Contemporary Approaches to Christian Education,* Abingdon Press, Nashville, 1982.

[5] Marvin J. Taylor, ed., *Changing Patterns of Religious Education,* Abingdon Press, Nashville, 1984.

기독교교육의 다원주의 상황을 예리하게 분석한 이는 엘리스 넬슨(C. Ellis Nelson)이었다. 넬슨 교수는 다원주의 상황을 네 개의 유형으로 분류하여 설명하고 있으며, 그 해석은 포괄적이고도 타당성을 지니는 분석으로 인정된다. 네 가지 유형이란 기독교교육과의 상호작용에 서로 영향을 주고받는 네 가지 신학을 의미한다. 그 처음 유형을 넬슨 교수는 "현상학적 접근"(phenomenological approach)이라고 불렀다. 이는 선입견과 편견을 가지지 않고 사물과 인간 경험을 있는 그대로 서술하는 접근방법이다.[7] 두 번째 유형을 넬슨은 "과정신학적 접근"(Process Theology)이라고 불렀다. 실재는 과정 안에 있으며 하나님은 이 과정과 함께 행동하신다는 화이트헤드의 기본입장을 수용하는 것으로서, 과학적 세계관을 성서와 연결시키려는 시도이다.[8] 세 번째 유형을 넬슨 교수는 "해방신학적 접근"(Liberation Theology)이라고 불렀으며, 이것은 이미 논의한 것처럼 고난받는 사람과 기독교신앙의 소망을 연결하려는 시도였다.[9] 네 번째 유형은 "역사적 접근"(historical approach)이며, 이는 기독교신앙의 역사적 유산을 소중히 여기고 또 해석함으로 오늘의 역사적 상황 속에 새로운 방향을 제공하려는 시도이다.[10] 여기서 넬슨은 신학을 하나의 독선이나 확신이 아니고 "사고하는 과정"(thought process)이라고 평가한다. 우리는 "과정화 교육"이라는 과제를 풀어가는 데 있어 넬슨이 암시한 네 가지

---

[6] Jack L. Seymour & Donald E. Miller, *Theological Approaches to Christian Education,* Abingdon Press, Nashville, 1990.

[7] C. Ellis Nelson, "Theological Foundation for Religious Nurture", *Changing Patterns of Religious Education,* ed. Marvin Taylor.

[8] *Ibid.*

[9] *Ibid.*

[10] *Ibid.*

유형을 직-간접적으로 다루게 될 것이다.

그러나 랜돌프 밀러(Randolph C. Miller)는 1970년대 이후에 형성된 기독교교육의 다원주의 상황 저변에는 한 가지 사상이 흐르고 있었다고 해석한다. 이것을 밀러는 "과정신학"이라고 불렀으며, 특별히 과정신학이 제시하는 "유기론적 교회론"(organismic view of the church)이 기독교교육의 이론과 실천에 크게 공헌할 것이라고 내다보았다. '유기적'이라는 의미 속에는 그리스도 안에서 지체가 된 신자들의 함께함, 구속적 공동체 경험, 상호 인격적인 관계라는 것들이 함축되어 있으며, 이것은 인간의 전인적 성장(the growth of total person)을 돕는 과정을 의미했다.[11] 밀러의 해석은 논쟁의 여지를 안고 있지만, 한 가지 분명한 것은 1970년대 이후 과정신학은 그 어느 다른 신학적 해석보다 기독교교육 형성에 깊은 영향력을 행사해 왔다는 것이다. 그러기에 1970년 이후의 기독교교육은 '역사성', '과정', '과학적', '심리적' 관점을 가진 해석에 의해 형성되었으며, 이는 기독교교육의 다원주의를 형성하는 요인들이 되었다.

I . '종교사회화'로서의 기독교교육
- Religious Socialization(John H. Westerhoff Ⅲ)

기독교교육의 다원적 상황 속에서 가장 먼저 사상적 윤곽을 드러낸 학자는 존 웨스터호프 Ⅲ (John H. Westerhoff Ⅲ)였는데, 그의 사상적 순례는 특이하면서도 폭넓은 것이었다. 하버드와 유니온에서

---

11 Randolph C. Miller, "Theology in the Background", *Religious Education and Theology,* ed. by Norma Thompson, pp.32-39.

신학을 공부한 웨스터호프는 기독교교육 잡지인 「Colloquy」의 편집인으로 일한 것을 계기로 기독교교육자가 되었다. 그는 「Colloquy」 편집을 하는 동안 그의 첫 문제작인 『내일의 어린이를 위한 가치』(*Values of Tomorrow's Children*)를 출판하였다.[12]

그 후로 기독교교육을 학문적으로 탐구하기 시작한 웨스터호프는 콜럼비아(Columbia) 대학의 Phil Phenix와 Dwayne Huebner, C. Nelson으로부터는 깊은 영향을 받았으며, Nelson으로부터는 '종교적 사회화'(Religious Socialization)를 위한 신학적 기초와 통찰을 배웠다고 고백한다.[13]기독교교육학자 중에서 최다의 저서를 출판한 웨스터호프이지만, 그의 사상을 대변하는 저서는 『내일의 어린이를 위한 가치』(*Values of Tomorrow's Children*)[14]와 『우리의 어린이가 신앙을 가질 것인가?』(*Will Our Children Have Faith*)[15]를 들 수 있을 것이다. 웨스터호프의 사상은 크게 세 가지로 집약하여 설명될 수 있다.

웨스터호프 사상의 첫 번째 핵심은 그의 폭탄적인 문제제기에서 노출되었는데, 그것은 기존의 주일학교의 위기 내지는 죽음을 선언하는 데서 시작했다. 청소년기에 들어선 젊은이들의 이탈, 주일학교교육의 지루함, 학생들의 행동 불변화[16]의 현상은 주일학교의 한계를 드러내는 것이었다. 주일학교의 죽음을 선언함으로써 기독교교육계에 큰 충격을 던져준 웨스터호프는, 주일학교 죽음의 이유를 기

---

[12] John Westerhoff Ⅲ, "A Journey into Self Understanding", *Modern Masters of Religious Education,* ed. by Marlene Mayer, Religious Education Press, Birmingham, Alabama, 1982, p.123.

[13] *Ibid.* p.131.

[14] John H. Westerhoff Ⅲ, *Values for Tomorrow's Children*, Philgrim Press, Philadelphia, 1970

[15] John H. Westerhoff Ⅲ, *Will Our Children Have Faith?* Seabury Press, N. Y. 1976.

[16] John H. Westerhoff Ⅲ, *Values for Tomorrow's Children*, p.53.

독교교육의 기초가 흔들린 데서 찾는다. 기독교교육이 프로그램에 의존하여온 나머지, 주일학교의 교육조차도 "학교식-교수 패러다임"(Schooling-Instructional Paradigm)에 빠져버렸다는 것이다.[17] 주일학교가 커리큘럼을 바꾸고, 교실교육 계획을 세우고, 교육 방법을 개선하는 일에 몰두하는 동안, 교회는 "teaching ghetto"[18]에 빠졌으며, 문제는 하나도 해결되지 못했으며, 기독교교육이 지나치게 공교육과 학교식 교육에 의존함으로써 신앙의 커뮤니케이션(communication)은 실패하고 말았다.

웨스터호프 사상의 두 번째 핵심은 기독교교육의 회복으로 이어졌다. 그러나 웨스터호프는 몇 개의 새로운 교육프로그램으로 기독교교육이 해결되는 것은 아니라고 전제한다. 미래 기독교교육은 '유기체들 사이의 관계의 틀과 그 환경'을 총칭하는 생태(ecology)를 회복하는 데서 찾아야 한다는 것이다.[19] 다시 말하면 '신앙 공동체'(faith community)라는 '교육생태'를 회복하는 데서 새로운 관계와 구조를 재형성할 수 있다는 것이다. 웨스터호프의 중심사상이라고 할 수 있는 '신앙 공동체'는 "삶의 관점을 서로 나누고, 또 의미를 부여하는 자리"[20]라고 정의된다. 그 이유는 "신앙은 공동체의 생활 속에 참여함으로 소통(communicate)되는 것"이기[21] 때문이다. 신앙 공동체는 하나님으로부터 주어진 선물이며 신비라고까지 부른 웨스터호프는 여기서 성례전을, 축하하고 또 복음의 영감을 삶에서 함께 나누는 공감대라고 보았다. 신앙은 경험에서 오는 것이지만 그 의미는 '행

---

17 John Westerhoff Ⅲ, *Will Our Children Have Faith?*, p.6.
18 John Westerhoff Ⅲ, *Values for Tomorrow's Children*, p.54.
19 John Westerhoff Ⅲ, *Will Our Children Have Faith?*, p.13.
20 John Westerhoff Ⅲ, *Values for Tomorrow's Children*, p.29.
21 *Ibid.*

446 _제3부 | 기독교교육 장의 형태론

동과 성찰'이라는 프락시스의 과정을 거쳐서 주어진다고 그는 믿었다. 이 말은 기독교교육이 신앙 공동체적이려면, 그 강조점은 '무엇을 가르치는가'(what to teach)라는 내용중심으로부터 '어디서 어떻게 가르칠 것인가'(how & where we teach)라는 과정(process)으로 옮겨가야 한다는 것이다.[22] 웨스터호프는 이것을 "신앙-문화화 패러다임의 공동체"(Community of Faith-Enculturation Paradigm)[23] 또는 "종교적 사회화"(Religious Socialization)[24]라고 불렀다. 종교적 사회화란 학교식-교수 패러다임에 대한 강력한 대안으로 제시한 것이다.

웨스터호프 사상의 세 번째 핵심은 종교적 사회화가 경험되는 신앙 공동체는 세 가지 영역이 있으며, 이는 예배의식(ritual)과 경험(experience), 행동(action)이라는 것이다. 그 첫 번째 영역으로서 예배가 종교사회화의 가장 중요한 의식이라는 이유는, 예배는 하나님과 이웃과 세계와의 관계경험의 숨은 의미를 드러내는 공동의식이기 때문이다. 그러기에 '의식'(ritual)으로서의 예배는 삶과 신앙 경험의 총체적 행위이다. 기독교교육이 예배 경험과 연계되어야 하는 가장 중요한 이유는 바로 신앙의 커뮤니케이션(communication)이 일어나기 때문이다.[25]여기서 주일공동예배는 공동체의 의식이며, 이는 기독교교육의 소중한 경험적 영역이어야 한다는 것이다. 종교적 사회화의 두 번째 영역은 공동체에서의 경험(experience)이다. 코이노니아 경험이기도 한 공동체적 경험은 "용납될 수 없으나 용납되는" 삶의 경험을 의미한다.[26] 종교적 사회화의 세 번째 영역은 공동체의 행동

---

22 *Ibid.*
23 John Westerhoff Ⅲ, *Will Our Children Have Faith?*, p.50.
24 *Ibid.*, p.16.
25 *Ibid.*, pp.54~55..
26 *Ibid.*, p.62.

(action)이다. 이것은 기독교 공동체가 역사적 행동에 증언자로 동참한다는 의미이다.[27]여기서 신앙 공동체는 그의 백성을 정치적으로, 사회적으로, 경제적으로, 신학적이고 또 윤리적으로 사고할 수 있도록 훈련해야 한다. 기독교교육이란 세계를 변화시키며, 그곳에 하나님의 평화와 공의를 심어갈 수 있도록 훈련을 수행한다는 의미이다.

기독교교육의 혁명가로 등장한 웨스터호프의 초창기 사상적 과제는 학교식-교수 패러다임을 공격하고 신앙 공동체의 종교적 사회화를 강력히 제시하려는 데 그 목적이 있었다. 그는 많은 지지와 더불어 반대에 직면하기도 하였지만, 그의 신학적 명제로 제시된 신앙 공동체의 '신앙문화화' 패러다임은 오랜 세월 교회가 망각하여 온 교육의 공동체성(교육의 상태)을 회복하는 데 크게 공헌하였다. 그 후 웨스터호프는 점차 의식(liturgy)과 교육과의 관계로 자신의 관심을 옮겨갔으며, 그것은 카테케틱스(Catechetics)라는 커다란 범주에서 새로운 종합을 시도하는 것이었다.[28]

---

27 *Ibid.*, p.64.

28 John Westerhoff Ⅲ and O. C. Edwards, Jr., ed., *A Faithful Church*, Morehouse-Barlow Co., Inc. Wilton, Connecticut, 1981. pp.1-9.

Ⅱ. 사회과학으로서의 종교교육
- Social Science Approach(James Michael Lee)

웨스터호프가 개신교회의 전통을 뒤엎고 새로운 이론을 제시한 기독교교육의 혁명가라면, 로마가톨릭교회의 '교리문답적 장벽'(catechetical establishment)을 깨고 새로운 접근을 들고 나온 이는 제임스 마이클 리(James Michael Lee)이다. 자신과 자신의 사상을 "혁명적"이라고 서슴없이 말하는 리는, 가톨릭뿐 아니라 전체 기독교교육계에 적지않은 파문을 불러일으켰다.[29] 그러나 웨스터호프와 마이클 리 사이에는 한 가지 결정적인 차이점이 있었으며, 이것은 두 학자의 학문적 접근을 각기 다른 방향으로 전환시켰다. 웨스터호프는 교회가 지나치게 일반교육적인 '학교' 모형과 '교수' 모형을 모방한 데서 위기가 오고 있다고 믿었으며, 이를 해결하는 길은 '신앙 공동체'의 회복을 통한 '종교적 사회화'(religious socialization)와 '카테케틱스'(Catechetics)에 있다고 보았다. 그러나 마이클 리는 교회의 교육적 위기는 오히려 '비전문성'에서 나온 교리적 독선과 교권적 선입견에 기인하고 있다고 풀이하였다. 미래 종교교육은 독선적 '카테케틱스'(Catechetics)를 넘어서 종교교육의 전문성을 살리는 데서 비로소 가능할 수 있다고 제언한다.

뉴욕의 비교적 부유한 지식인층 가정에서 태어난 마이클 리는 4대째 마이클 리라는 이름을 가지고 있었다. 세인트존스(St. John's) 대학교에서의 생활은 좋은 경험이었지만, 교수들의 학문적 수준에 실

---

[29] James Michael Lee "To Basically Change Fundamental Theory and Practice", *Modern Masters of Religious Education*, ed. by Marlene Mayr, p.320.

망한 리는 콜럼비아(Columbia) 대학원에서 정치학과 역사를 전공하는 동안 학문의 수월성과 학자들의 학문적 깊이에 깊은 영향을 받았다. 그 후 리는 콜럼비아 대학교 사범대학(Teachers College)에서 교육학으로 박사학위를 받았고, 고등학교 교사 경험을 거친 후 세인트조셉(St. Joseph) 대학 교수로 부임하였다. 그러나 그는 이 무렵에 극단적 보수주의 신학으로부터 다소 자유적인 신학으로의 신학적 변화를 경험하였다. 그 후 노틀담(Notre Dame) 대학의 교수로 부임하였으며 여기서 가톨릭 대학교가 가지는 학문의 수월성과 학문의 자유를 호흡하였다. 그러나 15년 후 리는 앨라배마 대학교로 자리를 옮겼으며, '종교교육 출판사'를 키우는 일에 헌신하였다.[30]

리는 자신의 사상을 담은 세 권의 저서, *The Shape of Religious Instruction*,[31] *The Flow of Religious Instruction*[32], 그리고 *The Content of Religious Instruction*[33]를 3부작(Trilogy)이라고 불렀으며, 이는 종교교육의 '거시이론'(macrotheory)을 제시하려는 목적을 지니고 있다고 하였다. 마이클 리의 방대한 양의 글은 결국 이 3부작 속에 흐르는 중심사상, 즉 "사회과학적 접근"(Social Science Approach)에 의하여 집약될 수 있을 것이다.

3부작의 첫 번째인 *The Shape of Religious Instruction*에서 리는 먼저 카테케틱스(Catechetics)라는 가톨릭적 용어나 기독교교육(Christian

---

[30] *Ibid.*, pp.254-323. '리'의 생애와 학문적 순례가 자서전 형식으로 잘 서술되어 있다.

[31] James Michael Lee, *The Shape of Religious Instruction*, Religious Education Press, Mishawaka, Indiana, 1971.

[32] James Michael Lee, *The Flow of Religious Instruction*, Religious Education Press, Mishawaka, Indiana, 1973.

[33] James Michael Lee, *The Content of Religious Instruction*, Religious Education Press, Mishawaka, Indiana, 1985.

Education)이라는 개신교 용어보다는, "종교교육"(Religious Education)이라는 용어를 사용하는 것이 더 적절하다고 주장하면서 그의 이론을 전개하고 있다.[34] 기독교교육이란 마치 어떤 '승리주의'(triumphalism)를 암시하고 있는 것처럼 보이지만, 종교교육은 많은 연결된 활동을 포괄하는 함축개념이기 때문이라는 것이다.[35]

바로 이 '종교적 가르침'은 "기독교적 삶"(Christian living) 즉, 계시적 의미를 가지는 "경험함"(experiencing), 그리고 "현재성"(nowness), "사회화"(socialization), 그리고 "인격"(person)을 초점으로 삼는다고 전제한다.[36] '종교적 가르침'(Religious Instruction)의 방식(manner)에 관하여 리는 "교수란 학습자가 바람직한 결과에 이를 수 있는 분위기(enviroment)를 만들어 주는 것"을 의미한다고 보았다.[37] 그런 의미에서 종교적 가르침은 종교적 학습을 유발하는 방법과 연관된 사회과학적 원리들 위에 세워져야 한다. '과학적'(scientific)이어야 하며, 동시에 학습들 속에 행동변화를 유도하는 기술을 필요로 한다는 이유에서 "예술적"(artistic)이어야 한다는 것이다.[38] 결국 기독교적 삶이란 총체적인 행동 형태이며, 작동되어진 삶의 스타일이기 때문이다.

그러기에 '종교적 가르침'은 개인들이 기독교적 삶의 방법을 배우는 분위기를 만들어 주는 것이다. 교수적 분위기란 촉진적 행태의 네트워크(network)이며, 이는 과목의 "계획", "범위", "연속성", "연관성", "통합성"을 포괄하는 것이라고 말한다.[39] 바로 이러한 학습 분

---

[34] James Michael Lee, *The Shape of Religious Instruction*, p.6.
[35] *Ibid.*
[36] Focus는 pp.10-47 사이에 나타나 있다.
[37] *Ibid.*, p.50.
[38] *Ibid.*, p.51.
[39] *Ibid.*, p.74.

위기(learning environment)가 현장화되는 자리를 리는 "교실"(classroom)이라고 부르며, 이를 기독교적 배움이 일어나는 "실험실"(laboratory)이라고 말한다. 왜냐하면 그것은 사회적 상황이기 때문이다.[40]

그러나 리는 종교적 가르침이 전통적 사상으로부터 분리되는 분기점은, 바로 이 "학습 분위기"가 전통적 신학,[41] 혹은 신학적 제국주의(theological imperialism)에 의하여 왜곡되는 데서 시작되었다고 비판한다. 신학적 제국주의란 '주제'가 교육 과정을 결정짓는다고 주장해 온 오류를 말한다. 신학적 제국주의는 교수-학습과정이 엄연한 하나의 "사회과학적 양식"(a mode of science)[42]이라는 사실을 거부해 왔다는 것이다.

신학적 제국주의에 반기를 들고 나온 리는 오히려 사회과학적 접근을 통하여 종교교육에 새로운 의미를 부여하려고 한다. 리는 "인간들, 그룹들, 제도들과의 관계와 인간에 대한 조직적이고도 경험적(empirical) 연구의 집대성"을 사회과학이라고 부른다.[43] 사회과학은 "경험적", "양적"(quantative), "가치중립적"(value free), "조건적"(conditional), "예측"(prediction), 그리고 "해석"(explanation)을 방법으로[44] 하고 있다. 문제는 종교교육이 의미 있는 것이 되기 위해서는 사회과학적 접근으로 교육 과정을 재설정해야 한다는 것이다.

*The Shape of Religious Instruction*에서 설정한 리의 사회과학적 접

---

40 *Ibid.*, p.81.
41 *Ibid.*, p.242.
42 *Ibid.*, p.238.
43 *Ibid.*, p.134. 리는 사회과학 안에 인류학, 경제학, 교육, 지리학, 역사, 법률, 정치학, 정신심리학, 심리학, 사회학 등을 포함시킨다. 행동과학이라는 말로도 사용한다.
44 *Ibid.*, pp.133-148.

근의 구조는 *The Flow*와 *The Content*로 이어지는 그의 2부작, 3부작에서 "교수학습론", "교수내용"의 분석과 해석으로 확대되어 갔다. 여기서 우리는 로마가톨릭 교회를 사랑하면서도 교권주의에 저항하고 나선 이 성난 학자(angry scholar)의 정열에 놀라게 된다. 더욱이 종교교육은 모든 면에서 철저하게 '전문화'(professionalized)되어야 한다는 제언은 높이 평가되어야 할 것이다. 여기서 말하는 전문화란 경험적 연구에 의해 뒷받침되고 훈련받은 전문인들에 의하여 수행되는 일련의 행동 전체를 말한다.[45]

리의 공헌은 종교교육의 사회과학적 접근을 통한 교육의 과학적 현장화를 모색하는 데 있었다. 이 제언은 앞으로도 소중히 확대되고 또 응용되어야 할 것이다.[46] 그러나 리는 다음의 두 가지 위험성을 안고 있다. 그중 하나는, 비록 그가 '신학적 제국주의'를 극복하기 위해 사회과학적 접근을 제시하고 있으나, 바로 똑같은 이유로 그 자신 스스로는 행동과학주의 신화에 빠질 위험이 있다는 것이다. 아무리 종교적 경험과 행동변화를 가능케 하는 환경조성과 교사의 전문성이 주어진다 하더라도 교육 과정을 '과학적 틀'에 묶을 경우에는 신앙적 경험의 신비성을 망각할 위험성을 안게 된다. 다른 하나는 그가 말하는 "신학적 제국주의"라는 비판적 언어에 대한 해명이 없다는 점이다. 이것은 그의 신학 자체의 모호성을 드러내고 있다.

---

[45] James Michael Lee, "Toward a New Era : A Blueprint for Positive Action", *The Religious Education We need,* ed., by James M. Lee, Religious Education Press, Mishawaka, Indiana, 1977, p.121.

[46] Harold W. Burgess, *An Invitation to Religious Education,* pp.127-165. 여기서 Burgess는 Lee의 사상을 잘 요약하고 있다.

Ⅲ. 심리학적 접근 - Psychological Approaches
(James Fowler와 James Loder)

기독교교육에 대한 심리학적 접근을 시도한 역사는 호레스 부쉬넬과 진보적 종교교육학파로까지 거슬러 올라간다. 100여 년의 시간이 흐르는 동안 심리학적 해석의 형태도 여러 모양으로 변하여왔다. 하나의 형태는 '자연주의적 해석'이며, 여기에는 '종교란 인간적 욕망의 기능이고, 유아적 투영이다'라고 정의한 프로이트(Freud), '종교적 경험을 인간의 집단의식'이라고 보는 융(Carl Jung), '종교적 경험은 이웃을 향한 신비적 사랑'이라고 보는 프롬(Eric Fromm), 그리고 '종교를 인간의 극치적 경험'으로 보는 매슬로(Maslow) 등이 속한다.[47]

그러나 기독교교육과 심리학을 접목하려는 또 다른 형태는 '종교적 경험이야말로 하나님과 인간과의 상호작용의 소산'이라고 보는 견해이다. 이 그룹에는 '종교적 경험을 하나님의 직접적 경험이며, 신비'라고 보는 Rudolph Otto와 Joseph Nuttin, Anton Boisen, Paul Pruyser, Joseph Havens 등이 속한다.[48]

세 번째 형태는 '발달심리학'(Developmental Psychology)이다. 출생에서부터 죽을 때까지의 인간 삶의 발달과정을 과학적으로 분석하고 서술하려는 이 운동에는, '인지발달'(cognitive development)을 주장한 삐아제(Jean Piaget), 도덕발달을 들고 나온 콜벅(Lawrence Kohlberg), 삶을 8단계로 나누고, 그 각각의 단계적 특성을 주장한 에릭슨(Erik

---

[47] John L. Elias, *Psychological and Religious Education*, Robert E. Publishing Co., Malabar Florida 1983, p.9.
[48] *Ibid.*, pp.9-10.

H. Erikson)[49] 등이 속한다.

1970년대의 연구와 조사를 통하여 1980년대 기독교교육 학계에서 주목받았던 신앙발달론의 창시자인 파울러(James Fowler)는, 바로 앞에서 소개한 심리학적 배경을 안고 '발달심리학'의 방법론으로 신앙의 발달단계를 증명하려 했던 최초의 학자였다. 그러나 파울러(Fowler)와 때를 같이하여 등장한 또 다른 학자는 로더(James Loder)였다. 로더는 종교적 경험을 발달단계로가 아니라 하나의 계시적-변혁적(transforming) 계기로 보아야 한다는 새로운 관점을 제시하였다. 그리하여 1980년대의 기독교교육은 파울러의 신앙발달과 로더의 변혁이론 사이의 논쟁으로 가열되었다.

1. 신앙발달론(Faith Development) - James Fowler

과정화 교육의 한 독특한 영역을 개척한 파울러는 듀크(Duke) 대학교, 드류(Drew) 신학대학원, 하버드(Harvard) 대학교 대학원을 졸업하였고, 에모리(Emory) 대학교 신학대학원 교수로 있으면서 신앙발달연구소 소장으로 재직하였다. *To See the Kingdom: The Theological vision of H. Richard Niebuhr, Life Maps; Conversation on the Journey of Faith*(with Sam Keen)[50], *Trajectories in Faith*[51] 등 공저로 된 저서들이 있지만, 파울러의 주저는 『신앙의 단계들』(*Stages of Faith*)[52]이다.

약 8년간 400여명을 대상으로 심층적인 면접을 통해 집약된 파

[49] *Ibid.,* pp.10-11.
[50] James Fowler (With Sam Keen) *Life Maps,* Word Books, Waco, Texas, 1978.
[51] James Fowler & Others, *Trajectories in Faith,* Abingdon, Nashville, 1980.
[52] James Fowler, *Stages of Faith,* Harper & Row, SanFrancisco 1981.

울러의 신앙발달론은 많은 도전과 비판 그리고 호응을 받아 온 문제의 이론이다. 종교나 신념 체계보다 훨씬 포괄적 개념으로 사용하였다는 파울러의 신앙(faith) 개념은 "삶의 의미와 목적을 배워가는 사람들의 삶의 형식"이었다. 그러기에 파울러에게 있어서 처음부터 신앙개념은 문제를 안고 있었다. 그가 제시한 신앙 개념은 전통적인 기독교적 신앙과는 다른 삶의 가치와 헌신의 체계를 의미하는 것이었다.

피아제(Piaget), 에릭슨(Erikson), 그리고 콜버그(Kohlberg)의 발달이론들을 근간으로 하여 발전시킨 파울러의 신앙발달론은, 인간의 삶의 의미를 추구해 가는 과정을 6단계로 나누었다. 여기서 그는 모든 사람들이 가치와 헌신의 내용은 달리하면서도 언제나 6개의 단계를 따라 움직인다는 사실을 증명하려 한다. 무엇보다도 파울러에게 있어서 중요한 것은 '신앙이란 무엇인가'라는 물음이었다. 그에 의하면 신앙은 종교와 신념이 아니라는 것이다. 종교는 과거 사람들의 신앙 표현을 축적한 전통(cumulative tradition)[53]이고, '신념'(belief)은 개념의 체계[54]인데 반해 '신앙'(faith)은 "초월적 가치에 대해 응답하는 사람의 삶의 방법이며 … 축적된 전통을 통하여 얻어지는 힘"[55]이라는 것이다. 그러기에 파울러에게 있어서 신앙은 초월과의 관계를 묻는 인간추구의 기본적 범주이며, 소망, 사상, 행동 속에 의미를 주는 전인적인(total person) 오리엔테이션(orientation)인 것이다. 파울러는 이러한 사상을 폴 틸리히(Paul Tillich)와 리처드 니버(H. Richard Niebuhr)로부터 받아들였다고 전제하고 또 그들의 사상을 나름대로 풀어 설

---

53 *Ibid.*, p.9.
54 *Ibid.*, p.11.
55 *Ibid.*, p.9.

명한다. 특히 틸리히의 "궁극적 관심"(Ultimate Concern)으로써의 신앙
과 니버의 "유일신 신앙"(Radical Monotheism)을[56] 자신의 신학적 해석
의 규범으로 받아들였다. 파울러의 신앙관이 논란의 여지가 많은 것
은 사실이지만, 파울러는 신앙을 "앎", "행함", "느낌"의 단위로 궁
극적 분위기와의 관계 안에 있는 인간들의 삶의 형식으로 정의한다.
그리고 그것을 신앙발달의 규범으로 설정하고 있다. 바로 이러한 신
앙의 정의를 가지고 파울러는 피아제와 콜버그의 "구조적-발달
적"(strucural-developmental)[57], 에릭슨의 "인격발달"(development of per-
sonality)[58], 그리고 대니얼 레빈슨(Daniel Levinson)의 성년의 "기"(期, Period)
와 "변이"(transition)사상[59]과 접목을 시도한다. 그 결과물이 신앙발달
론으로 나타났던 것이다.

신앙발달의 처음 단계를 파울러는 '직관적-투영적 신앙' (Intuitive
-Projective Faith)이라고 부른다. 2살에서 6~7살까지의 어린이들은 말
과 상징이라는 도구를 가지고 자기들의 감각적 경험을 의미단위로
구성하려는 시기라는 것이다.[60] 이 시기는 어른들과 관계된 신앙의
행동이나 이야기, 본보기로부터 영향을 받는 모방의 단계이기도 하
다. 비록 여기에서 어린이의 자기인식과 상상이 시작되지만, 특정한
도덕적, 교리적 전통의 틀 속에 어린이의 상상을 인도하려는 위험성
이 존재한다.[61]

신앙 발달의 세 번째 단계는 '종합적-인습적 신앙'(synthetic-Conventional

---

56 *Ibid.*, pp.18-23.
57 *Ibid.*, p.50.
58 *Ibid.*
59 *Ibid.*, p.110.
60 *Ibid.*, p.123.
61 *Ibid.*, p.133~134.

Faith)의 단계이다. 12살에서 18살까지의 청소년들은 형식적 사고를 시작하면서 동시에 '상징들'(symbol)을 사용하기 시작한다. 상징은 다원적 차원으로 확대되지만, 여전히 사고는 인습적이고 또 전통적으로 남는다. 도덕성은 여기에서 비로소 상호 인격적 관계로 생성되며, 점차 사회적 개입이 늘어가고 삶의 종합을 연습하기 시작한다는 것이다.[62]

신앙발달의 네 번째 단계는 '개성적 성찰적 신앙' (Individuative-Reflective Faith)이다. 18세에서 30세 사이의 젊은이들은 공식적인 사고를 시작하며, 개념을 분명히 구사하는 능력을 가진다. 또한 그들은 실용주의적이고 이념적이며 사회적 계급을 스스로 선택하고, 자아와 공동체 사이, 주관과 객관 사이의 긴장, 자기실현과 이웃사랑 사이의 갈등과 씨름하는 능력을 소유한다.[63]

신앙발달의 다섯 번째 단계는 '접속적 신앙'(Conjunctive Faith)이라고 부른다. 접속적 신앙은 30세에서 40세 사이의 청장년들이 가지는 신앙으로서, 그 특징은 '변증법적 앎'(dialectical knowing) 혹은 '대화적 앎'(dialogical knowing)이다. 대화적 앎이란 세계의 다원적 구조와 대면하여 그곳에서 나와 너가 새로운 관계를 이루어가는 과정, 그리고 '아는 자'와 '앎의 내용'이 서로 교류하는 단계를 말한다. 여기서 가장 중요한 것은 대화이다. 그러나 이 단계에서도 그들은 변화되지 않은 세계와 변혁적 비전 사이의 갈등 속에 계속 머물게 된다는 것이다.[64]

---

[62] *Ibid.,* p.172~173. 그리고 Jack Seymour, Donald E. Miller의 *Contemporary Approaches to Chrisitian Education*, pp.86-87.
[63] Jack Seymour, Donald E. Miller, *Contemporary Approaches to Chrisitian Education*, p.87.
[64] James Fowler, *Stages of Faith,* pp.185, 198.

신앙발달의 여섯 번째 단계는 우주화되는 신앙(Universalizing Faith)이며 이는 40세 이후의 신앙적 모습이라는 것이다. 이는 변증법적 단계에서 '종합'(synthesis)의 단계로 넘어가는 신앙이며, 사람보다는 '무엇'이라는 것이 권위의 초점이 된다. 따라서 그들은 사회 계급적 규범으로부터 인간-인류의 보편적 규범으로 넘어가게 된다. 그들의 신앙은 이제 하나님 나라라는 포괄적-우주적 실재를 증언하는 종교적 상징으로 확대된다는 것이다.[65] 여기서 파울러는 여섯 번째 단계에 이르는 사람은 얼마 되지 않는다고 보며, 이들을 인간 공동체의 얼을 실현하는 성육신자(incarnators)라고 이름 붙였다.

제6단계의 사람들은 간디, 마르틴 루터 킹, 테레사 수녀, 닥 함마슐드, 본 회퍼 등이며, 파울러는 이들을 니버가 분류했던 "유일신 신앙"(Radical Monotheism)의 신앙적 경지의 사람들이라고 풀이한다.[66]

파울러의 독특한 학문적 성취는 여러 차원의 공헌을 남긴다. 그의 신앙발달론은 기독교교육 교육 과정과 교육 방법의 설정에 중요한 경험적 근거를 마련해 주었다. 그리고 신앙과 심리학을 발달심리학적 차원에서 접목한 학문적 시도 역시 높이 평가될 것이다. 그러나 파울러의 신앙발달 이론은, 신앙이라는 신비적 경험과 인간의 개인차를 무시한 채 심리학적 틀 속에 인간들을 예속시킬 수 있다는 실천적 오류의 위험성을 안고 있다.

---

[65] Jack Seymour, Donald Miller, *Contemporary Approaches to Chrisitian Education*, p.87.
[66] James Fowler, *Stages of Faith*, pp.201-204.

2. '신념적 앎'(Convictional Knowing) - James E. Loder

제임스 로더(James E. Loder)는 장로교회 목사로서 프린스턴 신학 대학원 실천신학부 기독교교육철학교수로 재직하였던 기독교교육 계의 지도자이다. 그는 하버드 대학교에서 박사 학위를 받았으며, 보스턴에 있는 매사추세츠 정신과 클리닉에서 임상훈련을 받은 바 있다. 또한 Piaget Institute와 Menninger재단에서 연구한 경력도 가 지고 있다.

*Religion in the Public Schools*와 *Religious Pathology and Christian Faith*라 는 저서를 낸 일이 있으나, 로더를 기독교교육의 세계적 학자로 부 각시킨 계기는 그가 쓴 『변화하는 순간』(*The Transforming Moment*)[67] 에서였다. 이 책은 파울러의 신앙발달론에 도전하는 새로운 학문적 관점을 제시하였으며, 그 후로 두 사람은 지상논쟁을 통해 학문적 토의를 진전시켰다.[68]

1970년대 이후 다원주의 상황 속에 등단한 기독교교육 이론들, 특히 제임스 마이클 리(James Michael Lee), 제임스 파울러(James Fowler) 가 사회과학성을 강하게 부각시키는 분위기 속에서 강렬한 어조로, 그러면서도 사회과학으로 해결할 수 없는 인간의 신비적 경험을 과 감히 신학화하여 설명한 제임스 로더(James Loder)의 공헌은 크다고 볼 수 있다.

1970년 9월 2일에 일어났던 교통사고로 죽음의 그림자를 경험

---

[67] James E. Loder, *The Transforming Moment,* Harper & Row Publishers, SanFrancisco, 1981.

[68] James E. Loder, James W. Fowler, "Conversations on Fowler's Stages of Faith and Loder's the Transforming Moment", *Religious Education,* Vol.77, No.2, March – April, 1982, pp.133-148.

한 로더는 삶과 신앙의 새 질문을 물어야 했으며, 자신의 신학교육적 소명의 영적 근거를 전면 재수정해야 했었다고 고백한다.[69] 이때부터 로더는 그의 신학적 주제를 "신념 있는 앎과 경험"(Convictional Knowing, Convictional Experience)이라는 말로 집약하여 해석하기 시작했다. 로더에게 있어서 '사건으로서의 앎'이라는 논리적 구조에는 네 단계의 내적 움직임이 있다. 그 하나는 갈등(conflict)으로서, 갈등은 '아는 응답'(knowing response)을 불러일으키며 갈등에 대하여 심각한 관심을 가지면 가질수록 '앎'(knowing)은 하나의 사건이 된다는 것이다.[70] 두 번째 단계는 탐사를 위한 중간 단계(Interlude for scanning)로서, 이는 갈등을 해결하려는 심리적 과정으로 이어지는 단계이다. 이 단계는 기다리고, 생각하며, 실마리를 찾아가는 과정이다.[71] 앎의 사건에 있어서 세 번째 단계는 상상, 통찰력, 직관 혹은 비전의 건설적 행동(constructive act of the imagination)이다. 신념을 가지고 상상을 수립하는 일은 '앎의 사건'(knowing event)에 있어서 전환점이며, 여기서 상황은 변화되고 새로운 관점과 세계관이 형성된다는 것이다.[72] 앎의 사건의 네 번째 단계는 갈등을 지탱하는 데 필요한 에너지의 발산(release of energy)과 동시에 상황에 대하여 자신을 열어놓는 개방(opening of the knower)을 동반하는 단계이다.[73] 다섯 번째 단계는 상상된 해결을 행동으로 옮기는 해석(interpretation)의 단계이다.[74] 그리하여 로더의 기본적 논리 구조는 갈등(Conflict), 탐사를 위한 중간 단

---

69 James E. Loder, *The Transforming Moment*, p.6.
70 *Ibid.*, p.31.
71 *Ibid.*, p.32.
72 *Ibid.*
73 *Ibid.*, p.33.
74 *Ibid.*, p.34.

계(Interlude for scanning), 상상, 통찰력, 직관 혹은 비전의 건설적 행동(constructive act of the imagination), 에너지의 발산(release of energy), 해석(interpretation)으로 이어지는 단계 속에 있다.

그러나 로더의 '변혁'(transformation) 논리를 뒷받침하는 두 번째는 '앎의 사건'의 네 가지 구조 혹은 4차원들이다. 그 첫 번째 차원은 '살고 있는 세계'(lived world)이며, 이는 육적이고 세계적인 실재이다. 다시 말해 이것은 삶의 구체적인 현장이며, 잘못에서 오는 고난과 동시에 변화가 가능한 영역이기도 하다.[75] 앎의 사건의 두 번째 차원은 '자아'(the self)로서, 이는 세계를 재구성하는 인간존재를 말한다. 자아는 세계 안에 있으며, 세계를 초월하여 밖에 서기도 한다. 이 자아는 자신 스스로가 분위기이면서 동시에 분위기를 소유하는 이중성을 지닌다.[76] 바로 이 자아는 자기성찰(self-reflection)의 능력과 아울러 자기관계의 능력(self-relatedness)을 가지는 것이다.[77]로더는 여기까지는 자연주의적 심리학과 입장을 같이한다. 그러나 그는 자연주의적 해석을 넘어서서 성서적이고도 신학적 차원을 수용하고 있으며, 이는 로더를 파울러 및 다른 심리학자들과 구분하는 기점이 된다.

로더의 세 번째 차원은 '허무'(the void)이다. 허무는 한계, 한계상황을 넘어선 '무'(nothingness)를 의미하며 오히려 존재의 부정을 의미하는 경험이다. 또한 고독이며 분리이며 창조의 파괴이다.[78] 그러나 로더의 앎의 사건에는 네 번째 차원이 있다. 이것을 로더는 "거룩"(the Holy)이라고 부른다. "거룩"은 인간을 회복하고 변화시키며,

---

[75] *Ibid.*, p.72.
[76] *Ibid.*, pp.66-67.
[77] *Ibid.*, pp.74-77.
[78] *Ibid.*, pp.79-83.

세계를 재구성하는 신의 임재이다. 여기서 자아는 최초로 참 자신이 되며, 세계는 새로운 방법으로 재구성된다.[79] 이 "거룩"은 예수 그리스도이다.

그러기에 로더의 앎의 사건이란 자아(the self), 살고 있는 세계(the lived world), 허무(the void), 거룩(the Holy)의 네 차원들의 관계 안에서 일어난다. 그러나 여기서 학문은 두 가지 과오를 범한다. 많은 경우 심리학적 접근은 4차원의 관계가 아니라 '자아'와 '세계'라는 2차원만을 강조하는 '생존'의 가치로 전락하는 위험성에 빠졌다고 로더는 비판한다.[80] 그래서 기독교교육마저 기독교적인 것은 망각된 채로 2차원적인 자연주의적 해석에 빠져 버렸다. 또 하나의 위험은 허무와 거룩의 관계를 강조하면서 자아와 살고 있는 세계를 외면하여, 학문들이 단지 인지적이고, 사변적인 것으로 전락하고 있다고 비판한다. 이것 역시 또 하나의 신학적 오류라는 위험성으로 남는다는 것이다.[81] 이것은 초자연주의적 과오라고 불러도 좋은 것이다.

그러나 로더에게 있어서 문제는 어떻게 '앎의 사건'이 전제하는 4차원과 5가지 단계의 과정이 만나서 하나의 '신념 있는 앎'으로 경험되도록 접속할 수 있는가에 있다. 로더는 이를 다메섹 도상에서의 사울의 경험과 특별히 엠마오 사건을 '신념적 앎'으로 연결하여 풀이한다. 그것은 4차원 속에 나타난 갈등(conflict)에서 시작한다. 엠마오로 가던 두 사람은 초대 교회의 대변이었으며 깊은 갈등을 경험하고 있었다는 것이다. 그 당시 이스라엘은 현실적 세계(lived world)였으며, 허무(void)가 그들을 감싸고 있었다. 예수의 십자가 사건에서

---

79 *Ibid.*, pp.83-88.
80 *Ibid.*, pp.8-9, 그리고 p.162.
81 *Ibid.*, p.11.

이스라엘의 구원은 산산이 부서지고 말았기 때문이다. 그들이 걸어가던 길은 캄캄해지고 있었다. 세계를 재구성할 초월적 근거를 잃었기 때문이다. 예수의 죽음은 그들의 내적 갈등을 드러내 주었다.[82]

두 번째 단계는 탐사를 위한 중간 단계(Interlude for scanning)이며, 이때 변장한 그리스도의 임재는 4차원의 대화를 불러일으키는 계기가 된다. 세 번째 단계는 그리스도의 변화를 보는 직관이었다. 떡을 들어 축복하시고 나누어 주었다는 사실에서 그들의 눈이 밝아졌다는 사건은 갈등의 네 차원들이 변화를 경험하는 사건이었다. 십자가에서 깨진 예수의 몸이 부활의 몸으로 그들에게 주어진 것이다. 여기서 그것은 십자가에서(void)와 거룩(부활)에 의하여 새로운 사건으로 다가온다.[83] 엠마오 사건의 네 번째 단계는 예수가 떠나신 후에 두 사람에게 일어난 새로운 존재의 경험이었다. "가슴이 뜨겁지 아니하더냐?"한 창조적 통합의 사건이 거룩(the Holy)에 의하여 알려진 순간이다. 자신, 세계, 공허가 부활하신 이 앞에서 노출된다. 그리고 그들은 4차원의 신념으로 예루살렘으로 돌아갔다.[84] 다섯 번째 단계는 예루살렘으로 돌아간 두 사람이 그리스도의 부활의 비전을 나눔으로 코이노니아를 나누기 시작했던 사건이다. 이로부터 그리스도의 영적 임재를 경험하는 공동체가 나왔으며 바로 이 코이노니아에서 신념적 경험은 계속 되어갔다.

그러므로 로더에게 있어서 변화하는 순간(transforming moment)이란 그리스도 사건(Christ event)에 의한 4차원(self, world, void, Holy)의 만남이며, 그것은 갈등, 살핌, 재구성, 자유와 개방 그리고 해석으로 이

---

[82] Ibid., pp.98-99.
[83] Ibid., pp.102-103.
[84] Ibid., pp.107-108.

어지는 변혁의 경험이고 또 앞으로 이어지는 계기이다. 이것은 심리학적-과학적 해석의 규범에 매여 신앙을 일반화하거나 지나치게 규격화하기 쉬운 파울러나 리의 접근에 대한 분명한 도전이었다. Stage-transition의 과정에 의존한 파울러의 신앙발달론에 비해 로더는 transformation process에 더욱 관심을 가졌으며, 인간의 faithing 보다는 그리스도와의 만남에서 일어나는 변화에 더 깊은 관심이 있었다. 여기서 자아와 현실적 세계라는 두 차원 사이만이 아니라 허무와 거룩까지를 포함하는 네 차원의 만남에서 그리스도 사건은 회심의 경험으로 다가온다는 것이다.[85]

IV. 나눔의 프락시스(shared praxis)로서의 기독교종교교육(Thomas H. Groome)

과정화교육 범주에 속하는 네 번째 접근은 가톨릭교육신학자 토마스 그룸(Thomas H. Groome)의 '나눔의 프락시스'이다. 보스턴 대학(Boston College)에서 기독교교육을 교수하고 있는 그룸은, 그의 주저 『기독교종교교육』(Christian Religious Education)[86]을 통하여 기독교교육의 이론을 통합적으로 접근한다. 그러면서도 자신의 교육신학적 주제인 Shared Christian Praxis를 분명히 하고 있다. 그는 20세기 신학의 화두로 떠오른 하나님 나라 사상과 종말론적 이해, 넬슨과 웨

---

85 Craig R. Dykstra, "Theological Table-Talk" *Theology Today*, vol, ⅩⅩⅩⅨ. No. 1 April 1982, pp.56-64.
86 Thomas H. Groome, *Christian Religious Education*, Harper & Row Publishers, SanFrancisco, 1980.

스터호프의 공동체를 통한 '종교사회화'(religious socialization), 그리고 민중교육의 대명사가 된 프레이리(Paulo Freire)의 의식화교육을 적절히 수용하면서 '대화'를 근간으로 하는 나눔의 프락시스를 자신의 중심사상으로 제시하고 있다. 그룹은 "무엇을", "왜", "어디서", "어떻게", "언제", "누가"의 순서에 따라[87] 그의 기독교종교교육론을 6부작으로 나누어 전개한다. 제1부는 기독교종교교육의 본질(nature 무엇)에 관한 해석이다. 그룹은 '과거', '현재', '미래'를 교육에 연결시키려는 연대기적(Chronological) 시도를 거부하면서 '한 시간', '영원의 세 양상'(three of the one time)이라는 어거스틴의 시간 이해에서 영감을 받는다.[88] 그는 교육이 시간의 세 가지 양상, 즉 이미(과거) 실현되고 있는 지금(현재), 그리고 아직(미래)과 역사적으로 연관되는 역사적-정치적 성격의 것이라고 믿는다. 철저한 훈련과 교수를 강조하는(과거성) Augustus H. Francke와, 학생-경험 중심의 교육을 강조한 프뢰벨과 페스탈로찌에 의하여 형성된 교육의 양극화를 지식과 경험의 종합을 통하여 극복하려 했던 존 듀이를 그룹이 재해석하고 있는 것은 인상적이다.[89] 교육과 시간이 연관된다는 의미는 교육이 시간적-순례적-역사적 사건이 되어야 한다는 것을 의미한다. 교육은 학생들을 그 무엇에 묶어둘 수도 있으며, 학생들로 하여금 과거를 수용하고 현재를 비판적으로 성찰하게 함으로써 동시에 미래를 향해 창조적인 자유를 부여할 수도 있는 작업이기 때문이라는 것이다.[90] 그러므로 결국 그룹에게 있어서 기독교종교교육이란, 과거와

---

[87] *Ibid.*, p.ⅪⅤ.

[88] *Ibid.*, p.12.

[89] *Ibid.*, p.10.

[90] *Ibid.*, pp.12-17.

현재, 미래라는 시간 속에 실존하면서 동시에 순례적이고 정치적이며, 또한 역사적인 행위이기도 한 것이다.

제2부는 기독교종교교육의 목적(purpose)에 대한 해석이다. 그룹은 기독교종교교육의 궁극적 목적(metapurpose)이 예수 그리스도에게서 나타난 하나님 나라(the kingdom of God)로 사람들을 인도하는 데 있다고 본다.[91] 예수 그리스도에게서 이미 시작되고(already,) 또한 하나님의 뜻대로 살도록 회개를 촉구하는 회심을 기독교종교교육의 목적으로 삼아야 한다는 것이다. 여기서 교회는 하나님 나라를 위하여 존재하며, 동시에 약속된 하나님 나라의 소망을 가지고 살아가는 공동체이기에 교회는 Kerygma, Koinonia, Diakonia를 통하여 하나님 나라의 역사적 공동체가 되어야 한다는 것이다.[92]

아울러 그룹은 기독교종교교육이 "기독교 신앙"[93]과 "인간의 자유"[94]를 위한 교육으로 이어져야 한다고 믿는다. 하나님 나라를 믿는 일과 회개를 통한 회심(metanoia)의 경험은 역사 속에서 신념으로서의 믿는 일(Faith and Believing), 신뢰로서의 신앙(Faith as Trusting), 행함으로서의 신앙(Faith as Doing)으로 이어져야 하며, 기독교 공동체는 바로 이 신앙의 이야기와 비전을 과감히 나누는 사역을 수행해야 한다는 것이다. 또한 하나님 나라의 소망은 신앙의 삶으로 나타나고, 동시에 인간의 자유를 약속하며, 예수 그리스도 안에서 인간은 영적 자유와 심리적 자유뿐 아니라 동시에 사회적 정치적 자유를 경험한다고 주장한다. 하나님과의 하나 됨, 이웃과의 교제는 정치적 - 사회

---

[91] *Ibid.*, p.35.
[92] *Ibid.*, p.47.
[93] *Ibid.*, pp.56-81.
[94] *Ibid.*, pp.82-103.

적 구조 속에서 일어나는 신앙적 경험이기에, 이는 필연적으로 정치적 자유까지를 동반한다는 것이다.[95]

제3부는 기독교종교교육의 '장'(場, context)에 관한 서술이며, 이것은 '어디에서'의 질문과 연계된다. 기독교종교교육이 일어나는 자리를 사회화(socialization)로 보는 그룹은, 일반교육학이 암시하는 기초사회화(primary socialization, 유아기에 형성되는 자기개념화)와 2차 사회화(secondary socialization, 이미 사회화된 자아를 객관적 세계에로 사회화 시켜가는)를 기본적 전제로 수용한다.[96] 아울러 Horace Bushnell, George Albert Coe, C. Ellis Nelson, John Westerhoff, Bernard Marthaler 등으로 이어지는 신앙의 사회화 이론들 역시 소중하게 포용한다.[97]

그러나 나눔의 프락시스를 핵심으로 하는 그룹은 사회화 이론에 대해 비판적 논평도 아끼지 않는다. 한마디로 사회화 이론에는 기독교 공동체와 사회·문화적 분위기 혹은 공동체와 멤버들 사이의 변증법적 관계(dialectical relationship)가 없기 때문에, 하나님 나라를 향한 인간의 신앙과 자유를 매개할 수 있는 근거가 주어지지 않고 있다는 것이다.[98] 바로 이 변증법적 관계를 매개하는 일이 기독교종교교육의 자리이며, 동시에 이는 비판의식(critical consciousness)을 동반하는 자리이다.[99] 바로 여기서 사회의 변혁, 교회의 개혁, 신앙인의 신앙적 성숙이 가능하기 때문이다. 넬슨과 웨스터호프는 사회화를 지나치게 강조한 나머지 이 과정의 변증법적 차원과 비판 차원을 망각했다고 그룹은 비판한다.[100] 이것은 적절한 비판이다. 왜냐하면 이들

---

[95] *Ibid.*, p.96.

[96] *Ibid.*, p.110.

[97] *Ibid.*, pp.115-121.

[98] *Ibid.*, p.122.

[99] *Ibid.*

이 주장하는 사회화 과정에는 역사성이 희박하기 때문이다.

제4부는 '어떻게'의 문제이고, 그룹은 이것을 나눔의 프락시스 (shared praxis)라고 부른다. 로더(James Loder)는 변화하는 순간(transforming moment)을 엠마오 도상의 대화에서 설명한 바 있지만, 그룹도 부활하신 그리스도와 두 젊은이 사이의 대화에서 나눔의 프락시스를 찾는다.

"부활하신 그리스도께서 만나시고, 대화에 들어가심으로 사람들을 교육하셨으며, 사람들로 자기의 얘기와 비전을 이야기하도록 초청했으며, 동시에 구원의 큰 예수의 사건(story)와 다시 오심의 약속 (vision)을 기억하게 하심으로 가르치셨다."[101]

나눔의 프락시스란 예수의 사건(Story)와 다시 오심의 약속(vision) 안에서 사람들이 자기들의 이야기와 비전을 발견하고 또 그 이야기와 비전을 살아가는 길을 배우는 일이라고 명명한다.[102]

나눔의 프락시스는 다섯 과정을 거치면서 일어난다. 첫째는 "현재적 행동"(present action)으로서, 이것은 세계 속의 우리의 모든 참여와 관련을 의미하며, 신체적, 감정적, 지적, 영적 생활 모두를 포함한다. 즉, 삶의 현재를 포괄하는 것이다.[103] 두 번째는 "비판적 성찰"(critical reflection)로서, 이는 현재를 평가하는 비판적 이성, 과거를 드러내는 비판적 기억이면서 동시에 현재에서 미래를 비전화하는

---

100 *Ibid.*, p.126.
101 *Ibid.*, p.136.
102 *Ibid.*, p.149.
103 *Ibid.*, p.184.

창조적 상상력을 요구한다.[104] 나눔의 프락시스의 세 번째는 "대화"이며, 이는 기독교 공동체를 세우는 일에 필수적 요소가 된다. 대화는 이야기와 비전 안에서 개개인의 이야기와 비전들을 함께 나누는 행위이다. 네 번째는 "서사"(the Story)이다. The Story는 성서와 전통을 의미하며, 이는 총체적인 신앙의 전통을 뜻한다. 여기에는 삶의 스타일, 기록된 성경, 경건, 상징, 의식, 성례전, 공동체 등이 포함된다. 역사와 공동체를 통하여 이룩하신 하나님의 구원의 얘기이다.[105] 다섯 번째는 "비전"(the Vision)이다. 비전은 하나님의 나라와 창조를 향하신 하나님의 비전을 의미한다. 서사와 하나님의 비전은 한 하나님 나라의 양면이다.

바로 이 다섯 가지 나눔의 프락시스는 또 다시 교육적 프락시스에서 다섯 가지의 움직임을 통하여 실천된다. 현재적 행동은 주제를 위한 활동을 적도록 초청하며, 비판적 성찰은 그들이 왜 그 일을 하는지를 성찰하도록 초청하며, 교육자는 서사와 하나님의 비전을 소개하며, 참여자들은 그 서사와 자신들 이야기 사이의 변증법적 관계를 어떻게 연결할 것인가를 물으며, 동시에 그 하나님의 비전을 향하여 자신의 비전을 어떻게 신앙적으로 응답할 것인가를 선택하게 한다.[106]

제5부 '언제'(Readiness)와 제6부 '누가'(Co-partners)는 그룹에게 있어서 부록과 같은 인상을 주리만큼 약한 부분으로 끝나고 있다.

그러나 기독교종교교육을[107] 기독교적 종말론과 역사이해, 그리

---

104 *Ibid.*, pp.185-186.

105 *Ibid.*, pp.191-192.

106 *Ibid.*, pp.207-208.

107 그룹은 "종교교육"은 초월성을 추구하는 인간의 종교적 살멩 관계하며 이것을 자신은 기독교 공동체 안에서 실천하기 때문에 기독교종교교육(Christian

고 과정교육의 변증법적 - 비판적 종합으로 구성하려 했다는 점에서 그룹의 교육론은 나름대로의 특수한 위치와 공헌을 남겼다. 그룹은 그 어느 교육신학자보다 기독교육의 공동체성과 역사화의 가능성을 제시한 것으로 평가된다. 그러나 그룹의 약점은 기독교의 서사와 하나님의 비전을 결국 개인의 이야기와 비전에 묶어두려는 개인화의 위험성에 있다. 서사와 이야기 사이, 하나님의 비전과 비전 사이의 변증법적 관계는 논의되었으나 종말론적 해석이 결여되어있다는 이유에서이다. 그리고 지나치게 모든 학설들을 비판없이(사회화 이론의 비판만 제외하고) 수용함으로서 절충주의라는 인상을 남기고 있다.

20세기 후반의 교육신학을 역사적으로 개괄하면서 하나의 질문이 남게 된다. 그것은 21세기에 전개될 이 세계의 역사는 어떤 것이며, 기독교는 이 역사 앞에서 무엇을 해야 하는가라는 물음이다. 불행하게도 20세기의 교육신학은 바로 이 역사적 물음을 주제로 신학을 새로이 해석하려는 시도가(부분적으로는 시도되었으나) 없었다는 아쉬움을 남긴다. 미래 기독교교육은 20세기의 모든 교육신학적 시도를 비판적으로 수용해야 하지만, 더 중요한 것은 21세기라는 역사의 전개 속에서 교회의 존재 이유는 무엇이며, 존재양식, 그리고 교육의 자리는 어떤 것이어야 하는가를 모색해 나가는 일일 것이다.

Religious Education)이라는 이름을 선택했다고 한다.
Ibid., pp.20-26.

제4부

종결 없는 결론

9장 '하나님 나라'–'역사'–'교회'를 장으로 하는 기독교교육

"사람이 떡으로만 사는 것이 아니라 하나님의 입으로 나오는 모든 말씀으로
사는 것이다."

- 마태복음 4장 4절-

9장.
'하나님 나라'-
'역사'-'교회'를
장으로 하는 기독교교육

Ⅰ. 서론적 논거 - 왜 '하나님 나라' 모티브 여야 하는가?

150년의 길고도 찬란한 기독교교육 사상과 함께 순례하는 동안, 21세기 초반의 지구촌은 상상을 초월하는 최첨단의 과학기술로 완전히 점령되었다. 다른 한편 중국의 강력한 부상은 지구촌의 중심 '축'을 미국으로부터 서서히 아시아로 옮겨놓고 있다.

이 같은 급격한 세계변화와 거기에 따르는 지각변동은, 지구촌 구석구석에 그나마 남아있던 전통적인 공동체(Gemeinde)를 뿌리 채 뒤흔들어 놓고 있다. 전통적 가정은 여지없이 깨지고, 학교는 소비문화의 시종(Schooled Society)이 되었으며, 마지막 소망인 교회마저 공동체 되기를 포기하고 거대한 세속화 물결에 휩싸여 버렸다. 250년 동안 기독교교육의 상징이 되어온 주일 교회학교마저 그 그루터기가 무너져 나가는 비운의 세기에 접어들었다. 이것이 21세기 초, 우리 시대의 우울한 자화상이다.

그렇다면 이 세속화의 원흉은 누구인가? 그것은 아이러니하게도 지난날 인간탐욕이 만들어낸 두 가지 우상, 즉 '제정왕국'(Ontocracy)과 '기독교왕국'(Christendom)으로부터 인간과 역사를 해방시켰던 과학기술 문명이었다.

과학기술이 어느 순간 갑자기 과학기술왕국(Technocracy)으로 변신하면서, 그것은 전무후무한 파워를 가지고 지구촌 구석구석을 지배하기 시작한 것이다. 과학기술왕국은 '공동체'(Gemeinde)를 하나씩 차례대로 무너뜨리기 시작하고, 그 빈자리에 '이익집단'(Gessellschaft)이라는 '바이러스'를 심어 놓았다. 신종 바이러스에 감염된 가정, 학교, 사회는 '역'으로 인간을 서서히 기계로 만들어 버렸다. 오늘날 인간은 과학기술의 노예가 되어 비인간화라는 또 다른 사슬 속에 묶여버린 것이다. 길거리에서, 버스 안에서, 마을에서 사람은 사람과 서로 바라보지도, 만나지도 않는다. 스마트폰만 쳐다보며 혼자 중얼거리고, 혼자 웃고, 혼자 우는 기계인간으로 전락하였다.

그 옛날 인간이 노래하던 '나와 너'(I-Thou)라는 원초적 관계는 깨져버리고, 그 빈자리에서 인간은 또다시 고독한 군중(The Lonely Crowd-David Rieseman)으로 외로이 살아가면서 그것을 행복으로 착각하고 있다. 제2차 세계대전 이후 등장했던 실존주의의 화두인 '소외'(alienation), '단절'(separation), '고독'(loneliness)이 오늘날 또 다른 이유로 인간을 '허무주의'(nihilism)로 몰아가고 있는 것이다.

여기서 21세기 기독교교육은 미래의 실마리를 찾아야 하지 않을까? 오늘의 기독교교육은 프로그램이기 이전에, 이론이기 이전에, 방법론적이기 이전에, 이미 괴물이 된 과학기술왕국과 그 시종이 되어 버린 기계인간과 과감히 대면하고 또한 대결까지 불사하는 철학적 질문에서 다시 시작해야 하지 않을까? 그리고 인간을 다시 인간으로 되돌려 놓는 신학적 질문을 가지고 거시적 틀(frame)을 짜야 하지 않을까? 필자는 이것이 21세기의 교육신학적 과제라고 생각한다.

바로 이러한 과제 앞에서 호레스 부쉬넬이 주장한 '가정화'가 무엇을 의미하는가를 다시 질문하게 된다. 특별히 유아세례 신학에 근거한 가정과 가정교육의 회복가능성은 여전히 소중한 교육신학적인 유산이고 또 단서이다. 그러나 문제는 누가 어떻게 부쉬넬의 '가정화' 프로젝트(project)를 통해 과학기술의 노예가 되어버린 가정을 삶과 신앙의 '현장'으로 회복시킬 수 있는가에 있다. 그것을 가능케 하는 교육신학의 '장'은 무엇이며, 교육 행위를 가능케 하는 틀(frame)은 무엇인가 물어야한다. 이 물음에 답하지 않는 기독교교육은 또다시 죽은 이론으로 끝을 맺게 될 것이기 때문이다.

1900년에서 1930년까지 세계를 주름잡았던 '진보적 종교교육학파'가 내세운 '사회화' 프로젝트가 오늘 무엇을 의미하는가를 다시 물어야한다. '인격원리', '자아와 사회의 상호작용'을 원리로 하는 '사회화' 프로그램은 과학기술의 사회화, 인간의 사회화를 가능케 할 수 있는 소중한 교육철학이며 유효한 방법론으로 여전히 남아 있는 유산이다. 그러나 이 역시도 문제는 누가 어떻게 '사회화'라는 이 교육철학을 가정교육, 공교육 그리고 기독교교육의 현장 속으로 끌어들여 하나의 역동적 경험으로 재창출 할 수 있는가 하는 것이다.

이 물음에 답하지 않는 '사회화'이론 역시도 다시 죽은 이론으로 끝날 것이다.

1930년에서 1960년까지 황금기를 누렸던 '기독교교육학파'가 내세운 '신앙화' 프로젝트는 방법론으로 전락한 기독교교육 운동에 가하는 신학적 도전이고 또 날카로운 예언으로 여전히 유효한 유산이다. 특별히 '말씀', '관계', '만남'을 핵으로 하는 '구속적 공동체' 교육은 기독교교육을 다시 '기독교적'교육으로 되돌려 놓아야하는 막중한 과제 앞에 아직 소멸되지 않는 소중한 신학적 주제이기 때문이다. 그러나 여전히 물음은 남아있다. 누가 어떻게 교회를 다시 구속적 공동체로 되돌려 놓을 수 있으며, 거기서'신앙화'를 경험하게 하는 기독교교육의 거시적 틀(frame)을 만들어낼 것인가? 기독교교육의 실패를 심연에서 보면, 그것은 이 물음에 답하고 있지 못한데 기인하고 있다.

1960년 후반 신학의 암흑시대를 헤치고 '하나님 선교'(missio Dei)와 '선교교육'을 들고 나온 레티 러셀의 '인간화' 프로젝트는 교회와 세계를 다시 이어 놓을 수 있는 혁명적 제언이었다. 특별히 '하나님'- '세계' - '교회'라는 선교신학적 구도와 그것을 근간으로 하는 선교교육 구조의 제안은 지금도 세계교회를 향한 예언자적 화두로 남아있는 유산이다. 그러나 문제는 누가 어떻게 하나님선교와 교육을 기독교교육의 구조 속에 시스템화 할 것인가이다.

1970년대와 그 이후 '종교사회화'(religious socialization, John Westerhoff), '변화의 순간'(transforming moment, James Loder), '신앙의 단계적 발달'(transitional development, James Fowler) 그리고 '나눔의 프락시스'(shared praxis, Thomas Groome)를 제창하고 나선 '과정화' 프로젝트는 다원화 사회속의 교회와 다양한 신앙경험에 접근하는 가능성들로 남아있

다. 특별히 웨스터호프의 신앙 '형성론'은 날카로운 영감으로 지금도 살아 있는 주제이다. 그러나 같은 물음은 여기서도 반복된다. 누가 어떻게 이 다양한 교육론들을 묶어서 하나의 교육 시스템으로 만들어낼 수 있는가?

결국 오늘의 기독교교육이 전 세계적으로 직면한 문제와 위기는 교육 이론의 부재도, 그것들로부터 나오는 교육 프로그램의 결핍에도 있지 않다는 사실에 주목한다. 우리의 눈 앞에는 소화하기 어려운 만큼의 교육 이론들이 홍수를 이루고 있으며, 오히려 그것 때문에 더 많은 혼란이 일어나고 있는지도 모른다.

과연 무엇이 문제이고, 무엇이 문제의 핵심인가? 문제의 핵심은 이론(theory)과 현장(context)사이의 접속점(point of contact)이 깨져 있는 데 있다. 그래서 그 수많은 이론은 공중을 헤매고 있고, 현장은 계속 무너져 가고 있다.

그렇다면 프레이리(Paulo Freire)가 내놓은 'action'-'reflection'-'action'이라는 편찬(coding)-해독(decoding)과정의 프락시스(praxis)가 해결인가? 혹은 그룹(Thomas Groome)이 말하는 성서의 서사/하나님의 비전과 인간의 이야기/비전 사이의 '나눔의 프락시스'(shared praxis)가 해결의 열쇠인가? 그 어느 것보다 이 둘은 '근사치'에 근접한 중요한 방법론적 실마리라고 평가한다. 그러나 프락시스라는 과정은 거시적 '장'의 구조 안에 들어오는 과정이어야 했다. 특히 오늘의 기독교교육은 방법론이기 전에 '장'의 설정에서 다시 시작해야하는 과제에 직면해 있기 때문이다.

여기서 필자는 이미 화두를 교육신학적 논쟁으로 전환하고 있다. 그리고 '종결 없는 결론'이라는 논의로 들어가고 있음을 고백한다. 그러나 '장'의 신학적 구조를 논하기에 앞서 필자는 자신을 포함하여 지나날 기독교교육학자들이 쉽게 범해오는 오류 두 가지를 들어 그 이유를 비판적으로 분석하고자 한다.

그 하나는 신학적 오류이다. '가정화', '사회화', '기독화-신앙화', '인간화', '과정화'라는 교육신학 담론 그 어디에도 성서의 중심 주제인 예수 그리스도 안에서 오고 있는 '하나님의 통치하심'(Basileia tou Theou)은 존재하지 않았다. 그리고 오고 있는 하나님 나라를 삶과 역사, 그리고 신앙의 궁극적 실재로 받아들이고, 거기서부터 교회와 교육을 풀어가는 섬세한 신학적 작업은 존재하지 않았다. 이것은 방법론적 오류가 아니었다. 신학적 오류였다는 점에서 기독교교육은 처음부터 잘못되었던 것이다.

이 신학적 오류는 기독교교육을 처음부터 허공에 띄운, 그리고 극히 인위적인 행위로 전락시킨 오류였다. 쉘튼 스미드(Shelton Smith)와 토마스 그룸(Thomas Groome)은 하나님 나라 사상과 기독교교육과의 접목을 시도한 학자들이었으나, 그들마저 하나님 나라는 교육의 목적일 뿐이었다. 그 어디에도 전 인류와 역사 안에 '임재하는 하나님 나라', '하나님의 통치하심'에서 기독교교육의 '메타-내러티브'(meta-narrative)를 풀어낸 종말론적 해석은 존재하지 않았다. 필자는 이것을 '신학적 오류'라고 부르며, 기독교교육의 실패는 여기서 연유된 결과물이었다고 풀이한다.

또한 이 신학적 오류는 곧바로 방법론적 오류로 연계되고 있었다. 이것이 두 번째 오류이다. 방법론적 오류는 신앙경험이라는 원초적 역학(dynamics)을 '기독교교육학'이라는 학문적 이데올로기(ideology)의 잣대로 난도질하고 분석하고 프로그램화하여, 교육이라는 총체적 경험을 인위적으로 조작해온 과오를 뜻한다. 방법론적 오류는 결국 인간과 인간이 경험하는 기본적인 소재를 프로그램이 조작하는 대상으로 만들었다. 하나님 오심의 응답으로서의 신앙이 아니라, 인간이 '거룩'을 경험하는 종교행위로 전락시켰다. 결국 이 두 가지 오류, 신학적 오류와 방법론적 오류는 공히 기독교교육이라는 하나의 '종말론적 사건'을 학문적 틀 속에 가두어 왔으며, 거기서 생명력은 서서히 죽어오고 있었다.

이제 우리는 여기서 어디로 갈 것인가? 무엇보다 먼저 미래 기독교교육은 학문적 이데올로기(ideology)를 말하기 전에, 방법론적 틀을 논하기 전에 성서의 중심 주제인, 하나님의 통치하심(Basileia tou Theou)에서 기독교교육의 신학적 구조와 구원의 '장'을 설정하는 신학적 작업에서 다시 출발해야하지 않을까? 그리고 하나님의 통치하심 안에 있는 '역사', 그리고 거기서 부름을 받고 모여든 교회 공동체라는 메타 내러티브에서 교회와 교육이 서야 할 자리를 다시 찾아야 하지 않을까? 이것을 도식화한다면, 그것은 '하나님 나라' - '역사' - '교회'로 표현 될 수 있을 것이다.

Ⅱ. 교육신학적구조 - '하나님의 통치하심-역사-교회'

2000년의 기독교 역사는 크게 세 가지의 신학적 구도에서 형성되어왔다. 그 처음은 '하나님 나라' - '교회' - '세계'라는 구도였다.[1] 이 구도의 특징은 '하나님과 교회'의 관계를 하나님과 세계의 관계보다 우선에 두는데 있다. 여기서 교회는 구원의 초점(focus)이며, 동

---

[1] 은준관, 『신학적교회론』, 한들출판사, 2006, pp.416-421.

시에 세상을 구원하는 방주의 역할을 담당한다. 이 도식은 필연적으로 '교회중심주의' 또는 '교권주의'로 나타나며, 이 구도는 지난 2000년의 교회(로마가톨릭과 서구개신교를 막론하고)를 '기독교 왕국'으로 만들었으나, 오늘날 그 왕국은 전세계적으로 붕괴되고 있다.

두 번째 구도는 '하나님' - '세계' - '교회'라는 도식이다.[2] 1968년 웁살라 세계대회를 기점으로 공식화된 WCC의 하나님의 선교(missio Dei) 신학은 '하나님 - 교회 - 세계'라는 전통적 - 교권적 구도를 한 번에 뒤엎는 혁명적 신학이었다. 하나님과 세계의 관계를 하나님과 교회의 관계보다 앞에 두는 이 신학은 교권주의적 신학을 뒤집은 역사적 계기가 되었기 때문이었다. 그때 세계교회는 흥분하였고, 이 신학은 지금도 여전히 WCC 신학의 근간으로 자리하고 있으며, 지금도 주류 세계교회를 지배하고 있다. 그러나 하나님의 선교(missio Dei) 신학은 지난 40년 동안 두 가지의 신학적 취약성을 드러냈다. 하나님의 선교(missio Dei) 신학에는 엄밀한 의미에서 그리스도론이 존재하지 않는다. 기독론의 빈약성은 역사를 종말론적으로 보지 않는 허약성으로 이어지고 있다. 결국 하나님과 세계 사이에 기독론과 종말론이 없다는 것은 교회를 또다시 구원의 주체로 만들어버리는 오류로 이어졌다. 이 신학은 그 혁명적 시도에도 불구하고 교회를 행동주의로 전락시키는 위험성을 가진다.

그러나 세 번째 구도는 성서 전체를 하나님의 통치하심에서 보고 또 해석하는 신학을 말하며, 이 신학은 '하나님 나라' - '역사' - '교회'라는 신학적 구도를 제시한다.[3] 여기에는 칼 바르트(Karl Barth),

---

[2] *Ibid.*, pp.421-431.
[3] *Ibid.*, pp.431-449.

위르겐 몰트만(Jurgen Moltmann), 리차드 맥브라이언(Richard McBrian), 피터 호지슨(Peter Hodgson), 게르하르트 로핑크(Gerhard Lohfink)등이 속한다. 이 신학은 예수 그리스도 안에서(auto-basileia) 온 세계를 자기와 화해하시는 하나님의 통치하심을 인류와 역사 그리고 교회 공동체의 존재론적 사건(ontic event)으로 받아들인다. 이 신학적 구조는 예수 그리스도 안에서 하나님 나라와 역사의 관계를 하나님과 교회의 관계보다 우선하는 자리에 둔다.

결국 하나님의 통치하심안에 있는 역사는 하나님의 약속(pro-missio Dei), 약속 안에 있는 종말론적 지평으로 해석한다.(몰트만) 그리고 교회는 종말론적 지평을 뚫고 다가오는 하나님 나라의 현존을 경험하고 증언하기 위해 부름 받은 선교공동체로 정의된다.

미래의 기독교교육의 신학적 구도로서 제시하는 '하나님 나라' - '역사' - '교회'의 구도는 다음의 성서적 해석에 의해 뒷받침될 수 있을 것이다. 고대 이스라엘을 하나의 '민족'으로, 그리고 '하나님의 백성'(Laos tou Theou)으로 불러낸 사건은 '출애굽'(Exodus)과 '시내산 언약'(Covenent)으로, 이것은 이스라엘을 이스라엘 되게 한 존재론적 사건(ontic event)이었다. 여기서 한 민족이 되고, 하나님의 백성이 된 이스라엘은 자생적 집단이 아니었다. 이스라엘은 처음부터 출애굽 사건과 시내산 언약에서 나온 후속사건(noetic event)이었다. 그러기에 이스라엘은 하나님의 거룩하신 손에 의해 만들어진 종말론적 실존이었으며, 시작부터 역사 - 종말론적 공동체였다. 그러나 문제는 이스라엘 민족의 선택은 그들만의 선택이 아니었다는 사실에 있다. 이스라엘의 선택은 하나님께서 창조하신 전 우주와 전 인류의 구원이라는 보다 원초적이고 또 근원적인 관계, 하나님과 전 역사의 관계 안에서 이해되어야 했다. 하나님과 역사의 관계가 하나님과 이스라엘의 관계보다 우선하고 있는 이유가 여기에 존재한다.

이스라엘은 두 개의 중요한 이름을 부여 받는다. 그 처음 이름은 '거룩한 백성'(Holy Nation, 출 19:6)이다. 그러나 거룩한 백성은 처음부터 하나님께서 구원하시고자 하시는 전 인류와 역사의 관계 안에서 이해되어야 했다. 이 관계 안에서 이스라엘은 '구심점'을 하나님께 두는 한 '거룩한 백성'이 될 수 있었다. 이것은 '부름 받은 공동체'의 차원이었다. 이스라엘이 받은 또 하나의 이름은 '제사장 나라'(Priestly Kingdom, 출19:6)였다. 구심점을 하나님께 둔 거룩한 백성 이스라엘은 동시에 하나님의 구원의 '장'인 이 세계와 역사 앞에 '원심점'을 두어야 했다. 세상의 죄와 아픔을 걸머져야 하는 대속적 의미의 제사장 나라였다. 이것은 이스라엘의 '보냄 받은 공동체' 차원이었다. 그러기에 이스라엘의 선택, 부르심(Called)는 하나님과 하나님의 세계를 섬겨야하는 섬김(To serve)으로 이어져야 했다. 그래서 이스라엘의 정체성을 '섬김으로의 부르심'(called to serve)이라고 부른다. 그러므로 '거룩한 백성', '제사장 나라'라는 이스라엘의 이름은 철저하게 하나님과 역사의 관계 안에 주어진 종말론적 정체성이다. 그러나 그러한 관계 안에 있는 하나님의 백성, 이스라엘은 또 다른 차원에서 이해되고 또 해석되어야 했다. 출애굽 사건과 시내산에서 자신을 계시하시고 이스라엘에게 이름을 주신 하나님은 시내산에 머무신 하나님이 아니라, 가나안을 약속하시고 그들과 함께 동행하신 하나님이셨다. 이스라엘은 하나님의 구원을 순례하는 공동체였으며, 광야 40년은 민족(being)이 된 이스라엘이 하나님의 백성으로 되는(becoming) 시험장이었던 것이다.

그러나 광야 40년은 하나님께서 전 우주를 창조하시고 또 구원하시는 거대한 구원의 구도와 '장'에서 번역되어야 했다. 그것은 '하나님의 통치하심' - '전역사' - '하나님 백성'이라는 구도였으며, 그 구도가 만들어가는 '장'에서 이스라엘의 광야 40년은 풀이되어야 했다. 성경은 광야 40년을 하나님의 구원 구도와 '하나님' - '선민 이스라엘' - '세계'라는 이스라엘의 배타적 민족주의 구도가 끊임없이 충돌하고 갈등하는 역사이며 또 현장으로 증언한다. 이 갈등의 현장에서 이스라엘 민족은 두 그룹으로 분열되는 비극을 경험한다. 민중은 하나님의 거대한 구원의 구도를 읽지 못하고 끝내 거부하는 불운의 역사를 이어갔다. 그러나 모세, 여호수아 그리고 갈렙은 하나님의 구원의 구도를 읽었으며, 하나님의 구도가 만들어 가시는 '장' 안에서 이스라엘의 존재 이유와 소명을 보았다. 그러기에 출애굽기, 민수기, '신명기' 그리고 '여호수아'는 인간의 저항에도 불구하고 거대한 구원의 구도와 구원의 '장'을 만들어 가시는 하나님의 통치하심의 증언이었다. 이것을 '하나님의 역전의 역사'(over-rule)라고 부른다. 바로 이 역사(저항과 역전으로 이어지는) 속에서, 특별히 출애굽에서 바벨론 포로기 사이에 이스라엘 민족은 대단히 상징적인 방법을 사용했는데, 그것은 바로 '역사적 기억'(historical remembrance)이다.[4]

이스라엘 민족은 '출애굽' 사건과 시내산 언약을 기억하는 행위들을 통하여(역사적 기억) 그들이 처해 있는 현재의 삶과 역사의 자리에 출애굽 사건을 계속 '재연'(re-enactment)해 나갔던 것이다. 그리고 출애굽 사건을 자신들의 경험으로 '현재화' 해 나갔다. 역사적 기억은 3000년이 넘는 오늘까지 계속되고 있으며, 기독교교육은 이 방법에 특별한 의미를 부여한다.

역사적 기억은 크게 세 가지 모형을 가지고 진행된 것이 특징이

---

4 은준관, 『실천적교회론』, 한들출판사, 2006, pp.359-361.

며, 이것은 후일 교회교육의 중요한 기초가 되었다. 역사적 기억의 처음 모형은 '성막'(Tabernacle)이었다. 성막은 한마디로 Tent(이동성)와 Ark(현존성)의 연합이었으며, 순례하는 현존(moving presence)이었다.(폰 라드, von Rad) 그리고 성막은 제사 공동체와 함께 기억 공동체였다. 특별히 '유월절' 축제는 출애굽과 시내산 언약을 기억하는 제사 행위였다는 사실에 주목한다. 성막의 제사 – 기억 공동체를 통하여 출애굽은 이스라엘 속에 계속 '재연'되고 또 현재화되고 있었다. 결국 성막은 제사 또는 예배(Leitourgia)를 통하여 이스라엘이 하나님의 구원을 기억하고, 감사하며, 또 헌신하는 '종말론적 통로'였다. 이것은 예배와 교육이 하나의 연합을 이루는 처음 모형이었다.

이스라엘의 역사적 기억의 두 번째 모형은 '쉐마'(shema)였다. 광야 40년이 끝나고 가나안 땅에 정착하면서 이스라엘은 '탈 종말론화' 되기 시작하였다. 특히 전쟁을 알지 못하는 세대의 등장은 이스라엘의 정체성을 뿌리째 흔들어 놓고 있었다. 이때 쉐마(신:6:4-9)는 가정을 통한 출애굽의 기억 공동체로 등장하였다. 특별히 '가르침'(didache)을 통하여 출애굽 사건을 기억하고 또 현재화하는 새로운 모형이었다. 쉐마는 출애굽을 역사적으로 기억하고 현재화하는 위대한 유대전통의 시작이 되었으며, 그것은 하나님을 기억하고 경험하는 종말론적 통로가 되었다.

역사적 기억의 세 번째 모형은 솔로몬이후 분열된 남북왕조의 타락 속에 등장한 예언(prophecy)운동이었다. 시대와 기조(tone)은 달랐으나 예언자들은 공히 한 가지를 선언하고 또 민족적 회개를 호소하고 있었다.

"내가 너희를 애굽땅에서 이끌어내어 사십년 동안 광야에서 인도하고 아무리 사람의 땅을 너희가 차지하게 하였고 … 이스라엘 자손들아 과연 그렇지 아니하냐."(아모스 2:10-11)

예언자들은 '선포'(kerygma)와 '회개'(metanoia)의 형식을 통하여 출애굽 사건을 기억하고, 현재화하며 회개할 것을 호소하고 있었다. 결국 예언 운동은 역사적 기억의 행위였으며, 그것은 종말론적 통로였다. 여기서 선포와 교육은 또 하나의 연합을 이룬다.

이렇듯 성막(leitourgia), 쉐마(didache), 예언(kerygma)으로 표현된 고대 히브리인들의 역사적 기억은 민족을 지탱해준 신앙의 통로였으나, 그것들은 궁극적으로 '하나님의 통치하심' - '전세계' - '이스라엘'이라는 구원의 구도를 '장'으로 하는 넓은 의미의 민족 교육의 모형들이었다.

본 논의는 신약 시대에 출현한 초대 교회로 이어진다. 초대 교회의 출현은 어떤 '제도'나, '코이노니아', '예배', '설교', '교육' 또는 '섬김'같은 초대 교회의 행위에서 온 것이 아니었다. 이것들은 교회가 지상에 존재하는 존재양식(mode of existence)이며, 사역의 표현 양식이었으며, 오히려 신약성서가 증언하는 초대 교회는 단 한 가지 사건, totus Christus라 부르는 예수 그리스도의 십자가의 죽으심과 부활하심, 그리고 다시 오실 약속에서 출현한 '후속사건'(noetic event)이었다. 정확히 표현하면 교회는 예수 그리스도 사건(totus Christus)의 그림자, 징표(sign) 그리고 증언을 목적으로 하는 한 교회일 수 있었다. 그러기에 예수 그리스도는 이 역사를 참 역사로 되돌려 놓은, 그리고 교회를 교회되게 하는 존재론적 사건(ontic event)이었으며, 교회는 그리스도 안에서만 존재 이유를 가지는 후속 사건(noetic event)이었다. 그럼으로 '예수 그리스도 – 역사 - 교회'의 관계라는 신약의 원초적 구조는 처음부터 '종말론적'이었다.

여기서 초대 교회는 새로운 경험을 시작한다. 예수 그리스도에게서 하나님의 나라가 임재하고 있음을 보기 시작한 것이다. 하나님의 나라는 하나님 통치의 시작이었다. 한 민족을 들어 이 역사를 주관하시던 하나님은 이제 자기의 독생자를 들어 전 창조와 전 인류를 자신과 화해하시는 새 역사를 시작하신 것이다. 역사는 더 이상 저주와 심판의 대상이 아니었다. 역사는 하나님의 약속 안에 있는 지평, 종말론적 지평이 되고 있었다. 이 역사를 '하나님의 약속 안에 있는 지평'(promissio Dei)으로 표현한다.(몰트만) 초대 교회는 바울의 회심과 함께 예수 그리스도 안에서 전개되는 거대한 하나님의 새 구원 구도를 보기 시작한 것이다. 특별히 바울이 본 새로운 세계는 '하나님 나라'(Basileia tou Theou) - '예수 그리스도'(auto-Basileia) - '전 역사'(promissio Dei)라는 새로운 구원 구도였으며, 이 구원 구도가 만들어가는 '장' 안에서 사람들을 부르시는 하나님의 음성을 들었다.

이 부르심에 응답한 무리가 있었다. 11제자와 120문도, 그리고 바울이었다. 그들의 이름은 사도, 예언자, 교사이기 전에 모두가 하나님 나라 백성이었다. 하나님 나라 백성의 모임이 초대 교회였다. 교회는 모일 때마다 온 인류와 온 세계를 자기와 화해하시고, 또 품으시는 하나님의 오심을 성령의 능력 주심 안에서 경험하고, 기억하고 또 감사하는 하나님 나라 백성들의 응답으로 표현되었다. 바로 그 표현양식이 '예배'(leitourgia), '설교'(kerygma), '가르침'(didache), '교제'(koinonia), 그리고 '섬김'(diakonia)이었다.

'예배'(leitourgia)는 예수 그리스도를 통하여 세상과 화해하시는 하나님의 구원을 기억하고, 또 감사하는 '역사적 기억'이었으며, 특별히 주의 만찬(Lord's Supper)은 오고 있는 하나님 나라에 참여하는 종말론적 행위였다. '설교'(kerygma)는 하나님 구원의 선포이며, 동시에 공동체의 회개(metanoia)를 촉구하는 종말론적 사역이었다. '교육'(didache)은 하나님의 구원의 역사를 분별하고 순례하는 하나님 백성들의 세움이었으며, '코이노니아'(koinonia)는 하나님 나라의 교제를 이 땅에서 경험하는 사랑과 나눔의 행위였다. '선교'(missio)와 '섬김'(diakonia)은 이 역사와 인류를 자신과 화해하시는 하나님의 통치하심을 역사 한 복판에서 증언하는 하나님 나라 백성 모두의 헌신이며, 존재 양식이었다. 중요한 것은 이 예배와 설교, 교제, 선교와 섬김은 하나님 나라를 존재 이유로 하는 교회의 존재 양식이었으며, 백성 모두의 사역이었으며, 넓은 의미의 교육이었다는 사실이다. 그러기에 초대 교회의 예배와 설교, 그리고 성만찬은 그 안에 깊은 교육적 의미를 담고 있었으며, 교제와 선교, 그리고 섬김은 교육과 연계된 사역이었다. 여기서부터 기독교교육은 다시 시작해야하지 않을까?

그러나 우리는 먼저 우리 자신에게 한 가지를 경고해야 한다. 그것은 이상에서 논의한 구약과 신약에 나타난 종말론적 신학구도가 언제나 또 하나의 학문적 이데올로기(ideology)나 도그마(dogma)로 전락할 수 있다는 위험성에 대한 경고이다.

미래의 기독교교육은 '역사'를 구원의 '장'으로 하고, 그 속에서 부르시는 하나님의 부르심 앞에 하나님 백성(어린이, 청소년까지를 포함하는)이 어떻게 응답하고 세움 받으며, 또 보내심에 헌신하는가에서 다시 시작해야 한다. 그것은 이 초심과 끊임없이 씨름하고, 또 그것을 모형화해 가는 종말론적 과정에서 다시 출발한다는 의미이다. 이 과정에서 기독교교육학은 언제나 섬김의 자리에 있어야 한다.

지난날 기독교교육을 'transformed'와 'transforming'이라는 변

증법적 관계에서 풀어나간 매리 모아(Mary Elizabeth More), 신앙의 'formation'을 말하는 존 웨스터호프(John Westerhoff), '하나님 백성의 사역으로서의 교육'을 말하는 마리아 해리스(Maria Harris)의 교육론은 학문적 이데올로기(ideology)화 된 기독교교육을 '공동체'의 사역과 교육의 패러다임으로 바꾸어놓은 큰 공헌들을 남겼다.

그러나 이 교육론들마저 한 가지 치명적인 신학적 오류로부터 벗어나지 못하고 있었다. 이들 교육론 어디에도 하나님 나라의 주제는 존재하지 않았던 것이다. 더욱이 하나님의 통치하심이 만들어 가는 구원의 구조와 역사를 '장'으로 하는 교회 공동체의 사역이 무엇이며, 그것을 기독교교육과 만나게 하는 종말론적 연계성이 존재하지 않았다.

'transformed'를 가능케 하는 궁극적 실재는(Mary Elizabeth Moore) 자생적 - 변증법적 과정이 아니라 하나님의 통치하심이 아니었던가? 그리고 하나님의 통치하심만이 역사와 인간을 transforming하는 것이 아닌가? 신앙의 'formation'이라는(John Westerhoff) 기독교교육의 중요한 단서까지도, 그것은 신앙 공동체의 자생적 - 인위적 '종교사회화' 과정이 아니라, 예수 그리스도를 통하여 오고 있는 하나님 나라를 성령의 역사하심 안에서 경험하고 응답하는 종말론적 행위에서 가능한 것이 아닌가? '하나님 백성 사역'이라는 교육목회의 가능성마저(Maria Harris) 그것은 목회자와 평신도의 사역이 아니라, 하나님 나라를 경험하고, 응답하며, 그리고 증언하는 하나님 나라 백성들의 존재 양식이어야 하지 않는가? 이 물음과의 심각한 씨름은 기독교교육을(모든 사역까지도) 처음부터 다시 설계할 수 있는 신학적 출발점이 될 수도 있을 것이다.

Ⅲ. 교육 목적 - '하나님 나라 백성 세우기'

이미 논의한바 있지만 호레스 부쉬넬은 기독교교육의 목적을 '아동의 경건'에 두었고, '진보적 종교교육학파'는 '책임적인 민주 시민 양성'에 두었다. 그리고 '기독교교육학파'는 '제자도'에, 선교 교육학자인 러셀은 '참 인간성 회복'에, 그리고 웨스터호프는 '종교 사회화'에 두고 기독교교육론을 전개해 나갔다.

그러나 '하나님 나라' - '역사' - '교회'를 '장'으로 하는 기독교교 육은 교육의 목적을 '하나님 나라 백성' 세우기에 둔다. 하나님 나라 백성은 한 사람 한 사람을 예수 그리스도 안에서 온 세계를, 전 창조 를, 전 역사를 자신과 화해하시고, 또 품으시고, 그 안에서 부르시는 하나님의 부르심 앞에 응답하는 주체로 세우는 것을 의미한다. 이를 '부름 받은 백성'(called out)이라 부른다. 그리고 하나님의 백성은 하 나님의 세우심에 참여하는 주체이며(called up), 하나님의 보내심에 헌신하는 주체(called into)를 의미한다. 이 하나님 나라 백성은 성인은 물론 어린이, 청소년 모두를 포괄하며, 그들은 하나님 나라 공동체 를 만들어가는 주체들이고, 동시에 모두가 사역자들이다.

성서신학적으로 하나님 백성은 하나님의 소유된 사람들이다. (출:19:5) 이미 서술한대로 하나님의 소유된 하나님의 백성은 두 차원 을 동시에 살아가는 사람들이었다. 한 차원은 '거룩한 백성'(consecrated nation)이었으며(출:19:6), 다른 차원은 '제사장 나라'(priestly kingdom)였 다. 하나님 백성 사상은 신약으로 이어졌다. '거룩한 나라'로 표현된 하나님 백성은 그리스도에 붙잡힌바 된, 그래서 '구심점'을 하나님 께 둔 사람들이었으며, 동시에 그들은 '왕 같은 제사장'(벧전 2:9)으로 세상의 죄와 아픔을 대신하는, 그래서 '원심점'을 살아가는 그리스도의 사람들을 의미했다.

기독교교육학자 루이스 쉐릴은 이 두 차원을 다른 각도에서 풀이한 바 있다. 하나님의 백성으로 태어나는 순간은 하나님의 만나심, 대면(confrontation)에서 오는 것이며, 이때를 존재(being)의 순간이라고 불렀다. 그러나 하나님의 백성이 된 사람(being)은 응답(encounter)을 통하여 비로소 하나님 백성화(becoming) 된다고 보았던 것이다.

그러나 여기에는 아직 풀어야 할 중요한 신학적 문제 하나가 남아있다. 존재의 존재화(being in becoming), 하나님 나라 백성이 '거룩한 백성'이 되고(being), '제사장 나라'로 존재화(becoming)되는 이 과정이 자생적인가 혹은 어떤 개입에 의한 것인가라는 질문이다. 여기에는 두 개의 극단적인 신학이 대립한다. 자유주의 신학은 인간스스로의 힘으로 존재의 존재화(being in becoming)는 가능하다고 본다. 그것은 '교육에 의한 구원'으로 표현되었다. 정통주의 신학은 존재의 존재화(being in becoming)는 인간의 노력으로는 절대 불가능하다고 단정 짓는다. 여기서는 교육 무용론이 등장한다. 그러나 역사 - 종말론적 신학은 이 문제 앞에 새로운 접근을 내놓는다.

하나님 백성으로 부름 받은 이스라엘은 '출애굽' 사건을 통하여 드러내신 하나님의 통치하심을 기억하고 감사하는 한, '거룩한 백성'(being)으로 인침을 받을 수 있었다. 동시에 이 세계와 인류를 하나님의 통치하심 안에 있는 지평으로 받아들이는 한, 이스라엘은 '제사장 나라', '고난 받는 종'(becoming)이 될 수 있었다. 결국 하나님의 통치하심을 모든 존재의 궁극적 실재와 근거로 하는 한 그들은 '하나님의 백성'이었다. 이것을 '역사 – 종말론적 현존'이라고 부른다.

그러므로 하나님의 백성이 되는 길은 인간 스스로의 도덕적 성취나, 교육 행위나, 심지어는 신앙의 노력으로 얻어지는 종교적 행위가 아니었다. 오직 예수 그리스도 안에서 전 창조와 전 인류를 자신과 화해하시고 또 구원하시기 기뻐하시는 하나님의 통치하심과 구원의 부르심 앞에 감사함으로 응답하는 사람을 하나님의 백성으로 인치하며(being), 인침 받은 하나님의 백성은 약속된 역사의 지평으로 보내시는 하나님의 파송에 헌신하는 때, 그들은 하나님 백성화(becoming)될 수 있었다. 바울, 어거스틴, 루터, 칼빈, 웨슬리, 그리고 슈바이처가 그러했다. 하나님의 백성은 하나님 나라 안에서만 존재의 존재화(being in becoming) 될 수 있었다. 여기에 미래 기독교교육의 목적을 두어야 하지 않을까?

　오늘의 가정교육을 말하기 전에, 가정회복 운동의 다양한 프로그램을 나열하기 전에, 부모들을 먼저 하나님의 백성으로 세워야 하는 이유가 여기에 존재한다. 부모가 하나님 백성으로 부름 받는 존재(being)에서 출발하여 하나님 나라 사역자로 존재화 되는 그때, 가정의 신학적 의미, 하나님 백성으로서의 자녀, 함께 드리는 가정 예배, 가정 대화를 말할 수 있지 않을까? 그리고 우리는 자녀들을 하나님 백성으로 세우는 가정 교육을 논해야 하지 않을까?

　신자를 '교인'으로 만드는 목회를 말하기 전에, 목회의 다양한 프로그램을 논하기 전에, 우리는 목회자 자신이 하나님의 부르심, 세우심 그리고 보내심 앞에 서 있는 하나님의 백성 됨(being in becoming)부터 먼저 말해야 하지 않을까? 그리고 신자 하나하나를 하나님의 부르심, 세우심, 보내심 앞에 응답하는 주체로서 세우는 목회를 논해야 하지 않을까?

　우리는 교회 교육, 주일 교회학교, 심지어는 새로 시도되는 어린이, 청소년교회운동을 논하기 전에 교사가 먼저 하나님의 부르심, 세우심, 보내심 앞에 응답하는 하나님 나라 백성이 되는 존재의 존재화(being in becoming)가 선행되어야 하지 않을까? 그리고 우리는 어린이와 청소년도 하나님의 부르심, 세우심, 보내심 앞에 응답하는 주체로서 하나님 나라 백성으로 세우는 교회교육, 또는 새로이 시도되는 어린이, 청소년교회를 설계해야 하지 않을까?

미래 기독교교육은 과감히 '하나님 - 교회 - 세계'라는 전통적 구조의 교육 목적을 넘어서야 할 시점에 와 있다. 그리고 '하나님 나라 - 역사 - 교회'라는 성서 - 신학적 구원구도를 '장'으로 하는 하나님 나라 백성 세우기로 목적을 재설정할 때, 그곳에 새로운 교육의 패러다임이 떠오를 수 있을 것이다.

Ⅳ. 교육 현장 - '하나님 나라 임재를 경험하는 자리'

'하나님 나라 - 역사 - 교회'라는 역사 - 종말론적 구조를 '장'으로 하는 하나님 나라 백성 공동체 세우기가 미래 기독교교육의 목적이라면, 그것을 신앙 경험과 교육 경험으로 엮어내는 자리를 교육 현장이라고 한다.

호레스 부쉬넬은 그 현장을 '가정'이라고 보았으며, 특별히 유아세례를 통한 가정을 신앙 교육의 유일한 현장으로 적시하였다. 가정은 '은혜의 통로'(means of grace)이기 때문이다. 부쉬넬의 가정론은 가정 해체와 거기에 뒤따르는 병리현상이 사회구조 자체를 위협하는 오늘, 재해석되고 다시 수용되어야 할 소중한 유산이다.

진보학파는 '사회화'(socialization)가 일어나는 한, 가정, 학교, 사회, 심지어는 교회 모두가 종교교육의 현장일 수 있다고 보았으며, 교회마저 사회화의 한 현장으로 분류하였다. 또한 기독교교육학파는 교회를 기독교교육의 현장으로 되돌려 놓으려는 신학적 전환을 시도하였다. 기독교교육은 '구속적 공동체'인 교회에서 가능하다고 보았기 때문이다. 그리고 그 위에 가정, 학교, 사회를 제2차적 현장들로 해석하였다.

그러나 러셀은 세계에서 역사하시는 하나님의 선교를 증거하는 '증인공동체'를 교육 현장으로 보았으며, 이는 미래 기독교교육이 고민해야 할 중요한 의제로 남아있다. 더욱이 '인간이 주체가 되고, 세계를 역사로' 바꾸어가는 자리, 프락시스(praxis)를 교육 현장으로 하는 프레이리의 의식화 교육론은 기독교교육이 과감히 수용해야 할 중요한 대안으로 살아있다. 그리고 웨스터호프가 제창한 '신앙 공동체'(community of faith)론, 특별히 '종교적 사회화'가 일어나는 신앙 공동체는 신앙의 형성을 가능케 하는 교육 현장이기에 중요한 유산으로 여전히 다가오고 있다.

여기서 필자는 일차적으로 세기적인 교육신학자들의 심오한 학문과 그들이 제시한 교육 현장론들을 과감히 수용한다. 특히 '구속 공동체', '증인 공동체', '신앙 공동체'인 교회를 교육 현장으로 하는 교육신학적 제언은, 기독교교육을 주일 교회학교로 한계 지어온 한국 교회에 주는 경고로까지 다가오기 때문이다.

그러나 문제는 이 모든 교육 현장론에는 근본적인 신학적 모티브 하나가 결여되어 있다는데 있다. 즉, 교회는 그자체가 자생적으로 '구속적'이고, '신앙적'이며, '증언적'일수 없으며, 오히려 교회는 예수 그리스도 안에서 온 세계와 화해하시는 하나님의 통치하심과 부르심 앞에 응답하고 세우심에 참여하며, 보내심에 헌신하는 하나님 나라 백성들이 세워가는 공동체일 때 비로소 '구속적'이고, '신앙적'이며, '증언적'일 수 있기 때문이다. 그러므로 하나님 나라를 만나기 전, 교회는 '구속적'이거나, '신앙적'이거나 '증언적'일 수 없다. 또한 가정이든, 학교이든, 사회이든, 그것들이 교육 현장이 되기 위해서는 반드시 '하나님 나라 – 역사 - 교회'의 구원구도와의 관계 안에서 해석되고 또 그 정체성이 설정되는 한 기독교교육의 현장일 수 있을 것이다.

하나님 나라와 역사의 관계 안에서 가정이 무엇인가를 해석하고 정의하는 때, 가정은 살아 있는 교육 현장이 될 수 있을 것이다. 그때 가정은 하나님의 창조질서이며 하나님이 임재하시는 기본 공동체로 형상화 될 수 있기 때문이다. 가정의 신학적 회복은 하나님의 백성인 부모와 하나님의 백성인 자녀들이 함께 창조하는 삶과 신앙의 자리가 될 수 있을 것이다.

하나님 나라와 역사의 관계에서 '학교'의 존재 이유를 해석하고 또 정의하는 그곳은 살아 있는 교육 현장이 될 수 있을 것이다. 그때 학교는 하나님의 백성인 교사와, 하나님의 백성인 학생들이 함께 만들어가는 'doxa'(학문)와 하나님의 말씀인 'Logos'가 만날 수 있는 자리이기 때문이다.

하나님 나라와 역사의 관계에서 '사회'가 무엇인가를 해석하고 정의하는 그곳은 교육 현장일 수 있을 것이다. 사회는 하나님의 약속 안에 있는 지평이며, 그곳은 하나님 나라 백성들의 현존, 그리고 증언의 자리일 수 있기 때문이다.

그리고 하나님 나라와 역사의 관계에서 교회가 무엇인가를 신학적으로 해석하고 또 정의하는 그곳은 살아 있는 교육 현장으로 거듭나게 된다. 교회가 하나님의 부름 받고 응답하며(leitourgia-kerygma), 하나님의 세우심에 참여하며(didache,koinonia), 하나님의 보내심에 헌신하는(missio, diakonia) 하나님 백성들의 공동체로 전환하는 그때, 교회는 하나님 나라를 지상에서 경험하는 구속적 공동체가 될 것이다. 이때 교회는 다른 모든 교육 현장 중의 가장중심적인 현장으로 거듭나게 될 것이다.

그때 교회는 놀랍게도 '교육생태'(educational ecology)가 된다 (Westerhoff). 교육생태로서의 교회는 교회교육뿐 아니라 모든 기독교교육의 교육정책과 교육시스템까지도 창출해 내는 교육 공동체로 거듭나게 된다.

교회가 교육 공동체로 거듭난다는 의미는 교육의 모든 소재와 에너지를 전략화 할 수 있음을 의미한다. 여기서 '교회교육', '교육목회' '평신도 신학과 사역 그리고 교육', '어린이, 청소년교회'라는 교육 형태들이 태동되며, 그때 그것들은 살아 있는 교육 현장으로 구조화되어진다. 그리고 교회가 교육 공동체로 거듭나는 그 순간, 교회는 가정과 학교, 그리고 사회를 기독교교육 현장으로 살려내는 지원 공동체(support community)로 변신하게 된다. 교육 공동체로서의 교회가 가정, 학교, 사회를 교육 현장으로 다시 되돌려놓는 교육의 주체가 된다면, 그 의미는 혁명적일수도 있을 것이다.

교회 이외에 누가 가정교육을, '기독교학교' 교육을, 그리고 '사회교육'을 구조적으로 접근하고 문제를 풀어가며, 새로운 시스템(system)까지도 구조화할 수 있는가? 이것은 한국교회가 씨름해야 할 교육선교의 새 지평이며 가능성이기도 하다.

V. 교육 방법 - '신앙과 증인으로서의 의식화'

끝으로 기독교교육은 지난 150년간 공교육보다 훨씬 앞선 교육 방법들을 제시하고 또 실험해온 선구자였다.

'상호작용'(social interaction), '만남'(confrontation-encounter), '관계'(re-lationship), '대화'(dialogue), '종교 사회화'(religious socialization), '나눔의 프락시스'(shared praxis)과 같은 다양한 방법론들은, 교육을 '주입식' 교육이라는 단조로움으로부터 삶과 신앙을 역동적 경험으로 이끌어낸 소중한 통로들이었다.

그러나 누구보다 더, 그리고 새로운 관점에서 교육 방법을 접근한 교육학자는 프레이리(Paulo Freire)다. 프레이리는 모든 교육에는 '중립성'(neutrality)이라는 것이 존재하지 않는다고 전제한다. 교육은 '저축식 교육'(banking education)이거나 '해방의 교육'(liberating educa-tion)중 하나일 뿐이라고 정의한다. 그러나 교육을 둘로 갈라놓는 기준은 하나다. 즉, 어떤 목적과 동기를 가지고 교육 방법을 사용하는가에 따라 그것이 저축식 교육의 시종이 되든지 아니면 자유교육의 통로가 된다는 의미이며, 인간을 교육의 대상으로 보는 한, 교육은 인간을 '객관화', '도구화', '중성화'시키는 흉기로 쉽게 전락할 수 있다는 뜻이다. 특히 교사가 교육의 중심일 때, 특별히 권력자가 주역일 때, 교육 방법은 쉽게 인간을 도구화시킨다고 프레이리는 경고한다. 이것이 저축식 교육이다. 이 경고는 기독교교육에도 예리하게 가해지는 메스이다. 오늘 기독교교육의 위기는 교육 방법의 부재가 아니라, 교육 방법을 인간도구화에 사용하는데 있기 때문이다.

그러나 동시에 프레이리로부터 기독교교육은 대단히 중요한 교육철학적 단서 하나를 얻는다. 그것은 '의식화' 교육 방법론이다. 많은 오해에도 불구하고 '의식화' 교육 방법론은 기로에 서 있는 기독교교육에 중대한 전환점 하나를 제공한다.

의식화 교육 방법은 인간을 삶의 주체로 세우는데서 출발한다.

여기서 기독교교육의 의식화 교육의 첫 단계는 한 사람 한 사람을 (어린이, 청소년까지도) 특정 종교의 신자나, 특정 교회의 교인 양육이 아니라, 하나님 앞과 역사 앞에 신앙의 주체로 세우는 작업이라고 정의할 수 있을 것이다. 미래의 목회와 교회교육은 무엇을 가르치거나 주입해온 과거로부터, 한 사람 한 사람을 하나님의 백성으로 서게 하는 주체화 작업으로의 전환을 강력히 요구한다. 이것이 자유교육(Liberating education)의 출발점이기 때문이다.

의식화 교육 방법의 두 번째 단계는, 주체가 된 인간이 세계를 '역사'로 바꾸는 창조자로 되는 과정이다. 기독교교육은 여기서 또 하나의 중요한 암시를 찾는다. 하나님 앞에 응답하는 주체로서의 하나님의 백성은 하나님께서 통치하시는 이 역사(크게는 전 인류, 지구촌, 과학과 기술, 좁게는 지역사회, 가정)의 의미를 읽고, 그 속에서 하나님의 뜻을 분별하며, 그 안의 증언자로 세우고 또 파송하는 교육을 뜻한다. 이것은 기독교교육의 의식화 두 번째 단계이다.

여기서 미래의 기독교교육은 '예배'라는 종말론적 통로를 통하여, '교육과 교제'라는 양육의 통로를 통하여, '선교와 섬김'이라는 사역의 통로를 통하여 한 사람 한 사람을 신앙의 주체자로 세우고(의식화 1단계), 역사의 증언자로 세워서 보내는(의식화 2단계) 프락시스(praxis) 교육을 과감히 모험할 수 있어야 한다. 이를 위해 '상호작용'(social interaction), '만남'(confrontation-encounter), '관계'(relationship), '대화'(dialogue), '종교 사회화'(religious socialization), '나눔의 프락시스'(shared praxis)라는 큰 범주에 속하는 다양한 방법들을 사용할 수 있을 것이다.

결국 미래의 기독교교육은 어떤 신학적 패러다임을 선택하느냐에 따라 그 운명을 달리하게 된다는 사실 하나는 분명하다. '하나님

– 교회 – 세계'라는 신학구도를 '장'으로 하는 교육을 선택하는 경우, 그것은 '교권주의적', '권위주의적' 교육으로 끝맺게 될 것이다. 그러나 '하나님의 통치하심 – 전 역사 – 교회'라는 역사 - 종말론적 구원구조를 '장'으로 하는 교육을 선택하는 경우 미래 기독교교육은 교회 중심, 목회자 중심, 교사 중심의 교육으로부터 사람 하나하나를 하나님 나라 백성으로 세우는 목회와 교육으로 새롭게 구조화될 수 있다고 믿는다.

"뜻이 하늘에서 이룬 것 같이 땅에서도 이루어지이다"라 하신 주님의 기도가 한국교회와 기독교교육의 미래 지표가 되어야 할 것이다.(보다 심화된 신학적 논의는 본 필자가 쓴 『신학적 교회론』, 『실천적 교회론』(한들출판사)을 참고하시기 바랍니다.)

■ 참고문헌

Ⅰ. 교육신학

Adamson, William R. *Bushnell Rediscovered.* United Church Press, Philadelphia, 1966.

Ban, Joseph D. *Education for Change.* The Judson Press, Valley Forge, 1968.

Beck, C. M. & Others. *Moral Education.* University of Toronto Press, 1971.

Boehlke, Robert R. *Theories of Learning in Christian Education.* Westminster Press, Philadelphia, 1962.

Burgess, Harold William. *An Introduction to Religious Education.* Religious Education Press, Alabama, 1975.

Bushnell, Horace. *Christian Nurture.* Yale University Press, New Haven, 1888.

Butler, J. Donald. *Religious Education.* Harper & Row, New York, 1962.

Chamberlin, J. Gorden. *Freedom and Faith.* Westminster Press, Philadelpiha, 1965.

Chamberlin, J. Gorden. *Toward A Phenomenology of Education.* Westminster Press, Philadelphia 1973.

Chave, Ernest, J. *A Functional Approach to Religious Education.* University of Chicago Press, 1947.

Coe, George A. *Education in Religion and Morals.* Fleming H. Revell Co., New York, 1904.

_____. *A Social Theory of Religious Education.* Charles Scribner's Sons, New York, 1917.

_____. *What is Christian Education?.* Charles Scribner's Sons, New York, 1929.

Cully, Iris V. *Change, Conflict, and Self-Determination.* Westminster Press, Philadelphia, 1972.

_____. *The Dynamics of Christian Education.* Westminster Press, Philadelphia, 1958.

Cully, Kendig B. ed. *Basic Writings in Christian Education.* Westminster Press, Philadelphia, 1960.

_____. ed. *Does the Church know How to Teach?.* MacMillan Co., N. Y. 1970.

_____. ed. *The Westminster Dictionary of Christian Education.* Westminster Press, Philadelphia, 1963.

DeWolf, L. Harold. *Teaching Our Faith in God.* Abingdon Press, Valley Forge, 1964.

Earnshaw, George L. ed. *The Campus Ministry.* The Judson Press, Valley Forge, 1964.

Elliott, Harrison S. *Can Religious Education Be Christian?.* New York, The Macmillan Co., 1940.

Ferré, Nels F. S. *A Theology for Christian Education.* Westminster Press, Philadelphia, 1967.

Fowler, James. *Life Maps.* Word Books, Waco, Texas, 1978.

_____. *Trajectories in Faith*. Abingdon Press, Nashville, 1980.

_____. *Stages of Faith*. Harper & Row, San Francisco, 1981

Fuller, Edmund, ed. *The Christian Idea of Education*. Yale University Press, New Haven, 1962.

Goldman, Ronald. *Readiness for Religion*. Seabury Press, New York, 1965.

_____. *Religious Thinking From Childhood to Adolescence*. Routledge & Kegan Paul, London, 1964.

Grimes, Howard. *The Church Redemptive*. Abingdon Press, New York and Nashville, 1958.

Groome, Thomas. *Christian Religious Education*. Harper & Row, SanFrancisco, 1980.

Gustafson, James M. & Others. *Moral Education: Five Lectures*. Harvard University Press, Cambridge, Mass., 1970.

Howe, Ruel L. *Herein Is Love*. Judson Press, Vally Forge, 1961.

_____. *Man's Need and God's Action*. Greenwich, Conn, 1953.

Howe, Ruel L. *The Miracle of Dialogue*. Seabury Press, New York, 1963.

_____. *Survival Plus*. Seabury Press, New York, 1971.

Hunter, David. *Christian Education as Engagement*. Seabury Press, New York, 1963.

Lee, James Michael. *The Shape of Religious Education*. RE Press, Mishawaka, Indiana, 1971.

_____. *The Flow of Religious Instruction*. RE Press,Mishawaka, Indiana, 1973.

_____. ed. *The Religious Education We Need*. RE Press, Mishawaka, Indiana, 1977.

_____. *The Content of Relgious Instruction*. RE Press, Mishawaka, Indiana.

Little, Lawrence C. *Foundations for a Philosophy of Chritian Education*. John Knox Press, Richmond, Va., 1961.

Little Sara. *The Role of the Bible ib Contemporary Christian Education*. John Knox Press, Richmond, Va., 1961.

Loder, James. *The Transforming Moment*. Harper & Row, San Francisco, 1981.

Miller, Randolph C. *Biblical Theology and Christian Education*. Charles Scribner's Sons, New York, 1956.

_____. *Christian Nurture and the Church*. Charles Scribner's Sons, New York, 1961.

_____. *The Clue to Christian Education*. Charles Scribner's Sons, 1950.

_____. *Education for christian Living*. Prentice-Hall, Inc., Englewood Cliffs, N. J., 1956.

_____. *The Language Gap and God*. Pilgrim Press, Philadelphia, Boston, 1972.

_____. *The Theory of Christian Education Practice*. R. E. A.Press, Alabama, 1980.

Moore, Allen J. *The Young Adult Generation*. Abingdon Press, New York, 1969.

Rood, Wayne R. *The Art of Teaching Christianity* Abingdon Press, Nashville & New York, 1968.

_____. *On Nurturing Christians.* Abingdon Press, Nashville & New York, 1972.

_____. *Understanding Christian Education.* Abingdon Press, Nashville & New York, 1970.

Russell, Letty M. *Christian Education in Mission.* Westminster Press, Philadelphia, 1967.

_____. *Human Liberation in a Feminist Perspective. A Theology,* Westminster Press, Philadelphia, 1974.

_____. *The Future of Partnership.* Westminster Press, Philadelphia, 1979.

Schmidt, Stephen A. *A History of Religious Education Association.* R.E.A Press, 1983.

Seymour, Jack L. & Donald E. Miller. *Contemporary Approach to Christian Education.* Abingdon Press, Nashville, 1982.

_____. *Theological Approach to Christian Education.* Abingdon Press, Nashville, 1990

Shreyer, George M. *Christian Education in Theological Focus.* United Church Press, Philadelphia, 1962.

Sherrill, Lewis J. *The Gift of Power.* MacMillan Co., New York, 1959.

_____. *Guilt and redemption.* John Knox Press, Richmond, Va., 1956.

_____. *The Opening Doors of Childhood.* MacMilan Co., New York, 1939.

_____. *The Rise of Christian Education.* MacMaillan Co., New York, 1944.

_____. *The Struggle of the Soul.* MacMaillan Co., New York, 1944.

Smart, James D. *The Teaching Ministry of the Church.* Westminster Press, Philadelphia, 1954.

Smith Shelton. *Faith and Nurture.* Charles Scribner's Sons, New York, 1941.

Snyder Ross. *Young People and Their Culture.* Abingdon Press, Nachville New York, 1969.

Taylor, Marvin, ed. *An Introduction to Christian Education.* Abingdon Press, Nahville, New York, 1966.

Taylor, J. Marvin, ed. *Religious Education to Christian Education.* Abingdon Press, Nashville New York, 1960.

_____. ed. *Changing Patterns of Religious Education.* Abingdon Press, 1984.

Thompson, Norma H. ed. *Religious Education & Theology.* R.E.A. Press, Alabama, 1982.

Vieth, Paul. *Objectives in Christian Education.* Harper & Brothers, N.Y., 1930

Westerhoff III, John H. ed. *A Colloquy on Christian Education.* United Church Press, Philadelphia, 1972.

Westerhoff III, John H. *Values for Tomorrow's Children.* Pilgrim Press, Philadelphia, 1971.

_____. *Will Our Children Have Faith?.* Seabury Press, N.Y., 1976.

Wyckoff, D. Campbell. *The Gospel and Christian Education.* Westminster Press, Philadelphia, 1959.

_____. *The Task of Christian Education.* Westminster Press, Philadelphia, 1955.

_____. *Theory and Design of Christian Education Curriculum.* Westminster Press, Philadelphia, 1961.

Williamson, William B. *Language and Concepts in Christian Education.* Westminster, Philadelphia, 1972.

II. 신학일반

Altizer, Thomas J. J. *The Gospel of Christian Atheism.* Westminster Press, Philadelphia, 1954.

Altizer, Thomas J. J. & Hamilton. William. *Radical Theology and the Death of God.* The Bobbs-Merrill Co. Inc., 1966.

Alves, Rubem A. *A Theology of Human Hope.* Abbey Press, St. Meinrad, Indiana, 1972.

Anderson, Berhard W. *The Unfolding Drama of the Bible.* Association Press, New York, 1957.

Barth, Karl; Anselm. *Fides Quaerens Intellectum.* John Knox Press, Richmond, Virginia, 1960.

_____. *Church Dogmatics;* tr., by G. T. Thomason, Edinburgh: T. & T. Clark, 38 George St. 1936, Vol. I . I & II.

_____. *The Humanity of God.* John Knox Press, Richmond, Va., 1960.

Berkouwer, G. C. *Man: The Image of God.* Wm. B. Eerdmans Publishing Co., Grand Rapids, Michigan, 1962.

Berton, Pierre. *The Comfortable Pew.* J. B. Lippincott, Co., Philadelphia, New York, 1965.

Bonhoeffer, Dietrich. *Act and Being.* Harper & Row, New York & Evanston, 1962.

_____. *Christ the Center.* Harper & Row, New York, 1966.

_____. *The Communion of Saints.* Harper & Row, New York & Evanston, 1964.

_____. *Prisoner for God.* MacMillan Co., New York, 1959.

Brunner, Emil. *Truth As Encounter.* Westminster Press, Philadelphia, 1964.

Buber, Martin. *Between Man and Man.* Beacon Press, Boston, 1955.

_____. *I-Thou.* Charles Scribner's Sons, New York, 1958.

buren, Paul M. van. *The Secular Meaning of the Gospel.* MacMillan Co., New York, 1963.

Cone, James H. *Black Theology and Black Power.* Seabury Press, N. Y., 1969.

Cousins, Ewert H. ed. *Process Theology.* Newman Press, 1971,

Cox, Harvey. *The Secular City.* MacMaillan Co., New York, 1965.

_____. *The Feast of Fools.* Harvard University Press, Cambridge, Mass., 1969.

_____. *God's Revolution and Man's Responsibility.* The Judson Press, Valley Forge, 1965.

Dillenberger, John & Welch, Claude. *Protestant Christianity.* Charles Scribner's Sons, New

York, 1954.

Djilas, Milovan. *The New Class*. Frederick A. Prager, Publishers, New York, 1957.

Frankl, Viktor E. *Man's Search for Meaning*. Washington Square Press Inc., New York, 1963.

Gilkey, Langdon. *Naming the Whirlwind: The Renewal of God-Language*. The Bobbs-Merrill Co., Indiapolis and New York, 1969.

_____. *Religion and the Scientific Future: Reflections on Myth, Science, and Theology*. Harper & Row, Publishers, 1970.

Grimes, Howard. *The Rebirth of the Laity*. Abingdon Press, New York, Nashville, 1962.

Haworth, Lawrence. *The Good City*. Fawceff Publications, Inc. New York, 1963.

Herzog, Fredrick. *Liberation Theology*. The Seabury Press, New York, 1972.

_____. ed. *Theology of the Liberating Word*. Abingdon Press, Nashcille & New York, 1971.

_____. *Understanding God*. Charles Scribner's Sons, New York, 1966.

Holl, Karl. *The Sultural Significance of the Reformation*. Meridian Books, Inc., New York, 1959.

Hordern, William. *The Case for a New Reformation Theology*. Westminster Press, Philadelphia, 1959.

Keen, Sam. *Apology for Wonder*. Harper & Row, New York, 1969.

Knox, John. *The Church and the Reality of Christ*. Harper & Row, New York and Evanston, 1963.

Letts, Harold C. ed. *Life in Community*. Muhlenberg Press, Philadelphia, 1957.

Leon, Arnold E. *Secularization: Science Without God?* S. C. M. Press Ltd., 1967.

Luther, Martin. *Three Treatises*. Muhlenberg Press, Philadelphia, 1960.

E., and Peerman. Dean G. ed. *A Handbook of Christian Theologians*. Meridian Books, Cleveland and New York, 1965.

McLuhan, Marshall. *Understanding Media: The Extensions of Man*. McGraw-Hill Book co., New York, 1964.

Michalson, Carl. *Worldly Theology*. Charles Scribner's Sons, New York, 1967.

Moltmann, Jürgen. *Hope and Planning*. Harper & Row, Publishers, New York, 1967.

_____. *Religion, Revolution and the Future*. Charles Scribners, New York, Evanston, 1971.

_____. *The Theology of Hope*. Harper & Row, New Yor and Evanston, 1967.

Muckenhirn, Maryellen, ed. *The Future as the Presence of Shard Hope*. Sheed and Ward, N. Y. 1968.

Muelder, Walter G. *Foundation of the Responsible Society*. Abingdon Press, New York,

Nachvilee, 1959.

Nash, Arnold S. *Protestant Thought in the Twentieth Century.* MacMillan Co., New York, 1951.

Niebuhr, H. Richard. *Christ and Culture.* Harper Torchbook, Harper and Brothers, New York, 1951.

_____. *Radical Monotheism and Western Culture.* Harper and Brothers, New York, 1960.

_____. *The Responsible Self.* Harper & Row, New York, Evanston, 1963.

Niebuhr, Reinhold. *Moral Man and Immoral Society.* Chrales Scribner's Sons, New York, 1932.

_____. *The Nature and Destiny of Man.* Charles Scribner's Sons, new York, 1941.

Niebuhr, R. R. *Schleiermacher on Christ and Religion.* Charles Scribner's Sons, 1964.

Ogletree, Thomas W. *Christian Faith and History.* Abingdon Press, New York, Nashville, 1965.

Peerman, Dean. ed. *Frontline Theology.* John Knox Press, Richmond, Virginia, 1967.

Ramm, Bernard. *A Handbook of Contemporary Theology.* Willia B. Eerdmans Publishing Co., Grand Raids, Michigan, 1966.

Roberts, J. Deotis. *Liberation and Reconciliation; A Black Theology.* Westminster Press, Philadelphia, 1973.

Robinson, John A. T. *Honest to God.* SCM Press, New York, 1972.

Ruether, Rosemary. *Liberation Theology.* Paulist Press, New York, 1972.

Rust, Eric C. *Towards a Theological Understanding of History.* Oxford University Press, New York, 1963.

Soelle, Dorothee. *Political Theology.* tr by John Shelley, Fortress Press, Philadelphia, 1974.

Shinn, Roger L. *Christianity and the Problem of History.* Abbott Books, 1953.

Tillich, Paul. *Systematic Theology.* Vol. Ⅰ. University of Chicago Press, Chicago, Illinois, 1951.

_____. *Theology of Culture.* ed. by Robert C. Kim-ball, Oxford University Press, New York, 1959.

Vahanian, Gabriel. *The Death of God.* George Braziller, New York, 1961.

van Leeuwen, Arend Th. *Christianity in World History.* Charles Scribner's Sons, New York, 1964.

Verkyle, Johannes and Nordholt, H.G. Schulte. *Responsible Revolution.* tr. and ed. by Lewis Smedes, William B. Eerdman's Publishing Co., Grand Rapids Michigan, 1974.

Vicedom, George F. *The Mission of God.* tr. by Dennis Hilgendorf and Gilbert A. Thiele, Concordia, 1965.

Winter, Gibson. *The New Creation as Metropolis.* MacMaillan Co., New York, 1963.

_____. *The Suburban Captivity of the Churches.* Doubleday & co., Garden City, New York, 1961.

III. 교육철학 및 기타

Brameld, Theodore. *Culture Foundations of Education.* Harper & Row Publishers, New York and Evanston, 1957.

_____. *Education as Power.* Central Education Research Institute, Seoul, Korea, 1964.

_____. *Education for the Emerging Age.* Harper & Row Publishers, 1960.

_____. *Patterns of Educational Philosophy.* Holt, Rinehart & L. Winston, Inc., 1950.

_____. *Philosophies of Education in Cultural Perspective.* The Dryden Press, New York, 1955.

_____. *Toward a Reconstructed Philosophy of Education.* The Dryden Press, New York, 1956.

Brumbaugh, Roberts S & Lawrence, Nathaniel M. *Philosophers on Education.* Houghton Mifflin Co., Boston, 1963.

Bruner, Jeroms S. *The Process of Education.* Vintage Books, New York, 1963.

_____. *Toward a Theory of Instruction.* Harvard University Press, Cambridge, Mass., 1967.

Butler, Docald. *Four Philosophies.* Harper & Row Publishers, New York, Evanston and London, 1957.

Childs, John L. *Education and the Philosophy of Experimentalism.* Century Co., New York, 1931.

_____. *American Pragmatism and Education.* Henry Holt and Co., New York, 1956.

Curtis, S. J. & Boultwood, M. E. A. *A Short History of Educational Ideas.* University Tutorial Press LTD., London, 1953.

DeCecco, John P. ed. *Educational Technology.* Holt, Reinhart and Winston, 1964.

Dewey, John. *Democracy and Education.* MacMaillan Co., New York, 1961.

Dewey, John. *Dewey and Education.* selected by Martin S. Dworkin, Columbia University Press, New York, 1959.

_____. *Experience and Nature.* Dover Publications Inc., New York, 1958.

_____. *Reconstruction in Philosophy.* Beascon Press, Boston, 1957.

Elias, John. *Concientization & Deschooling.* Westminister Press, Philadelphia, 1976.

Freire, Paulo. *Cultural Action for Freedom.* Harvard University Press, Mass., 1970.

_____. *Education for Critical Consciousness.* A Continuum Book, Seabury Press, New York, 1973.

_____. *Pedagogy of the Oppressed.* Herder and Herder, New York, 1971.

_____. *Pedagogy in Process.* Seabury Press, N.Y., 1978

Illich, Ivan. *Alternatives to Schooling.* Waverly Offset Printers, Australia, 1972.

_____. *Deschooling Society.* Harper & Row, New York, 1970.

_____. *Tools for Conviviality.* Perennial Library, Harper & Row, New York, 1973.

Healey, Robert M. *Jefferson on Religion in Public Education.* Yale University Press, New Haven, 1962.

Kneller, George. *Introduction to the Philosophy of Education.* John Wiley and Sons, Inc., New York, 1964.

Montessori, Maria. *The Montessori Method.* Schocken Books, New York, 1964.

Piaget, Jean, *The Child's Conception of Number.* tr. by C. Gattegno and F. M. Hodgson, Routledge & Kegan Paul LTD., 1952.

_____. *The Child's Conception of the World.* tr. by J. and A. Tomlinson, Harcourt, Brace and World, Inc., New York, 1929.

_____. *The Early Growth of Logic in the Child.* tr. by E. A. Lunzer and D. Papert, Routledge and Kegan Paul LTD., London, 1964.

_____. *The Growth of Logical Thinking from Child-hood to Adolescence.* tr. by A. Parsons and S. Seagrin, Basic Books, Inc., New York, 1958.

_____. *The Moral Judgement of the Child.* tr. by M. Gabain Harcourt, Brace ad World, Inc., New York, 1932.

_____. *The Psychology of Intelligence.* tr. by M. Percy and D. E. Berlyne, Routledge & Kegan Paul LTD., London, 1950.

_____. *Structuralism.* tr. by Chaninah Maschler, Basic Books, Inc., Publishers, N. Y., 1970.

Reich, Charles. *The Greening of America.* Bantam Books, N. Y., 1970.

Reid, Louis A. *Philosophy and Education.* Random House, New York, 1962.

Silberman, Charles, E. *Crisis in the Classroom.* Vintage books, New York, 1970.

Toffler, Apvin. *Future Shock.* Bantam Books, 1970.

_____. ed. *Learning for Tomorrow.* Vintage Books, N. Y. 1974.

Ulich, Robert. ed. *Education and the Idea of Mankind.* University of Chicago Press, Chicago and London, 1964.

_____. *Philosophy of Education.* American Book Co., New York, 1961.

IV. 논문

Ansley, Elmer F. *An Ecumenical Model: Personal Development for the Educational Work of the*

Churches Religious Education, ed., by Randolph C. Miller, Religious Education Association, New Heaven, Conn., May-June, 1968.

Barbour, Hugh *Programmed Teaching for Old Testament* Religious Education, November-December, 1967.

Bernard, Kenneth J. *Religious Learning Through Involvement in Social Conflict and Service.* Religious Education, March April, 1970.

Cully, Iris. *Christian Education : Instruction or Nurture.* Religious Education, May-June, 1967.

Cully, Kendig B. *The Uses of History in Religious Education,*. Religious Education, March-April, 1969.

Dewey, John. *Religious Education as Conditioned by Modern Psychology and Pedagogy.* Religious Education, January-February, 1974.

Fletcher, Catherine. *New Frontiers in Ethical and Religious Education.* Religious Education, March-April, 1968.

Goldman, Ronald. *Dr. Beeching, I Presume?* Religious Education, January-February, 1969.

Goman, Thomas G & Laura, Ronald S. *A Conceptual Analysis of Time Blocks and the Scope of Religious Education.* Religious Education, January-February, 1970.

Henderlite, Rachel. *Elements of Unpredictability which create Difficulties in a Precise Definition of Christian Education.* Religious Education, September-October, 1967.

Hokenson, Terry. *A Precess Pedagogy for Christian Education.* Religious Education, March-April, 1968.

Housley, John B. *Paul Tillich and Christian Education.* Religious Education, July-August, 1967.

Jackson, Goeden E. *The Teaching Ministry.* Religious Education, March-April, 1968.

Locigno, Joseph P. *Religion in the Thought of Dewey and Bonhoeffer.* Religious Education, Jnuary-Februry, 1969.

Lord, Eric. *Relevance and Revelation in Religious Education.* Religious Education, January-February, 1969.

Matthews, H. F. *Teachers ad the Newer Theology.* Religious Education, January-February, 1969.

McConnell, Thoedeore A. *Ivan Illich's Assault on Education.* Religious Education, January-February, 1972.

Moore, James R., *Walter, Rauschenbusch in Religious Education*, Religious Education, January-February, 1973.

Nelson, C. Ellis. *Is Church Education Something Particular?* Religious Education, January-February, 1972.

Richey, McMrray S. *Toward the Renewal of Faith and Norture-I, Duke Divinity School Bulletin.* Duke University, May, 1963.

———. *Toward the Renewal of Faith and Norture II.* Duke Divinity School Bulletin, Duke University, Spring, 1964.

———. *Toward the Renewal of Faith and Norture II.* Duke Divinity School Bulletin, Duke University, Spring, 1965.

Rudavsky, David. *The Neo-Hassidism of Martin Buber.* Religious Education, May-June, 1967.

Smart, James. *The Holy Spirit-Superfluous to Education or Essential.* Religious Education, May-June, 1966.

Stewart, David S. *Patterns of Conversation: An Interpretation of the Recent Work of Christian Education Theories.* Religious Education, July-August, 1968.

Symposium. *Current Curriculum Theory, Religious Education.* May-June, 1966.

Symposium. *Educational Theory and Religious Education.* Religious Education, November-December, 1968.

Symposium. *Ronald Goldman and Religious Education.* Religious Education, November-December, 1968.

Symposium. *Our Divided Society: A Challenge to Religious Education.* Religious Education, September-October, 1969.

Seminar-Reports. *Trends and Innovations and other articles.* Religious Education, March-April, 1973.

Symposium. *Process Theology and Christian Education.* Religious Education, May-June, 1973.

Seminar-Reports. *The Family.* Religious Education, March-April, 1974.

Thorness, James E. *The Relation of Theology and Authority in Theories of Religious Education.* Religious Education, May-June, 1968.

Traxler, and others. *Pilot Programs for Religious Education in a Divided Society.* Religious Education, MArch-April, 1970.

United Methodist Board of Discipleship. *Education Futures.* Monograph #2, *Topics:* A Catalogue of Concerns in Shaping Future Church Education.

Monograph #3. *World Development.* by Robert E. Reber.

Monograph #4. *The Contextual Model.* by Kenneth H. Pohly.

Monograph #5. *The Church's Emerging Life.* by Thomas F. Farley.

Monograph #6. *Teaching About Religion.* by J. Blaine Fister.

Monograph #7. *The Family-Centered Model.* by William A. Dalglish.

Monograph #8. *Theology.* by James c. Logan.

Monograph #9. *General Education.* by Douglas E. Wingeier.

World Council of Churches. *Seeing Education.* Whole, 1971.

_____. *Risk.* Vol. 6, No. 4, 1970.

Weeks, Louis, *Horace Buchnell on Black Americ.* Religious Education, January-February, 1973.

Worley Robert, *Noetic Models and Church Education*, Religious Education, July-August, 1968.

Wyckoff, D. Campbell, *Toward A Definition of Religious Education As a Discipline*, Religious Education, September-October, 1967.

V. 기독교교육 전반

1. 단행본

기독교 대한 감리회 교육기관 연구위원회. 『감리교 계통 중고등학교 교육연구결과: 종합 보고서』. 총리원교육국, 1972.

김형태. 『기독교교육의 기초』. 대한예수교 장로회 총회교육부, 1973.

반피득. 『기독교교육』. 한국 기독교교육학회, 1961.

볼노브, 오토. 『실존철학과 교육학』. 이규호 역, 배영사, 1967.

엄요섭. 『한국 기독교교육사 소고』. 대한 기독교교육협회, 1959.

오천석. 『한국 신교육사』. 현대 교육총서출판사, 1964.

은준관. 『왜? 기독교 교육 목적을 중심하여』. 감리교 신학대학 기독교교육연구소, 1971.

_____. 『기독교교육 현장론』. 한들출판사, 2007

_____. 『교회, 선교, 교육』. 전망사, 1982

_____. 공저. 『기독교교육사』. 한들출판사, 2007

_____. 『신학적교회론』. 한들출판사, 2006

_____. 『실천적교회론』. 한들출판사, 2006

이규호. 『인간의 사회화와 사회의 인간화』. 배영사 신서, 9, 1974.

이성경. 『교회의 사교육적 기능』. 대한 기독교서회, 1972.

한국기독교교육협회. 『한국기독교교육사』. 1974.

한국기독교장로회. 『교회교육 지침서』. 1970.

2. 주요논문

문동환. "쉐릴의 기독교교육 원리와 한국교회". 「기독교 사상」 12월, 1964.

_____. "웁살라 대회와 기독교교육". 「신학연구」 11집, 12월, 1969.

_____. "P.Freire의 교육 이론과 한국교회". 「세계와 선교」, 12월, 1971.

_____. "인간해방과 기독교교육". 「세계와 선교」, 72-73.

임영택. "은준관의 교육신학사상 이해". 「신학논단」, 연세대학교 신과대학, 1999

은준관. "Jürgen Moltmann의 종말론 이해에서 본 역사와 교육의 가능성". 「감신학보」 12월, 1968.

_____. "학원을 위한 교육의 사명". 「기독교 사상」, 12월, 1969.

_____. "교육의 신학적 기초". 「기독교 사상」, 3월, 1970.

_____. "미래를 향한 기독교교육과 교육행정". 「교회와 교육」, 7월, 1971.

_____. "교육철학의 프로레고메나". 「청암 홍현설 박사 회갑기념 논문집」, 1971.

_____. "기독교교육학의 동향". 「크리스챤 라이프」, 5월, 1972.

_____. "한국의 기독교교육의 문제와 과제". 「신학사상」 4집, 1974.

_____. "한국의 기독교교육의 문제와 과제". 「신학사상」 6집, 1974.

_____. "선교와 교육". 「신학과 세계」, 1975.

_____. "교육 구조의 개선의 기독교적 이념". 「새교육」 5월, 1975.

_____. "기독교교육의 신학적기초". 「기독교교육론」, 대한기독교교육협회, 1984.

정웅섭. "교회갱신의 교육". 「기독교 사상」 2월, 1972.

_____. "교회교육 현장에서의 team teaching". 「신학연구」 13, 4월, 1972.

주선애. "한국교회교육 과정 목적 설정을 위한 연구". 「교회와 신학」 4집, 1971.

차풍로. "소집단 체험 학습". 「신학사상」 3집, 1973.